当代俄罗斯语言学理论译库
北京市科技创新平台项目
俄罗斯叶利钦基金会资助项目
总主编 刘利民　　主编 杜桂枝

ИНТЕГРАЛЬНОЕ ОПИСАНИЕ ЯЗЫКА
И СИСТЕМНАЯ ЛЕКСИКОГРАФИЯ

语言整合性描写与体系性词典学(上)

〔俄〕Ю.Д.阿普列相 著
杜桂枝 译

著作权合同登记 图字：01-2011-1997
图书在版编目(CIP)数据

语言整合性描写与体系性词典学(上)/(俄)Ю. Д. 阿普列相著；杜桂枝译.
—北京：北京大学出版社，2011.4
（当代俄罗斯语言学理论译库）
ISBN 978-7-301-18660-2

Ⅰ.①语… Ⅱ.①阿…②杜… Ⅲ.①俄语－语言学②俄语－词典学 Ⅳ. H35

中国版本图书馆 CIP 数据核字(2011)第 043005 号

Ю. Д. АПРЕСЯН
ИНТЕГРАЛЬНОЕ ОПИСАНИЕ ЯЗЫКА И СИСТЕМНАЯ ЛЕКСИКОГРАФИЯ

© Ю. Д. Апресян, 1995
© А. Д. Кошелев. Серия «Язык. Семиотика. Культура», 1995
© В. П. Коршунов. Оформление серии, 1995

书　　　名：语言整合性描写与体系性词典学(上)
著作责任者：〔俄〕Ю. Д. 阿普列相　著　杜桂枝　译
组稿编辑：张　冰
责任编辑：李　哲
标准书号：ISBN 978-7-301-18660-2/H · 2778
出版发行：北京大学出版社
地　　　址：北京市海淀区成府路 205 号　100871
网　　　址：http://www.pup.cn　电子信箱：zbing@pup.pku.edu.cn
电　　　话：邮购部 62752015　发行部 62750672　编辑部 62759634　出版部 62754962
印　刷　者：河北滦县鑫华书刊印刷厂
经　销　者：新华书店
　　　　　　730 毫米×980 毫米　16 开本　22.25 印张　375 千字
　　　　　　2011 年 4 月第 1 版　2011 年 4 月第 1 次印刷
定　　　价：52.00 元

未经许可，不得以任何方式复制或抄袭本书之部分或全部内容。
版权所有，侵权必究
举报电话：(010)62752024　电子信箱：fd@pup.pku.edu.cn

上分享到俄语语言学先进理论的成果。

中国当代俄语语言学理论研究真正兴起于20世纪80年代，发展在改革开放和中苏关系正常化之后。虽然目前呈现出蓬勃发展的良好势头，但与我国的西方语言学研究相比，俄语语言学理论研究尚缺乏系统性、本源性和宏观整体性，许多语言学理论的引介或者通过第三种语言翻译过来，或通过二次评介传入，致使俄罗斯语言学理论研究显得支离破碎，或者说只见树木不见森林。究其根源，就是在我国的俄语语言学理论研究中缺乏系统、宏观的本源性、整合性研究，而理论研究的缺失与偏误必然会影响和阻滞整个学科的进步和可持续性发展。

如此局面的形成，作为俄语工作者的我们深切感受到的不仅仅是愧疚，同时还有一份不可推卸的责任。要全面了解俄罗斯语言学理论的发展和现状，把握其精髓，必须对俄罗斯语言学理论宝藏做本源性的开掘，必须对语言学理论的精品做系统的直接译介和潜心研究，让人类文化的这一块宝贵财富不仅能够哺育圣·西里尔的后人，也为中国的语言学者所共享，也为丰富中华语言和文化发挥作用。

基于这样的理念和目标，杜桂枝教授主持申报了北京市科技创新平台项目，精选了九位当代俄罗斯语言学著名学者的理论代表作，邀集了国内俄语界相关领域理论研究造诣较深的学者，担纲翻译及研究工作。毋庸置疑，这是一项颇具挑战性的巨大工程。

我们说，这项工程是一个创新性的大胆尝试，因为这是一项史无前例的工作：自中国开办俄语教育300余年以来，虽然有过个别的俄语语言学理论著作的翻译引介，但如此大规模地、系统地、有组织地进行翻译和研究，在我国的俄语教育史上尚属首次。

我们说，这项工程是一种可贵的无私奉献，因为在当今的学术氛围下，在当今的评价体系中，每个人都清楚，学术著作的翻译几乎不具学术"价值"，甚至是一些人回避不及的"辛苦"。然而，我们邀请到的每一位学者都欣然地接受了这份几近无酬又"不增分"的"低性价比"的"纠结和折磨"：缘于一份浓郁的俄语情结，期待的是自身理论的升华和自我价值的超越，为的是先进的前沿性俄语语言学理论的传播。

我们说，这项工程是一份默默耕耘的艰辛劳作，因为这九位俄罗斯语言学家都是各自研究领域的顶级学者，这些代表作中的每一部几乎都是作者倾其一生

总　序

　　俄语语言学理论研究在世界语言学中一直都占有重要的位置。从18世纪的罗蒙诺索夫到20世纪的维诺格拉多夫，从历史悠久的喀山学派到著名的莫斯科语义学派，俄罗斯产生和培养了一批批颇有影响的语言学家。他们一代代传承着语言学研究的优良传统，以敏锐和细腻的语言感悟，用完全不同于西方的研究方法，在斯拉夫语言的沃土上开垦和耕耘，建立起许多独特的语言学理论，收获着令世人瞩目的成就。

　　将俄罗斯语言学的发展变化置于世界语言学的大视野中做个粗略比照，便不难发现，在世界语言学发展的每一个历史转折时期，每当有新的思潮和范式涌现，俄罗斯语言学界都会同期出现伟大的语言学家和语言学理论，譬如，与索绪尔站在同一时代语言学制高点上的博杜恩·库尔特内；可与乔姆斯基"转换生成模式"并肩的梅里丘克的"意义⇔文本"语言学模式；20世纪80至90年代，当西方语言学界在为乔治·莱考夫的以解释学为中心的认知语言学新范式欢呼雀跃时，解释学方法早在1974年出版的俄罗斯语言学家阿普列相的《词汇语义学》中便得到了详细的论述和应用，这一方法在俄国的许多语言学家，譬如博古斯拉夫斯基、什梅廖夫、沙图诺夫斯基等的语义学研究中都已广泛应用与发展；进入21世纪，帕杜切娃进行的"词汇语义动态模式"研究震撼和颠覆了传统语义学理念，她进而提出的"动态语义学"理论更是让人耳目一新。由此，可以不夸张地说，俄语语言学理论研究一直是与世界语言学的发展律动保持着同一节拍的，在个别时期或个别领域有时候甚至是领先一步。当代许多著名的俄罗斯语言学家的思想都具有国际领先水平和前沿性，俄语语言学理论是当今人文社会科学中极具价值且尚待努力开掘的一方富矿。

　　然而，由于种种原因，我国语言学界对俄罗斯语言学研究的发展历史和目前的理论水准缺少应有的关注，对俄罗斯语言学取得的成就了解得较少，致使俄罗斯语言学领域中的许多重要理论和先进思想没有得到应有的传播。中国语言学界并没有真正地全面了解和学习到俄罗斯语言学理论研究的精华，未能在实质的研究成果之集成。没有对该学者的深入了解,没有对其多年研究脉络和方法的把握,没有对其理论、概念和相关术语的理解和领悟,要想完成这一翻译任务是根本无望的,译者在其间的艰辛可想而知,其中的付出不言而喻。

我们说,这项工程是一个庞大而艰巨的综合项目,因为这一工程涉及语言学的各个领域:句法学、语义学、语用学、词汇学、语言哲学、语言的逻辑分析、逻辑语义、功能语言学、社会语言学、心理语言学等等。面对语言学理论林林总总的学科,站在语言学前沿理论的高端上,体验着俄罗斯语言学家的思维脉动,感受着学者们思想的敏锐和理论的深邃,这无疑是对语言学大千世界的一次鸟瞰,此时此刻无人敢言内行。因此,在制定翻译计划和领受翻译任务时,我们有约在先:每一位翻译者应对所翻译著作全文负责,力争使自己成为各自领域中的专家、内行。

简言之,这是一项有责任、有分量、有难度的大工程。有人说,翻译是一门艺术。其实,学术著作的翻译更是一门特殊的艺术。在走进艺术殿堂的行程中,要经历崎岖与荆棘,需要努力跋涉,要不断地克服困难,不停顿地向着目标艰难攀登,才有可能摘取艺术的皇冠。也曾有人形象地比喻:翻译是"带着镣铐起舞"。如果说一般语言翻译的镣铐尚是"舞者"可以承受之重的话,那么,学术理论著作翻译的镣铐对译者的考验、束缚更让"舞者"举步维艰,即便使出浑身解数,也未必能展示出优美的舞姿。所幸,中国的俄语界有这样一批知难而进的学者,他们不畏惧这副沉重的镣铐,心甘情愿地披挂在身,欣然前行。当我们亲历了艰难起舞的全过程,当一本本沉甸甸的译稿摆上案头,我们会释然地说,无论舞姿是否优美,我们尽心,也尽力了。

当我们即将把这样一套理论译著奉献给读者时,心中仍存一份忐忑:毕竟这是俄罗斯著名语言学家的理论代表作,毕竟民族间语言与文化差异的存在、某些术语的无法完全等译,会给译文留下些许的遗憾,难免会有不够精准的理解、表述和疏漏之处。在此,真诚地欢迎语言界同仁和广大读者提出意见,同时也真诚地希望给"带着镣铐的舞者"们多些宽容和鼓励。

再谈一些技术性问题。

1. 我们所选的九位俄罗斯语言学家代表着语言学不同的方向和领域,各自都有独特的研究视角,独特的研究方法和独特的语言表述风格。因此,我们不力求每部作品在形式、风格乃至术语上都一致,而是给予译者相对的独立性,以此保证每一部译著的完整性、统一性和独特性。我们希望读者在不同的译著中,除了能读出原作者的风范外,还能品读到译者的风格。

2. 对于国外学者译名的处理问题,我们采用了如下原则:① 对在我国语言学界早已耳熟能详的世界著名学者,沿用现有的译名,如索绪尔、乔姆斯基等;② 对西方的语言学家、哲学家等,采用国内学界已有的译名,尽量接轨;③ 对俄罗斯及斯拉夫语系的学者,我们按照国内通行的译名手册的标准翻译,同时兼顾已有的习惯译法。

3. 关于术语在上下文、前后章节中的使用问题,我们的基本原则是:在准确把握原文意图的前提下尽量一致,前后统一,减少歧义;同时又要考虑作者在不同时期、不同语境下的使用情况做灵活处理,术语的译文以保证意义准确为宗旨,以准确诠释学术理论思想为前提,随文本意义变化而变,因语境不同而异。

4. 为保持原著的面貌和风格,在形式上遵循和沿用原著各自的行文体例,没有强求形式上的统一,因此,即便是在同一本译作中,也会有前后不一致的情况。

5. 鉴于篇幅问题,个别著作的中译版分为上、下卷出版。

最后,由衷地感谢北京市教委,为我们搭建了这样一个坚实的大平台,使诸多俄语学者实现了为俄语学界、为我国语言学界做一点贡献的愿望。

本书的翻译出版得到了俄罗斯叶利钦基金会的支持和帮助,在此表示衷心感谢。

我们还要感谢北京大学出版社对本套译库出版给予的大力支持。

唯愿我们的努力能为我国的俄语教学与研究,为我国语言学的整体发展产生助推和添薪作用。

总主编　刘利民
2010 年 12 月

序　言

　　呈现给读者的《语言整合性描写与体系性词典学》涵盖了我近二十五年的研究，主题分布在五大框架之内：(1) 语言的整合性描写；(2) 同义现象问题与同义词词典；(3) 体系性词典学；(4) 通过句法描写语义；(5) 语言的形式模式。

　　本书是《词汇语义学》课题的直接继续和发展。从这一角度看，同义词的语言学描写的整合性和体系性词典学的题目是本书最主要的议题。这两个题目构成了本书前三部分，本书中绝大多数发表的文章都是围绕这些问题展开的。

　　除此之外，在过去的这些年中，我还对另外两个题目进行了许多研究：通过句法描写语义及语言的形式化模式。由于各种原因这些问题在本书中只展现出来很少一部分。

　　通过句法描写语义的想法是建立在一个设想的基础上的：按照所观察到的词汇性能，即按照它们固有的句法结构的组合，可以用已知的方式重构词汇更深层隐藏的语义性能（简化原则）。这一思想一方面是受 B. B. 维诺格拉多夫院士关于词汇意义的结构制约性思想的启发；另一方面是由探寻像美国分布主义和转换生成主义那样的研究高层级单位的客观方法所引发的。

　　最终，我们提出了一整套直接的纯语义学方法，不仅用于描写词汇单位，而且用于描写其他任何意义单位，而简化原则退出了舞台。看来，直接方法提供的知识，就其丰富程度和细致程度而言大大超过了句法学方法的结果，而在可证实性方面没有任何损失。

　　由于所述原因，对通过句法描写语义——这里只提供了一份研究结果，作为一个说明所研究方法的可能性和范围的样板，这就足够了。

　　关于语言的形式化模式的题目也只是从数十份研究结果中挑选了两份。形式化研究的开发要求有一定程度的语义学准备和对技术细节深入探究的兴趣，这也许对本书潜在读者而言是不现实的。

　　然而，我认为语言的形式化描写方法是迄今为止普通语言学唯一行之有效的方法，这一方法的最重大成果在语言学描写的整合性原则和体系性词典学思想中都得以完全保持。

由于非常偶然的缘由，我还在不同的时间里把注意力转向了其他一些彼此间毫无联系，但却让我着迷的一些课题。由于这些研究的结果产生的一些研究论文，也被选入了不大的一个杂集中，构成了本书的最后一部分，即第六部分。

关于发表在本书中的文章的文本本身，我需要做一些说明。

B. 纳博科夫在给《斩首之邀》的英文翻译本作序时曾写道："如果我什么时候能编一部详解词典，注释中只有标注词是不够的，我早已心仪的词典词条将是这样的：在翻译时缩减、展开，或者用另外的方法改变或迫使改变自己的作品，为的是迟到的完善"。我赞同这段表述所包含的内涵：原文文本应该全部保留，无论评论界怎样认为他已变成了聪明的作家。

遵循"纳博科夫原则"，本卷中收录的文章都是第一次发表时的状态（由于纯技术原因引起的不多的例外，都做专门的说明）。

这不仅涉及到问题的实质，而且涉及到结果的体现形式。

就问题的实质而言，这意味着，在这些文章中保留了所含有的某些内容上的错误。譬如，在文章"意义的句法制约性"中，像 Он залил бак горючим — Он залил горючее в бак 这样成对的句子被注释成"情景性同义"。这显然是不正确的：这一对的左半部永远有所谓的"整体注释"，对右半部来说就不是必须的。这种和其他类似的错误的一个共同根源就在于过高评价形式结构转换（在其定义中没有包括转换项语义不变的条件）是确定语义等同和语义差别的手段。在稍后的文章中这样的不正确的结论已经被重新研究过。

所发表文本的第二个内容上的特点是：文章中可以遇到各种类型的重复。

在某些文章中反复重复一些导论性或作者改变过的一些理论概念的定义，如"体系性词典学"、"语言的整合性描写"、"词典学类型"、"词典学肖像"、"时间的朴素（语言）图景"等许多其他定义。有时与注释一起重复的还有关键性例子，要借助于这样的例子解释定义。

任何一个对语言学理论从事非常细致研究的人都看得出来，这样的重复是不可避免的，虽然它看起来不美观。任何一篇文章都应该一方面保持独立性，另一方面融入该理论的更宽泛的总体语境中。

至于描述形式，当然，这里本可以在不冒险违背真理的条件下，做一次严肃的修改（譬如，对参考引文的格式化和统一化处理）。但是，如此系统的一个修改，如同其他任何类似的修正一样，要求对所有文本进行仔细的检查，进行这项工作,粗算起来,作者也得需要明显超过一年的时间。在目前的书籍出版条件下,好不容易从本不富裕的社会基金中挖来的资金必须在一年内使用,因此,试图进行纯技术性改变的尝试很可能将整个出版置于危险境地。

　　作者寄希望于读者的宽容,希望只是对问题的实质,而不是对文章的技术形式持批评态度。技术形式上的不连贯性,与其说是因为作者没有逻辑性,不如说是因为国家书籍出版标准的历史摇摆,和各个出版社编辑们对形式要求的不一致。

　　最后作者只剩下一件有待履行的愉快义务——对 Г.И.库斯托娃为本书编写的各类索引表示感谢。

Ю.Д.阿普列相

目 录

第一部分　语言的整合性描写

"意义⇔文本"模式表层意义成分的信息类型……………………(1)
1. 模式及其表层语义成分任务的概述………………………………(1)
   1.1 模式化的对象………………………………………………(2)
   1.2 "意义⇔文本"模式的构建…………………………………(2)
   1.3 深层句法结构(ГCC)………………………………………(5)
   1.4 表层语义结构(ПCемC)……………………………………(9)
   1.5 表层语义成分的任务………………………………………(19)
2. 语义特征……………………………………………………………(23)
   2.1 非常规语义特征的概念……………………………………(23)
   2.2 词位意义与法位意义的匹配规则…………………………(29)
   2.3 词位间意义匹配的规则……………………………………(35)
3. 语言意义单位的注释………………………………………………(42)
   3.1 注释的结构…………………………………………………(43)
   3.2 对词汇单位的注释…………………………………………(48)
   3.3 对语法单位的注释…………………………………………(52)
   3.4 意义实现的条件……………………………………………(60)
4. 意义相互作用规则…………………………………………………(64)
   4.1 普遍性规则和个别性规则…………………………………(65)
   4.2 作用范围规则………………………………………………(71)
   4.3 语义变异规则………………………………………………(78)
5. 结论…………………………………………………………………(85)
略语表……………………………………………………………………(87)
参考文献…………………………………………………………………(88)

详解词典中过剩体学聚合体的解释 …… (93)
  1. 关于变体概念和同义词概念 …… (93)
  2. 过剩的体学聚合体 …… (93)
    2.1 第一种基本体学类型 …… (94)
    2.2 第二种基本体学类型 …… (97)

详解词典所需的句法信息 …… (105)
  1. 材料 …… (105)
    1.1 二价结构 …… (105)
    1.2 三价结构 …… (107)
    1.3 二价结构向三价结构的转换 …… (111)
    1.4 无配价结构 …… (112)
    1.5 对材料的结论性评语 …… (114)
  2. 规则 …… (115)
    2.1 构建规则——组合体 …… (116)
    2.2 检验规则——过滤器 …… (118)
  3. 词典 …… (119)
    3.1 主旨(分类)信息 …… (120)
    3.2 操作信息 …… (123)
  4. 结论 …… (123)
  参考文献 …… (124)

适用于详解词典的语用信息 …… (126)
  1. 导论 …… (126)
  2. 语言语用学定义 …… (127)
    2.1 讲话人对现实的态度 …… (127)
    2.2 讲话人对所述内容的态度 …… (128)
    2.3 讲话人对受话人的态度 …… (130)
  3. 语用信息的特性 …… (131)
    3.1 表达手段的边缘性 …… (131)
    3.2 不同语言手段之间的分布性 …… (133)
    3.3 与语义信息的紧密关联性 …… (134)
  4. 对词典学重要的语用信息类型 …… (135)
    4.1 语用修辞标注 …… (135)

4.2　词位的语用特征 ·· (137)
　　4.3　词位的非常规性言效功能 ······································ (139)
　　4.4　讲话人的地位和受话人的地位 ······························ (142)
　参考文献 ·· (143)

附加意义是词汇语用的一部分 ·· (146)
　1. 引语 ·· (146)
　2. 附加意义概念 ·· (147)
　3. 附加意义的语言表现形式 ·· (153)
　　3.1　转义 ·· (153)
　　3.2　隐喻与比较 ·· (154)
　　3.3　派生词 ·· (154)
　　3.4　成语、熟语、谚语 ·· (155)
　　3.5　句法结构 ·· (155)
　　3.6　语义作用域 ·· (157)
　4. 附加意义的性能 ·· (159)
　5. 附加意义概念与语言学理论 ·· (164)
　参考文献 ·· (165)

词位能指部分的词典学信息类型 ·· (168)
　1. 引语 ·· (168)
　2. 音律特征的语言学和词典学地位 ···································· (168)
　　2.1　音律特征的语言属性及其语言学地位 ···················· (169)
　　2.2　音律特征的词典学地位 ·· (173)
　3. 聚合性音律信息 ·· (177)
　　3.1　重音突出与词位句法性能的对应 ······························ (178)
　　3.2　重音突出与词位语义特性的对应 ······························ (179)
　4. 组合性音律信息 ·· (183)
　参考文献 ·· (186)

语法和词典中的言语行为动词 ·· (188)
　1. 言语行为理论概念与言语行为动词的基本组别 ············ (188)
　2. 施为性的语言表现形式 ·· (192)
　　2.1　词法表现形式和构词表现形式 ·································· (192)
　　2.2　句法表现形式 ·· (193)

  2.3 语义表现形式 …………………………………………… (194)
  2.4 语用表现形式 …………………………………………… (198)
 3. 言语行为动词的语义分析 ……………………………………… (199)
  3.1 言语行为动词的词汇意义中是否存在共性意义？……… (199)
  3.2 言语行为句的体—时意义 ……………………………… (204)
 参考文献 ………………………………………………………… (207)
俄语中的瞬间行为动词与言语行为动词 ……………………………… (209)
 1. 对瞬间性特点的现有表述及瞬间行为动词的基本类别 ……… (209)
 2. 瞬间性的语言表现形式 ………………………………………… (216)
 3. 瞬间行为动词的语义分析 ……………………………………… (224)
 4. 言语行为动词的体—时意义 …………………………………… (228)

第二部分 同义词与同义词词典问题

英语同义词和同义词词典 ………………………………………………… (232)
 1. 词典的构思 ……………………………………………………… (232)
  1.1 积极性 …………………………………………………… (233)
  1.2 双语性 …………………………………………………… (237)
  1.3 现代性 …………………………………………………… (241)
 2. 词条的结构和组成 ……………………………………………… (244)
  2.1 词目 ……………………………………………………… (245)
  2.2 注释 ……………………………………………………… (248)
  2.3 翻译 ……………………………………………………… (257)
  2.4 意义 ……………………………………………………… (258)
  2.5 附注 ……………………………………………………… (282)
  2.6 结构 ……………………………………………………… (283)
  2.7 搭配性 …………………………………………………… (288)
  2.8 例证 ……………………………………………………… (291)
 3. 结语 ……………………………………………………………… (292)
同义词词典的信息类型 ………………………………………………… (293)
 1. 词典词条的词目 ………………………………………………… (293)
  1.1 主导词 …………………………………………………… (294)

1.2　修辞标注和语法解释……………………………………(295)
　　1.3　词列内部的语义群及其注释……………………………(298)
2. 意义区域…………………………………………………………(300)
　　2.1　概要………………………………………………………(300)
　　2.2　同义词之间内容的相似和差异…………………………(301)
　　2.3　同义词的音律与交际性能………………………………(306)
　　2.4　语用条件和语言外条件…………………………………(308)
　　2.5　中和化……………………………………………………(309)
　　2.6　注解………………………………………………………(310)
3. 形式区域…………………………………………………………(313)
　　3.1　语法形式的组合差异……………………………………(313)
　　3.2　同一个形式的不同语法意义的组合差异………………(314)
　　3.3　形式的语义特殊性、结构特殊性、句法特殊性、修辞特殊性
　　　　 和其他特殊性……………………………………………(314)
　　3.4　自己的固有形式和非固有形式…………………………(317)
4. 结构区域…………………………………………………………(318)
　　4.1　支配上的差异……………………………………………(318)
　　4.2　句子句法类型上的差异…………………………………(319)
　　4.3　词序………………………………………………………(321)
　　4.4　结构的语义特殊性、结构特殊性、句法特殊性、修辞特殊性
　　　　 和其他特殊性……………………………………………(322)
5. 搭配区域…………………………………………………………(323)
　　5.1　词汇—语义搭配…………………………………………(323)
　　5.2　词法搭配…………………………………………………(325)
　　5.3　音律搭配和交际搭配……………………………………(326)
　　5.4　搭配类型的语义特殊性…………………………………(327)
6. 例证区域…………………………………………………………(328)
7. 参考查询区域……………………………………………………(329)
　　7.1　成语性同义词……………………………………………(330)
　　7.2　近义词……………………………………………………(330)
　　7.3　精确的和非精确的互换式………………………………(332)

  7.4 近义的互换式 …………………………………………（333）
  7.5 精确和非精确反义词 …………………………………（333）
  7.6 派生词 …………………………………………………（334）
  7.7 索引 ……………………………………………………（335）
 参考文献 ……………………………………………………（336）

人名索引 ………………………………………………………（337）

语言材料显示的人的形象：系统描写的尝试 ………………（339）
 1. 引论 ………………………………………………………（339）
 2. 世界的朴素图景 …………………………………………（340）
 3. 人的朴素图景 ……………………………………………（342）
  3.1 意志力与良心——行为的引动与制动 ……………（343）
  3.2 人的基本系统 ………………………………………（345）
 4. 情感系统 …………………………………………………（357）
 5. 描述人的普遍性模式 ……………………………………（364）
 参考文献 ……………………………………………………（379）

心智性述谓词的同义现象：义群"СЧИТАТЬ" …………（383）
 1. 序言 ………………………………………………………（383）
 2. 同义词列 …………………………………………………（385）
 参考文献 ……………………………………………………（398）

事实性问题：Знать 及其同义词 ……………………………（400）
 1. 序言 ………………………………………………………（400）
  1.1 关于动词 знать ………………………………………（400）
  1.2 体系性词典学与词典学类型 ………………………（401）
 2. 同义词 знать 1 和 ведать 3 的词典学描写 ……………（404）
  2.1 Знать 和 ведать 在其他心智性述谓词列中的位置 …（404）
  2.2 Знать 1 和 ведать 3 的语义 …………………………（409）
  2.3 Знать 和 ведать 词义中与 знать 1 和 ведать 3 相近的意义 …（415）
  2.4 语法形式 ……………………………………………（417）
  2.5 句法结构 ……………………………………………（418）
  2.6 词汇—语义搭配 ……………………………………（423）
  2.7 聚合性语义联系 ……………………………………（426）

参考文献……………………………………………………………………(427)
动词 XOTETЬ 及其同义词：有关词汇的评述………………………(431)
  1. 关于体系性词典学概念……………………………………………(431)
  2. 动词 XOTETЬ 及其同义词的词典学描写…………………………(434)
    2.1 词典词条的词目…………………………………………………(434)
    2.2 "愿望"（хотеть）词列的语义特征……………………………(435)
    2.3 同义词之间的语义相似与差异…………………………………(435)
    2.4 对语义区的说明…………………………………………………(443)
    2.5 语法形式及其注释………………………………………………(445)
    2.6 句法结构及其语义特色…………………………………………(445)
    2.7 词汇—语义搭配…………………………………………………(447)
    2.8 举例说明…………………………………………………………(448)
    2.9 辅助区域…………………………………………………………(449)

第三部分　体系性词典学

情态语义概念中的隐喻………………………………………………(451)
  1. 情态词描写的两种方法……………………………………………(451)
    1.1 释义的方法………………………………………………………(452)
    1.2 隐喻的方法………………………………………………………(453)
  2. 对情态的注释………………………………………………………(455)
    2.1 情态产生和发展的场景…………………………………………(455)
    2.2 症候性表述：心灵状态的身体隐喻……………………………(456)
    2.3 注释的结构………………………………………………………(459)
    2.4 某些情态的注释实验……………………………………………(461)
  参考文献………………………………………………………………(462)
注释语言与语义原型…………………………………………………(464)
  1. 莫斯科语义学派对注释语言的研究方法…………………………(464)
    1.1 语义元语言的成分与结构………………………………………(464)
    1.2 注释理论：对注释及其功能的要求……………………………(466)
  2. 波兰语义学派对注释语言的研究方法……………………………(473)

  3. 语义原型问题 ··· (474)

  参考文献 ··· (479)

动词 ВЫЙТИ 的词典学肖像 ··· (481)

  1. 词典学肖像的概念 ··· (481)

  2. 词典词条模式及词典学信息类型 ································· (483)

  3. 动词 ВЫЙТИ 的词典学肖像 ·· (486)

   3.1 适用于 ВЫЙТИ 的词典学类型 ······························· (486)

   3.2 动词 ВЫЙТИ 的词典词条 ······································ (489)

  参考文献 ··· (499)

词典学肖像（以动词 быть 为例） ··· (500)

  1. 词典学肖像与词典学类型概念 ····································· (500)

   1.1 词典学肖像 ··· (500)

   1.2 词典学类型 ··· (504)

  2. 动词 быть 词典词条的前期信息 ·································· (507)

   2.1 选择的依据 ··· (507)

   2.2 词典词条的总体模式 ··· (509)

   2.3 词位的信息类型 ··· (510)

  3. 动词 быть 的词典词条 ·· (514)

  参考文献 ··· (530)

第四部分 通过句法描写语义

意义的句法制约性 ·· (534)

第五部分 语言的形式模式

鸟瞰 ЭТАП-2（阶段-2） ··· (550)

  1. 关于 ЭТАП-2 系统的基本信息 ····································· (550)

  2. 翻译范例、速度与质量 ··· (554)

  3. ЭТАП-2 系统的理念与构建 ·· (560)

  4. 结论 ·· (571)

参考文献 (575)

俄语的时间长度结构：其形式描写的界限 (579)
  1. 关于俄语句法形式模式的总体信息 (579)
  2. 关于时间长度结构的基本观点 (582)
  3. 时间长度结构句法分析的规则 (584)
    3.1 时间长度成分的语义类型及其条件 (584)
    3.2 可以带时间长度成分的动词的语义和语法性能及其条件 (586)
    3.3 近似于时间长度的结构 (587)
  4. 关于时间长度结构模式化范围的结论 (590)
  参考文献 (591)

第六部分 杂 集

语言悖异与逻辑矛盾 (593)
  1. 引论 (593)
  2. 观察结果 (597)
  3. 预先说明 (602)
  4. 解决方案 (603)
  5. 对"意义⇔文本"模式的某些总结 (615)

重复性悖异和逻辑矛盾性悖异 (617)
  参考文献 (623)

词汇和语法中的指示性标记与世界朴素模式 (624)
  1. 关于世界朴素模式的引论 (624)
  2. 指示性标记的基本概念及其对立 (625)
  3. 讲话人的时空 (630)
  4. 观察者的位置 (633)
  5. 讲话人的个人域 (638)
  6. 结论 (642)
  参考文献 (643)

人名索引 (645)

第一部分 语言的整合性描写

"意义⇔文本"模式表层意义成分的信息类型[*]

1. 模式及其表层语义成分任务的概述

　　许多年来,人们一直致力于对自然语言的语义进行形式化和全面的描写,但至今仍未获得成功。但是,不能就此认为这些努力是徒劳的。这些语义研究取得了相当丰硕的成果:第一,把过去从未被关注的大量事实引入了科学领域;第二,提出了关于如何建立研究对象问题的新理论原则和新思想;第三,意识到对语义描写进行形式化目前还为时尚早,因为仅是有待掌握的材料数量,就超过此前已经掌握的所有材料的数十倍,甚至可能是数百倍。

　　因此,本研究的任务绝对不是要给"意义⇔文本"模式建立多么完整的语义成分,或者哪怕是这种语义成分的一部分。基于这样的任务,需要强调的是:本研究中所有的定义、规则和注释都具有初步的和草拟的特点,显然还需要明确和补充。我们给自己确定了一个非常简单的目标——简要描述语义信息类型,因为没有这些语义信息类型,语言的任何一种形式化模式都不可能达到与自己的客体完全等同一致;虽然,我们在两个章节(1.5 节和 3.4.2 节—3.4.4 节)中的论述已经超出了纯语义信息的范围。

　　本研究中采用了读者已知的、在 [Мельчук 1974a] 中提出的(也见 Жолковский и Мельчук 1967)"意义⇔文本"模式的总体构想,并以此为前提。下面将以提纲的形式——可能是有些教条的形式——回顾一下那些对讨论语义问题具有原则性意义的模式原理。文中对我们所做的补充和确切说明会叙述得更加详尽,并尽可能地给出理据。

---

[*] 该作首次发表在 Sonderbang № 1 WienerSlawistischer Almanach, Wien,1980。

1.1 模式化的对象

模式化的对象是一种被称作"掌握语言"的现象。掌握语言就是会使用词典和语法,掌握语言有别于逻辑知识和现实知识。通常认为,这两种知识不应该用语言学模式描写,而应该用独立的(尽管与语言学模式有关)思维模式和"体现世界的知识"的模式描写。所以不能认为,语言的形式化模式应该区分句子的这样一些特性,譬如,逻辑的非矛盾性和矛盾性(分析的真实性——虚假性),可理解性——不可理解性,与事态符合与不符合(综合的真实性——虚假性)等等。

对语言持有者来说,"掌握语言"体现在以下三种能力上:

(1) 通过多种(最好是所有的)不同方式来表达给定的意义,即在该语言中建立大量相互同义的句子(表达,或者综合)的能力;

(2) 从给定的句子中抽取意义,并理清外形上不同的句子的同义现象和外形上相同的句子的异义现象(理解,或者分析)的能力;

(3) 区别语言关系上正确的句子和语言关系上不正确的句子的能力。

这里必须做两点解释:

第一,第(1)至(3)点中涉及的是关于确定自然语言句子的各种特性的问题,而不是确定语言的篇章。因此,请注意这一点:现阶段的"意义⇔文本"模式实际上是句子语言学,而不是篇章语言学。

第二,第(2)点中的某些表述(厘清外形上不同的句子的同义现象和外形上相同的句子的异义现象)可能会使人认为,句子之间的这两种语义关系类型是明显对称的。实际上这种对称是不存在的。拥有同义句是自然语言所有句子固有的属性,而拥有同形异义句只是一部分句子固有的属性。但是(2)中的表述从方法论上讲是有益的,因为,它和(1)共同确立了"意义⇔文本"模式的最重要目标之一:大量地综合句子(生成同义现象)和大量地分析句子(厘清同音异义现象)。

1.2 "意义⇔文本"模式的构建

一种自然语言的"意义⇔文本"模式是对该语言语法和词典进行统一的形式化描写。这种描写是以规则体系的形式实现的,这些规则在功能上类似于在前文中列举的该语言持有者的三方面能力。"统一"或"整合性"的语言学描写的构想至少从 1964 年(Katz and Postal 1964)开始就已在语言学中为人所知,并成为现代理论思想中的主要创新点之一。就"意义⇔文本"模式而言,这一构想可以表现为以下几个要点:

(4ⅰ) 词典是对语言进行全方位理论描写时不可分割的一部分,在所有重

第一部分 语言的整合性描写

要关系中都与语法同等重要。

（4ⅱ）形式词典和形式语法作为语言统一理论的一部分，应该在语言信息的分配、语言信息的记录形式、语法规则和词典材料（规则和客体）的相互作用等方面以理想的方式相互协调①。

（4ⅲ）语法信息和词典信息相互协调的要求还包括：语言的所有内容单位——词、句、法位、结构、音律元素的意义都要用同一种语义语言描写②（见

---

① 传统的语法和词典不具有所述特性。为了证明这一论断并非毫无根据，引证下列众所周知的实例。在各种不同语言的句法描写中都涉及一些现在习惯称之为"词汇单位的句法特征"的理论对象（Katz and Postal 1964, Мельчук и Перцов 1975)。

在俄语中，相对简单的句法特征之一是名词的动物属性—非动物属性。在某些同一名词形式中（例如，在复数第四格形式)，动物名词和非动物名词按照不同方式与形容词和副词相匹配，试比较，вижу белых слонов 与 вижу белые камни。因此，相应的句法匹配规则要利用该名词是动物名词还是非动物名词的信息。显然，直接在匹配规则中，即在语法中一列举所有的动物名词和非动物名词是最不经济的，而这个信息的位置应该在词典中。而唯一一部含有名词的动物属性—非动物属性标注的俄语词典是 A. A. 扎利兹尼亚克的语法词典（Зализняк 1977)。现有的任何一部详解词典中都没有这些信息，这类词典本来是应该和语法相互作用的。相当全面的语言理论描写为构建语法正确的词组提供了可能性，但即使在这样的理论描写中也缺少这些信息，只有一点可以解释其原因：认为关于动物属性—非动物属性的标注是多余的，因为词典中对名词已有的注释无疑可以推导出这样的标注：动物属性与"有生命的"意义相一致，而非动物属性与"无生命的"意义相一致。但是，众所周知，在上述句法特征与意义之间没有直接关系，尽管在一定程度上是意义为句法特征提供依据。实际上，像 мертвец, покойник, робот 等用在食物中的动物体的名称，以人、兽和昆虫的形状制成的玩偶的名称及"玩偶"一词本身，扑克牌和象棋棋子的名称等，所有这些名称都是动物名词，但表示的却是无生命物体。因此，关于名词的动物属性—非动物属性这一句法标注一般情况下并不复制语义信息，它存在的必要性应该有另外的依据，并应纳入详解词典中，如果详解词典希望具有语言统一理论描写中整合性部分的科学性地位。补充一点，在发达的标准语言的描写中，这些特殊的句法特征的总数可达到几百个，而在传统词典中有记载的不超过十个。

② 通常，对语法单位和词典单位意义的描写用不同的语言进行。对单数—复数或完成体—未完成体等法位的意义要借助下列准语义特征来进行描写，如，"单个性"（книга）、"完整性、不可分割性"（виноград, студенчество）、"可分多数"（книги）、"成对"（боты）、"多数总和体"（деньги）、"集合性"（родители）、"结果性"（прочитал）、"潜能性"（Тебе не поднять этого камня）、"形象性"（А ветер как гикнет)、"持续性"（спал час）、"可能性"（Вы повенгерски читаете?）、"惯常性"（Встает в семь часов）等。而词典单位的意义不是通过特征去描写，而是进行注释，例如，сокращаться＝"变少/小"（Расстояние между бегунами постепенно сокращалось）。通过特征描写意义与对意义进行注释之间的原则性区别在于，特征描写没有任何内部结构，因此不能以合理的方式引入文本，来替代被限定的单位，而注释具有这个特性，譬如，Расстояние между бегунами постепенно сокращалось. → 可注释为"赛跑者之间的距离不断地变小"，但不能用特征来修饰：Пришли Мишины родители →不能注释为＊"米沙的父母-集合性来了"。使用统一的语义语言对自然语言的任何内容单位的意义进行描写，为使句子之间的同义关系可以通过最简单最直接没有任何额外约定的方式被形式化地表现出来奠定了基础（无论句子构建材料的性质如何）。

Gruber 1976:3)。

　　从另一个角度讲，"意义⇔文本"模式是从文本到意义、从意义到文本的多层级的转换器。可划分出四个基本层级——语音、词法、句法和语义。其中除语义层级外，每个层级都可以再划分出两个层面——表层和深层；我们认为，语义层级上的类似划分亦是必须的（见下文）。

　　"意义⇔文本"模式是：

　　——各种形式语言的组合，以便记录句子在所有层级上的体现形式，包括各层级内部改造的规则和形式体现的正确性条件（正确性的条件包括关系树对应句子的投射性、在关系树和图解中题元性句法关系的非搭配性或非重复性、词位必需配价的饱和度、主位和述位的不可交叉、预设和判断的不可交叉、预设的内部相容性、情态框架的内部相容性、判断和情态框架的不可矛盾性——见Иорданская 1967，Апресян 1978）；

　　——跨层级改造的各种双向规则的总和。在跨层级改造中，除了两个相邻层级的客体外，还可以利用能转变为模式的其他信息，其中包括语言单位在所有层级体现形式中的某些特性的信息（比较 Lakoff 1970）；在这些改造过程中可能出现一些"混合"客体，它们具有相邻的两个层级客体的特性；

　　——详解组合词典。其材料可以在某些类型的层级内部规则中和所有类型的层级间规则中使用，可能深层语音和表层形态规则除外。

　　在八个层面的任何一个层面中，原始的文本（在分析时通常是句子）或者原始的意义（在综合时）获得了一定的形式化形象，被称为是句子在相应层面上的体现形式。我们将主要讨论深层句法体现形式和表层语义体现形式。

　　在我们感兴趣的两个层面中，句子每个层面上的体现都包括：(1) 相应层面的结构，(2) 句子交际结构的信息（主位和述位、已知和新知[①]、预设和判断、

[①] 一些研究者把术语"主位"和"已知"、"述位"和"新知"都作为同义词使用。在"意义⇔文本"模式采用的概念体系中，这些术语表示的是相互有联系但却不尽相同的概念，因为对有些句子无法用一对概念来解释其交际层面的组织结构。例如，我们来分析下列句子的交际结构：В составе финишировавшей группы было пять голландцев и поляк 和 В составе финишировавшей группы были пять голландцев и поляк. 在中性语调情况下，两个句子的主位—述位切分是相同的：В составе финишировавшей группы было ⟨были⟩ 是主位，пять голландцев и поляк 是述位。然而，在这两个句子中对已知—新知的切分是不同的。在第一个句子中 пять голландцев и поляк 是新知，而在第二个句子中这一组合可能是已知，这时，已知处在句子述位的位置上。把两个句子按照已知—新知切分时，其区别的表达手段是主语词组 пять голландцев и поляк 与动词谓语的不同匹配关系。在数的一致关系缺失时（было），主语是纯分类性名词词组（≅"六个人，其中五个是荷兰人，一个是波兰人"——新知），而当数（были）的一致关系存在时（были），主语可能是证同性的名词词组（≅"正是那五个荷兰人和一个波兰人，关于他们已经说过了"——已知）。

逻辑重音和加强语气),(3)不同节点的所指性—非所指性—共指性的信息,(4)关于一些单位对另外一些单位作用域的说明。

句子体现形式的主要部分是它的结构。在本研究的框架内有两种类型的结构——深层句法结构和表层语义结构特别重要。

1.3 深层句法结构(ГCC)

ГCC——是带有组成成分的关系树形图,在树形图中,箭头不仅可以链接一些单独的节点,而且可以链接成组的节点①。在深层句法结构的节点上是深层句法语言的词位名称及其必须的特性,而关系箭头对应的是深层句法中普遍性(对所有语言)从属关系的一种。我们首先描述深层句法语言的词汇,然后再描述它的句法。

深层句法语言的词汇单位包括:(1)自然语言中所有有语义含量的词汇,(2)每个被集结为一个统一节点的成语单位的名称,(3)抽象的深层句法词汇,用来解释有语义含量的表层句法关系,(4)语言的整个构词体系预示出来、用以保持迂喻法某些规则共性的抽象的潜在词汇。

深层句法关系包括六种题元关系(自然语言中没有多于六价的述谓词——见Апресян 1974),还有并列关系、限定关系和接续关系。并列关系描写不同类别的并列结构。限定关系描写定语结构、状语结构、同位语结构、数量结构、限制结构和

---

① 由于句子成分中的某个单位具有不同的作用域,因而产生了语义上的差别,而这些语义差别必须在句法体现形式中表现出来,这一必须性决定了在关系树中引入组成成分。句子 Мальчик не болел пять дней 有两种理解:(1)"小男孩在过去的五天内没生病"和(2)"小男孩生病不到五天"。在第一种情况下,否定语气词 не 的作用域只是动词,而在第二种情况下,否定语气词 не 的作用域是动词及时间长度状语。这些区别通过句法结构体现出来更合乎情理(1')……没有←生病→天……(没有组合关系)(2')……没有←[生病→天……](有组合关系)。详情见博古斯拉夫斯基的研究(Богуславский 1978б)。在文献[Гладкий 1979]中不主张用成分的局部添加方法,而运用总体组合结构来区分句子的同形异义现象,因为总体结构中总是既包含关系信息,也包含成分信息。此外,目前有了更有力的结论证明:在一般情况下,最佳句法结构不是树形图,虽然它带有组成成分,而是具有更加复杂形式的图表。譬如,在文献[Санников 1979]中表明,像 Я никому и ничего не говорил 这样的句子的结构,合乎情理的表达方式不是用传统的树形图,见下图。

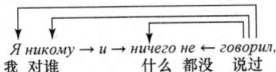

而是用图表的形式(见下图),因为,没有任何内容根据可以认为,在上述句子中没有充填动词 говорить 的第二个配价。但是,在本研究中我们不会冒险对句法结构概念做如此深层的修正,而是运用正文文本中列举的相当传统的概念。

说明结构、纯限定结构和其他一些结构;接续关系描写各种类型的插入结构。

深层语言的句法就本意来说是通用性的,所以深层句法关系应该是无语义的。这意味着具有语义含量的所有表层句法关系在深层句法层面都应该是可以被阐释的,也就是被转化成第(3)组的抽象词汇。这样一来,在深层句法词汇中反映出来的表层句法关系的数量应该比以前预计的更多,而且这些关系应该比现有的表层句法模式中的关系更微细。这主要涉及状语性和限定性表层句法关系。为了说明问题,下面我们来研究状语关系中的一个例子——一些带副动词的状语结构。

在俄语副动词结构的研究中(例如,最新的研究见 Богуславский 1977)通常会指出:相对于述语动词而言,副动词的前置和后置具有区分意义的作用。在多数情况下,前置的未完成体现在时副动词表示行为的同时性(5ⅰ),而后置的副动词表示实现行为的方法、方式或状态(5ⅱ)。

(5ⅰ) Сочиняя музыку, он ходит по комнате. ("作曲时,来回走动")

(5ⅱ) Он ходит по комнате, сочиняя музыку. ("一边来回走动,一边作曲")

显然,(5ⅰ)和(5ⅱ)之间语义上的差别应该在某种程度上反映在表层的句法体现形式中。保持这种差别的最自然方式就是引入两种不同的表层句法关系,例如,为(5ⅰ)引入时间状语关系;为(5ⅱ)引入行为状态变化的状语关系。这时,X $\xrightarrow{\text{обст-время}}$ Y 这类的亚树形图将通过(5′ⅰ)深层句法规则改写成带有抽象词"同时性"的亚结构,而 X $\xrightarrow{\text{обст-мод}}$ Y 这类的亚树形图将通过(5′ⅱ)深层句法规则改写成带有抽象词"状态变化"的亚结构:

(5′ⅰ)

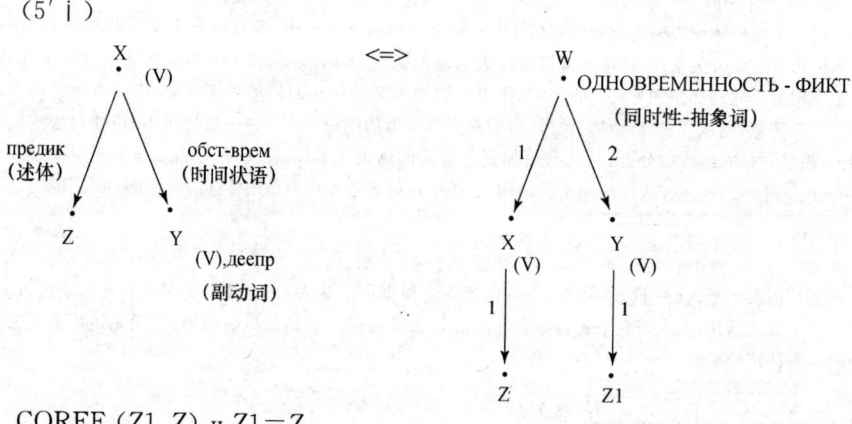

COREF (Z1, Z) и Z1 = Z.

(5′ⅱ)

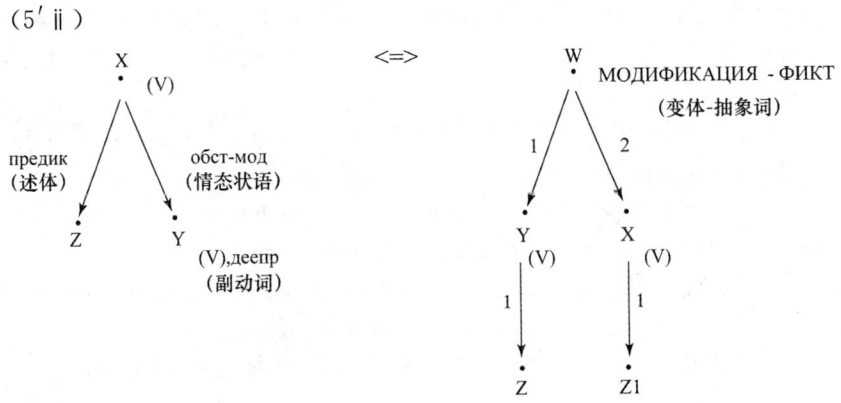

COREF（Z1,Z）и Z1＝Z

显然,对深层句法的每一个抽象词都应该有单独的注释,即该注释应区别于对自然语言中外形与其相同的词语的注释。在词典中,抽象词应该有单独的词目。

由深层句法语言的词汇和关系构成深层句法结构。我们前面说过,位于深层句法结构的节点上的是深层句法语言词位的名称及其必须特性。由非抽象词位名称标注的节点的必须特性包括：节点的深层句法特征的信息,即它是哪个参与项的哪种词汇功能意义；有语义含量的法位的信息,即由被报道事实的实质决定,而不是由语言的匹配性句法规则决定的那些法位。

（6ⅰ）句子 Похолодание вызвало смерть черепах 的深层句法结构显示如下(有少许简化)：

(6′ⅰ)

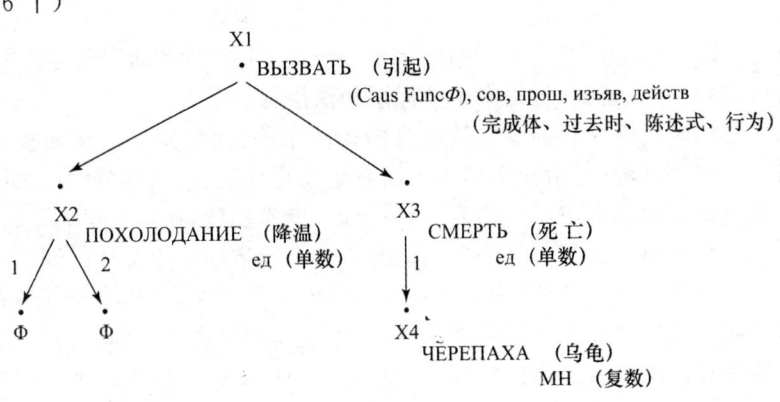

按照在深层句法语言中确定的迂喻法的通用的词汇规则和句法规则,由(6′ⅰ)可以得出(6ⅱ)—(6ⅶ)以及许多与(6′ⅰ)同义的句子的深层句法结构。

(6ⅱ) Похолодание вызвало гибель черепах.

（根据 X⇔Syn(X)同义词替换规则,*смерть* ⇔ *гибель* 互换）,

(6ⅲ) Похолодание привело к смерти черепах.

（根据上述替换规则,*вызвать* ⇔ *привести к* 互换）,

(6ⅳ) Смерть черепах проистекла из-за похолодания.

（根据 X⇔Conv21(X)变码替换规则,*вызвать* ⇔ *проистечь из-за* 互换）,

(6ⅴ) Похолодание было причиной смерти черепах.

（根据 X⇔Copul S1(X)系词＋名词替换规则,*вызвать* ⇔ *быть причиной* 互换）,

(6ⅵ) Смерть черепах была следствием похолодания.

（根据 X⇔Copul S2(X)系词＋名词转换规则,*вызвать* ⇔ *быть следствием* 互换）,

(6ⅶ) Черепахи умерли из-за похолодания.

（根据 X Y⇔Y $\xrightarrow{attr}$ Adv1B (X)定语→状语转换规则,*вызвать смерть* ⇔ *умереть из-за* 互换）

关于深层句法层面的地位时常成为争论的对象,因此需要作补充论证。

当对句子体现形式的层级进行界定时,最好综合参考下述语言事实来论证进行这种界定的必须性：(1) 这些语言事实具有相同的本质性能（譬如,可在表层词法层面上被描写的有词形变化的词法手段、可在深层词法层面上被描写的有词形变化的词法范畴、可在表层句法层面上被描写的该语言特有的句法结构）；(2) 这些语言事实相互紧密关联,以至于描写一个事实必然引起对另一个事实的描写,而且对所有相关事实的描写可以用同一种形式语言来完成；(3) 在其他任何层级的句子体现形式中,这些语言事实都不可能被描写得如此简明和完整。

可以列举全部的三种依据来论证深层句法层面。

如果说词法层级描写的是自然语言的词法结构,而表层句法层面描写的是自然语言的句法结构,那么深层句法层面就是描写词汇（包括部分构词）的工具,即描写自然语言的词汇组织结构的最好工具。确实如此,在这个层面上,是用词汇函数—参数术语来描写自然语言词汇的非自由性搭配。用其他的词汇函数术语（特别是——S_0, A_0, Adv_0, V_0, S_i, S_{res}, S_{loc}, S_{instr}, A_i, $Able_i$, Adv_i)来描写语言的某些常规性的和能产型的构词模式,以及其不仅在传统的构词领域,而且在异干构词和所谓的语义构词领域（常规多义性）中具体的词汇表现。还有一种词汇函数类型(Syn, Conv, Anti, Gener, Mesur, Sing, Mult 和其他许多类)可以描写自然语言词汇的基本语义(非逻辑的,非百科式的)类别。题元性深层句法关系(1—6)描写的是自然语言述谓词的配价性能,即述谓词支配这些句法从属成分的能力,而这些句法从属成分的存在与否是由述谓词的语义特性决定的。最后,用词汇函数和深层句法关系术语可以表述迁喻法规则——语义支配关系,用这样的支配关系能描写自然语言词汇的广义上的同义现象,并能展示出上述所有类型的语言对应客体(见(6ⅰ)—(6ⅶ))之间的深层联系;关于词汇功能和迁喻法规则见[Жолковский 和 Мельчук 1967]。

总体上讲,引入深层句法层面不需要任何其他论据。但是,不能不指出,用来记述句子深层句法体现的形式语言还有两个更有价值的功能:第一,这种语言具有专门的深层句法词汇,用这些词汇可以解释有语义含量的表层句法关系;第二,相对于具体的自然语言来说,词汇函数起着语言学概念的作用;对于所有语言来说,词汇函数获得了元概念体系的地位,并可以作为普通语言类型学通用的元语言来使用。

1.4　表层语义结构(ПСемС)

在最初的"意义⇔文本"模式中,并没有打算将句子体现的语义层面进一步划分为若干个次层面。这个层面的主要客体就是语义体现,而它的基本成分就是语义结构,这种结构具有连贯的、有指向性的图形。图形中的每一个节点都对应着语义语言的某个语义构件词。假设这个图形可能是带"口袋"的图形是合乎情理的,也就是说,这个图形的肋线(弧线)连接的不仅是一些单个的节点,而且是成组的节点。

语义结构中包含的所有纯语义信息无一例外全部集中在图形的节点上。图形的弧线——关系箭头——本身不带有任何意义信息,而只是指明这些意义(节点)的句法组织①。

同一个句子可能对应几个(有时相当多)语义结构,但是这些语义结构相互之间的区别不是原则性的,而只是在意义体现的细微程度上。在所有语义结构中有一种典型的语义结构,这种结构都是由最简单的(不可再分的)意义元素,即独特的"意义核"组成,这些意义元素的不同组合构成了各种自然语言中现实语

---

①　Ч. 菲尔墨(Fillmore 1968)的"格语法"曾一度产生了广泛影响(试比较,Schank 1972)。在格语法中,述谓词(首先是动词)的配价有某些意义或角色——施事、来源、契约方、目的、工具、地点等。在本作者的一系列论著中,特别是在专著(Апресян 1974)中形成了相似的有语义含量的配价体系。在文献[Мельчук 1974б]的概述中对这些语义语言的准确性提出了质疑。对这个问题的长期思索使我们得出一个结论,对语义语言意义的编码确实应该统一形式。如果为语义语言编码时使用两种不同的手段——词语和箭头,就会出现一个不会有原则性答案的问题:哪些意义应该用词语编码,而哪些用箭头。

言单位的意义。

　　根据推测,语义图形的语言是通用的——统一使用于人类所有语言。显然,所有自然语言中的所有相互同义的句子都应该被表现为同一语义体现形式——用语义语言表现这些句子统一的共同的形象。

　　建立这种语义语言始终是语言语义学的终极任务,但如果从现代研究的实际经验来看,在该领域取得可信成果的前景显得有些渺茫。

　　我们以为,下面要阐述的关于句子体现形式的表层语义层面的思考,和上述对更深层研究的前景的评价一样,反映的正是目前语义问题研究的实际经验。

　　首先应该以最确定的方式强调一下,在现代语义学理论家中,可能除了 A. 维日彼茨卡(Wierzbicka 1972)之外,没有人研究如此深层的语义结构。大多数研究者使用的是比较表层的语义语言(譬如,Fillmore 1969, Мельчук 1974a, Падучева 1974),而很多人根本不使用任何专门语言,只满足于把迂喻法作为解释句子意义的基本手段(譬如,McCawley 1971, Lakoff 1971, Chomsky 1971)。

　　在我们看来,这种情况不是偶然的:它反映出的不是研究者的别出心裁,也不是科学发展历史中的一个暂时阶段,而是被研究对象的某些基本特性。

　　我们认为,自然语言语义的民族独特性是这些特性中的主要特性。这种独特性具有很多不同的表现,其中首先应该注意的是句子必须表达某些意义这一事实。

　　当说到某种自然语言中某些意义被表达的必须性,通常所参考的都是语法范畴和语法词的意义(见 Сэпир 1934, Jakobson 1959, Мельчук 1960)。这类最常见例子就是斯拉夫语言中的"体"和罗曼语言中的"冠词"。例如,俄语动词形式通过体的语法范畴表达行为的完结性或未完结性,而法语动词形式,尤其是动词不定式或形动词形式,可能表达不出来这种意思①;另一方面,法语名词通过

---

①　有关"体"的例子在另一个方面也很有代表性。众所周知(见 3.3 中的文献和例证),在像俄语这样的语言中,纯体学意义与词干的词汇意义紧密地交织在一起,使得无法脱离词汇意义来单独地注释体的意义。所以,每个俄语动词实际上应该被注释两次——未完成体形式和完成体形式。而在没有体的语言中每个动词词位只有一个注释,而且,即使对不同语言中在最大限度上相对应的动词进行注释时,如:начать-начинать 和法语词 commencer,也很难预期,无体动词这种唯一的注释会与有体动词的两个注释中的哪一个相吻合。这就出现了悖论的情形:一方面,начать, начинать 和 commencer 应该得到不同的语义体现,否则,俄语语义特色将不能得到描写;另一方面,它们应该得到同样的语义体现,否则,语言之间的同义现象将不能得到描写,也就是 начать-начинать 和 commencer 互译性的事实不能成立。在意义只有一个体现层级的形式模式中,这一悖论现象无法合乎情理地解决。将语义层级拆分为两个新的次层面提供了解决矛盾的可能性:在第一个层面中描写民族语义(其中包括 начать 和 начинать 之间的区别),而在第二个层面中描写通用语义(其中包括语言间的同义现象)。

冠词必然要表达确定和不确定的意义,而在俄语名词中,只有当表达的内容要求时,这种意义才被表现出来。

需要指出,要表达某些意义的必须性并非是语法独有的特性,词汇也是如此。譬如,可以发现,与法语相比,俄语要求讲话人要从行为实现方式的角度更详尽地描述行为,不论被报道的实质内容是否要求这样的细节化。

在俄语中"中止在某处存在"这一意义根据主体移动的方式(走、飞、游、爬)不同,分别由不同的动词——выйти, вылететь, выплыть, выползти 表示,而在法语中,这个意义只用一种形式——一个动词 sortir 表达。虽然俄语中有动词 покинуть 表达相应行为(离开)的"种别"意义(родовой,相对于 видовой——类别,是类别的上一级抽象等级——译者注),但是在中性的修辞和语义语境中应该说:

(7ⅰ) Собака вышла из конуры,

而不能说:

(7ⅱ) ?Собака покинула конуру.

而在法语中,如果需要用强调的形式表达这一意义,即某一行为主体(例如,就是那条狗)是以走动的方式,而非其他移动方式离开某个地方,可以说 sortir en marchant,但是,当没有这种专门的意义要求时,应该只用动词 sortir. 在中性语境中说:

(8ⅰ) Le chien est sorti de sa niche,

而不能说:

(8ⅱ) ?Le chien est sorti en marchant de sa niche.

在俄语和法语中,表示"克服空间障碍"意义的动词也是以完全相似的方式构建的:俄语中 переправиться (через границу), перелететь (через Альпы), перепрыгнуть (ров), переплыть (реку), переступить (порог) 等动词表示的"类别意义"与法语中的同一个"种别动词" franchir (la frontière, les Alpes, un fossé, un fleuve, le seuil) 相对应。在这些条件下,俄语中从语义和修辞上都可以看出,使用的是种别意义"преодолеть";而在法语中,从语义上可以看出,使用的是被分解的类别意义的称名"franchir le fleuve à la nage"(游着渡过河流)。换句话说,在中性条件下,对离开某地和克服空间障碍的话题,俄语中以必须的程式传递出来的信息要比法语中的多。

不仅是具有移动意义的动词特有类似的区别,而且带有空间状态意义的动词也有这样的区别。按照俄语习惯，句子（9ⅰ）和（10ⅰ）有些不正常或令人怀疑：

（9ⅰ）Поль находился у окна.

（10ⅰ）?Не находись у окна!

相应的意思应该这样表达：

（9ⅱ）Поль стоял у окна.

（10ⅱ）?Не стой у окна!

虽然这些情景中的主体"以腿做支撑，以直立的状态位于窗边"这个事实对于说话人来说，可能并不重要，但这个"多余"的意义在俄语中是自动表达出来的。与句子（9ⅱ）和（10ⅱ）对等的法语翻译是句子（11ⅰ）和（12ⅰ），就其字面意义而言，这两个句子更符合句子（9ⅰ）和（10ⅰ）：

（11ⅰ）Paul se trouvait près de fenetre.

（12ⅰ）Ne reste pas près de la fenetre!

上文中引号内强调的意义，在法语中只有当内容上有要求时才能表达出来：

（11ⅱ）Paul se trouvait debout près de fenetre.

（12ⅱ）Ne reste pas debout près de la fenetre!①

这里，在词法实例和语义实例之间发现有深层的相似。众所周知，词法范畴可以划分为受句法制约的范畴和不受句法制约的范畴（试比较：动词的数、性、人称，形容词的格、数、性，名词的格具有句法制约性；动词的时、体、式，形容词的比较级，名词的数不具有句法制约性）。另一方面，大家也熟知（见 Иомдин

---

① 在文献［Гак 1966，Гак 1972，Розенцвейг 1972］中收集了很多这类实例。法语词汇中种别词的最大作用通常被解释为它的抽象性（试比较，Ullmann），而在动词范围内，俄语类别目录的细致性与带前缀动词构词的丰富性有关。对所举例子再作一补充，试比较法语的 couper, de'couper 和俄语的 резать, вырезать, нарезать, обрезать（бахрому），отрезать, перерезать, подрезать, прорезать, разрезать, срезать, стричь, остричь, отстричь, постричь, состричь；法语的 laver 和俄语的 мыть, вымыть, отмыть, перестирать（все, многое），промыть, смыть, стирать, выстирать, отстирать, перестирать（все, многое），простирать。法语本身也会强制讲话人根据行为客体对行为作出较为详细的分类。与俄语动词 срезать 相对应的是法语动词 couper（见上文），ebarber（砍去多余的、不平的部分），ebrancher, elaguer（修剪树枝），rogner（剪掉……末端 — 指甲、页），tondre（剪毛、毛质的外皮），与俄语动词 измерять 相对应的是法语词 arpenter（丈量土地），cuber, jauger（测量面积、容积），sonder（测量深度）。不再繁加例子。不同语言间语义的不对称性现象早就成为研究对象，而有关语言能够强迫人表达一定思想的想法，以罕见的光鲜和力度发展成了萨丕尔-沃尔夫语言相对论的假设，尽管可能与事实并不完全相符（见［Kluckhohn 1961］中的一个非常好的综述）。

1979），几乎对于每一个句法上受制约的范畴来说都存在一个或几个句法结构，在这些结构中，该范畴是有语义含量的。（例如，在"красный и белый шары"这类的并列结构中，"一个红球和一个白球"的意义正是通过形容词的数，而不是用名词的数表达出来的）。

在表层句法结构中，有关受句法制约的范畴的信息可以被忽略，除非它有语义含量。

上述事实表明，无论意义的性质如何，其意义被自动表达出来的情况在相当的程度上是相似的：在有些情况下，这种意义的表达可能是被动的，即纯自动的；而在另一些情况下（例如，在重音突出和对比的条件下），这种意义的表达可能与讲话人的意向完全吻合。

显然，这些意义的使用规则与受句法制约的范畴的使用规则应该是相似的：在第一类情形中，被自动表达的意义不具有相关性，可以被消除（或生成），而不会对报道的实质内容造成损失；而在第二类情形中，这些意义与报道的内容相关切，应该保持不变。

由于翻译的任务不同，这个问题的重要性显得尤为突出。从一种语言到另一种语言的完全对等的翻译应该没有语义流失和语义增添。但是，从我们刚刚比较过不同语言语义非对应性的事实来看，这是个很难达到的理想目标。实际上，当从俄语翻译成法语或从法语翻译成俄语时，我们应该知道，在什么情况下，"完结性—非完结性"、"确定性—不确定性"、"在空间中移动的方式"和"在空间中存在的方式"等意义可以被消除（或生成），而不会对等同翻译造成严重的损失，而在什么情况下消除（或添加）这些意义可能导致对被译文本实质内容的曲解。

由此，我们在自然语言句子的意义中发现两个不同层面或层级——民族的和通用的。为了达到通用的、最深的语义层面，必须善于在特定情况下消除该语言中必须要表达的，即具有民族独特性的意义。

从这些阐述中已经得知，在"意义⇔文本"这一形式模式中，应该有两个意义体现层面——表层语义层面（民族语义层）和深层语义层面（通用语义层）。在第一个层面上反映的是相应句子表达出来的所有意义，包括不具相关性的意义；而在第二个层面上只反映那些对于报道具有重要性的意义。

还有一个理由可以把语义层级划分成两个次级层面——表层语义层面和深层语义层面。

正如我们所述,每一种自然语言的"意义⇔文本"模式都应该在形式上表现出该语言句子之间的同义关系。

我们上面提到的那些必须的、具有民族独特性的意义可能恰好会进入某种自然语言同义句的意义中。因此,应该在进入深层语义层面之前确立句子间的同义关系,因为在深层语义层面上这样的民族独特性将被消除。

自然会产生一个问题:能否不在表层语义层面,而在深层句法层面上来描写这些关系?因为在深层句法层面上有专门为此设定的迂喻法表达规则体系(见(6ⅰ)—(6ⅶ))。但事实上,在深层句法层上表现出的远非这类关系的全部。深层句法规则可以保障(6ⅰ)—(6ⅶ)同义迂喻法表达,但却不能保障某些关系更准确的同义迂喻法表达(6ⅰ)⇔(14)。

(6i) Похолодание вызвало смерть черепах.

(13) Понижение температуры воздуха было причиной смерти черепах.

(14) Температура воздуха упала, и это было причиной смерти черепах.

与句子(13)相符合的是(简化的)深层句法体现形式(13′)。

(13′)

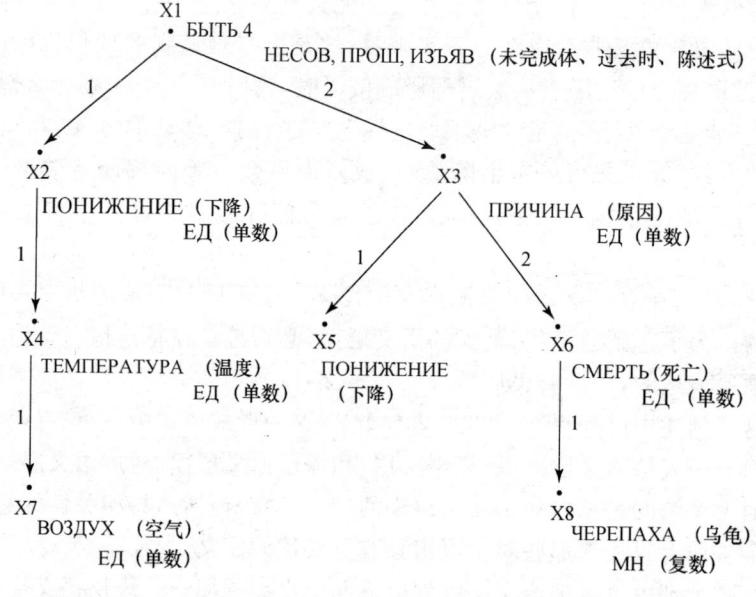

COREF(X5, X2)

在深层句法层面进行(6′ⅰ)⇔(13′)的转换是不可能的,因为在深层句法结构中,每一个词汇单位都以"集合"的形式出现,像一个统一的整体,而为了完成(6′ⅰ)⇔(13′)之间的转换,必须运用可以构成该单位的那些单个的语义元素,也就是最终使用注释,或语义体现形式的方法。(6′ⅰ)—(13′)的同义现象不是直接确立的,而是通过表层语义层面确立的,因为在这个层面上,这两个深层句法结构的表现形式是一样的——都是(6″ⅰ)的表层语义结构形式(见下文)。

必须用词汇注释的方法来阐释同形异义现象之间的关系。关于这一点,最好回顾关于语言学问题争论的一段历史,这场争论最终导致了所谓的生成语义学的产生。

解释语义学的早期基础理论在卡茨和波斯塔尔的研究(Katz and Postal 1964)中曾有阐述,后来被乔姆斯基接受(Chomsky 1971),并以完善后的形式用作语言的"扩展的标准理论"的一部分。在解释语义学的诸多反对意见(见 McCawley 1968,Lakoff 1971)中有下列观点:句子类型(15)为例,

(15) John almost killed him.

这类句子是同形异义句,可以有如下三种解释:

(15′) "乔治已经快到要做出能杀掉他人的行为的地步了,但没做出来这个行为"(譬如,已经准备好,拿着刀子冲向他,但是克制住了)。

(15″) "乔治已经做了某种能够杀死他人的行为,但是没能杀死他"(譬如,从山上扔下或突然推滚石头,石头滚落到了对下面站着的人构成危险的很近距离之内)。

(15‴) "乔治做了某种能致他人处于接近死亡状态的事"(譬如,用刀子砍)。

在乔姆斯基的理论中,转换规则的客体不是语义体现形式,而是深层(句法)结构,因此,这一理论不能解释同形异义现象,因为在深层句法结构中所有词都以"集合"的形式出现。然而,为了解释这种同形异义现象,必须允许副词 almost 不是对 kill 整个词起作用,而是对这个动词注释中的不同语义成分起作用。

(16) kill≌'cause to begin to be dead'.

almost 的作用范围可以是成分 'cause','begin' 或 'be dead'。在第一种情况下得出例句(15′)那样的理解,在第二种情况下得出例句(15″)那样的理解,在

第三种情况下得出例句(15‴)那样的理解。

由于解释语义学无力解释这种或其他类似的同形异义现象,乔姆斯基的反对者们建议用更有说服力的理论——生成语义学来取代它,当作解决这个问题的必需武器。

赞成和反对上述描写的论据都很多。其中,乔姆斯基在回应批评者时可能亦不无根据地认为,这里的问题不是语言的多义性(同形异义),而是现实情景的不确定性(见 Weinreich 1966),而这种不确定性原则上不应该用纯语言学模式来描写。但是,即便乔姆斯基在解释这个具体例子时是正确的,也不能否认,这类现象在语言中是存在的(见下文 4.2),语言的形式化模式应该有能力胜任对这类现象的描写。不对语言的意义单位作十分详尽的注释,要完成这个任务是不可能的。

因此,在表层语义层面——民族语义层面中应完成以下任务:(1)阐释句子表达的所有意义,包括那些语义上不具相关性的必须(受制约)意义;(2)阐释该自然语言句子之间的同义关系(民族性同义现象),从而展示语言中不同内容单位之间(包括不同性质的单位之间)的体系性语义联系;(3)阐释该自然语言句子之间的同形异义关系。

在深层语义层面——通用语义层面中应完成以下任务:(1)消除所有语义上不具相关性的意义;(2)阐释不同(理想情况是所有的)自然语言中句子之间的同义关系。

我们提出的把先前统一的语义层级分为两个新的次语义层面的划分,与句法层级上相应的划分具有并非偶然的相似性:表层句法层面是描写该语言特有的"民族性"句法结构的层面;而深层句法层面是消除民族句法独特性的层面,即适用于所有自然语言的统一通用句法层面。

现在我们尝试用最概括性特征来描写句子意义体现的两个层面上的语言,以及由这些语言材料构建的语义结构。

根据上文所述,理论上是把基本的通用语义语言作为深层语义语言,这种语言的词汇主要由语义构件词组成,语义构件词是物体的名称或者最简单的、主要是一价或二价述谓词的名称。这些词按照"述体—参变量句法"规则构建深层语义结构——实质上就是在 1.1 中讲过的那些典型结构。

表层语义语言在其词汇和句法上都与深层语义语言不同。

既然表层语义语言是用来阐释民族语义的,所以其词典的主要部分就应该由该自然语言中成语化程度最小、足够简单、但未必是最基本的词汇组成,这样的选择是为保证这些词汇在表层语义语言中没有同义词,每个词都只使用一个意思。这样一来,表层语义语言词典就成了相应自然语言词汇经过急剧简化(简化不能少于两个级)和标准化(消除同义、多义和同形异义现象)处理后的产品。

另一方面,既然在通常情况下表层语义语言的词汇都是非基本词汇,那么表层语义语言词典应该:(1)比通用语义语言词典的容量大得多,(2)除了一价和二价述谓词外,还包括带有更多价位的述谓词。

至于表层语义语言和深层语义语言在句法方面的区别,则是直接源于各自述谓词的词汇本质属性:与深层语义语言不同,表层语义关系中包括的不仅是两种题元关系,而是 5—6 种题元关系(试比较,1.3 节中关于深层句法关系的观察)。正如我们所见,表层语义语言的句法与其词典不同,不是选自于自然语言,而从头至尾都是构建的。

表层语义结构是由表层语义语言及其句法关系构建而成的。在大多数情况下(不过,当然远非是任何时候),表层语义结构是用语义体现形式替换相应深层句法结构的意义单位(词和法位)的第一步骤的产品。必须用语义体现形式替换的是所有的法位,以及那些或者与表层语义语言中的所有词都不吻合,或者不符合语义转换规则要求的词汇单位。

举($6″ⅰ$)的表层语义结构(简化的)为例,这一表层语义结构适用于($6′ⅰ$)深层句法结构,进而也适用于句子($6ⅰ$);($13′$)及与其相对应的句子(13)的深层句法结构在这个表层语义结构中也得以表现[①]。见($6″ⅰ$)。

[①] 在($6″$)的表层语义结构中,得到足够充分体现的只有语义分析的一个重要结果——把法位和词位分解为更基本的意义。由于语义图表中语言的不可分析性,这个结构中几乎完全没有关于意义的等级组织("口袋"、意义的填充和交叉)的信息,这些信息原本可以成为图表的指南,即说明书,指出应该如何从表层语义结构中解读出深层句法结构。

我们发现($6″$)的表层语义结构有两个结构特点:(1)代表语法意义形象的片段位居表层语义结构的绝对最高点(不从属于其他任何节点的那些节点)。表层语义结构中"语法"片段的这一形式化特性有一个非常自然的解释:在俄语中,任何一个法位的意义都是述体,其参变量是词位的意义,而且由于不同范畴的法位的独立性,法位意义本身不能成为其他任何项的参变量。(2)在($6″$)的表层语义结构中,每一个节点都有附带成分——变项。在这种条件下,很容易区分进入节点的是同一所指的名称(同一个变项),还是具有同一个名称的不同所指(不同变项,如,X_1,X_2,X_6,X_{12})。此外,图表形式向代数式(括号式)记录方式的自然转换将成为可能。

(6″ј)

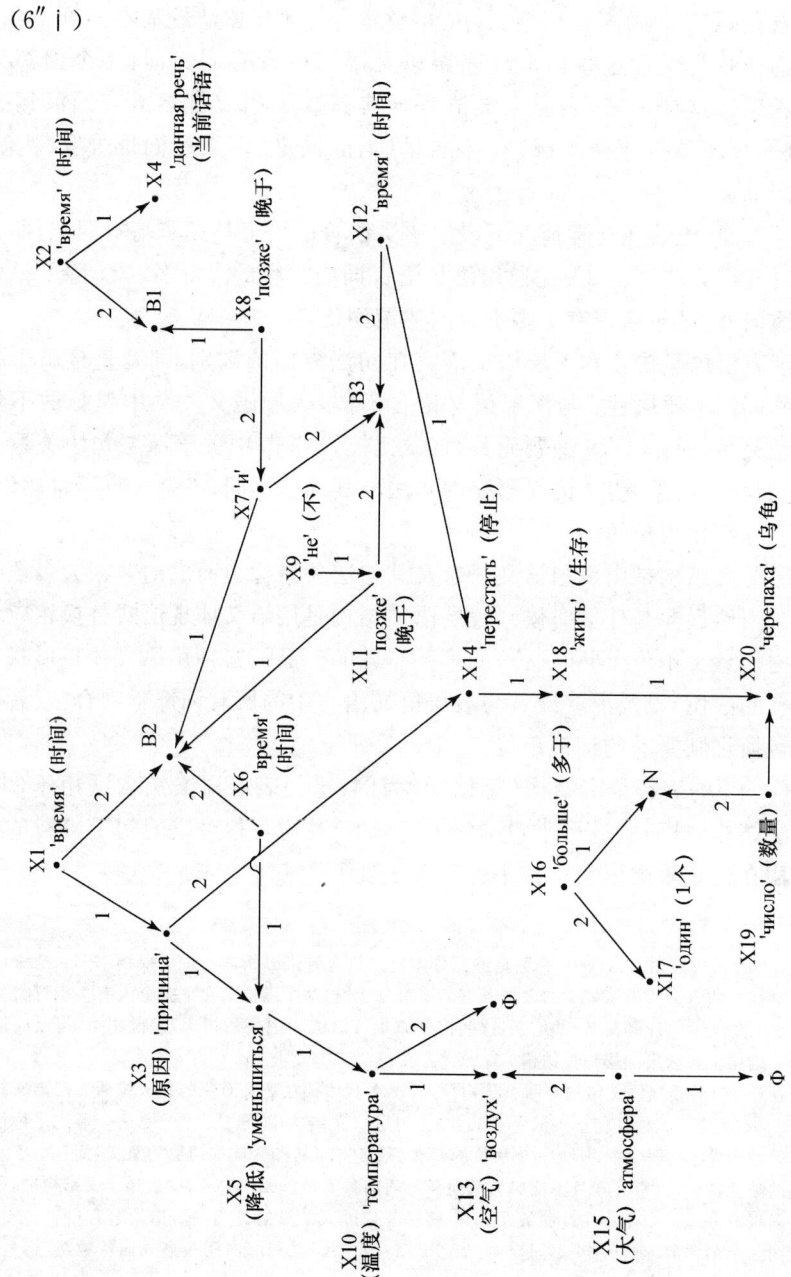

这一表层语义结构把(6ⅰ)中所使用单位的意义表现为下列内容体现形式：

(17) Похолодание ≌ "空气温度的下降"。

(18) X вызвал Y ≌ "在时间点 B_2 上发生情况 X；在时间点 B_3 上发生情况 Y；X 是 Y 的原因；B_1 是当前话语时间；B_1 比 B_2 和 B_3 都晚；B_2 不能晚于 B_3"（对动词 вызвать 的词汇意义及过去时、陈述式和完成体等法位意义的略有简化的注释）。

(19) Смерть Z-ов ≌ "数量超过一个的 Z 停止了生命的事实"（对 смерть 一词的词汇意义和 Z 的复数法位意义的注释）。

在语义问题研究的目前状况下，无法说出关于语义语言、深层语义结构和表层语义结构更加确切的东西。鉴于很多问题，特别是涉及表层语义结构的问题还不清楚，在本研究中我们将使用通过注释的方式来阐释意义的较习惯的形式。但是，我们的注释（见上文所举例子）在很多重要性能上与语言生成模式中使用的迂喻法和传统词典学释义不同。

在本研究中，我们把对单位 X 的注释理解为是用有限的标准化了的语言表述的句子，这种句子的构建要遵循以下要求：(1) 句子应该与被注释的单位 X 完全同义；(2) 应该将被注释的意义简化为更加简单的意义——表层语义语言词汇（见上文）；(3) 这些更加简单的意义应该尽量地宏观，以不违反第(2)条的要求为限；最后一个条件意味着，应该将被注释单位 X 简化到该单位的"直接语义成分"为止，而不是简化成最小的没有修饰的词汇—意义。在文献[Апресян 1974]中有对所有这些要求的论证。

我们认为，对于解决表层语义层面的三个主要任务——阐释民族语义，以及民族语言中句子之间的同义关系和同形异义关系来说，意义体现的细微程度只要能达到语言单位注释中的程度就已经足够了；另一方面，这样的意义体现细微程度是绝对必须的：正像下面将要详细展示的那样，如果不对语言单位进行注释，而只是以集合的形式使用这些单位，我们将失去借助简单的原则性规则来阐释自然语言很多句子之间的同义关系和同形异义关系的可能。

1.5 表层语义成分的任务

"意义⇔文本"模式的表层语义成分的任务就是确立深层句法体现形式和表层语义体现形式的多种多义对应关系，也就是：

(20) {ГСП} ⇔ {ПСемП}.

下面我们将分析(20)的对应关系，精确到各自的结构，而且只沿着分析方

向,即沿着深层句法结构向表层语义结构的方向

(21) (ГСС)→{(ПСемС)}.

对研究范围的这种限制是因为,关于反向的,即由表层语义结构向深层句法结构的对应关系

(22) (ПСемС)→{(ГСС)},

目前除了通过把语言意义单位的表层语义结构叠加到某个句子的表层语义结构上的方法来确立这种关系之外,几乎说不出其他任何确定的东西。关于除了全面逐一选择的方式,还有什么方式可以为给定的表层语义结构选择出有语义含量的单位——词汇和法位,它们既能保证完整覆盖表层语义结构的意义,又能不表达任何多余的意义,对于这样关键性的问题,作者也不知如何回答。

阶段(21)可分解为一系列清晰的区分步骤(非时间上的,而是纯逻辑的),其中第一步是进行对给定的深层句法结构做语义阐释的准备工作。我们来解释一下这里指的是什么。先分析下列句子:

(23ⅰ) Он едет в Москву.

(23ⅱ) Он уже (ещё только) едет в Москву.

(23ⅲ) Он завтра едет в Москву.

句子(23ⅰ)是多义的:它既可以像(23′)那样理解,也可以像(23″)那样理解。

(23′) "在讲话时刻他乘车去往莫斯科",

(23″) "在讲话时刻之后的某一时刻,他将乘车去往莫斯科,而且是讲话人或者讲话人认识的某个人有让他乘车去莫斯科的打算。"

与此不同,(23ⅱ)与(23ⅲ)都是单义的,并且,(23ⅱ)只理解成(23′)的意义,而(23ⅲ)只理解成(23″)的意义。

句子(23ⅰ)产生多义的原因在于:未完成体法位有几个不同的意义,其中包括时间长度行为的意义,即行为可以延展到讲话时刻或某一固定时刻[试比较(23′)]和(与现在时法位搭配表示的)所谓的"打算或即将发生的行为"的意义[试比较(23″)]。由(23ⅱ)和(23ⅲ)可以得出:

(24) (V), НЕСОВ, НАСТ (动词,未完成体,现在时)

这样的动词体的任意形式理解为时间长度意义或者即将发生的行为意义的现实可能性取决于一系列条件。这些条件应该在 ГСС ⇔ ПСемС 的规则中被考虑到:显然,对实际上是同形异义句的(23ⅰ),应该得到两个不同的表层语义结

构，而对于实际上只有一个意义的句子(23ⅱ)和(23ⅲ)来说，只有一个表层语义结构。

正是在向表层语义结构转化的阶段，即当用注释替换法位时，就应该排除把(23ⅱ)理解为(23″)和把(23ⅲ)理解为(23′)的情况。如果不做完这一步，在表层语义结构层面上就会出现虚假的同形异义现象①。

绝大部分虚假的词汇同形异义现象和多义现象应该在临近(ГСС) → {(ПСемС)}转换时刻之前的各阶段上被消除掉。譬如，

(25) Он сказал мне, что нездоров.

在解释这个句子时，应该只关注动词 говорить-сказать 的一个(第一个)词汇意义。另外两个意义(О чём вы с ним говорили? Один мой знакомый бегло говорит по-японски)早在深层词法层面就被消除了，因为它们没有完成体形式(сказал)，这一点在它们的词条中有专门标注。譬如，

(26) Установка не будет работать.

在解释句子时，也应该只考虑动词 быть 的一个(虚词)意义，因为只有这个意义能够具有这样两个从属成分：第一个是一格形式的名词词组，充当主语的功能，而第二个是未完成体动词不定式。动词 быть 的其他意义——方位意义(Где вы были?)、领属意义(У института были прекрасные мастерские)、存在意义(При испытании новых самолётов были случаи аварий)、系词—分类意义(Ночью все кошки Ø$_{быть}$ серы)和系词—鉴定意义(Это был Иван)——都不具有这些性能。动词 быть 意义的序号(在上述情况中)是在表层句法层面上借助分析俄语分析性结构的那些语法规则制定的。再如，

(27) Командный пункт находился под наблюдением.

在这个句子中，所需要的 наблюдение 一词的(第三个)意义是借助词汇函数

---

① 当然，真实的和虚假的同形异义现象之间的界限是相对的。当把(23ⅰ)之类的句子看成是更大语境中的一个元素时，通常只剩下一种可能的理解。如果模式不是检验单个句子意义的形式手段，而是检验整个文本意义的形式手段，那么模式就有能力为很多相似句子选择正确的理解。从另一方面讲，句子体现的层面不同，检验意义的可能性就不同，因此，区分同形异义现象的能力也不同。在句子体现形式的一个层面上(例如，在词法层级上)看上去是真实的同形异义的现象，在更深的层面上可能成为虚假的同形异义现象。因此，当我们谈到虚假的同形异义现象时，指的是在此条件下(包括在句子体现的那个层面上以形式模式具有的那种信息及信息处理规则为基础)可以消除的同形异义现象。在"意义⇔文本"模式中规定的所有转换阶段上都能消除虚假的同形异义现象(和多义现象)——词法的、句法的、词汇的、法位的，并有性质完全不同的规则作保障——词典规则和语法规则。关于这一点见[Апресян и др. 1979]。

的信息在更深的层面——深层句法层面上确定的。在所有词汇函数中，函数 $O\text{-}per_2$＝находиться（под наблюдением）划拨给词位 наблюдение 3 使用，这个函数直接记录在 наблюдение 3 的词条中，而词位 наблюдение 1（Наблюдение явлений дифракции позволило ему сформулировать остроумную гипотезу）和 наблюдение 2（Ему принадлежит одно интересное наблюдение）不具有这个函数。

但是，还有一部分虚假的词汇多义现象和同形异义现象，以及所有的法位多义现象即使在深层句法结构中也没能消除。所以，深层句法结构的语义阐释，即 ГСС→ПСемС 的转换过程，从筛除那些仍未被排除的词位和法位意义开始，这些意义在该深层句法结构具体的词法、句法、词汇和语义条件下不可能实现①。这个筛除过程在意义实现的专门规则的基础上进行，这些规则将在下文分析。这样一来，对每一个深层句法结构而言，进入其成分的词位和法位意义都能形成所有允许的组合。例如，对于(23ⅰ)来说，允许两个意义组合，而对于(23ⅱ)和(23ⅲ)来说，只可能各有一个组合。

在第二步上，深层句法结构的亚树形图被注释（形式上是表层语义结构的亚图形）所替换。在这种情况下，如果被转换的深层句法结构亚树形图包含两个或更多节点，那么可运用意义相互作用的专门规则，这些规则可以阐释词组的表层语义结构的构建规律，词组的表层语义结构是由进入词组成分的词形的表层语义结构得来的。

显然，还应该预见到 ГСС→ПСемС 转换过程中的另一步——借助总体的语义规则推导得出整个句子的表层语义结构，这些语义规则处理的不是深层句法结构的亚树形图，而是表层语义结构的某些特定类型。

为了完成语义成分的上述主要任务，语义成分中应该具有至少下述三类语义信息：

（1）关于语言中所有内容单位的语义特征的信息——用来形成允许的意义组合（ГСС→ПСемС 转换的第一步）；

（2）语言内容单位的注释及其实现条件；

（3）意义相互作用（组合、转换）规则。

现在或多或少地可以看出，还有一些任务，主要是普通语言学理论的元语言

---

① 这一步是 ПСС ⇔ ГСС 转换过程的最后一步还是 ГСС ⇔ ПСемС 转换过程的第一步？这个问题对于我们来说不是一个非常原则的问题；我们认为有更多理由有利于第二种决定。

任务,要求在语义成分中再加入某些语义信息,特别是关于该单位的语义联想或附加意义的信息,以及关于该单位与语言其他内容单位之间语义联系的信息。但是,对于保证 ГСС→ПСемС 的转换而言,前三种语义信息已经足够了,下文将专门讨论这三种信息。

2. 语义特征

2.1 非常规语义特征的概念

"语义特征"这一术语出现在所谓的"意义成分分析"的框架内,表示语言的某个内容单位(通常是词位)与其他内容单位在大部分意义相同条件下相对立的那部分意义。语义特征的这种理解与"区别音位特征"有明显的相似性。"性别"(有"男性的"和"女性的"意义之分)、"辈分"(有"当代"——"上一代"——"下一代"的意义之分)等是语义特征典型的例子。例如,就"性别"特征来说,"父亲"一词与"母亲"一词相对立,就像"儿子"与"女儿"相对立一样。

这些语义特征(我们称为常规性语义特征)可以再现某一词位的部分意义,但在使用注释的体系中绝对不需要这种语义特征。作为理论概念它们已经是明显落伍了。

在本研究中即将提出的语义特征具有完全不同的性质,因此最好应该使用不同的术语名称。在为它们选择名称时,唯一的、但却是决定性的理由就是,它们与句法特征有许多共同特性,因此,按照类推的方式还是选择了"语义特征",而为了防止与传统的(常规)语义特征相混淆,我们将其称为非常规的语义特征。

为了了解非常规语义特征这一概念,让我们回想一下表层句法特征这个更加熟悉的概念①。

众所周知,像 начинать, стать, бросаться, пускаться, давать (А он давай плясать), переставать, прекращать, кончать, продолжать 之类的动词能够支

---

① 看来,深层句法特征这种概念也有意义。譬如,词位在词汇功能术语中的定义就是词位的深层句法特征。这些定义表明,该词位是源自哪类自变量,是哪种词汇功能的意义。例如,在动词 оказывать (доверие〈помощь, влияние,...〉), одерживать (победу〈верх,...〉), производить (атаку〈разведку, впечатление,...〉)各自相应词条的 DEF(INITION)区中记入了 Oper1(Y) 的内容,这里 Y 是所举词位支配模式的第二个题元。这个内容在相当大的程度上决定了它们在深层句法层面,包括在迂喻法规则中的表现。因为在本书中不使用深层句法特征的概念,表层句法特征在下文中只称为句法特征。

配未完成体动词不定式形式(V),而不能支配完成体动词不定式形式(V):

(28) Он начал〈начинал, перестал, продолжал〉делать гимнастику.

(29) *Он начал〈начинал, перестал, продолжал〉сделать гимнастику.

词典和语法都可以描写这一事实。词典描写就是在每一个这类词的支配模式中都加入相应的限制条件。语法描写(在"意义⇔文本"模式的表层句法成分中也正是采用语法描写来处理这种情况的)在于:在词典中每个动词都只添加句法特征(阶段意义),这个句法特征在词条本身的范围内是无论如何也不能被破解出来的。阶段性的内容意义用表层句法普遍性规则中的条件(30)破解,这个规则确立了任意一个主导词 X(动词、名词、形容词、副词)与从属的动词不定式 Y 之间的补足关系。

(30) Если X＝(V, фаз), то Y ≠ COB (如果 X 是阶段性动词,那么 Y 不能用完成体)

毋庸置疑,这是更加经济、更具概括性的描写方式。更确信地说,阶段性动词具有另外的普遍性句法特性。其中之一就是,阶段性动词的主语形式很大程度上取决于阶段性词支配的动词不定式的通常主语形式(见 Иомдин - Мельчук - Перцов 1975)。例如,动词 хватать 的主语永远用第二格形式:

(31) Хлеба всем хватало〈никому не хватало〉.

如果动词 хватать 依附于阶段性动词,那么,阶段性动词的主语可以同 хватать 的主语一样:

(32) Хлеба всем начало〈перестало〉хватать.

因此,在使用独立于上述规则的那些原理对俄语进行描写时,特征(阶段性)就是必不可少的,这自然提升了这一特征的理论价值。

在俄语表层句法的公式化模式中,阶段性特征和其他类似特征的数量就已经达到了 150 个,借助这些特征可以描写词的句法特性,这些特性决定它们能否加入到某种句法结构中。因此,句法特征是以简化和概括的方式记载句法信息(在上述情形中是关于支配特性的信息)的理论构件。

阶段性的概念在语义上显然是有理据的,也就是说它反映了前文所列动词的某种语义特点。所以,出现了一种诱人的想法:不引入任何专门的阶段性特征,而试图在所有此类动词的注释中找出共同的意义成分,并重新表述条件(30)及其他类似条件,使这些动词可以直接引用这个成分。

所有阶段性动词意义中的共同成分是"开始"这一意义。的确,начинать Р

＝"开始 P",переставать P＝"开始不 P",продолжать P＝"不停止 P"＝"不开始不 P"等等。能不能依据这个事实把(30)重新表述成下面的形式：

(30′) Если ПСемС(X) ⊃ 'начинать', то Y ≠ COB(如果 ПСемС(X) ⊃ 'начинать',那么 Y 不能用完成体)

但是,事实表明,(30′)的表述是不正确的,因为在其他情况下,即使动词意义中含有"开始"的意义,也并不妨碍它支配完成体动词不定式形式,试比较：

(33) Он вознамерился〈захотел, собрался〉послать министру открытое письмо.

在这个句子中,动词 вознамериться, захотеть, собраться 的意义中无疑都包含"开始"的意义。因此,没有额外的繁杂的限制条件,不能将"阶段性"直接与相应动词注释中的某一个成分联系起来。由此得出结论：虽然阶段性特征是有理据的,但这一特征应该添加给某些特定动词,不与这些动词的注释相关联①。

非常规语义特征具有句法特征的上述所有特性。第一,它们为用简化和概括的形式记载语言学信息提供了可能性;第二,在大多数情况下,每一个非常规语义特征都不是只在一种语义规则中使用,而可以同时用于几种相互独立的规则;第三,每一个非常规语义特征在语义上都是有理据的,即反映词汇的某种语义特性,但在通常情况下不会整个复制这一语义特性。语义特征和句法特征的差别在于：语义特征不用于句法规则,而是用于(表层)语义规则——法位—词位规则和词位—词位规则②。

下面详细分析词位的语义特征与表层语义规则的关系。这里,为了举例说明我们来看一个例子。

奥斯汀在 1962 年提出了施为性(言语行为)的概念,从那时起,这个概念在语言学著作中经常被提到(其中,见[Fillmore 1969],在这一研究中首次提出把对施为性的标示与注释一并编入某些动词的词条中),但是还没有从语言学的角度进行充分研究。下面我们来阐释将施为性作为典型的非常规语义特征的观点。

如果动词 X 能够用于下列形式,那么动词 X 被称作是施为动词：

(34i) $X_{(V),\ 1,\text{ед, наст, действ, изъяв}}$,(动词 X,第一人称单数,现在时,主动态,陈述式)

---

① 有一些句法特征完全复制某些意义。例如,特征'ден'添加给具有货币单位意义的词语。但即便是这些特征,描写的也不是相应词语的意义,而仅仅是它们的句法特性,即参与某些语法结构的能力。

② 原则上,法位—法位规则也是可以理解的,但是在本文中只分析在正文中提到的那两类规则。

这种用法等同于完成这个动词所表示的行为，例如：

(34 ii) Я клянусь ⟨обещаю⟩ вам, что этого не случится.

试比较，施为动词的非施为用法：

(34 iii) Ты напрасно клянёшься ⟨Не клянись⟩, я тебе всё равно не поверю.

(34 iv) Слуга клялся, что не видел кольца.

(34 v) Я подхожу к отцу и клянусь, что это больше не повторится, но он по-прежнему недоверчиво качает головой (历史现在时).

有一种观点认为，所有的言语动词，即在自己的注释中包含意义"说"（говорить/сказать）的动词，都具有施为性，而所有的施为动词都包含"说"这个意义。如果情况果真如此，那么施为性语义特征也就没有任何必要，因为在可以体现出一个特征的任何一个规则中都可以引用意义成分"说"（говорить/сказать）。但实际上，施为性并不仅限于这个意义，尽管这个意义在很大程度上是施为性的理据。

一方面，尽管有一些动词的注释中含有"说"的意义成分，但它们不具有施为性特性，例如，бормотать, бурчать, ворчать, прокартавить, прошепелявить, шептать 以及其他一些表示言语方式或言语缺陷的动词。

另一方面，有一些施为动词或非常近似施为动词的一些动词，它们的意义注释中明显不含有"说"的意义。我们可以指出两组这类动词（使作者关注这些词的是 Л. Л. 伊奥姆金和 В. З. 桑尼科夫）。

第一组包含像 боюсь, надеюсь 这类用于无主语插入结构的动词形式：这种用法要遵循对施为动词典型的所有语法限制条件（见(34 i)）。试比较，(35 i)和(35 ii)是正确的，而(35 iii)—(35 vi)是不正确或值得怀疑的。

(35 i) Он, боюсь, уже нажаловался на вас.

(35 ii) Вы, надеюсь, не дура и понимаете, что к чему.

(35 iii) * Вы, боится ⟨боялся⟩, уже нажаловались на него.

(35 iv) * Вы, надеется ⟨надеялись⟩, не дурак.

(35 v) * Он, боимся ⟨боялись⟩, уже нажаловался на вас.

(35 vi) ?Петр, надеемся ⟨* надеялись⟩, не дурак.

在第二组中包括某些问候和告别的固定形式，这些形式在书信体裁中使用特别广泛，例如，целую, обнимаю, жму руку 等等。确切地说，这些形式是虚假的施为性用法，因为它们指称出来的行为不是由身体完成的，而只是在说话人或授话人的想象中完成的。

施为动词具有一系列句法和语义特性。

施为动词的一个最重要句法特性就是,在施为用法中,动词的支配特性可以发生本质性的改变。

动词 благодарить 有三个语义配价,其中第一个和第二个在句法上必需的;试比较:

(36ⅰ) Гости [M_1] благодарят хозяев [M_2] за тёплый приём [M_3].

(36ⅱ) Гости благадарят хозяев ($M_3 = \emptyset$).

(36ⅲ) ?Гости благодарят за тёплый приём ($M_2 = \emptyset$).

(36ⅳ) *Гости благодарят ($M_2 = \emptyset$, $M_3 = \emptyset$).

(36ⅴ) *Благодарят хозяев за тёплый приём ($M_1 = \emptyset$).

但是在施为用法时,$M_1 = \emptyset$ 和 $M_2 = \emptyset$ 的句子是完全正确的:

(37) Вы мне очень помогли, благодарю.

正如约尔丹斯卡娅(1970)指出,восторгаться、восхищаться、удивляться 及其他类似的动词具有一个特殊的意义,这个意义概括性地表述为($38'$),并体现在句子(38ⅰ)和(38ⅱ)中。

($38'$) "某人 X 就某一事实或客体 Y 在表达某种情感,同时说出话语 P"。

(38ⅰ) "Вот это да!"[P], — удивился он [X] моему приходу[Y].

(38ⅱ) "Великолепно!"[P], — восхитился отец [X] картиной[Y].

在有些情况下,动词的内容配价 P 是可选的(试比较,Отец громко восхищался картиной),而这些动词用于施为用法时,内容配价 P 应该与主体 X 的配价同时都不实现。下列句子中(39ⅰ)可以说,而(39ⅱ)就不能说:

(39ⅰ) Восхищаюсь ⟨восторгаюсь⟩ вами ($M_1 = \emptyset$ 和 $M_3 = \emptyset$).

但不能说:

(39ⅱ) *Великолепно, — восхищаюсь ⟨восторгаюсь⟩ вами ($M_3 = \emptyset$).

在相应动词词位的词典词条中记载的这类限制,描写了句法上必需配价的可以不充填的条件(试比较(37))或句法上可选配价的必须不充填的条件(试比较(39))。因此,最终这些限制决定了保证表层句法结构正确性的条件。

在下文的 2.2.3 中将研究施为性特征在语义规则中的运用。

在 1.5 中我们概括性地描述了 ГСС→ПСемС 转换的整个过程。下面我们来更加详细地分析这个过程中的第一个阶段,也就是在其规则中要用到"非常规语义特征"的阶段。

我们曾经讲过,位于深层句法结构节点上的是词位、词组和深层句法词汇的名称,而词位和词组的名称是由一套不受句法规约的语法范畴的法位提供的,如:完成体,未完成体,现在时,过去时,将来时,陈述式,单数,复数等。仅有这一信息对于ΓCC→ПCeмC转换是不够的,其原因有以下两点:第一,通常情况下,每一个法位不只是对应一个意义,而是几个不同的意义,有时候是本质上非常不同的意义;第二,远不是所有的法位意义都能和对应的词位意义搭配。我们来分析一下法位意义的这两个特性。

与目前还没有被普遍接受但至少是广泛普及的一种观点相反,一个法位的不同意义的重要特性应该是这些意义没有语义不变体。例如,不能把"说话时刻"、"说话时刻之前"、"说话时刻之后"的意义分别看做是现在时、过去时和将来时法位的语义不变体。

例如,现在时法位实际上不仅具有这几个意义中的第一个意义,即特有的纯当前时间意义,而且也具有上文提到的其他两个意义。试比较,(40 ⅰ)具有第一个意义,(40 ⅱ)具有第二个意义,(40 ⅲ)具有第三个意义:

(40 ⅰ) Я работаю, не мешайте мне.

(40 ⅱ) Вчера идёт он по улице и видит...(所谓的历史过去时,即按照意义来说是过去的)

(40 ⅲ) Когда же Лиходеев едет в Ялту?(试比较(23 ⅲ))

过去时和将来时法位具有相似的特性。过去时法位可以表示说话时刻之前发生的行为(41 ⅰ),可以具有"现在"时命令式的意义(41 ⅱ),可以表示说话时刻之后随即发生的行为(41 ⅲ)。

(41 ⅰ) Вчера из Парижа в Москву прибыла спортивная делегация.

(41 ⅱ) А ну, встали!

(41 ⅲ) Ну, до свидания, я пошёл.

同样,将来时法位具有"自身"的意义(42 ⅰ),现在时的意义(42 ⅱ)和过去时的意义(42 ⅲ)。

(42 ⅰ) Вы зайдёте к нам завтра?

(42 ⅱ) Да вы кто такой будете?

(42 ⅲ) А ветер как гикнет, Как мимо просвищет, Как двинет барашком под звонкое днище!

第一部分　语言的整合性描写

这样一来,现在时、过去时和将来时这三个法位中的任何一个都完全集合了所有的基本时间意义。事实上,这些意义非常不同;试比较句子(42ⅲ)与感情色彩和生动程度都略逊一筹的句子"А ветер как мимо просвистел!"的意义差别。但是,这种情况不仅不能推翻关于大多数法位没有语义不变体的论点,反而再一次强调了大多数语法标记的可约定性。如果我们只知道动词形式中有一个现在时法位,那么可以说,我们对动词形式的意义还一无所知。为了实现ГСС→ПСемС的转换,必须对所有法位的意义都要有准确的注释。

下面涉及上文提到的关于同一法位中不同意义的另一个原则性事实:这些意义完全是有选择地与不同语义类别的词位搭配。用上文引用的概念术语可以说,一个法位的某种意义是否可能实现取决于对应词位的语义特征。

词位意义和法位意义搭配的规律由下列专门的规则(43ⅰ)给定:

(43ⅰ) $X_\alpha \Leftrightarrow R_i^\alpha \xrightarrow{\gamma}$ 'X' | X = ('β')

式中,X——深层句法结构的节点,α——被注释的法位(在上述例子中是未完成体),R——这个法位意义 i 的表层语义结构(在上述例子中是指"过程"和"当前"等简化意义),'X'——节点 X 在表层语义层面的形象,$\xrightarrow{\gamma}$ 表层语义关系,('β')——X 的词典表层语义特征。下面我们以隐含的压缩形式记载这些规则:

(43ⅱ) Если $X_{('β')_\alpha}$, то R_i^α (или не R_i^α). (如果 $X_{('β')_\alpha}$,那么 R_i^α (或者不 R_i^α)

接下来我们在 2.2 中分析这些规则。

2.2　词位意义与法位意义的匹配规则

在众多的法位意义中,我们将只分析未完成体法位的某些意义。而且为了节省篇幅,我们在本节中将进行的不是词汇本身意义的注释,而是研究意义的准语义名称,即在俄语动词体的一系列研究中(例如,Виноградов 1947, Рассудова 1968, Forsyth 1970, Бондарко 1971)采用的、意义的约定名称。在很多情况下,作者根据自己的观察并参考格洛温斯卡娅的研究成果(Гловинская 1977a, Гловинская 1977б, Гловинская 1980б)对这些传统的表述进行了加确说明。

其中,在体学研究文献中研究了未完成体法位的下列意义,(在我们的研究中已经在某种程度上提及过):现实—时间长度意义,或者过程意义[见(23ⅱ)

和(40ⅰ)]、意向行为的当前意义[见(23ⅲ)和(40ⅲ)]和所谓的过去一般事实意义(或不定过去时意义)。过去一般事实意义有三种变体：双向意义、结果意义和非结果意义。就像其名称预示的一样，一般事实意义的这三个变体都表示在过去某个时刻发生的事实，但准确的时间无论如何都不能确定。我们将对这三种意义做更加详细的分析。

双向的一般事实意义体现在句子(44)中：

(44) К вам кто-то приходил.

这个句子描写的行为结果被反向行为消除了：某个人来了，然后又走了。双向一般事实意义与完成体的基本意义不同义，但对于那些具有词汇反义词(虽然是意义上)的动词来说这种意义是很典型的(试比较，Рассудова 1968：28)。

结果性一般事实意义体现在句子(45)中：

(45) Вы читали "Мастера и Маргариту"?

这种意义与完成体的基本意义构成准同义关系。

至于非结果性一般事实意义，由于其语义与未完成体的过程意义相近，至今体学家们还没有对这个意义做区分。一些句子的同形异义性事实有利于证明一种观点：还是应该承认，非结果性一般事实意义具有独立意义的地位，这一观点在[Гловинская 1980б]的研究中曾提出过。在句子(46ⅰ)和(46ⅱ)中的非结果性一般事实意义与过程意义是明显对立的，这就是它们之间区别性的不争证据。

(46ⅰ) На стене справа висела картина.(说话人记得，在过去某个时候曾挂过画，尽管在描述的时刻没有挂着 VS. 在描述时刻还挂着)

(46ⅱ) А вот и дом, где жил его старый друг.(在说话之前的某一时间住过 VS. 在说话时刻仍然住着)

依据现行的术语学传统，上文列举的五个意义在下文中将用以下约定名称来表述："过程意义"、"当前意义"、"双向意义"、"结果性一般事实意义"、"非结果性一般事实意义"。

现在我们可以直接来研究所列举的法位意义和某些词位意义的匹配规则。

2.2.1 在俄语语法学和词典学中，通常把运动动词分为一次性运动动词和多次性运动动词。属于第一类的动词有 бежать, брести, везти, вести, гнать, идти, катить, лететь, нести, плыть, тащиться 等，而第二类包括动词 бегать, бродить, возить, водить, гонять, ходить, летать, носить, плавать, таскаться 等。多次性运动动词的一般注释都包括对相应的一次性运动动词的参考和多少

有些程式化的补充。例如：

(47ⅰ) Бегать ="与бежать相同,有一点不同的是,бегать表示重复的行为或者在不同方向上,甚至是前、后方向上进行的行为"。

(47ⅱ) Ходить ="与идти相同,有一点不同的是,ходить表示重复的运动或在不同方向和不同时间进行的运动"(МАС)①。

在[Апресян 1967]中曾指出,在这个意义范围内多次性运动动词具有两个完全不同的次级意义,分别在(48)和(49)这两类句子体现出来：

(48) Я сегодня ходил на работу 〈в магазин, к родителям, за хлебом, по грибы, купаться〉.

(49) Заключенные ходили из угла в угол 〈с места на место, взад и вперёд, по тесному дворику〉.

在(48)中,动词支配的形式带有终点意义或目的意义,在(49)中,动词支配的形式带有路线意义。这两种类型的形式是不能共同被支配或者几乎不能共同被支配,试比较下列句子的不正确性或语义模糊性。

(50ⅰ) *Я сегодня ходил на работу 〈к родителям, за хлебом, по грибы, купаться〉 взад и вперёд.

(50ⅱ) *Я сегодня ходил в магазин с места в место.

在大多数情况下,同一个动词的受支配形式的非共同被支配性这一事实表明,主导词被用于了不同的意义。这无疑正符合我们所举的例子(48)和(49),其中第一个意义可以粗略地描写为在不同时间完成的沿着一条路线往返的运动；而第二个意义描写的是在同一现实时间段内沿着不同路线进行的运动。俄语中存在不含有第一种意义的多次性运动动词(试比较,бродить,кататься)这一事实间接地证实这种划分的正确性。

我们建议第一类的意义用"时间多次性"语义特征来描写；而第二类意义用"空间多次性"语义特征来描写。"空间多次性"特征不仅添加给按照传统划分出来的多次性运动动词,它们每一个都有相对应的一次性运动动词,而且也添加给

---

① 当然,在这种情况下最好能有带有完全标准化补充内容的统一的注释：因为,如果可以бегать взад и вперёд,那么就可以ходить взад и вперёд；如果可以ходить куда-то в разное время,那么毫无疑问也可以бегать куда-то в разное время；如果бегать 是行为,那么ходить 也是行为,而如果ходить 是运动,那么бегать 也是运动等等。

某些没有相对应的一次性运动动词的动词,如 блуждать, кружить, петлять, порхать, слоняться, шататься 等。

上文分析的两种意义的实现要受下列的语义组合规则的严格限制:

(51) 如果 X＝(V,"时间多次性"),未完成体,那么 X ≠"过程意义",进而 X ≠"结果性一般事实意义",所以 X ≠"非结果性一般事实意义"。

这个规则排除了对(48)这类句子做过程性解释的可能性,但保留了对其做双向一般事实意义理解的可能性。我们发现,一次性运动动词(Я иду (бегу) на работу)在这方面的表现完全相反:它们与未完成体的过程意义能很好地匹配,却完全排除了做某种一般事实意义理解的可能性。

(52) 如果 X ＝(V,"空间多次性"),未完成体,那么 X ≠"双向性意义",所以 X ≠"结果性一般事实意义"。

这个规则排除了对(49)这类的句子做双向性或结果性解释的可能性,但是保留了对其做过程意义,且可能是非结果意义解释的可能性。

2.2.2 在[Маслов 1948]研究中指出,像 прибегать, приводить, привозить, пригонять, прилетать, приносить, приплывать, притаскивать, приходить 等动词,在未完成体形式中没有时间长度意义;试比较,句子(53ⅰ)—(53ⅳ)的不正确性,在这些句子中有时间长度(过程)意义的典型语境:долго, два часа 之类的时间长度意义状语或 посмотри 之类的现实化手段:

(53ⅰ) * Он долго приходит на работу.

(53ⅱ) * Судно два часа приплывает в порт.

(53ⅲ) * Почтовый самолёт недолго прилетал.

(53ⅳ) * Посмостри, он приносит свои вещи 〈приходит из школы〉.

在文献中还指出了其他一些不能用于时间长度意义的动词,如, находить (* Посмотри, он находит кошелёк на дороге),与 видеть 和 слышать 对立的 видать и слыхать(* В сгущающихся сумерках он плохо видал берег VS. ... плохо видел берег; * В этом грохоте он плохо слыхал VS. ... плохо слышал)①,但在大多数情况下,这些动词在俄语中是相当个别的现象。然而,

---

① 动词 видать 和 слыхать 还有一个重要的制约条件——不能用于现在时形式中,看来在将来时形式中也不完全准确(诸如 хаживать, сиживать 这类多次性动词也具有同样的性能)。但是,这些制约条件不具有语义学和词法学性质,因此,应该在语言学描写的其他部分予以说明;见 3.4 节。

从上文选出的一组词乍看可以得出一个简单的概括：带有前缀 при- 的运动动词不具有过程意义。

这一点似乎可以由一个事实来确认：语义上与上述动词相近的、带前缀 под- 的运动动词具有过程意义，试比较：Войска долго подходили к стенам крепости; Судно два часа подплывало к причалу. 带有 при- 的反义前缀 у- 的动词中也有过程意义，试比较，Судно медленно уплывало в ночь. Посмотри, он уносит свои вещи 〈уходит из школы〉.

但是，对事实更仔细的分析表明，没有任何理由把我们感兴趣的性能与带前缀 при- 的动词形态结构联系起来。首先，这些动词在转义时可以具有过程意义，它们在转义中仍然保留着运动概念的中心思想：改变（这个事实在 [Маслов 1948] 研究中也提到过），如：

(54 ⅰ) Вчера два часа приводил его в чувство.

(54 ⅱ) Ну, что, всё ещё приходишь в себя?

第二，还有其他一些表示到达意义的动词也有这一特性——不能用于表示时间长度意义的未完成体，这些动词或者完全没有前缀，或者带有不同于 при- 的前缀，例如，заявляться, появляться, являться：

(55) * Он два часа являлся на собрание 〈появлялся в зале, заявлялся со своими дружками〉.

这样，所述的这种限制与其说具有词法学本质，不如说具有语义学本质。但是，如果把这种限制与"到达"意义联系在一起也未免有点草率。实际上，至少能够说出一大组俄语动词，它们的词义中都包含有这个意义成分，但却可以用于过程意义。这里指的是带前缀 с- 的反身运动动词，其意义大体可以这样描写：

(56) "很多客体 X 从不同方向到达地点 Y"，

(57 ⅰ) Зеваки сходятся на площадь.

(57 ⅱ) Со всех сторон сюда стекаются потоки грязной воды.

(57 ⅲ) В комнату, где началась драка, сбегались соседи.

因此，"到达"不是意义，而是典型的语义特征，这一特征应该是 приходить, прилетать, являться, заявляться 及其他一些动词固有的，但不是动词 сбегаться, слетаться, сходиться 等固有的。有了这些加确说明，我们感兴趣的规则获得了下列形式：

(58) 如果 X = (V, "到达")，未完成体，那么 X ≠ "过程性的"。

还有一组很容易在语义上区分出不具有过程意义的动词,这就是所谓的行为的多次性方式动词(хаживать，сиживать，говаривать),在词典中应该给它们添加上"多次性"的语义特征。

对于像 видать，слыхать，находить 这类独立的动词,类似的限制最好直接在词条中预先说明,而不是借助语义特征来描写。

2.2.3 在 2.1 节中我们谈到施为性特征及其在某些句法规则中的作用。施为动词也有非常重要的语义特性——在施为用法中它们不能与未完成体的过程意义搭配,形式上表现为:

(59) 如果 X＝(V,"施为性"),未完成体,现在时,主动态,陈述式,第一人称,单数,那么 X ≠"过程性意义"。

关于(59)的正确性,有一个事实可以证明:在有时间长度状语的语境中,施为动词不能用于施为用法:

(60) ＊Я долго клянусь, что он невиновен.

像(60)这类句子只有在历史过去时中才可能是正确的。有趣的是,在英语中,按照传统语法的所有规则,在恰恰应该使用现在进行时形式的那些条件下,却不能使用施为动词的施为意义这个形式。虽然描述的行为好像发生在说话时刻,但人们常说 I promise you, swear to you, beg your pardon, apologize,而不说 I am promising you, swearing to you, begging your pardon, apologizing,这是英语现在进行时使用规则要求的。

2.2.4 再引入一个语义特征——"状态性"。具有这一特征的动词可以表示下列状态:(1) 情感状态,譬如 любить，ненавидеть，уважать，гордиться，стыдиться，удивляться;(2) 心智状态,譬如 знать，понимать，считать;(3) 意志状态,譬如 жаждать，желать，хотеть;(4) 存在状态,譬如 быть，иметься，существовать。

语义特征"状态性"与"状态"意义并不等值,因为具有这一特征的某些动词(第 4 组)的注释中明显不包含"状态"的意义;另一方面,远非所有在语义注释中应该包含"状态"意义的动词都有"状态性"语义特征,试比较 бодрствовать，отдыхать，спать 等动词。

"状态性"特征用于下列规则:

(61) 如果 X＝(V,"状态性"),未完成体,那么 X ≠"即将发生意义",且 X ≠"双向意义",因此 X ≠"结果性一般事实意义"。

下列句子受这一规则的限制：

(62ⅰ) * Завтра я люблю〈ненавижу〉вас.

(62ⅱ) * Завтра даже средние студенты знают〈понимают〉теорему Бернулли.

(62ⅲ) * Со дня на день бойцы жаждут битвы.

上述内容似乎与(63ⅰ)这类句子的正确性相矛盾：

(63ⅰ) Завтра я хочу ехать в Москву.

但是，在这种句子中，时间状语至少在语义上不是与支配动词发生联系，而与被支配的动词(ехать завтра)发生联系。因此，句子中支配动词用的是一般过程意义，而不是即将发生行为的意义；另一方面，在(63ⅱ)这类句子中时间状语在语义上是与支配动词发生联系的：

(63ⅱ) Завтра я захочу ехать в Москву.

但是这个事实与规则(61)并不矛盾，因为"开始"动词 захотеть 并不具有状态性特征。

"状态性"这一特征对许多其他规则也是需要的。例如，状态动词不具有相对应的完成体形式(在 любить-полюбить，ненавидеть-возненавидеть，удивляться-удивиться，понимать-понять，считать-счесть，посчитать，жаждать-возжаждать，желать-пожелать，хотеть-захотеть 各对中的语义差别不是经典"纯体学"对偶动词之间的差别)。除此之外，形式上是及物动词的状态动词，没有按常规预期的可表示被动意义的反身形式(试比较, * Он любится〈* ненавидится, ?уважается〉всеми, кто его знает; ?Теорема Бернулли плохо вами понимается; * А что считается вами? 都是不正确的)。最后，状态动词只有一个过程性意义的变体——纯过程意义，该类动词不能用于现实—时间长度意义(试比较, * Смотри, он знает〈?понимает〉теорему Бернулли 是不正确的)①。

至此，我们谈论了在一个词形范围内词位意义和法位意义匹配的规律。下面我们来研究不同词形的意义匹配的规则，此前已约定将其称为词位—词位规则。

2.3 词位间意义匹配的规则

根据整体计划，在这一节中只讨论那些用非常规语义特征术语表述的、因此

---

① 关于原则性区别未完成体的现实时间长度意义与纯过程意义的可能性见[Гловинская 1980a]。

带有普遍"语法"特性的匹配规则。除了这些规则,在"意义⇔文本"模式中还有一些语义匹配性——非匹配性的纯词典学规则,这些规则直接关系到相应词位的语义注释。第二种规则实际上构成了相关语言符号的符号关系学部分。在3.3节将对此做更加详细的阐述。

2.3.1 在[Fillmore 1969]研究中引入了"正面性"的概念,我们认为,应该把它作为非常规语义特征来看待。

"正面性"特征是能够区分出某个"面"的那些物体的称名属性,通过这个"面"可以正常实现这些物体的使用功能,包括进入到这些物体里面。而无正面性特征的物体没有这样一个可区分出的"面"。譬如,沙发椅与圆凳不同,沙发椅是正面物体:在正常使用时,只能从一面坐到上面(其他三面有扶手或靠背阻碍这个行为),而圆凳是开放的,根据自己直接的用途可以从任何一面使用。同样,镜子和普通的玻璃、写字台和饭桌、沙发和木床、柜子和格架等的区别就在于,其中的前者都是不同形式的正面性物体。正面性物体在人工产物中比在天然物体中常见;相反,无正面性物体在天然物体中要比在人工产物中常见。

特别强调的是,在正面性名词的注释中,没有任何共性意义可能与正面性特性相关联:这一特性每一次都体现在该物体或该类物体的特殊物理参数中,这个参数把该物体与其他物体或其他类物体区别开来。

我们来分析空间前置词 за 和 перед 的两种类型的意义(见 Апресян 1974:111-112)。

(64 ⅰ) Перед зеркалом стоял столик.

(64 ⅱ) Перед домом был разбит палисадник.

在这两个句子中实现了前置词 перед 的第一个空间意义,这个意义可以注释为:

(64′) X 位于 Y 的前面=1."X 位于 Y 可以被正常使用的一面,且与 Y 的距离应相当于 Y 的规格尺寸"|Y 具有"正面性"。

指明 X—Y 之间的距离与 Y 的规格尺寸之间的可比性是一个必须条件:如果物体的规格大大地超过(譬如一个数量级)这个距离或小于这个距离,使用前置词 перед 就不合适。这种解释也适用于对 за 1 的注释(见 66′)。

(65 ⅰ) Перед горой лежало озеро.

(65 ⅱ) Перед пнём стоял огромный боровик.

在这两个句子中实现了前置词 перед 的第二个空间意义,可注释如下:

(65′) X 位于 Y 的前面 = 2."X 位于 Y 和观察者之间，X 与 Y 的规格尺寸相当，并且说话人认为，从 Y 到 X 之间的距离不太大，也就是这个距离不能大于从 X 到观察者之间的距离，或者不能大很多。"| Y 具有"非正面性"。

应该对情态框架的选择（"说话人的感觉"）、关于 X 与 Y 规格的可比性的说明、以及对其距离对应关系的说明做出解释。

对于 перед 2 来说，实际上重要的并不是物体之间的客观距离，而只是说话人对距离的视觉印象：例如，如果说话人在距离大湖岸边的一公里处，而在湖的另一岸距湖 10 公里远处有一座大山，在视线不好或有光学幻觉的条件下，这座山看起来就像是在湖边，无疑，这种情景可以用句子 Перед горой лежало озеро 来描述。

为了解释 Перед кустом лежало (громадное) озеро 这类句子的悖异性，必须指出 X 与 Y 规格上的可比性。

为了证明指明 X 与 Y 之间距离的大小以及指明"Y — X 之间的距离"与"X—观察者之间的距离"的相互关系的必要性，我们来分析句子(65ⅱ)中所描写情景的几种变体。例如，如果说话人清楚地看到，在距离树桩 10-12 米的地方有一朵蘑菇，他未必会不考虑说话人自己或其他观察者所处的位置，而用句子(65ⅱ)描述所感受到的画面。另一方面，说话人可能觉得"Y—X"之间的距离比"X—观察者"之间的距离小很多，而不能大很多：如果说话人站在距离蘑菇一步远处，而蘑菇距树桩有一米半，那么这样的情形仍然不能用句子(65ⅱ)来描述。

在考虑到各自的差异的情况下，以上两种观察都可以转换成(67′)。

可以用同样的方式确定前置词 за 的相应空间意义。

(66ⅰ) За зеркалом стояла картина.

(66ⅱ) За домом начинались огороды.

(66′) X 位于 Y 的后面 = 1."X 位于 Y 的被正常使用一面的反面，X 与 Y 的距离可以与 Y 的规格相当"| Y 具有"正面性"。

(67ⅰ) За озером высилась гора.

(67ⅱ) За пнём во мху стоял огромный боровик.

(67′) X 位于 Y 的后面 = 2."Y 位于 X 和观察者之间，X 与 Y 的大小相当，并且说话人认为，从 X 到 Y 之间的距离不大，也就是这个距离不能大于从 Y 到观察者之间的距离，或者不能大很多。"| Y 具有"非正面性"。

由此可见，前置词 перед 和 за 的第一个空间意义在具有正面性特征的语境中实现,而它们的第二个空间意义在具有非正面性特征的语境中实现。

2.3.2 正面性特征是更具概括性的语义特征"绝对空间定位"中的局部情况。可以看出,所有正面物体都具有绝对空间定位的特性,尽管有些绝对定位物体不具有正面性特性。

关于"绝对—相对空间定位"特征在文献[Bierwish 1967]和[Апресян 1974]中描写过。下文将重复本作者在上述文献中对这个问题的主要论述,并加以补充说明。

绝对定位和相对定位的语义特征是一些名词特有的属性,用来表述在词组中选择其他词汇——空间名词、形容词和副词(верх—низ, верхний—нижний, перед — зад, передний — задний, голова — хвост, головной — хвостовой, начало — конец, первый — последний, бок, фланг, левый — правый, слева — справа 等)意义的规则,譬如在下列词组中:

(68 ⅰ) верх〈низ〉шкафа

(68 ⅱ) верх〈низ〉кубика

显然,在(68ⅰ)和(68ⅱ)中,名词 верх 和 низ 具有完全不同的意义:无论柜子怎么放置(它可能底朝上放置),无论我们从哪边看它,柜子的上(下)永远是上(下)。而立方体的上(下)依赖它的放置状态而变化:立方体的上(下)是指在观察时刻处在高于(或低于)其他界面的那一界面。

如果一个物体的空间定位只能由该物体的构造决定,那么相对应名词就具有"能按特定线性纬度(譬如上—下的纬度)绝对定位"的特征。如果一个物体的空间定位不是由该物体的构造决定,而是根据该物体被观察到的位置或移动,或者其他物体,包括观察者的位置或移动来确定,那么相对应名词就具有"能按特定线性纬度相对定位"的特征。沿"上—下"纬度绝对定位的特征属于像 шкаф, картина, самолёт, гора, дерево 等名词特有,而相对定位特征属于 кубик, шар, брусок, полено 等名词。

显然,同一个物体可以具有按一个纬度绝对空间定位的特性,同时也具有按另一个纬度相对空间定位的特性。例如,电动火车的车厢就是如此:沿"上—下"纬度的定位是绝对定位,沿"头—尾"纬度和"左—右"纬度的定位是相对定位。与此不同,蒸汽火车不仅沿"上—下",而且沿"头—尾"的定位都是绝对的,而只有"左—右"的定位才是相对的。

总体上应该说,"上—下"的绝对定位比"头—尾"的绝对定位常见,而"头—

尾"又比"左—右"的绝对定位常见。按照"左—右"绝对定位的主要是生物、人类使用的某些成对的物体（例如，衣服和鞋）及其他独一无二的物体，例如，河流等。而在大多数情况下，都是相对于现实的或想象的观察者而进行定位。

在类似(68 ⅰ)和(68 ⅱ)这样的词组中，通过以下手段保障名词"上、下"意义中的所需意义的选择。(见 Wierzbicka 1972：101)

(68′ⅰ) Верх〈верхняя часть〉X-а=1."物体 X 的一部分 Y，当物体处于正常状态时，这部分比所有其他部分离地面或距 X 的支撑点更远"│X＝"按上/下的绝对定位"。

(68″ⅰ) Низ〈нижняя часть〉X-а=1."物体 X 的一部分 Y，当物体处于正常状态时，这部分比所有其他部分离地面或距 X 的支撑点更近"│X＝"按上/下的绝对定位"。

(68′ⅱ) Верх〈верхняя часть〉X-а=2."物体 X 的一部分 Y，在观察时刻，这部分比所有其他部分离地面或距 X 的支撑点更远"│X＝"按上/下的相对定位"。

(68″ⅱ) Низ〈нижняя часть〉X-а=2."物体 X 的一部分 Y，在观察时刻，这部分比所有其他部分离地面或 X 的支撑点更近"│X＝"按上/下的相对定位"。

我们来列举形容词 передний 和 задний 的相似意义，不加注释。

(69 ⅰ) Передние〈задние〉колеса автомобиля〈ноги лошади〉, передняя〈задняя〉ось автомобиля.

(69′ⅰ) Передний Y X-а=1."物体 X 的一部分 Y，是相对于 X 的正常的移动方向来说，最前面的那部分"│X＝"按前/后的绝对定位"。

(69″ⅰ) Задний Y X-а=1."物体 X 的一部分 Y，是相对于 X 的正常的移动方向来说最后面的那一部分"│X＝"按前/后的绝对定位"。

(69 ⅱ) Передние〈задние〉машины автопоезда, передние〈задние〉шеренги колонны демонстрантов.

(69′ⅱ) Передний Y X-а=2."事物 X 的一部分 Y，是相对于观察到的物体移动方向来说最前面的那部分"│X＝"按前/后的相对定位"。

(69″ⅱ) Задний Y X-а=2."事物 X 的一部分 Y，相对于观察时的物体移动方向来说最后面的那一部分"│X＝"按前/后的相对定位"。

2.3.3 在[Апресян 1974]研究中提出了界限形容词的概念，当时作者还不十分清楚这一概念的地位。现在清楚了许多：界限性可以看做是非常规语义特征（可是，这不是唯一的意义阐释；见本节末尾的注释）。

我们把能表示那种有最大限度（界限）的梯度性能的形容词称作界限形容词。例如，颜色形容词。如果把光谱系用俄语主要色标（红色、橙色、黄色等）名称划分成若干色段，那么，与某种颜色的最大限度（边界）相符的是相应色段的中间部分。例如，实际上在红色色段中一端逐渐过渡到橙黄色，另一端逐渐过渡到紫色。而波段的中间对应的才是理想的红色。所有其他色标都有类似的情形。

因此颜色形容词具有界限性的语义特征。

从上述内容可以得出，形容词在两种情况下不是界限性形容词：

（1）或者它表示非梯度属性（试比较，红色="与革命活动有关的"，例如，红色莫斯科，红色战士）；

（2）或者它表示没有最大限度的梯度属性（试比较，长的，高的，深的，远的）。

除了颜色形容词，具有上述意义的界限性形容词还有表示形状的形容词（круглый（圆的），квадратный（正方形的），试比较 идеально круглый〈квадратный〉），主要的评价形容词（хороший（好的），плохой（坏的））和在线性度量上表示"小"刻度段的参数形容词（короткий（短的），низкий（低的），мелкий（细小的），близкий（近的），узкий（窄的））等。

关于最后一组界限性形容词还需要做几点补充说明。这首先是因为，界限性特征以悖论的方式把那些语义上相近的形容词分离到了不同的类别中，譬如，высокий（高的）—— низкий（低的）这类的反义词；其次是因为，界限性特征在参数形容词中的表现与在颜色形容词中的表现完全不同。这两点都可以用"朴素几何学"特点来解释，朴素几何学的概念已固定在自然语言的词汇中。

这种朴素几何学假设，大多数物体的线性规格可以无限增大，但不可以无限缩小。譬如，在高度的"大"刻度段上没有任何临界点：高度物体可以在高度上无限增大，而它仍然被称作是高的物体。形容词 глубокий（深的）、далёкий（远的）、длинный（长的）都具有类似的特性，都可以兼容关于相应线性量度或距离可以无限扩大的概念。而在高度〈长度等〉的"小"刻度段上有临界点，在这个点上，高（长）的尺度不再起作用，而另一个线性量度或者整体尺度开始发挥作用。

例如，如果我们将一个很高的完整的圆柱体高度缩小，那么从某一时刻起它就应该被称作是矮的圆柱体。继续缩减其高度，这个物体将变得粗短，而后又变得薄,这时它在俄语中没有权利被称作是圆柱体了,从朴素的观点看,它已经变成一个圈了①。飞机场的起飞跑道可以有长和宽。如果跑道不断被缩短,那么迟早它会变成短的,而当它变成了正方形,从那一刻起,就不能将跑道称作短,更不能称作长了(跑道只剩下总体规格了)。继续缩短那个线性量度将会使长度变成了宽,而之前作为宽度的那个线性量度则变成了长度。

在所分析的两类情况中,界限就是一个线性量度变成另一个线性量度的转变点。

可见,在不同语义类别的形容词中界限性的表现是非常不同的,特别是在颜色形容词和规格形容词中。因此,在对界限性进行注释时,无法将其划归到某种共同的意义成分中。这就是非常规语义特征。

不难猜测,界限性特征远没有扩展到一个形容词的所有意义。例如,在下列(70 ⅰ)—(70 ⅲ)的例证中,界限性特征是左侧形容词 здоровый(健壮的),короткий(短的),красный(红色的)的意义中特有的,但在右侧的这些形容词的其他意义中不应该有这一特征:

(70 ⅰ) здоровый ребёнок(健康的婴儿)VS. здоровый чёрт!(力大无比的家伙)。

(70 ⅱ) короткий шнур(短的带儿)VS. короткое замыкание(短路)。

(70 ⅲ) красный галстук(红色的领带)VS. красный воин(红色军人)。

只有界限性形容词能够与表示特征完满程度的副词,如 совсем, совершенно, абсолютно, идеально 等搭配②。这是可以理解的:совсем〈совершенно〉низкий(топчан)表示"低"的特性已经接近它的极限,而 абсолютно

---

① 在数学语言中,这个物体依然还称作圆柱体(从数学角度看硬币是圆柱体),而且,不论这个高度有多小,这个物体依然定为高度。上述例子的重要性还在于,明确地表明了朴素概念(自然语言单位的意义)和科学概念(人工语言术语的意义)之间的区别。试比较,在《机器翻译与应用语言学(МПИПЛ)》(1964)丛书中关于朴素物理和科学物理的论述。

② "极致程度"的意义可以构成一种语义上接近于"大"的词汇函数(试比较,Червенкова 1975 中的"界限"函数)。无论如何,在使用不同词汇时,这个意义的表达手段还是相当的不同;试比较,совсем хороший, совершенно испорченный, абсолютно здоровый, идеально белый, предельно замотанный, полностью отмобилизованный, вконец обессилевший, целиком поглощенный чем-л., всецело занятый чем-л., 而 ?предельно хороший, * полностью низкий, ?идеально испорченный, * целиком здоровый, * вконец отмобилизованный, * всецело замотанный 等搭配是不正确或不可能的。所以,当我们说这些界限形容词可以与表示特征极致程度的副词搭配时,我们指的是,它们至少可以与这类副词中的一个搭配。

〈идеально〉белый（снег）表示白色的极致程度。至于 ?совсем〈совершенно〉высокий〈столб〉，абсолютно〈идеально〉длинный〈ремень〉这类的词组，对大多数信息源来说是不可理解的或者是不可能的，因为在正常情况下这些词组没有意义。所述内容使我们可以将形容词意义在 ГСС→ПСемС 转换阶段的一个选择规则表述为：

(70′) 如果 $X_{(A)} \xrightarrow{attr} Y_{(Adv,"极致程度")}$，
那么 X＝"界限性"①。

3. 语言意义单位的注释

从内容角度看，注释的对象是固定在语言单位中的朴素概念。一般情况下，朴素概念与科学概念的差异表现在对语言外情景的描写手段上，表现在观察者与所描述现实中客体的位置的定位上，表现在说话人如何评价所描述情景以及说话人期待听话人对这个情景会有如何评价的信息上。因此，在朴素概念中，除了表示语言外情景外，还可以反映出感知情景和交际情景方面的内容。（关于这一点的详细介绍，以及探寻注释的一些尝试性方法及其论证的方法见[Апресян 1974]）。

从形式的角度看，注释的对象是包括被注释单位在内的概括性深层句法结构的片段（参见[Мельчук 1974a：178 及后续页]），例如，

---

① 这里还有许多不明之处。一方面，规格尺度中任何表示"小"刻度段的形容词都能很好地与表示特征完满程度的副词搭配，而任何表示"大"刻度段的形容词都不能与其搭配。另一方面，不是所有由带"小"的参数形容词表示的特性都具有临界点，同样，也不是所有由带"大"的参数形容词表示的特性不具有临界点。譬如，薄板的厚度似乎可以无限地缩小，而仍然被称为薄的。然而无限扩大其厚度是不可以的，因为，当厚度按绝对值来说超过宽度时，它将被称为高。在梯度等级中不占据首要位置的其他尺度也具有上述属性（占据首要位置的是长度和高度；即使在那些没有任何其他线性量度的物体中也可以有长度和高度；在分类等级中宽度占据第二的位置，因为它要求物体至少还有一个纬度，而厚度排在第三，因为它要求物体同时还有两个其他纬度）。如果再考虑 высокий 2（"位于高于地面以上很大的距离上"（试比较，высокие облака）的意义）这类的形容词，图画就更加模糊了：尽管 высокий 2 像 высокий 1 一样，与表示特征完满程度的副词不能搭配，但是，与 высокий 1 不同，它与无限增长高度 2 的概念不相容（地球卫星不能说距地面多高 2，而是距地面多远，而月亮当然是遥远的，而不是（意义 2）距地面多高）。因此，界限性特征可能应该被认为不是语义特征，而是只描写词位搭配性能的句法特征。那样的话，就可以在向表层句法结构转换阶段，将这一特征用于能确定性质形容词与依附于它的程度副词之间的限定关系的义段。

(71)

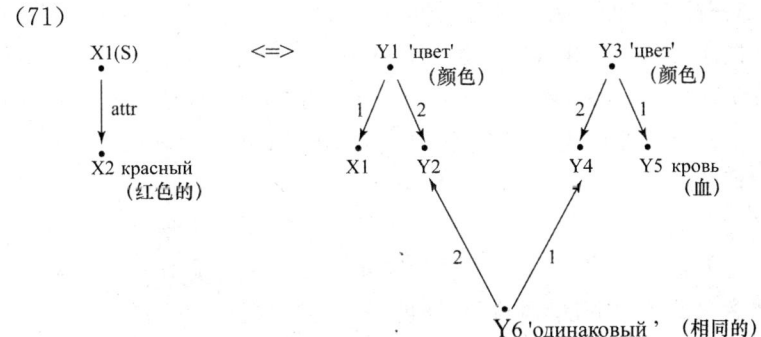

图表(71)反映了红色作为一种颜色,即与血液相同的颜色的语义概念。

亚树形结构 $X_1 \xrightarrow{attr} X_{2красный}$ 被看做是概括性深层句法结构的一个片段,因为它代表的不是一个深层句法结构,而是一大类深层句法结构,在这些结构中词位 красный(红色的)作为定语从属于某个名词。

实际上,情况要更复杂一些:注释的对象不是概括性深层句法结构的一个片段,而是能反映任意一个名词和形容词 красный 之间构成的所有句法关系类型的若干个片段,规则(71)对所有这些片段都有效。这些片段中包括名词通过系词与形容词连接的片段,譬如:Солнце было красным(太阳是红色的),这是因为,在这种情况下,利用规则(71)可以对形容词进行语义注释,而使 Солнце было красным. 这类句子与词组 красное солнце(红色的太阳)相区别的时间和式的意义不是来自于句法关系,而是来自于系动词的相应法位。

关于注释的对象是概括性深层句法结构中的许多片段的概念,是对此前某些提法的常规性的、但却是必须的加确说明。依据此前的提法,认为包含被注释词在内的情景化或格言化的形式是注释的对象。这一概念直接源于这样一个事实:进入表层语义成分的是句子的(在进入表层语义结构前被处理过的)深层句法体现形式;为了使语言单位的注释能适用于深层句法体现形式,在这个体现形式的左侧(输入)部分应该使用深层句法语言记载。不过,在本研究框架内,这个情况对于我们来说只具有理论意义,因为正如我们所述,我们的注释是非形式化的。

3.1 注释的结构

长久以来,学界已经认同,在传统认定的词或句子意义中可以划分出几个不同的意义层面。

看来,Г. 弗雷格首次(Frege 1892)在句子的意义中划分出一个独立的意义部分,这一部分被后来的学者称为预设部分。从那时起,这个概念就一直被逻辑学界热烈地讨论,而从 60 年代末开始(Fillmore 1969)这个概念永久性地进入了语言学的日常使用中。在文献[Garner 1971]中对"预设"这个术语的不同理解做了内容丰富的分析性综述。我们仅仅指出对语言单位注释理论具有意义的对预设的那种理解就足矣。

依据绝对主流的观点,我们把语言单位注释中在否定语境下不发生变化的那一部分理解为是预设;在否定的语境下发生改变的部分称作推断。对语气词 только 主要意义的公认的注释可以用来说明预设的概念。

(72) X делает только Y ⇔ "X 做 Y,因为不存在不同于 Y 的 Z,也不存在 X 做 Z"。

(73) X делает не только Y ⇔ "X 做 Y,因为存在不同于 Y 的 Z,也存在 X 做 Z"。

正像我们从(73)中看到的,注释的第一部分("X 做 Y")在否定的语境下没有变,因此,构成 только 的预设,而注释的第二部分是可以否定的,因此构成了纯粹性推断。

这样,根据"与否定的关系"这一特征,可以将注释划分为预设部分和推断部分。

从另一个角度讲,注释又可划分为对作为报道对象的事实的描写(有时描写现实情景)和对交际的直接参与者对这个事实的态度的描写。更准确地说,在某些语言单位的注释中必须包括说话人对所描写的情景的评价及说话人预期受话人对这一情景的态度。注释中的这一部分被称作是情态框架[①]。虽然情态框

[①] 有关情态框架的学说已有很长的历史。这里我们关注研究这一理论概念的两个传统。第一个传统(日内瓦学派)认为,在任何具有判断形式的句子中都会有类似"说话人认为……"之类的能展开判断内容的情态(例如,见 Bally 1950;后来一些美国语言学家发展了类似的观点,比如,Fillmore 1969)。既然这种情态框架要先于所有的肯定句出现,那么肯定句的意义,和它的所有组成部分的意义一样,都可以不依赖情态框架而独立研究。在这方面第二个传统(波兰学派)更有意义,因为这个学派关注的重点集中在研究话语双方对句子所描写情景的评价上,这些评价直接包含在某些语言单位的意义中,并能使一些单位与另一些单位相对立。关于这一点尤其应该关注维日彼茨卡的研究(Wierzbicka 1969),尽管以前对此也有一些深层思考。关于这一点不能不引证维诺格拉多夫下列精准的注释:"…авось(或许)表示,在谈论某事时带有一种不太自信的希望的语调"(В. В. Виноградов 1974:738)。我们再引用两种解释以作比较:МАС 中的注释:авось="可能",奥热果夫词典(1972)中的注释:авось="可能(指说话人所盼望的和希望的事物)",奥热果夫的这一解释稍微深入了一步,但仍然逊色于维诺格拉多夫的注释。

架,甚至容量较大的情态框架对相应单位意义的实际贡献不是太大,但是无论如何也不能忽视其功能。

情态框架——是疑问、否定、限定、强化和区分等语气词的典型特点,对这些词的语义描写常常是语法学家和词典学家的绊脚石。下面我们分析两个例子,其中第一个例子我们在其他研究中提及过,但这里从一个新的角度来分析。

(74ⅰ) Даже Петя понял объяснение.

(74ⅱ) Петя-то понял объяснение.

所有俄语详解词典都把在这类句子中的词汇 даже 和 -то 描写为"突出或加强"语气词,用于"强调与它相关联的那个词或词组"。

基于这样的解释可以得出一个结论:даже 和 то 是同义的。然而,(74ⅰ)和(74ⅱ),仅仅依靠这些语气词而区别开来的这两个句子,却更应该被理解为是反义句。正确的注释应该能够揭示出直觉上可以感受到的反义关系。

(74ⅰ′) Даже X сделал Y="X 已经做了 Y;说话人认为其他人能做 Y 是可能的;说话人认为 X 很可能不会去做 Y。"(对借引自[Wierzbicka 1969]注释的加确)

(74ⅱ′) X-то сделал Y="X 已经做了 Y;说话人认为 X 做成 Y 是可能的;说话人认为其他人不做 Y 的可能性相当大。"

在(74ⅰ′)中,X 已经做了 Y 这一事实是说话人没有想到的,而在(74ⅱ′)中,说话人认为这个事实是很自然的。除此之外,在(74ⅰ′)中假设,其他人能做 Y,而在(74ⅱ′)中假设,其他人不能做 Y。

现在,我们分析下列句中的疑问语气词 разве 和 неужели。

(75ⅰ) Разве там можно обеспечить хороший быт?

(75ⅱ) Неужели там можно обеспечить хороший быт?

其他例子:Разве 〈неужели〉 вам не страшно?, Разве 〈неужели〉 ты своего сына не любила?, Разве 〈неужели〉 они поедут вместе?, Разве 〈неужели〉 это танк?, Разве 〈неужели〉 другой должности для тебя не найдётся?, Разве 〈неужели〉 он может нравиться женщинам?, Разве мы обязаны делиться друг с другом?, Разве я говорю что-нибудь дурное?, Неужели мне суждено провести всю остальную жизнь в одиночестве?, Неужели он согласится?

在 1960 年语法第 645 页上对这些语气词是这样解释的:"语气词 разве... 表示怀疑和不相信,或者甚至是对与所述内容相反情景的确信";"语气词

неужели 表示怀疑或者甚至表示发问者对相反情景的确信"。根据这些解释可以得出一个结论：разве 和 неужели 是精确的同义词。对此，许多词典的表述也促成了这样的结论：неужели＝"真的吗？有可能吗？" разве＝"是吗，真的吗？啊？"（Ожегов 1972）；разве＝"表达怀疑、不相信、惊讶"，неужели＝"真的吗？有可能吗？除了疑问外表示怀疑、不相信、惊讶"（МАС）；разве＝…неужели？"可能吗？啊？"，неужели＝"разве"（БАС）.

然而，语言直觉反对把 разве 和 неужели 作为精确的同义词。至少有一个事实能够证明它们之间（在绝大部分相似的情况下）在意义上有重大差别：它们使用完全不同的调型。如果排除句子中用逻辑重音或者加强语调来突出个别词的情形，那么可以确定：（1）句子重音总是在 неужели 上，而 разве 上任何时候都没有句子重音；（2）неужели 永远位于语调最高点上，而 разве 永远也不会处在语调最高点上；（3）带有 неужели 的句子总是读降调（按［Брызгунова 1969］用 ИК-2），而带有 разве 的句子总是读升调（按［Брызгунова 1969］用 ИК-3）。绝对同义词在语调方面有如此大差别的概率非常小，因为语调也是很有语义指向的。

与语气词有关联的语调调型上的区别是探寻对语气词 разве 和 неужели 更正确注释的出发点。纯"理性"的 разве，首先强化整体问题（ИК-3），这种问题的中心意思在于，说话人请求受话人肯定或重复某种表述。此外，разве 还表明，与某种情况相反，说话人感觉对所讨论的情景仍有怀疑。在感性成分更高一些的 неужели 中，注释的基本部分和边缘部分的分配却是另一种情况。Неужели 首先表达的是说话人在事实或表述面前的惊讶，这些事实或表述对于他来说是不太合乎情理的；其次才是强化整体问题。

从上述内容看，下列注释虽然看上去还不是非常全面，但更接近事物的本质。

(75′ⅰ) Разве P? ⇌"在话语时刻之前说话人认为，不是 P；在说话时刻存在一些暗指 P 的情况或表述；说话人对 P 表示怀疑，因此请受话人对此做确定或否定"。

(75′ⅱ) Неужели P? ⇌"在话语时刻之前说话人认为，不是 P；在说话时刻存在一些暗指 P 的情况或表述；说话人在请受话人做出确定或否定的同时，告知受话人，他很难相信是 P"。

有理由认为，"预设"和"情态框架"概念之间有一定联系，但这些概念彼此绝非完全一致。至少有一种情况可以证明这一点：上文特定意义中的预设概念根本就不适用于(75′ⅰ)和(75′ⅱ)。如果把预设的内容理解得更宽泛一些(例如，问题的预设)，那么句子"在说话时刻存在一些暗指 P 的情况或表述"可以充当这个角色，而除了这个句子以外的所有注释都是(75′ⅰ)和(75′ⅱ)的情态框架。

与被基础逻辑学和哲学传统神圣化了的预设概念相比，情态框架概念可能显得有些像个人主观印象。因此，出现了完全回避开这个概念的愿望。实际上，为什么不可以不按(74′ⅰ′)和(74′ⅱ)而按照(74″ⅰ)和(74″ⅱ)这样来解释 даже 和 -то。

(74″ⅰ) Даже X сделал Y="X 已经做出了 Y；其他人能做 Y 的可能性不大；X 能做成 Y 的可能性很大。"

(74″ⅱ) X-то сделал Y="X 已经做出了 Y；X 能做成 Y 的可能性很大；其他人不能做成 Y 的可能性相当大。"

这些注释中所有句子都是一个性质的：所有句子描写都只是现实情景，而不是交际情景。

有两类事实与我们所做的假设相悖——关于语言单位之间语义关系的事实和关于句子正确-不正确的事实。

我们分析第一类事实的两对例子 карлик — великан 和 домик — домище。Карлик — великан 这类词直觉上理解为是对立的词汇，理论上可以解释为近义词，事实确实如此：карлик ="非正常的矮个子人"，而 великан ="非正常的高个子人"。我们尝试以相同的方式解释在语义上与第一对接近的第二对词汇：домик ="不大的房子"，домище ="很大的房子"。假如这些定义是正确的，那么 домик 和 домище，应该就像 карлик 和 великан 一样，被理解为是反义词。而实际上 домик 和 домище 更应该被理解为不精确的同义词，且上述每对词汇内部语义关系特点上的区别在理论上应该是可以解释的。домище 一词的"客观"性明显地比 карлик、великан 和 домик 等词的"客观"性要少，在 домище 的注释中引入情态框架提供了探询的可能性：домище ="一个房子，说话人认为这个房子非常大，且说话人想让受话人相信这个房子是非常大的。"这里，关于房子大小的信息构成的不是判断部分，而是注释的情态框架，这可以完全令人信服地解释 карлик — великан 和 домик — домище 两对词汇之间的语义差别：对于反义词来说，相互排斥的意义必须位于表层语义结构的同一个位置上，(试比较 карлик — великан)，而不是位于完全不同的位置(试比较 домик — домище)。

再来看有利于情态框架的第二类事实,即解释某些句子的正确—不正确性。在文献[Апресян 1978]中曾指出,自然语言句子不正确的根源之一就是逻辑矛盾。但是,远非逻辑矛盾的任何情形都能产生语言上的不正确。譬如句子(76ⅰ),尽管不合乎情理,也不是习惯用法,尽管有矛盾,但却是正确的。

(76ⅰ) Петя пришёл, и другие люди пришли, и вероятность того, что Петя придёт и другие придут, была велика, и вероятность того, что Петя не придёт и другие не придут, была велика.

如果相互矛盾的意义都处在句子的判断部分并用语言的词汇手段表达出来,逻辑矛盾往往不会生成语言上的错误。如果相互矛盾的意义中至少有一个位于句子的情态框架中(或预设部分)或者用语法手段表达出来,那么逻辑矛盾就会产生语言上的悖异情况。这主要是因为,情态框架(和预设)就其本质来说,内部应该是非矛盾的,并且不应该与句子的其余部分相矛盾。

按照这个理论上合乎规律、经验上得到验证的原则,如果把语气词 даже 和-то 注释成(74′ⅰ)和(74′ⅱ)那样,我们就有可能解释句子(76ⅱ)的不正确性所在。

(76ⅱ) * Даже Петя-то пришёл.

如果把这些语气词相应的分别按照(74″ⅰ)和(74″ⅱ)那样注释,则完全不能理解为什么(76ⅱ)在语言上是错误的,而与其同义的(76ⅰ)却是标准的正确句,虽然是矛盾的句子。

在传统注释结构中和形式化注释结构中的最后一个本质性区别是:形式化注释的布局应该尽可能地有利于语义转换规则的应用。这特别是指,在一系列词汇的注释中应该指出这样一些意义成分,它们(1) 在一定的语义上下文中能够被消除;(2) 在一定的语义上下文中能够被其他意义成分所代替;(3) 能够是某些意义成分或与它们有语境联系的其他词汇的全部意义的作用范围。后两种情况将在第 4 节中,在阐述转换规则和作用范围时做详细分析。

3.2 对词汇单位的注释

对于语言的形式化模式最重要,同时也是最困难的就是对语言中的述谓词,即表示有一个或更多参与者的情景的词汇进行注释。在注释这些词汇时必须指出:(1) 相应情景的所有参与者,(2) 它们的位置、状态、不变的和易变的性能,(3) 它们的相互关系和行为,包括行为的实现方式。我们以句子(77ⅰ)、(77ⅱ)、(77ⅲ)中体现出来的 прибивать 的意义为例——亦见[Апресян 1979]:

(77 i) Дядя прибил табличку к стене.

(77 ii) Он прибивал доски топором.

(77 iii) Сапожник прибивает подметку деревянными гвоздями.

这个情景的参与者是主体 U（敲打东西的那个人）、客体 W（被敲打的东西）、客体同时也是地点 X（往哪儿敲打）、工具 Y（例如，锤子）、和介体 Z（例如，钉子）。参与者具有以下特性：U——人或用途明确的能正常工作的自动装置；W——物体或物体的一部分；X——物体或物体的表面；Y——结实坚硬且相当重的物体；Z——带尖头的细而硬的物体。以下行为和相互关系是情景参与者的特点：U 用 Y 击打 Z；击打的结果是 Z 穿过了 W 并进入了 X 的内部；穿过和深入的结果是 W 开始固定在 X 上。

我们以参与者的成分为例来说明，对动词 прибивать 完整的语义描写来说，上述所有参与者都是必须的。

如果说"没有主体、客体及客体位置，钉（东西）的情景就是没意义的"这不会引起疑问。接下来是论证工具和手段的必要性。

如果我们把敲打情景和与其相似的粘贴情景作以比较，我们会确信，在第一个情景中工具是必须的参与者，而在第二个情景中工具是可能的，但绝不是必须的参与者。例如，可以用刷子把胶水涂到要粘贴的物体上，但是没有刷子也完全可以进行；然而，没有工具的敲打就完全没有意义，因为敲打时我们利用的是工具的冲击力。

继续对 прибивать 和 прикреплять 进行比较时，我们以同样方式证实，固定的介体在第一个情景中是必须的，而在第二个情景中是非必须的：粘贴可以没有工具，也可以没有介体。这样一来，建构敲打情景的要素就是我们所讲到的所有五个参与者：只要疏漏其中的任何一个，就会立即形成需要用其他词汇来描写的另外一些情景。

同时显而易见，对于我们感兴趣的这个情景的描写来说，上述参与者已经足够。确实如此，例如，对于敲打来说，这个行为在何时何地发生的，出于什么原因和目的等都是完全不重要的。把这些题元添加到 прибивать 的语义描写中完全是多余的。

现在我们再列举几个词位的带有最少说明的注释。

(78 i) X благодарен Y-у за Z ≌ "某人 Y 做了有利于另一个人 X 的好事 Z；X 记着 Z 这件事，并感觉自己必须通过语言或做一件好事来偿还 Z"。

(78ⅱ) X неблагодарный ⇌"有人做了有利于某人 X 的好事 Z, 而 X 不记得 Z, 或者没有通过语言或做好事偿还 Z。"

Благодарен 与 неблагодарный 之间的区别很像"体"的过程意义(特别是现实—时间长度意义)与惯用意义或潜在意义之间的区别。有趣的是, 在俄语中(及在其他一些欧洲语言中), 没有一个单个词可以用来表达这两个相反的意义(知恩图报是一种经常性的性能, 而忘恩负义是一种现实的状态), 尽管这两个抽象意义的可利用性并不比过程意义和惯用或潜在意义小。

(79ⅰ) X кричит об Y-е(例如, Сейчас все критики 〈все правительственные газеты〉 кричат о вашей новой пьесе) ⇌"很多人 X, 或者很多媒体 X 都过多的谈论客体 Y, 夸大 Y 的意义。"

(79ⅱ) X хвастается Y-ом перед Z-ом ="某人 X 过多地或夸大其词地向另一个人 Z 谈论客体 Y, Y 是 X 的一种性能或一部分, 或者与 X 有某种联系, X 感觉客体 Y 很重要, X 想给 Z 留下好印象。"

请注意在(79ⅰ)和(79ⅱ)中体现出来的 кричать 和 хвастаться 的语义相似性。

(80ⅰ) X едет на W из Y-а в Z="某人 X 从地点 Y 移动到地点 Z, 因为 X 位于移动客体 W 上, 因此移动到 Z 是 X 的目的"。

(80ⅱ) X катается на Y-е="某人 X 乘坐客体 Y 的目的是从乘坐本身获得快乐"。

需要指出的是,"目的"意义在 ехать 的注释中是必须的: 如果乘车主体没有目的地, 对其就不能用 едет 表述。试比较, Лес везли 〈而不能说 * Лес ехал〉 на строительство Ингурской ГЭС. 况且, 即使主体原则上可以有目的地, 但是目的地不是以"到达 Z"的方式存在, 用动词 ехать 也不合适。试比较, Пленных везли 〈比? Пленные ехали 要好〉 в тыл. 动词 ехать 显然和 ездить 是有联系的[试比较(47ⅰ)和(47ⅱ)], 而 ездить(反复乘行)包含在 кататься(乘车船等游玩)的意思中, кататься 的语义秘密就在于它独特的反身性: 并非多数详解词典认为的那样, кататься 的意思仅仅是"反复乘坐是为了获得快乐", 而应该是"反复乘坐是为了从乘坐本身获得快乐"。

(81ⅰ) X ведёт Y-а из W в Q="某人 X 使另一个人 Y 从地点 W 步行去地点 Q, 同时 X 自己也从地点 W 步行到地点 Q, 使 Y 移动到 Q 是 X 的目的。"

划入 вести 这一类的还有两个动词: везти 和 нести.

初看似乎觉得,按照 вести 类推,везти 可以大约注释为"使某人乘车且同时自己也乘车",那么,表示 вести 结果的是 идти,而表示 везти 结果的是 ехать。但是,"Женщины везли на санках свой жалкий скарб"这类例子表明,这样的类推是错误的(家具什物乘坐长滑橇是不可能的),因此实际上,везти 与 ехать 只有通过更概括的意义——"位于一个移动客体上移动"彼此相连:

(81ⅱ) X везёт Y-a на Z-e из W в Q="某人 X 使客体 Y 从地点 W 移动到地点 Q,因为 Y 位于移动客体 Z 上;同时,X 本人也位于移动客体 Z 上或以与 Z 相连的方式从地点 W 位移到地点 Q,而使 Y 位移到 Q 是 X 的目的"。

重要的是,X 一定是使 Y 移动的使役者,但不一定是使交通工具 Z 移动的使役者(试比较,Он решил везти виноград в Москву самолётом)①,而且即使 X 本人移动,但也不一定位于移动客体 Z 上(试比较,Мать везла малыша в коляске)。

动词 нести 与上述两个动词以独特的方式相关联:

(81ⅲ) X несет Y в/на Z-e из W в Q="某人 X 使客体 Y 从地点 W 移动到地点 Q,因为 X 以行走或者类似行走的方式从 W 移动到 Q,X 用身体的一部分 Z 支撑 Y 或者把 Y 放在容器 Z 中由 X 拿着,将 Y 移动到 Q 是 X 的目的"。

---

① 可能会觉得,句子 Он решил везти виноград в Москву самолётом 是同形异义句,有以下两种意义:(1)"他决定自己开飞机把葡萄运到莫斯科"及(2)"他决定他作为乘客乘飞机把葡萄转送到莫斯科"。这种观点势必会导致把已经研究过的动词 везти 的意义拆分为两个新的意义:"везти 1=本研究正文中表述的意义"和"везти 2"="使 везти 1 的意义为自己所用"。以下事实可能也为这种解释提供了补充证据:在俄语中,能使"做 P"和"使某人为自己做 P"这类意义自然组合的动词相当普遍;试比较,Пётр шьёт костюм〈чинит обувь〉VS Пётр шьёт костюм в модном ателье〈чинит обувь в ближайшей мастерской〉,Он бреется VS Он бреется у одного и того же парикмахера 等。对这一决定,除了感觉拆分 везти 一词不太自然外,列举不出来任何颠覆性的反对意见。如果承认在所研究的这些用法中 везти 的意义是不可分割的,我们就可以认为句子 Он решил везти виноград в Москву самолётом 不是语言的同形异义现象,而是情景的不确定性。因此要强调一点,对同一类意义差别的不同处理是许多自然语言的优点和特点。譬如在俄语中,除了上文中的例子,还可以列举三类意义差别,这些差别有时用纯语言手段表达,能够产生同形异义现象,而有时这些差别是在了解现实事态的基础上再现出来,最多是能够产生情景的不确定性:(1)"做 P"——"会做 P",试比较,Вы говорите по-францу́зски? VS Вы говори́те по-францу́зки?(动词 говорить 在整体问题形式中意义的差别通过不同的重音条件实现);Лифт медленно поднимается VS Лифт поднимается наверх за минуту(动词词汇意义相同条件下未完成体法位的不同意义);Он чинит ботинки(情景的不确定性:正在修还是会修);(2)"P"——"有意向地做 P",试比较,Шум будит ребёнка VS мать будит ребёнка(будить 的不同意义)和 Иван упал(情景的不确定性:偶然或故意);(3)"P"——"P,同时说出话语 Q",试比较,实例(38)—(39)和"Не знаю,— почесался парень"之类的句子,这里 почесаться 没有"说"的意思。

最后的一个注释用于 нести 的两种类型的用法，试比较，Девушка несла кувшин на голове 和 Слуга нес письма на подносе。至于 Как ему пришло в голову нести такую сумку в кармане пальто? 之类的用法，我们认为，其中体现的是 нести 的另外一个意义（类似于"自己拥有"的意义）。

3.3 对语法单位的注释

正像我们已经讲过的，语法单位意义的描写应该用描写词汇单位意义的语义语言来进行——这正是描写的主要困难之一。

下面我们描写两种句法结构的意义和体的一些意义。

3.3.1 在文献 [Кжижкова 1967] 中曾经注意到，像 Я знал его в Праге 这类含地点状语的句子，出乎意料地还表现出某种时间意义。下面对这些句子进行更加详细的、但还远非全面的分析，并提出对其注释的形式化语义规则。

我们将分析（ⅰ）类句子和与其做对比的（ⅱ）类句子：

(82ⅰ) Я знал его в Москве,

(82ⅱ) Моссовет поселил его в Москве,

(83ⅰ) Мы познакомились на Кавказе,

(83ⅱ) Мы поселились на Кавказе,

(84ⅰ) Он понял это уже в коридоре,

(84ⅱ) Декоратиры повесили картину в коридоре.

如果用 P 表示不带方位格成分的谓语，而用 Y 表示 P 的主体，那么（ⅰ）类句子和（ⅱ）类句子之间的区别可以这样表述：

(ⅰ′)="当 Y 位于 W 时，发生 P"，而（ⅱ′）="P 发生在 W"。

这样一来，初看完全一致的（ⅰ）类和（ⅱ）类结构，彼此在语义上却有本质的区别。

大致列举一些能使 (ⅰ) 结构中出现时间意义 (ⅰ′) 的条件（这里我们避开一些复杂的因素，如与中性词序不同的词序，在句子中有情态词，有其他地点状语和时间状语等等；它们对句子意义的影响作用要借助于一系列补充条件才能考虑）：

——结构的最高点应该是没有方位语义配价的动词 X，也就是动词不带由具有句法特征（方位格）的前置词和副词，如，в，на，около，там，здесь 等来填充的配价；上文中的 знать，познакомиться，понять，читать 1（книгу）就是这样的动词，它们与带有方位配价的动词 поселить，поселиться，повесить，читать 2（лекции в университете）不同；

——在深层句法结构中，X 应该带具有句法特征（方位格）的限定性从属成分 Z；

——或者动词应该表示纯理性的、感性的和意志的行为或状态（我们给这些动词加一个专门的语义成分"α"来表示），或者限定性词组 z 应该表示足够大的地域或空间。引入最后一个条件是为了区分"Он понял это в Париже，Он понял это в коридоре"这类的句子与"Он читал эту книгу в Париже，Он читал эту книгу в комнате"这类的句子：动词 понять 具有心智活动"α"的语义特征，不论 z 组表示的地点或空间有多大，这个语义特征都会产生时间意义（ⅰ′）的理解；不具有"α"特征的动词 читать 与此不同，只有当限定性词组 z 表示的地点或空间足够大时，才会产生时间意义（ⅰ′）的理解（试比较，читал книгу в Париже VS. читал книгу в комнате）。

这些条件的总和恰好可以表示出意义"P 的发生与 X 的位置是同时处在某一地点的"，这一意义使（ⅰ）类结构与（ⅱ）①类结构区分开。对所描写的句法结构进行语义注释的形式化规则，即 ГСС⇔ПСемС 转换规则显示如下：

(85)

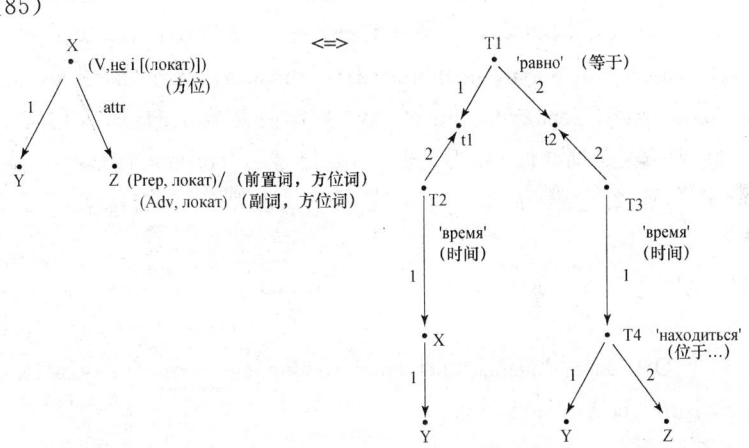

---

① 理论上允许有这样的假设：我们所分析的意义不是通过这些条件的综合，即不是通过句法结构表达出来，而是由相当于类型(1)句子成分中的一个单位，如，前置词（或副词）表达出来。这就意味着，每个空间前置词和每个空间副词在词典中除了纯空间意义，还应该加入能在上述三种条件下实现的"混合的"时空意义。这样的描写与上文提出的描写相比没有任何优势，且在经济性上明显逊色，所以应该被否定。

3.3.2 在俄语语法中对一种插入结构有悠久的研究传统,这种插入结构带有对报道内容可信度进行评价的表述,即带有如下词位和短语位:безусловно, вероятно, видимо, действительно, должно быть, кажется, как говорят 〈знают, считают, утверждают〉, как известно, конечно, может быть, несомненно, очевидно, по-вашему, по всей вероятности, пожалуй, по мнению 〈по словам, по убеждению〉 кого-л, по-моему, по-твоему, правда, разумеется (例如,见 Пешковский 1953:363, Виноградов 1947:739, Грамматика 1960:151, Золотова 1973:148)。

以上所列举的词汇的语义多样性(见,безусловно 和 пожалуй, очевидно 和 видимо, разумеется 和 кажется 等)使得在大多数定义中,对我们感兴趣的这种类型的插入结构的词汇添加了能够表达全部情态意义的能力——从确定或者相信到不确信或者怀疑。例如,А. М. 彼什科夫斯基曾指出,在这个结构中可以出现"这样的词或词组,它们表明说话人如何对待某种思想,即他是否相信这个思想"。情况不完全是这样。

在本作者的另一研究(Апресян 1978)中已经说过,与意义相近的补语从属句结构不同,这种插入结构的意义总是非常确定的。更确切地说,如果插入结构的述谓词(如 считать, думать, предполагать, говорить, утверждать, правда, разумеется, возможно, вероятно, по-моему 等)本身是确定的,那么它就不能带否定词,如果它是隐性否定的(试比较,сомневаться, отрицать, маловероятно)①,那么它就应该带有否定词——否则这个结构就不正确了。例如:

(86ⅰ) Осетровые рыбы, говорят 〈считают, утверждают〉 знатоки, утратили свой былой вкус.

(86ⅱ) * Осетровые рыбы, не говорят 〈не считают, не утверждают〉 знатоки, утратили свой былой вкус.

(87ⅰ) Знатоки говорят 〈считают, утверждают〉, что осетровые рыбы

---

① 关于述谓词 сомневаться, отрицать, маловероятно 是隐性否定的论点意味着,尽管否定词 не 在词汇上并不进入这些词的组成成分,"не(不)的"意义却是它们注释的一部分:X сомневается, что P ≌ "X 在不掌握关于 P 是否真实的确切信息的情况下,X 猜测可能不是 P";X отрицает P ≌ "X 确信不是 P";P маловероятно ≌ "说话人认为,不是 P 的可能性很大"。

утратили свой былой вкус.

(87 ⅱ) Знатоки не говорят 〈не считают, не утверждают〉, что осетровые рыбы утратили свой былой вкус.

(88 ⅰ) Осетровые рыбы, не сомневаются 〈не отрицают〉 знатоки, утратили свой былой вкус.

(88 ⅱ) * Осетровые рыбы, сомневаются 〈отрицают〉 знатоки, утратили свой былой вкус.

(89 ⅰ) Знатоки не сомневаются 〈не отрицают〉, что осетровые рыбы утратили свой былой вкус.

(89 ⅱ) Знатоки сомневаются 〈отрицают〉, что осетровые рыбы утратили свой былой вкус.

对所述现象的解释应该在插入结构的语义中寻找。如果用 P 表示主要的判断,而用 R 来表示插入结构的述谓词,那么述谓词的意义可以这样注释:

(90) "讲话人引用 R 主体曾作出的判断 P,并且讲话人确信,R 的主体确信 P"。

我们用注释(90)来阐释(86ⅰ)和(86ⅱ)。P 就是判断 осетровые рыбы утратили свой былой вкус；R 就是在我们的例子中遇到的插入结构本身的动词中的任何一个,包括动词 считать。如果 считать 前没有否定词[见(86ⅰ)],那么就意味着,R 的主体确实是认同判断 P。如果 считать 前带有否定词[86ⅱ],那么就意味着,R 的主体对判断 P 不是认同,而是否定:"не считать, что P"与"считать, что не P"甚至在语气上都是同义的。但是,此时情态框架的内容和 P 之间出现了矛盾:讲话人确信,R 的主体确定 P,而实际上 R 的主体确定非 P。

这种矛盾性解释了为什么(86ⅱ)是不正确的。基于(90)的注释,同样可以说明(88ⅱ)是不正确的。最后,句子(87)和(89)无论是在肯定还是否定的语境中都是正确的,这可以解释为,在它们的注释中根本没有情态框架。

3.3.3 最后,我们分析一下未完成体和完成体的基本意义。同时还会涉及体的语义等其他一些问题,这些问题的提出是这种研究的合乎情理的附带结果。这些问题包括:未完成体和完成体之间语义区别类型、未完成体和完成体注释中的预设和判断、未完成体和完成体在意义复杂性大小方面的相互关系。

未完成体和完成体的基本意义通常被这样描写:未完成体表示非结果和时间长度(变体:连续性、过程性、线性);而完成体表示非持续性和结果性(变体:

完结性、点性、完整性）。这些准语义定义，实质上还是没能把体学意义解释出来，而当在当时最主要的有关体的语义问题的论著中宣布说，不像以前认为的那样，完成体表示的只是结果（完结性、点性和完整性）意义，而是"总体性"意义时（Телин 1978），除了认为又多了一个同义性术语外，没有产生任何其他影响。

下面进行的对未完成体和完成体基本意义纯语义描写的尝试是体学研究的另一个方向（Маслов 1948，Вежбицка 1967，Апресян 1974：83-84，Гловинская 1977а，Гловинская 1977б，Гловинская 1980а）。这些研究的主要原则是，对纯体学对偶中两个动词的每一个词都单独进行注释。这样一来，正像文献[Гловинская 1977а]中指出的，两个注释的共同部分是动词的词汇意义，而区别部分是未完成体和完成体对应的基本意义。按照这种观点对体的语义进行描写的结果是，即便在那些所谓的纯体对偶中，未完成体和完成体之间的语义区别类型也远比传统定义所认定得多。

当然，在本研究的框架下，我们不把全面描写这些类型作为自己的任务。我们唯一能做的就是，借助一些注释给出关于语义离散的普通概念，这种语义离散发生在传统上被视为语义同类的范围内部。

（91ⅰ）Начался дождь ≌ "在时刻 t_1 没有下雨；在时刻 t_2 下雨了；t_2 比 t_1 晚。"

（91ⅱ）Начинался дождь ≌ "在时刻 t_1 没有下雨；在此之后的时刻 t_2, t_3, $\cdots$, t_{n-1} 出现了现象 P_2, P_3, $\cdots$, P_{n-1}，这些现象中的每个 P_{i+1} 都比 P_i 具有和下雨更多的共性；如果现象 P_1, P_2, $\cdots$, P_n 的过程发展正常，那么在时刻 t_n 就会发生下雨的现象。"

"начаться — начинаться"之间的意义对立在俄语体学体系中起着关键性作用，因为在纯体对偶中发现的大多数对立都属于这种对立；试比较，влететь — влетать, взбежать — взбегать, вылить — выливать, зацвести — зацветать, кончиться — кончаться, набить（обруч на кадку）— набивать, отцвести — отцветать, прекратиться — прекращаться, прилипнуть — прилипать, приступить — приступать, разойтись — расходиться, сдвинуть（шапку на лоб）— сдвигать, уехать — уезжать 及许多其他动词对偶。

（92ⅰ）X разбудил Y-a（例如，Ивана разбудил звонок〈его сын〉）≌ "某种因素或某人 X 直接迫使 Y 停止了睡眠。"

（92ⅱ）X будит Y-a（例如，Жена〈не ＊звонок!〉уже полчаса безуспешно

будит Ивана)≌"某人 X 对另一个人 Y 施加影响，目的是使 Y 停止睡眠。"

在(92ⅰ)—(92ⅱ)的注释中，存在意义对立"∅（缺位）— 目的"，这一对立除了是这对动词的特征，也可以说明 выстрелить — стрелять, разбить（окно）— разбивать, убить — убивать, узнать — узнавать 及其他对偶。根据这类例子可以看出，在其他条件相同的情况下，未完成体的过程意义要比完成体的结果意义更加经常地含有对行为目的的标示。试比较，在文献[Lakoff 1968]中关于英语持续性形式的类似说明。

正如我们所见，在(92)中未完成体法位的"目的"意义要比完成体法位的复杂一些。但是，如果就此得出结论，认为任何时候只要未完成体的注释中包含"P1 带有目的 P2"这类的次语义结构，未完成体与完成体的这种关系就可以成立，那就过分轻率了。我们来看(93ⅰ)和(93ⅱ)的注释：

(93ⅰ) X решал Y（例如，Ваня долго решал задачу）="某人 X 反复思考与思维成品 Y 有关的信息，目的是获得对包含在 Y 中的问题的答案"。

(93ⅱ) X решил Y ≌ "某人 X 反复思考与思维成品 Y 有关的信息，目的是获得解决包含在 Y 中的问题的答案；X 得到了对这个问题的答案"。

正如在(93ⅰ)中所见，虽然，在未完成体的注释中包含了"P1 带有目的 P2"这类次结构，但是与(92)不同，在语义上完成体比未完成体复杂。而且，具有这种关系的动词类别，看起来并不比在(92)中的那些动词类别少。属于这类动词的有 добиваться — добиться, дожидаться — дождаться, доказывать — даказать, ловить — поймать, обманывать — обмануть 等。

还应注意一个细节。在(93ⅱ)中，分号前的注释部分构成了预设。事实上，在 X не решил Y 这类句子中，否定的只是"X 得出了解决 Y 中所含问题的答案"，而绝不是否定"反复思考与 Y 有关的信息"。而在(93ⅰ)中，同样的注释部分却构成了纯粹的判断（не решал 指"没有反复思考……"）。因此，在上述情况下，未完成体与完成体的区别就在于，注释中的判断部分变成了预设，并出现了新的判断部分（从判断部分剪切出来的），在新的判断部分通报了行为目的得以实现的信息。

在 догонять — догнать 这对动词的预设和判断部分具有类似的相互关系，尽管这对动词在其他许多方面与动词 решать — решить 的构建不同。有趣的是，就其内部构建而言，这对动词与其反义的对偶动词 отставать — отстать 也不同。

(94ⅰ) X догоняет Y-a（例如，Машины неслись по автостраде, догоняя и обгоняя друг друга）≌"客体 X 与客体 Y 在同一个方向上移动，并且 X 位于 Y 的后面；X 移动得比 Y 快，这样 X 与 Y 之间的距离缩小"。

(94ⅱ) X догнал Y-a ≌"客体 X 和客体 Y 在 $t_1, t_2, \cdots, t_{n-1}$ 时刻在同一个方向上移动，并且 X 位于 Y 的后面，X 移动得比 Y 快，这样 X 与 Y 之间的距离缩小；在 $t_1, t_2, \cdots, t_{n-1}$ 之后的时刻 t_n X 赶上了 Y 或 X 接触到了 Y"。

在(94ⅰ)中的预设部分(分号前的部分)比(94ⅱ)中的预设部分少；在(94ⅱ)中的预设还包含表述"X 移动得比 Y 快，结果 X 与 Y 之间的距离不断缩小"，这部分内容在(94ⅰ)中是作为纯粹的判断。实际上，在 X не догоняет Y-а 中，否定的正是"X 移动得比 Y 快(及所有引起的结果)"。而当我们说 X не догнал Y-а 时，我们否定的只是"X 赶上 Y 或 X 接触到了 Y"这部分；假设在 t_n 时刻前 X 可能比 Y 移动得快，由此，他们之间的距离可能也缩小了。

(95ⅰ) X кончался около Y（例如，Дорога кончалась около леса）≌"空间客体 X 的终点位于地点 M，而 M 位于固定客体 Y 附近"。

(95ⅱ) X кончился около Y（例如，Дорога кончилась около леса）≌"空间客体 X 的终点位于地点 M，M 位于固定客体 Y 附近，说话人想象着观察者正沿着 X 运动，他的意识记录下这一事实"。

在这对非常规的动词中，在完成体的注释中指出了观察者的形象，这一形象被说话人纳入到他所描写的现实情景的客体之列。就作者所知，这类语义差别虽然有些生僻，但绝非少有，但在体学研究文献中从来没有被提及过。这类语义差别还出现在以下各对动词中：начинаться — начаться（Тропа начинается 〈началась〉 около озера），доходить — дойти，обрываться — оборваться，поворачивать — повернуть（У верстового столба дорога поворачивает на юг — У верстового столба дорога повернула на юг）及其他对偶中。

在(91)和(92)中，未完成体在语义上比完成体复杂；在(93)—(95)中，完成体在语义上比未完成体复杂；下面列举的例子(96)是完成体与未完成体语义同等复杂的情况。

(96ⅰ) X мешал Y-у сделать P ≌"某人 X 通过自己的行动或特性 W 使得 Y 很难做成 P"。

(96ⅱ) X помешал Y-у сделать P ≌"某人 X 通过自己的行动或特性 W 使得 Y 不可能做成 P"。

在(96)中存在着未完成体与完成体法位之间非标准的语义对立，这个对立在于 трудно（困难地）— невозможно（不可能地）之间的差别。有趣的是，在与 мешать — помешать 语义相近的对偶动词 затруднять — затруднить 中体现出来的未完成体与完成体之间的语义区别是完全标准的类型。

未完成体与完成体基本意义之间大量的语义差别类型为描写相应事实提供了至少三种可能性：

1) 把体看做是词形变化范畴。这样一来，未完成体与完成体基本意义之间所有可能的差别，包括非标准的，都在语法中进行描写。在词典中只收录体的一个形式——即在该对动词中是词典学原形的那个形式（个别情况下语义不太复杂的），并在这个词典信息的基础上，参考相应的语法规则处理另一个形式的意义。

采取这种描写时必须考虑到，仅未完成体与完成体基本意义之间差别的标准类型的数量，不计所谓的个别体的意义就可能达到几十种（见 Гловинская 1980）。这是对俄语中体的词形变化地位产生疑问的充足理由。

2) 体不是纯粹的词形变化范畴，而是处在词形变化范畴和构词范畴之间的特殊构体范畴。这一范畴覆盖了整个像动词这样在语言层面如此重要的词类，在这一点上与词形变化范畴相近；而与构词范畴相近是因为，体的意义非常成语化，并且与相应词干的词汇意义紧密交织在一起。这样一来，在语法中就有可能只描写未完成体与完成体之间的语义差别中几个表现最丰富的类型［包括(91)—(93)］，而把不属于这些类型的所有其他差别类型，都看做是应该在词典中描写的体学意义的成语化情况。因此，应该用两种不同的方式对动词进行词典学处理：如果未完成体与完成体的基本意义的对应关系整体上属于语法中列举的类型之一，那么在词典中只收录一个体的基础词，而另一个体的意义用在第一种类型描写中的方法处理；如果这种对应关系只是部分属于列举的类型或者根本不属于任何一个类型，两个体的基础词都要收录在词典中，并带有独立的词条。

我们确信，这种描写形式将会最全面地概括俄语体的特点。但是，在体的语义研究的现阶段，得到正常描写的总共仅有几百个动词词位，实际上第三种描写方式可能更合适。

3) 把体作为构词范畴来处理：不考虑未完成体与完成体之间的语义差别类型，体的两个基础词的每一个都编入词典中并提供独立的词条，包括注释。

3.4 意义实现的条件

语义规则与"意义⇔文本"模式的所有其他规则一样，由三部分组成：它们是被转换的对象（在我们这里指深层句法结构），转换的产品（在我们这里指表层语义结构）和进行转换的条件。

最后一部分具有独特的意义，因为这一部分表明，语言单位意义的实现要依赖如此大量的完全不同的因素——语义的、句法的、词法的、搭配的、修辞的、甚至语音的因素。对如此多的因素作稍微全面一些的概述，就需要进行大量的个别性的研究。下面，我们可以选择性地举例说明 ГСС⇔ПсемС 的转换规则，即按上述观点我们感觉在内容上是非常规的那些规则。

3.4.1 语义因素

(97 ⅰ) Ты уже видел этот фильм ⟨балет, спектакль⟩？

在句子(97 ⅰ)中实现的动词 видеть 的意义在语义上与动词 смотреть 的其中一个意义是绝对同义，试比较：

(97 ⅱ) Ты уже смотрел этот фильм ⟨балет, спектакль⟩？

它们之间的区别只在于实现条件的不同。смотреть 在"观看"的意义上没有任何语义限制。而 видеть 的"观看"意义只有在一般事实意义的过去时条件下可以实现［见(97 ⅰ)］，在其他任何时间［见(98)(99)］及过去时的任何其他意义［见(100)(101)］中都不能实现。

(98 ⅰ) *Завтра мы будем видеть балет на льду.

(98 ⅱ) Завтра мы будем смотреть балет на льду.

(99 ⅰ) *Он видит сейчас передачу по телевизору.

(99 ⅱ) Он смотрит сейчас передачу по телевизору.

(99 ⅲ) *Завтра он видит балет на льду.

(99 ⅳ) Завтра он смотрит балет на льду.

(100 ⅰ) *Когда я вошёл, он видел передачу по телевизору.

(100 ⅱ) Когда я вошёл, он смотрел передачу по телевизору.

(101 ⅰ) ?Каждый день мы шли в "Лужники" и вилели балет на льду.

(101 ⅱ) Каждый день мы шли в "Лужники" и смотрели балет на льду.

3.4.2 句法因素

这里我们将分析动词 быть 意义描写中的一些问题（也见 1.5 节）。

决定述谓词意义实现可能性的主要句法因素之一就是在文本中要有该述谓

词要求的被支配形式。在"意义⇔文本"模式中,有关该词位要求在某一配价上有哪些被支配形式的信息,是借助于被称为支配模式的客体提供的。

动词 быть 的所有非助动词意义——方位意义、所有意义、存在意义、系词—分类意义、系词—等同意义——都具有两个配价,其中第一个配价的形式总是一样的,即第一格的名词词组(除了在否定、集合数词、数量副词的上下文中第一格变为第二格的情况)。第二个配价在绝大多数情况下是由不同形式实现的。

方位意义的实现形式是——(Adv, локат)或(Prep, локат):

(102) Отца там ⟨на работе, в комнате, под навесом⟩ не было.

所有意义的实现形式是——у(S)$_{род}$, у(Num)$_{род}$及其他类似的形式:

(103) У каждого человека есть враги.

存在意义的第二个语义配价在句法上,即以被支配的形式是根本不能实现的(关于存在意义有两个配价的观点借引自[Падучева 1974]):

(104) В декабре было несколько случаев аварий, сопровождавшихся человеческими жертвами.

系词—分类意义的第二个配价是通过这样的形式实现的:(S)$_{твор}$, (A)$_{твор}$, (S)$_{им}$, (A)$_{им}$, (S)$_{род}$, (A)$_{крат}$, (A)$_{сравн}$, (Num), (Adv), (Prep)(S):

(105 ⅰ) Его сын был первопроходцем ⟨первым, кто исследовал притоки Уссури⟩.

(105 ⅱ) Он капитан милиции.

(105 ⅲ) Ситуация сложная.

(105 ⅳ) Какого он был возраста?

(105 ⅴ) Профессор был ещё очень молод ⟨моложе своей жены⟩.

(105 ⅵ) Их было пятеро.

(105 ⅶ) Водопроводчик был навеселе.

(105 ⅷ) Он был из крестьян.

最后,在系词—等同意义中 быть 的第二个配价只能用名词的第一格形式实现:

(106 ⅰ) Это был стол ⟨камин, Джон⟩.

(106 ⅱ) Столица Франции — Париж.

(106 ⅲ) Мой брат — вон тот человек.

Быть 的等同意义还具有其他一些重要的句法和语义特性，所以讨论得更详细些。这是非常必要的，因为尽管逻辑学家从亚里士多德时期就已经熟识等同意义，而在语法中与此相关问题的激烈争论至少也有半个世纪了，但在词典描写中，这个意义与分类意义从来没有被区分开（例如，见 Пешковский 1935：127，211-219；Арутюнова 1976：300-325 及其他文献）。

1. 等同意义要求两个名词组合具有同一所指关系：无论是主语词组，还是谓语词组都应该表示具体的、确定的对象（正是这一点可以解释等同句中经常用指示代词的原因）。

2. 在等同意义中，不论 быть 用于哪种时间形式，它只支配第一格的表语形式，而在分类意义中过去时和将来时形式更倾向用第五格表语（试比较 Этот человек был мой брат 与 Этот человек был моим братом 语义上的对立）。

3. 等同意义的被支配成分只能是名词或在句法上相当于名词的名词性结构，但不能是形容词、副词、数词或者前置词-名词词组。

4. 在很多情况下，быть 表示等同意义时，在性和数上不与谓语保持一致，而与表语保持一致（Это была та же самая девочка. Это был тот же самый мальчик. Это были те же самые дети）。

方位意义从其实现条件的角度来看非常重要，我们来分析 быть 的这一意义。

(107ⅰ) Отец был на море.

这类句子同形异义：既可以表示父亲曾去过海边（未完成体的非结果性一般事实意义），也可以表示父亲在某个具体的时间在海边（未完成体的过程意义）。

在否定的情况下，这种句子可能有两种不同的形式——保持主语的第一格形式(107ⅱ)和主语由第一格变为第二格(107ⅲ)。

(107ⅱ) Отец не был на море.

(107ⅲ) Отца не было на море.

与(107ⅰ)不同，句子(107ⅱ)，尤其(107ⅲ)不是同形异义。其中，第一个句子最好理解为具有一般事实意义，而第二个句子只是过程意义。因此，动词 быть 未完成体的一般事实意义在否定句中实现的条件是保持主语的第一格形式，而过程意义实现的条件是将主语由第一格变为第二格。

上述特性显然是 быть 特有的，因此应该固定在它的词条中①。

3.4.3 词法因素

在讨论动词 видеть 和 слыхать 时（见 2.2 节），我们已经指出过，这两个词不能用于将来时和现在时。所谓的表示多次性行为方式的无前缀动词也具有类似的属性，对这些词而言，现在时形式是完全不可能的（*хаживаю，*сиживаю），而将来时形式在很大程度上也是受质疑的。

动词 сопровождать 在(108ⅰ)中体现出的意义有两个体的形式：

(108ⅰ) Автор сопровождает 〈сопроводил〉 текст примечаниями.

而在(108ⅱ)中体现的意义只有一个形式，即未完成体的形式：

(108ⅱ) Бред сопровождал лихорадку.（试比较，*Бред сопроводил лихорадку 是不正确的）

Разглядеть（Он издали разглядел своего коня; Я не разглядел, кто стоял передо мной）没有未完成体形式，而 разглядывать（Девочка внимательно разглядывала картинки）没有完成体形式。

动词 позволить 的一个意义只能在命令式中实现（Позвольте, позвольте, я ничего подобного не говорил!）。

当讨论能够决定某些意义实现的可能性的词法因素时，我们指的正是这类限制。理智地推测是，给任何一个具有构型聚合体的词类都能找出一个词，其意义的实现条件就是将这个聚合体固定在某些区分出来的形式中。

3.4.4 搭配因素

到目前为止，我们已经把一个词 X 的语义、句法和形态性能作为该词的一个意义或多个意义的实现条件进行了分析。但是，一个词的某种特定意义的实现可能也要依赖在句子的范围内与该词以某种方式发生联系的其他词的各种不同性能。我们将关于这些性能的信息称为搭配信息。

关于具有词义"X1"的词汇 X 的搭配信息可以确定出与 X 在句法上有直接或间接联系的单位 Y 的各种特性：(1) 语义的、(2) 词汇的、(3) 句法的、(4) 形态的、(5) 修辞的及其他可能的性能。下面分析几个例子。

---

① 在否定语境中具有将第一格变为第二格的特征的大多数存在动词（бывать, поступать, происходить, случаться, существовать, требоваться）都不具有这些特性，试比较，Сведения о продвижении войск не поступали 和 Сведений о продвижении войск не поступало 几乎是同义的。

动词 мучиться [X]具有原因配价[Y]，这个配价由 от (S)род. 和(S)твор. 的形式表达。在第一种形式中，名词经常具有生理状态的意义，而在第二个形式中，名词经常具有心智或情感状态的意义(语义搭配信息)：

(109ⅰ) Солдаты мучились от жажды〈от голода, от зноя〉.

(109ⅱ) Он мучился сомнениями〈догадками, ревностью, сознанием собственного бессилия〉.

像 везти, возить, доставлять, ездить, летать, плыть 这类表示运动的动词具有语义配价"工具"，这一配价借助于(S)твор 和 на (S)пред 的形式实现。在第二种形式中这一配价可以指所有的交通工具，而在第一种形式中只能指某一些交通工具。例如，对于动词 везти 来说，所指的工具是 поезд, пароход, самолёт，但通常不会是 собаки, лошади, телеги, велосипед 等(词汇搭配信息)：

(110ⅰ) Пушнину в столицу решили везти на поезде〈на самолёте, на собаках, на лошадях, на телегах〉.

(110ⅱ) Пушнину в столицу решили везти поездом〈самолётом, ?собаками, ?лошадьми, ?телегами〉.

(S)вин. 形式与其他形式一样都可以表示动词 считать 的内容配价，但在这种形式中，名词的位置只能由具有代词性句法特征的词充填(句法搭配信息)：

(111ⅰ) А что вы считаете?

(111ⅱ) Я считаю следующее.

词位 давать 14(祈使意义，只有命令式)支配复数第一人称将来时的动词形式(词法搭配信息)：

(111ⅲ) Давайте остановимся (поговорим).

4. 意义相互作用规则

单个语言单位的意义就像连续的话语中的各个音一样，在相互联合的同时，可能相互影响并发生重大的形式改变。再重复一遍，这种改变所遵循的规律应该得到仔细研究和描写，以便能够付诸运用。

关于意义相互作用的问题，不仅对于传统的语法学和词汇学而言是个比较新的问题，因为它们一般不研究这个问题，而且对于现代理论语言学来说也是个比较新的问题。这个问题大约在 15 年前才产生。但这个领域的研究力度相当大,以至于在较短的时期内已经取得了大量成果。在本研究中,我们不能对这些成果做全面考察和系统化整理,所以仅局限于阐述我们对这个问题的个人观察结果以及在研究"意义⇔文本"模式中词典学成分的过程中积累的一些观察结果。

意义相互作用的规则以构建规则的形式体现在"意义⇔文本"模式的语义成分中,这种建构规则就是——深层句法结构的亚树形图的表层语义结构是由进入这些亚树形图所有内容要素的表层语义结构来构建的。

根据一个规则涉及的语言单位类别的规模特征,可以将所有的这类规则划分为普遍性(语法)规则和个别性(词典)规则。

根据这些规则给定的语义转换特征,还可以将这些规则划分为作用范围规则、转变规则和剔除规则。最后一种规则在文献[Апресян 1974:84-94]中有详细描写,这里我们不再回顾。

4.1 普遍性规则和个别性规则

4.1.1 先从普遍性规则开始

4.1.1.1 分析(112ⅰ)这类句子及其否定形式(112ⅱ):

(112ⅰ) X требует, чтобы Y сделал Z="X 促使 Y 完成 Z,并且 X 认为 Y 应该完成 Z",

(112ⅱ) X не требует, чтобы Y сделал Z="X 不促使 Y 完成 Z,或者不认为 Y 应该完成 Z"。

应该给带动词требовать的否定句做的注释正是(112ⅱ)这种分离式注释。只有这种注释能够解释直觉上容易感受到的情景差别,这些情景可以通过类似 Я не требую, чтобы вы сделали доклад 的语句被描写出来:"我或者不鼓动你做报告,或者我不认为你应该做,或者我既不鼓动,也不认为"①。那么,(112ⅰ)与(112ⅱ)之间的相互关系可以以理想的方式纳入著名的句子演算等式:

(112ⅲ) не (P и Q) = не P или не Q。

实际上,...не требует... = "……不(鼓动……和认为……)" = "……不鼓动……或者不认为……" = "……或者不鼓动……,或者不认为……,或者不鼓

---

① 最好强调一下,句子(112ⅱ)不是同形异义句(多义句),而只是意义中的情景不确定性(Werinreich 1966)。因此,按分离性组建的表层语义结构的类别就是情景不确定性中一个局部的,但却是重要的情形在形式上的类同。

动……和不认为……"。

(113ⅰ) X боится, что P(例如, Я боюсь, что сектор расформируют)≌
"X 认为 P 的概率性很大,并且 X 认为 P 是所不希望的"(引自[Иорданская 1970:23]中注释的变体)。

(113ⅱ) X не боится, что P ≌"X 不认为 P 概率性很大,或者 X 不认为 P 是所不希望的"。

根据(112)、(113)及其他类似例子可以猜想,如果在对某些语言单位的注释中包含连接词('и'),则这个连接词可以按上述句子演算规则与否定词相互作用。这个规则列入语义成分的普遍性规则清单。在描写中(个别情况下在词条中),可以有条件地从清单中删除那些不受这一规则支配的具有联合性组织意义的语言单位。

4.1.1.2 叶斯帕森在分析否定语气词意义时,得出一个结论,"在所有(或者大多数)语言中"否定语气词表示"小于"的意思(Есперсен 1958:377;1924 年第一版)。他列举了三种类型的例子:(1) not lukewarm"(甚至)有点不温暖", not half full"(甚至)一半都没有装满";(2) He does not read books a year"他一年连三本书都没读", He dost not see her once a week"他一周连一次也没见到她";(3) The hill is not two hundred feet high"小山的高度不到两百英尺", His income is not 200 pounds a year"他一年的收入不到 200 英镑"。

在对这些观察做出应有的评价的同时,我们想指出的是,其中的任何一种解释都不完全正确,至少对俄语来说是如此。

对带有数量补语和数量状语的句子可以有不止一种("指小")解释,而是有三种不同的解释:"指小",纯粹否定和"指大"。

所以,应该更倾向于对事实的另一种描写,而且这里应该注意的不是否定语气词的特殊意义(因为那样的话,不得不给否定语气词添加"小于"和"大于"的意思),而是意义相互作用的特殊规则,或者可以说应该注意句法结构的特殊意义(Апресян 1974:81-82)。

能够决定从带有数量补语或数量状语的句子的三种可能的解释中做出选择的主要因素是否定语气词 не 的作用域。如果 не 的作用域只包括动词,那么得出的就是纯否定的理解,而如果作用域扩展到动词和数量从属成分,那么得出的就是"指小"或"指大"的解释。

而否定词的作用域本身又取决于以下四种因素①：

(1) 动词的意义类型，

(2) 动词是否有数量配价，

(3) 数量从属成分的意义，

(4) 数量从属成分的前置词-名词格形成的手段。

这些因素在不同的组合中相互作用时，具有不同的效力，形成了以下四种情景：

1. 只能做否定的解释。这种解释出现在上述因素的下列组合情况下：(1) 动词不具有状态意义；(2) 动词有数量配价；(3) 数量补语没有时间意义；(4) 数量补语由非四格形式构成。

(114) Он не купил〈не продал〈не сдал, не снял〉〉 дачу за сто рублей.（在所述价格条件下的买卖（租赁）活动没有成功）

2. 只能做"指小"的解释。这种解释出现在上述因素的下列组合情况下：(1) 动词具有状态性意义；(2) 动词有数量配价；(3) 数量补语可以有任何意义；(4) 时间数量补语不是由前置词 в, за, спустя, через 构成。

一部分俄语动词具有上述特性，试比较，бить（Ружьё бьёт на километр），весить（пять килограмм），вмещать（три литра），делать（сто оборотов в минуту），длиться（два часа），достигать（роста человека），доходить（до сорока градусов），насчитывать（5000 жителей），превосходить（на пять процентов），прождать（кого-л. час），прожить（две недели），рссчитан（на 100 зрителей），составлять（200 фунтов），стоить（пять рублей）等。

(115) Х не стоит〈не весит, ...〉Р（例如，Пальто не стоит 50 рублей；

---

① 我们将回避一系列复杂的情况。第一，不打算分析带四格补语的句子（Установка не работала три года——有两种理解）和带二格补语的句子（Установка не работала трёх лет——只有"少于"的一种理解）之间的差别；关于这一点见（Богуславский 1978б）；第二，我们不打算考虑像 три раза в год, раз в неделю, сто километров в час 这类的数量词组，因为在其他同等条件下，这类词组会增大"指小"的解释的概率，而损失纯否定的解释；最后第三点，我们忽略在数量词组中加入强调性限定成分——形容词、副词或语气词，譬如 Установка не работала целых〈всего〉три года, Установка не работала и три года 的情况。这些成分或者使意义倾向于否定的解释（第一个例子总是与"指小"有关，顺便说一下，这里不能把第四格变成第二格），或者使意义倾向于"指小"的解释（第二个例子中这种转换不仅是可能的，而且是希望的）。

Мешок не весит 50 килограмм）＝"X 的价值（重量）比 P 少"①。

总体形式如下：

(115′)

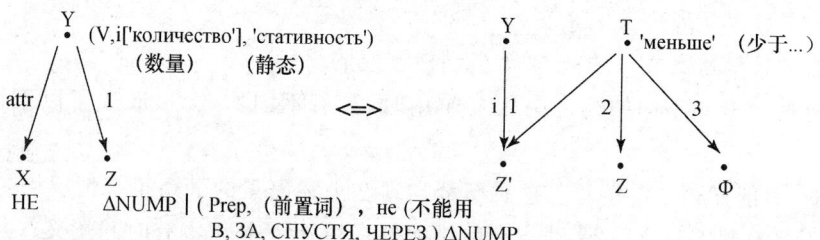

3. 只能做"指大"的解释。这种解释出现在上述因素的下列组合情况下：(1) 动词的意义是任意的；(2) 动词可以没有数量配价；(3) 数量从属成分——补语或状语有时间意义；(4) 数量从属成分由带 в，за，спустя，через 的前置词名词词组构成。

(116 ⅰ) Он не написал книгу за год.（如果要写完书，还需要更长的时间）

(116 ⅱ) Деревья не распускаются за пять дней.（发芽的时间超过五天）

(116 ⅲ) Он не возвратится через три минуты〈пять минут спустя〉.（经过更长的时间段才能回来）

4. 当语气词 не 具有不同的作用域时，可以做"指小"或者"否定"的解释（同形异义情形）。

这种情况出现在各个因素进行下列两种组合时：或者第一种：(1) 动词不是状态动词；(2) 可以没有数量配价；(3) 数量从属成分——补语或状语有任意意义；(4) 数量补语由四格形式构成，而时间数量状语不是由前置词 в，за，спустя，через 等构成；或者第二种：(1) 动词是状态动词；(2) 动词没有数量配价；(3) 数量状语有时间意义；(4) 数量补语由四格形式构成，而时间数量状语

---

① 传统上认为，大多数支配第四格的动词在否定句中或者可以保持第四格不变，或者可以将第四格变为第二格。某些被调查的人认为，在(115)这类句子中的第四格不符合标准。作者的语言经验完全符合传统的观点，我们的表述也是基于这样的认识。这样的依据被证明是正确的，因为确实有一些或者是不希望把第四格转换为第二格、或者是不能转换成二格的语境条件。这种条件之一就是在句子中有第二个补语，尤其是第四格的补语，试比较，？Он не купил дачи за сто рублей 的意义是模糊的（正确的是 Он не купил дачи 和 Он не купил дачу за сто рублей），而且 * Он не прождал меня двух часов 是不正确的（正确的是 Он не прождал двух часов 和 Он не прождал меня два часа）。

不是由前置词 в，за，спустя，через 等构成。

(117ⅰ) Крейсер не плавал два года.（或者航行的时间不到两年，或者在两年内没有航行过）

(117ⅱ) Он не истратил〈не израсходовал〉десять рублей.（或者花掉了不到十卢布，或者除了十卢布以外的全部花掉了）

(117ⅲ) Он не прошёл три мили.（或者他走了不到三俄里，或者还剩三俄里就走完全部距离）

(117ⅳ) Он не прыгнул на три метра.（或者他跳过的不到三米高，或者根本没去跳这三米）

(117ⅴ) Картина не висела〈не лежала〉там месяц.（或者在那里挂了〈放了〉不到一个月，或者有一个月没在那儿挂〈放〉过了）

这些规则中有一些例外情况。我们表述[见第一种的(4)]的这些规则不适用于 успевать — успеть，хватать — хватить，достаточно，равняться，равен 等词汇。虽然由于各种不同的原因所有这些词都只允许否定的理解，但不具有第一种组合中列举的(1)—(4)中的某些属性：

(118ⅰ) Мне не хватило 40 минут〈литра воды〉.（我需要的比 40 分钟〈一升水〉更多）

(118ⅱ) Я не успел сделать это за три дня.（要做完这件事，我需要的时间要多于三天）①

(118ⅲ) Площадь участка не равна двум гектарам.（或者少于两公顷，或者多于两公顷）

然而，上文给出的所有四种规则（试比较，(115′)中非常严整的表述）都不适用于单个的词汇，而适用于成组的词汇，因此具有相当普遍的特点。

4.1.2　下面来分析个别性规则的两个例子

4.1.2.1 使用中性语调的句子(119)是同形异义句，既可以按(119′)的意义理解，又可以按照(119″)的意义理解：

---

① 表面上看，这种解释不是否定，而是"指大"。但是，对意义中含有"足够"成分的 хватить，успеть 这些词的语义分析表明，这里发生的是通常的否定解释。实际上，X-y достаточно Y-a для P $\cong$ "为了完成 P，某人 X 需要数量为 Z 的客体 Y，而 X 具有的 Y 的数量是 Z′（预设）；Z′ 不比 Z 少（判断）"。那么，X-y недостаточно Y-a для P＝"为了完成 P，某人 X 需要数量为 Z 的 Y，而 X 拥有的 Y 的数量是 Z′，且 Z′不是不少于 Z"＝"……也就是 Z′比 Z 少"＝"……即 Z 比 Z′多"，即 X 需要的 Y 的数量比现实中拥有的多。

(119) Вы не должны ходить туда.

(119′) "Вам можно не ходить туда" （您可以不去那儿）

(119″) "Вам нельзя ходить туда" （您不可以去那儿）

正像在[Апресян 1974：114]中假设的那样，(119′)的理解是在(120ⅰ)—(120ⅲ)规则的基础上得出的，而(119″)的理解是在(120ⅰ)，(120ⅲ)和(120ⅳ)规则的基础上得出的：

(120ⅰ) X должен P ≌ "X 不可以不 P"。

(120ⅱ) X нельзя P ≌ "X 不可以 P"。

(120ⅲ) $X_{не} \rightarrow Y_{не} \rightarrow P' = P'$,

(120ⅳ) $X_{не} \xleftarrow{attr} P\ Q' = 'P\ X_{не}\ Q'$①。

实际上，

(119) Вы не должны ходить туда（您不应该去那儿）=

"Вам не нельзя не ходить туда"（您不是不能不去那儿）=

"Вам не не можно не ходить туда"（您不是不可以不去那儿）=

"Вам можно не ходить туда"（您可以不去那儿），即(119′)。

(119′) Вы не должны ходить туда（您不应该去那儿）=

"Вам должны не ходить туда"（您应该不去那儿）=

"Вам нельзя не не ходить туда"（您不能不不去那儿）=

"Вам нельзя ходить туда"（您不能去那儿），即(119″)。

作为对上述内容的补充我们还想关注一个有趣的情况。看来，在否定语气词 не 和情态动词、情态形容词和情态副词等"逻辑"词上起作用的否定偏移规则应该是非常普遍的。这个规则确实可以有概括性（见下面提出的"偏移副词"的概念），但不是在情态词上。甚至 должен 的那些（准）同义词，如 обязан 和 следует 等，不具有能生成上述类型同形异义现象的属性。对于带形容词 обязан 的否定句，只有第一种理解是可能的[允许不做什么，见(121)]，而对于带动词 следует 的否定句，只有第二种理解[禁止做什么，见(122)]：

(121) Вы не обязаны ходить туда ≌ "您可以不去那儿"。

---

① 在[Апресян 1974：114]中(120ⅳ)被称为"否定词移动的局部性和选择性规则"；试比较，生成语义学中的 negtransportation 概念。在[Падучева 1974：154]中也研究了类似的现象，并冠以名称"偏移性否定"。应该承认后一个术语更成功些。再参见[Богуславский 1978a]。

(122) Вам не следует ходить туда ⇔ "您不能去那儿"。

因此，任何普遍性规则都不能给出关于否定语气词 не 在上述情况中的作用范围信息。这种信息应该直接放到 должен 和 следует 的词条中描写（在 обязан 的行为中，关于 не 没有任何特殊的信息）。

4.1.2.2 在(123)这类句子中，语气词 чуть не 在动词 убить 的注释中有三个不同的作用范围，因此，对其所描绘的情景相应地提供了三种可能的理解（试比较，(15)和(16)的句子）：

(123) Джон чуть не убил его.

(123′) "Джон чуть не каузировал то, что он стал мертвым."
 （约翰差点儿没有使他变成死人）

(123″) "Джон каузировал то, что он чуть не стал мертвым."
 （约翰使他差点儿没有变成死人）

(123‴) "Джон каузировал то, что он стал чуть не（＝почти）мертвым."
 （约翰使他变得差点儿没成（几乎）死人）

一些生成语义理论家（例如，见 McCawley 1968a，其中第一次分析了这类例子）认为(123′)—(123‴)是适用于任何含有"使 X 开始〈停止〉拥有某种性能或状态 P"这类次结构语义体现（注释）的通用语法规则。这种论点是错误的。(123′)—(123‴)最多只能是在用于解释 убить 和其他一些类似动词的基本意义时是正确的。但其他动词即便在注释中包含需要的次语义结构，也不遵循这一规则；句子(124ⅰ)—(124ⅲ)中的每一个都描写一种情景：

(124ⅰ) Подражание старым мастерам чуть не убило его оригинальное дарование.（……使终止存在）

(124ⅱ) Его чуть не расстреляли.（……作为惩罚方式，用射击武器实施射击使其死亡）

(124ⅲ) Он чуть не заразил меня тифом.（……使成为病人）

因此，(123′)—(123‴)是个别性规则，这个规则应该固定在遵循这一规则的那些词位的词条中。

4.2 作用范围规则

语义作用范围规则有四种变体：

(1) 词汇 X 的作用范围是深层句法结构中与 X 直接联系的词汇 Y（正常情况）；

(2) 词汇 X 的作用范围不是深层句法结构中与 X 直接联系的一个词语 Y，而是一个句法组合 Y，即 Y 及所有直接或间接从附于它的词（"口袋"情形）；

(3) 词汇 X 的作用范围是深层句法结构中与 X 不直接相关联的词 Y（偏移情形）；

(4) 词汇 X 的作用范围不是完整的一个词（或一组词）Y，而是词汇 Y 的表层语义结构中的某个成分（在语义的亚分子层面上的相互作用）。

我们感兴趣的仅是后三种变体。

4.2.1　副词 постепенно

(125ⅰ) Пришло время расставаться, товарищи постепенно уезжали один за другим.（И. Гончаров）

在类似句子的深层句法结构中,该副词在句法上从属于动词,但在语义上（在表层语义结构中）不仅与动词相关,而是与整个动词词组 товарищи уезжали один за другим 相关联：显然,副词 постепенно 的述谓词应该把随着时间不断展开的过程的指称作为自己任选参项（开始,一个同学走了,然后,第二个、第三个依次离开等,而且离开的时间间隔大致相等）,而不是指称一个人离开的一次性行为；试比较：

(125ⅱ) ?Иван постепенно уезжал.

这类句子至少被理解为是语义上反常的句子,因为在这种句子中没有遵守刚才所表述的要求。

对副词 постепенно 的描写是一个独立的语义难题和句法难题,在这里不打算涉及这个问题。需要指出的只是,为了完成包含有这一副词的至少几个深层句法结构向表层语义结构的转换,下列 ГСС ⇔ ПСемС 的转换规则是必须的。

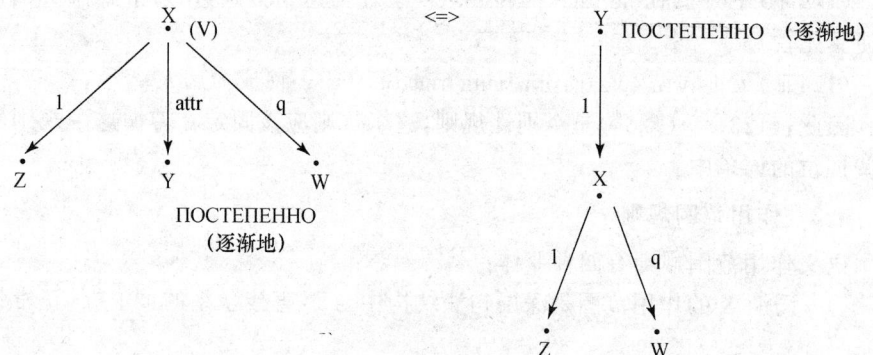

4.2.2 副词 случайно

（127ⅰ） Он случайно решал ту же самую задачу, что и вы.

在类似句子的深层句法结构中，该副词在句法上从属于动词，而在表层语义结构中，语义上只与 ту же самую 这几个词相联系，即与表示"相同"的意思相关。实际上确实是，在（127ⅰ）中，作为偶然性事实体现的，当然不是解答习题这一事实，而仅仅是被不同的人解答的习题相同这一事实。试比较：

（127ⅱ）⁇Он случайно решал задачу.

在这类句子中，副词 случайно 的述谓词没有一个合适的任选参项，这类句子被理解为语义悖异的句子，因为这样的句子只能解释成怪异的意义："偶然思考过，目的是为了得出习题中问题的答案"。

因此，在（127ⅰ）中出现了一个"偏移副词"，对它的语义解释按照与偏移否定词规则（见（120ⅳ）及其注解）类似的规则进行。这样一来，我们就能指出对偏移概念进一步概括的可能性：看来，偏移现象不仅是否定词特有的，而且是大多数语气词、很多副词特有的，可能还是一些形容词特有的。

再指出一个重要的细节。

（127ⅲ） Он сучайно решил задачу.

在这个句子中，只是动词的体不同于（127ⅱ），句子中没有任何悖异和不正确的现象。这是因为在（127ⅲ）中 случайно 具有不同于（127ⅰ）中的作用范围，即具有动词 решить 注释中的成分"得出"：случайно решить 意味着"偶然得出答案"，与偶然思考不同，在"偶然得出答案"中显然没有任何不正常现象。

4.2.3
例子（127ⅲ）使我们接近语义作用范围规则的第三个重要变体，这一变体的特点是，词汇 X 的作用范围是词汇 Y 的表层语义结构中的一个成分。

至少有四组意义一定要有作用范围的这种概念：

——否定；

——类似 "все"，"никакой"，"много"，"мало"，"достаточно"，"почти"，"постепенно" 等量词意义、数量意义、等级意义（譬如，постепенно пожелтел 这类词组）；

——类似 "хотеть"，"мочь"，"должен" 等情态意义（譬如，Я хочу потребовать, чтобы вы ушли. ="我想让您离开，认为您应该这么做"，而不是 "……我想认为，您应该离开"）；

——类似 "хороший"，"плохой"，"правильный"，"неправильный"，

"случайный"等评价意义。

下面我们只分析一个例子,但我们认为这是我们感兴趣的那类作用范围规则中最值得借鉴的例子,这就是评价副词与某些动词和名词的表层语义结构成分的相互作用。

(128ⅰ) Петя хорошо охарактеризовал своих однокурсников.

句子(128ⅰ)显然是同形异义句,或者表示说话人高度评价 Петя 的描述能力,或者表示 Петя 称赞自己的同级同学。在第一种情况下,这个句子在某种程度上与句子(128ⅱ)同义,而在第二种情况下与句子(128ⅲ)同义。

(128ⅱ) Петя хорошо справился с характеристикой своих однокурсников.

(128ⅲ) Петя дал хорошую характеристику своим однокурсникам.

需要解释这种多义性和同义现象,也就是指出这些现象的根源。

句子多义性的两个根源得到了很好的研究,一个是词的多义性,一个是句法结构的同形异义现象。以(128ⅰ)为例来分析这两种可能性。

假设,(128ⅰ)的多义性源于(о)характеризовать一词的词汇多义现象:

(129′) X (о)характеризовал 1 Y-a ≌ "某人 X 描述出客体 Y 的重要特性",

(129″) X (о)характеризовал 2 Y-a как Z ≌ "某人 X 将客体 Y 的重要特评定为 Z"。

那么,хорошо охарактеризовал 1 = "很好地描述了……",即(128ⅱ),而 хорошо охарактеризовал 2 = "评价为好的……",即(128ⅲ)。

这样的解释是不正确的。无论什么时候,只要具有'B1'和'B2'意义的词汇性多义词 B 出现在 ABC 这类的句子中是可以理解的,这些句子就可以被理解为是多义的。试比较,

(130) остановка трамвая = "电车停了这一事件"VS"电车为乘客上下车而经常停靠的地方"。

(131) эмалировка таза = "给盆子上磁漆的行为"VS"在盆子表面覆盖的磁漆层"。

(132) Была поставлена задача вывести сумчатого волка.(现在规定了任务,还以这种最稀有的物种生存的权利,而有一段时间澳大利亚农场主曾下达任务,把这个对农业有害的物种全部射杀掉)。

显然,在像 Петя охарактеризовал своих однокурсников(128ⅳ)这类句子中没有发生任何相似的情况:这类句子无论如何也不能被理解为有两种意义,因

此,关于(o)характеризовать 的多义性的假设应该被驳回。但是,我们并不是说,所有俄语详解词典都没有按照上述方式拆分(o)характеризовать 的意义。

再来看句子多义性的第二个根源——句法结构的同形异义现象。我们只对(133)这类词组体现出的句法同形异义现象的变体感兴趣:

(133) скорость света

这类词组对应的句法结构如下:

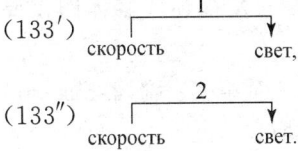

在(133′)的情形中,词组(133)被理解为"光传播的速度"的意思(试比较,Скорость света равна 300 000 км/сек),而在(133″)的情形中,理解为"相等于光的传播速度的客体运动速度"(试比较,Никакой космический аппарат не может лететь со скоростью света)。

在下列假定条件下,(128i)的多义性可以划归为这种句法同形异义现象:(1) 动词(o)характеризовать 除了具有主体语义配价和客体语义配价(谁说明谁的特点)外,还有评价内容的语义配价(如何说明的);(2) 像 хорошо 这类的副词并不像通常认为的那样,仅可以通过状语关系依附于动词,而且可以通过补足(题元)关系依附于动词,如果动词有相应配价的话。因为动词(o)характеризовать 有相应的配价,所以可以得出下列句法结构:

```
                    обст
(128 i′)    ┌────────────────────────┐
            ↓                        ↓
         Петя хорошо        охарактеризовал своих однокурсников,

                    2-компл
(128 i″)             ┌───────────────┐
                     ↓               ↓
         Петя хорошо        охарактеризовал своих однокурсников.
```

不必要拒绝所述的这种假设。但这种假设与关于 хорошо 在动词(o)характеризовать 的表层语义结构中有不同的语义作用域的假定不仅不相矛盾,而且以理想的形式补充了这个假设。

(134) X охарактеризовал Y-a как Z ≌ "某人 X 描述了客体 Y 的重要特性并评价 Y 为 Z"。

如果 хорошо 通过状语性表层句法关系(限定的深层句法关系)依附于动词(o)характеризовать,那么它是把表层语义结构中的述体"描写"作为自己的作

用域,这样得出了(128ⅱ)的理解:

(135) X хорошо охарактеризовал Y-a как Z ≅ "某人 X 很好地描述了客体 Y 的重要特性并评价 Y 为 Z"。

如果 хорошо 通过第二层补足性表层句法关系(第三深层句法关系)依附于动词(о)характеризовать,那么它是把表层语义结构中充当评价主题的客体 Y 的名称作为自己的作用域,这样就得出了(128ⅲ)的理解:

(136) X хорошо охарактеризовал Y-a ≅ "某人 X 描述了客体的重要特性 Y 并评价 Y 是好的"。

因此,句子(128ⅰ)多义性的根源最终是这样一个事实:副词 хорошо 在(о)характеризовать 的表层语义结构中有不同的作用域。

上述规则是值得借鉴的,还因为它具有个别性特征,因而不应该归为语法成分,而应该归为语言学描写的词典成分。为了全面展示这一点,首先研究 хорошо (о)характеризовать кого-что-л.这类词组中的动词成分,然后再研究它的副词和名词成分。

以下面句子为例:

(137) Петя не боялся выступить против директора, и это хорошо его характеризует.

在这个句子中,动词 характеризовать 体现的是另外一个意义(顺便需要指出,在这个意义上没有完成体形式)。这个句子中的词组 хорошо характеризовать 只允许有一种理解。因此,我们确立的规则只适用于在(134)中给出的动词(о)характеризовать 的意义。

(138) Петя хорошо описал своих однокурсников.

(139) Петя хорошо описал о своих однокурсниках.

这两个句子也都是单义的,此时(138)只被理解为与(128ⅱ)近似的意义,而(139)只理解为与(128ⅲ)近似的意义。因此,并非所有动词都会出现多义性的效果,即使这个动词在意义上与(о)характеризовать 很相像。只有当词语表示行为,而且在这个行为过程中能表现出对某一客体的评价时,产生多义性的原则可能性才能出现,但即使在这种情况下,多义性也不是总能实现;试比较,Он хорошо отрецензировал книгу 是单义的。

最后要指出的是,能促进或阻碍多义性产生的条件可能是动词体的形式。(140ⅰ)可以按照两种意义理解;而(140ⅱ),在中性语调情况下,按第一种意义

（好的描写）比按第二种意义（称赞）来理解更合适：

(140ⅰ) Петя хорошо говорил о своих однокурсниках.

(140ⅱ) Петя хорошо сказал о своих однокурсниках.

在带有某些名词的句子中也会产生相似类型的多义性，这些句子的表层语义结构中含有"行为"（或者"行为结果"）和"评价"的成分。词组 хорошая рецензия, хороший отзыв 可以表示写得很好却很严厉的评论文章，也可以表示写得不怎么好却是赞扬性的评论文章。有趣的是，动词 отзываться 与名词 отзыв 至少在派生形式上是有关联的，但却没有产生多义性的情况[见(139)]。

由于彼此看上去非常相像的词其行为却各有不同，所以对每一个词的相应规则都应该单独记录，即记载在词典中（譬如，在动词(о)характеризовать 的词条中）。

在对我们感兴趣的这类句子中的副词性成分进行分析时，从词典学的角度描写所有这些事实的正确性得到了下列印证。显然，远非所有的副词都能对在表层语义结构中符合上述条件（即"含有'行为'和'评价'成分"）的词位具有不同的作用域。像(141)这类句子就是单义的。

(141) Петя быстро охарактеризовал своих однокурсников.

而且，甚至句子(142ⅰ)和(142ⅱ)尽管理解方式不同，也是单义的。

(142ⅰ) Петя удачно ⟨умело⟩ охарактеризовал своих однокурсников.[只理解为(128ⅱ)]

(142ⅱ) Петя положительно охарактеризовал своих однокурсников.[只理解为(128ⅲ)]

正如这些例子所示，在不同程度上产生所述类型多义性的能力也是评价性副词特有的。这种能力是副词 хорошо, плохо, неплохо 固有的，但副词 удачно, умело, изумительно, превосходно 却没有[只理解为(128ⅱ)]，副词 положительно, отрицательно, позитивно, негативно 也没有[只理解为(128ⅲ)]。当然，这些差别与相应副词的注释有关。

最后，分析一下 хорошо (о)характеризовать кого-что-л. 这类词组的名词成分。(143ⅰ)这类句子是多义的，而(143ⅱ)这类句子，正像 T. B. 布雷金娜（口头地）指出的那样，尽管情景、状况及其他类似的客体原则上可以评价为好或不好，但只能被理解为一种[与(128ⅱ)接近的]意义：

(143ⅰ) Он хорошо охарактеризовал вашу диссертацию ⟨работу⟩.

(143 ⅱ) Он хорошо охарактеризовал вашу ситуацию 〈обстановку〉.

因此,被评价客体的性质是产生多义性的一个必要条件:如果讨论的对象是人或其思维成果,那么产生多义性是可能的。

4.3 语义变异规则

在描写有语义含量的语言单位,尤其是词典学单位时经常会出现以下情形:某一单位 X,它具有表层语义结构'X',在某些条件的特定组合时,它将表层语义结构'X'变成表层语义结构'X+α',这里,'α'只是非常小的语义增量。

对这种情形可以用两种完全不同的方法准确地描写出来:第一,可以把'X+α'理解为单位 X 的另一个意义,这种意义的实现要求某些条件的组合 C;第二,可以认为,'X+α'的意义可以说是意义 X 的一种受位置制约的变异,是意义 X 的一种变体。

第二种解决方案的选择,无论在内容上还是在形式上几乎总是能找到依据,关于使我们更倾向于第二种描写方式的内容上的考虑,将在直接讨论具体实例时表述。至于形式上的考虑,这样的描写要遵循经济原则。那种包含了语义变异规则但又不要求把单位 X 的意义分裂为'X'和'X+α'的描写方式更适合于这样一些情况:即当关于 X='X'和 X='X+α'的所有词典学信息(条件组合 C 除外)都一致时的情况。当然,假如在这种情况下,'X'和'X+α'仍然被认为是单位 X 的不同意义,那么就不得不把它们放在单独的词条中描写,因此,在 X='X+α'的词条中要重复已经进入到 X='X'词条中的所有词典学信息。

语义变异规则的一个变体就是所谓的语义省略法,这种变体早就引起了学者们的关注(如,见 Леонтьева 1967)。在组合详解词典(ТКС 1970-1976)的材料中描写了大量的实例,在这些实例中语义变异规则被称为"对注释的修正"。

在大多数情况下,语义变异规则出现的必要性是由于:述谓词 X 的某个语义配价可以由几种不同的方式表达,而且,其中某些方式很容易使'X'的意义发生变化。来分析下面的材料。

4.3.1

(144 ⅰ) Мальчики бросали камешки в воду 〈на землю, под колеса машин〉.

(144 ⅱ) Бросайте оружие!

(144ⅲ) Мальчики бросали камешками друг в друга.

在这些句子中,动词 бросать 在语义上是有变化的。在(144ⅰ)和(144ⅱ)中,动词可以这样注释:

(144′) X бросает Y в Z ≌ "某人 X 手中拿着客体 Y,通过手的运动使得 Y 飞至或者落到另一客体或地点 Z"。

而对(144ⅲ)的注释应该有些不同:

(144″) X бросает Y-ом в Z ≌ "某人 X 手中拿着客体 Y,通过手的猛烈运动使得 Y 飞向另一客体 Z,目的是击中 Z"。

句子(144′)和(144″)之间的差别就在于,在(144″)中添加了意义"猛烈的"、"目的是击中",并去除了意义"或落入"、"或地点"。

所指出的语义差别与下列句法差别和词汇-句法差别相符合:在(144ⅰ)和(144ⅱ)中 бросать 的第二配价是由名词第四格构成的,而在(144ⅲ)中是由第五格构成的,在(144ⅰ)和(144ⅱ)中第三配价是由任意一个表示终点意义的前置词构成的,而在(144ⅲ)中只能由前置词 в 构成。

这些实例用支配模式(145ⅰ)和语义变异规则(145ⅱ)描写如下:

(145ⅰ)

$M_1 = X$	$M_2 = Y$	$M_3 = Z$
1. (S), им	1. (S), вин	1. (Prep, конечн)
	2. (S), твор	

1) 如果 $M_2 = D_{2.2}$,那么 $M_3 = B$

(145ⅱ)

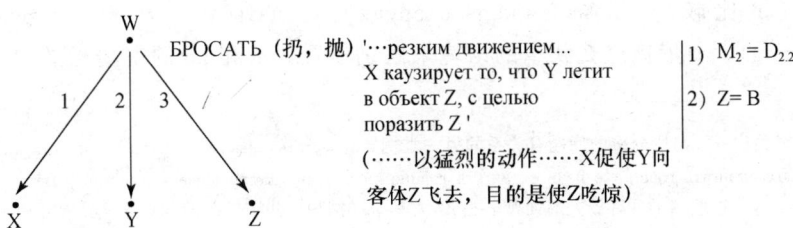

在其他所有条件下都能使用基本的注释(144′)。

要求在(144ⅰ)—(144ⅲ)的材料中区分出两种不同意义——бросать 1 和

бросать 2 的这种必择其一的描写是违反直觉的。所有的俄语详解词典都把这个用法看做是该动词的一个整体意义,这一事实并非偶然。

反对将意义分解开的一个形式上的论据是,在 бросать 2 的词条中必须重复已经列入词条 бросать 1 中的所有词典学信息(包括词汇所有函数)。而且,还不得不以类似的方式去分解动词 кидать 和 швырять,名词 бросок 和 швырок 及其他可能的一些词的同义或近义①。

4.3.2

(146ⅰ) Охотник стрелял в медведя.

(146ⅱ) Охотник стрелял по медведю.

这两个句子在语义上是这样对立的:(146ⅰ)要求射击是近距离的,或者射击要有潜在的击中点位,或者是对固定客体射击(试比较,Охотник в упор выстрелил в медведя)。与此不同,(146ⅱ)要求相当远距离的射击或对运动的客体射击(譬如,?Охотник в упор выстрелил по медведю 这样的句子很怪异),而且,潜在的击中区域的特征并不重要。

显然,不能顺理成章地把上述语义差别与动词 стрелять 意义的差别联系起来:(146ⅰ)和(146ⅱ)中的 стрелять 毫无疑问表示的是同一个意义。

"击中的点位"与"击中的任何部位"的对立当然应归结于前置词 в 和 по 的意义区别。但是,其他两组对立不能牵强地归结为 в 和 по 之间的区别。

实际上,如果认为意义"非远距离的或对固定客体的"是前置词 в 的一个意义中的一个成分,而意义"相当远距离的或对运动客体的"是前置词 по 的一个意义中的一个成分,那么必须作出以下完全不合乎情理的假设:前置词 в 和 по 具有空间意义,而这种空间意义要求把表示射击意义的支配动词作为自己实现的条件(试比较,бить из тяжёлых орудий, палить из пушек, строчить из пулемета)。要依赖这么狭窄的语境来区别前置词 в 和 по 的空间意义的可能性

---

① 关注一下与所分析的问题有关系的另一类例子:вертеть хлыстик (трость) - вертеть хлыстиком (тростью), двигать горшки в печи - двигать горшками в печи, Ветер шевелит листья - Ветер шевелит листьями 等。这些例子具有极大的词典学意义,尤其是在描写这些实例时的词典学实践是不一致的:有时它们被作为动词的一种意义表征来注释,而有时被作为动词的两种意义表征来注释。试比较,甚至在对这个材料的语法解释上也有不同声音:Пешковский 1935(五格与四格只在修辞上不同)和 Jakobson 1936, Мразек 1964, Кацнельсон 1972(在五格和四格之间有语义区别)。在[Wierzbicka 1980] 中表述了关于在这些及其他类似的组合中第五格语义的新观点。

实在太小了。

假如我们还想沿着这条路走得更远,那么我们应该承认,在表示打击意义的动词的语境中实现的是这些前置词的另外一些意义。试比较,Кони били копытами в землю. Солдаты молотили прикладами в дверь("直接打击或打击的地方被理解为是点")和 Кони били копытами по земле, Солдаты молотили прикладами по двери("滑动打击或打击的地方被理解为是面")。看来,这条道路的后果是无谓的"元素数量的增加"。

所述情况使我们不得不采取其他解决方式——为表示射击意义并能够支配前置词 в 和 по 的所有动词引入两种语义变异规则。鉴于规则的明晰性,就不再将其明确地描写出来。

4.3.3 动词 порезать, поцарапать, ранить, ударить, уколоть 及其他一些动词有下列形式的四价支配模式:

(147 ⅰ)

$M_1 = X$	$M_2 = Y$	$M_3 = Z$	$M_4 = W$
1. (S), им	1. (S), вин	1. (S), твор 2. O (S), вин	1. (S), дат

1) 如果 $M_3 = D_{3.2}$,那么 $M_4 =$ СЕБЕ

(147 ⅱ) Кошка поцарапала ему лицо когтями.

(147 ⅲ) Осторожнее, ты мне поцарапаешь иголкой палец.

(147 ⅳ) Я поцарапал себе палец о стекло.

(147 ⅴ) ?Я ему поцарапал палец о стекло.

正如例子(147 ⅱ)—(147 ⅴ)所示,这些动词的第三配价有两个必择其一的表达方式——(S), твор VS o(S), вин,在这两种表达方式之间有以下的语义区别:

(α)"M_3 是运动的,可以自由操控的"与"M_3 是不能移动的或被固定的";

(β)"非故意的或者故意的"与"非故意的"。

第一种(α)对立可以(而且应该)归结为是形式(S), твор. 和 o(S), вин. 在意义上的差别。在"工具"意义(S), твор. 中总是表示可自由操纵的工具,而 o(S), вин. ——静态的,固定的工具。试比较,вытирать руки полотенцем 与 вытирать руки о полотенце, точить нож напильником 与 точить нож о камень.

对第二种(β)对立不能这样处理：(S)，твор. 这一形式完全可以和非故意性行为的意思并存(试比较，поранить руку ножом)，而 о(S)，вин. 这一形式与故意性行为的意思并存(试比较，почесать спину о забор)。

只剩下一种可能性——把(β)中的差别与在句子中体现出来的所有语言因素的总和联系起来，即把语义变异规则引入到 порезать，поцарапать，ранить 等动词的词条中。如果用'P'表示对这种动词的基本注释，那么语义变异规则采取这样的形式：

(148)

4.3.4 动词 послать 的基本意义可以这样表述：

(149 ⅰ) X послал Y из W в/на Z делать P ⇔ "某人 X 使另一个人 Y 从 X 那儿接受了做 P 的任务后，Y 从地点 W 出发到地点 Z 去做 P"。

在这个意义中，послать 具有下列支配模式：

(149 ⅱ)

$M_1 = X$	$M_2 = Y$	$M_3 = W$	$M_4 = Z$	$M_5 = P$
1. (S)，им	1. (S)，вин	1. (Prep，исход)	1. (Prep，конечн)	1. НА(S)，вин
		2. (Adv，исход)	2. (Adv，конечн)	2. ЗА(S)，твор
				3. (V)，инф

第五个配价，即目的配价的第一个和最后一个表达形式原则上是可以相互转换的(послать кого-л. на прогулку ⇔ послать кого-л. гулять)，没有任何意义增量，因此不需要任何语义变异规则。与此不同的是，形式 за(S) 有意义增量(послать кого-л. за бочкотарой ⇔ послать кого-л. приобрести или достать бочкотару"派某人去获得或弄到包装桶"），而这个意义不可能是这个形式本身固有的。所以，下列语义变异规则对于处理这种形式就显得很必要。

(149ⅲ)

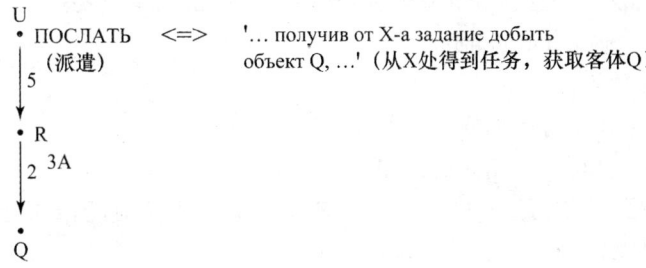

4.3.5

在本章的结束部分，我们来分析在1970-1976年的详解组合词典中描写过的一个重要的语义变异规则类别，做以补充说明。

表示物体的物理参数或线性度量的词（вес，высота，длина，скорость，температура，цвет等）都有两个语义配价。这类词通过第一个配价将物体名称与自己联合在一起，该参数是该物体固有的（вес мешка，высота дома，длина дороги，скорость поезда，температура воздуха，цвет ткани），而第二个配价表示大小值意义。模式图为：

(150)

$M_1 = X$	$M_2 = Y$
1. (S), род	1. (NUMP), им
	2. B (NUMP), вин
	3. (A)
	4. (S), род

从(150)中不难看出，大小"值"意义可以明确地指出[前三种方式，试比较，вес в пять килограмм（重5公斤左右），высота 500 метров（500米高），десятиметровая длина（10米长）]，也可以模糊地指出[最后一种方式，试比较，со скоростью света（以光速），цвета граната（石榴色）]。

第二配价的最后一种表达方式具有特别的意义，因为一个重要的语义变异规则正是与它有关。

我们已经讲过[见(133)],类似词组,如

(151ⅰ) быть на высоте Монблана,

(151ⅱ) лететь со скоростью света,

(151ⅲ) происходить при температуре плавления вольфрама,

(151ⅳ) платье цвета граната.

具有下列意义:

(151ⅰ') "处在与勃朗峰相等的高度"

(151ⅱ') "以与光速相同的速度飞行"等

标注部分的意义成分不进入到相应名词的基本注释中,因此应该通过语义变异专门规则来处理。这个规则具有下列形式:

(152)

$$
\begin{vmatrix} U \\ \downarrow \\ 2 \\ \downarrow \\ Z \end{vmatrix}
\begin{array}{l} \text{ВЫСОТА } \langle \text{BEC}...\rangle \\ (\text{高度}<\text{重量}...>) \end{array}
\Longleftrightarrow
\begin{array}{l} '... \text{высота } \langle \text{вес}...\rangle \text{ Y} \\ \text{X-a, равная высоте} \\ \langle \text{весу,..}\rangle \text{ объекта Z }' \\ (\text{X的高度}<\text{重量}>\text{Y与客体Z} \\ \text{的高度}<\text{重量}>\text{相等}) \end{array}
\Bigg| M_2 = D_{2.4}
$$

类似的规则对于某些含有 судьба, доля, участь, характер, лицо, улыбка, фигура 等词的句子的语义解释是必须的,虽然这些词并不表示物体的物理参数;试比较,Его постигла судьба Джордано Бруно, У него улыбка младенца.

再分析几个与 температура 一词有关的语义变异规则。

(153)

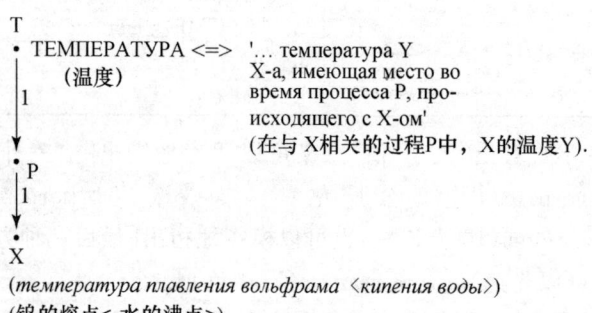

(температура плавления вольфрама ⟨кипения воды⟩)
(钨的熔点< 水的沸点>)

(154)

```
T
•  ТЕМПЕРАТУРА  <=>    '... температура Y
    (温度)               X-а, равная температуре     | M₂ = D₂.₄
 ↓2                    Z-а в то время, когда с      |
• p                    Z-ом происходит процесс P'   |
 ↓1                    (X的温度Y相当于在发生与Z
• Z                    相关的过程P时，Z的温度)
```

(*достигнув температуры плавления* [P] *стали* [Z], *вольфрам* [X] *остается твердым*).
(在达到钢Z的熔点P后，钨X成为固体)

(155)

```
T
•  ТЕМПЕРАТУРА  <=>    '... температура Y
    (温度)               вещества X, находящегося
 ↓1                    внутри пространства Z'
                       (处于空间Z内部的物质X的温度Y)
•
↓
• Z
```

(*температура верхних слоев атмосферы*).
(大气最外围几层的温度)

(156)

```
T
•  ТЕМПЕРАТУРА  <=>    '... температура Y
    (温度)               атмосферного воздуха
 ↓1                    в отрезок времени Z'
                       (在时间段Z 时大气的温度Y)
•
↓
• Z
```

(*средняя температура сентября* ⟨*зимы*⟩).
(九月份＜冬天＞的平均温度)

5. 结 论

总之，为了完成自己的两个主要任务——说明某种自然语言句子之间的同义关系和同形异义关系，或者换句话说，确立{ГCC}⇔{ПсемC}之间很多种的多义对应关系；一个表层语义成分应该掌握语言中所有内容单位的表层语义结构（注释）；掌握选择这些语言单位的条件；掌握从个别成分的表层语义结构中获得整个句子的表层语义结构的规则。为了完成上述任务，需要考量数以十万计的词汇单位、词法单位、句法单位和音律单位的独特性，以及庞大的目前暂时无法计量的成对单位的独特性（试比较，成对词组的不同语义特性：хорошо охрактеризовал — хорошо отозвался — хорошо описал — положительно охарактеризовал — удачно охарактеризовал）。虽然在实际运用所有这些单位及其相互作用的规则时，普通语言持有者好像感受不到任何困难，但是，对其全面的形式化描写却是一个复杂程度独一无二、工程规模宏大的理论任务，这是一个不久前才摆在语言学面前且远没有完成的任务。

  本书的手稿经过 И. М. Богуславский, Т. В. Булыгина, М. Я. Гловинская, Л. Л. Иомдин, Л. П. Крысин, А. В. Лазурский, И. А. Мельчук, Н. В. Перцов, Т. Ройтер 和 В. З. Санников 等人仔细审阅，作者对他们提出的极其宝贵的批评性和建设性意见表示感谢。

略 语 表

此处所列的是本研究中使用的略语表,不包括在文本中的和完全不需诠释的略语。

вин/第 4 格
лат/第 3 格
действ/主动态
ед/单数
изъяв/陈述式
им/第 1 格
инф/不定式
(исход)/起始性句法特征
(конечн)/完结性句法特征
крат/形容词短尾
лич/动词的人称形式
(локат)/位置的句法特征
Mi/述谓词的第一位置
мн/复数
наст/现在时
непрош/非过去时
несов/未完成体
повел/命令式
предик/述谓性表层句法关系
предл/第 6 格
род/第 2 格
сов/完成体
сравн/形容词比较级
твор/第 5 格
∅/成分缺位
(A)/形容词
(Adv)/副词
Adv1B(X)/词汇函数,其意义是由(按意义) X 组成的副词或者副动词类的前置词,如:охотно—любить, из-за —вызывать

attr/限定性深层句法关系
CausFunc0(X)/词汇函数,其意义是下列动词(方括号中是函数参项): вызывать [смерть], сеять [панику], ставить [вопрос], выдвигать[предложение]
(Conj)/连接词
$Conv_{21}$(X)/两价述谓词 X 的互换词(表示反向关系的词)
Copul(X)/词汇函数,其意义是下列动词,如 быть [причиной], служить [пристанищем], доводиться [дядей]
COREF(X_1,X_2)/X_1 和 X_2 表示同一个客体
Dij, Dik/述体的第一位置的表示方式
(Num)/数词
(NUMP)/数词词组
(Prep)/前置词
(S)/名词
Si(X)/词汇函数,其意义是述谓词 X 表示的情景的第一参与者的类别名称[S_1(лечить)=врач, S_2(лечить)=пациент]
Syn(X)/词 X 的同义词
(V)/动词
|/条件符号
≠/不相等符号
⇔/双向同义转换符号
X⊃Y/X 中包含 Y
△/关系图符号
$\tilde{X}$/X 组群,即所有与 X 有直接或间接关系的节点

参 考 文 献

Апресян 1967 — Апресян Ю. Д. Экспериментальное исследование семантики русского глагола. М., 1967.

Апресян 1974 — Апресян Ю. Д. Лексическая семантика. Синонимические средства языка. М., 1974.

Апресян 1978 — Апресян Ю. Д. Языковая аномалия и логическое противоречие // Tekst. Jezyk. Poetyka. Warszawa, 1978.

Апресян 1979 — Апресян Ю. Д. К понятию глагольного управления // Wiener Slawistischer Almanach. 1979. Bd. 3.

Апресян и др. 1979 — Апресян Ю. Д., Богуславский И. М., Иомдин Л. Л., Крысин Л. П., Лазурский А. В., Перцов Н. В., Санников В. 3. Типы информации в толково-комбинаторном словаре // Актуальные вопросы практической реализации систем автоматического перевода. Часть II. М., 1982.

Арутюнова 1976 — Арутюнова Н. Д. Предложение и его смысл. Логико-семантические проблемы. М., 1976.

БАС — Словарь современного русского литературного языка. М.; Л., 1951-1965 (Большой академический словарь). Т. 1-17.

Богуславский 1977 — Богуславский И. М. О семантическом описании русских деепричастий: неопределенность или многозначность? // Изв. АН СССР. Сер. лит. и яз. 1977. № 3.

Богуславский 1978а — Богуславский И. М. О понятии смещенного отрицания. Предварительные публикации Ин-та русского языка АН СССР. 1978. Вып. 107.

Богуславский 1978б — Богуславский И. М. Отрицание в предложениях с обстоятельствами в русском языке // Studia grammatyczne. Krakow, 1978.

Бондарко 1971 — Бондарко А. В. Вид и время русского глагола. М., 1971.

Брызгунова 1969 — Брызгунова Е. А. Звуки и интонация русской речи. М., 1969.

Виноградов 1947 — Виноградов В. В. Русский язык. Грамматическое учение о слове. М., 1947.

Гак 1966 — Гак В. Г. Беседы о французском слове. (Из сравнительной лексикологии французского и русского языков). М., 1966.

Гак 1972 — Гак В. Г. К проблеме семантической синтагматики // Проблемы структурной лингвистики 1971. М., 1972.

Гладкий 1979 — Гладкий А. В. Описание синтаксической структуры предложения с помощью систем синтаксических групп. II. Лингвистическая интерпретация // Slavica, XVII Debrecen, 1981.

Гловинская 1977а — Гловинская М. Я. К вопросу о значении видового противопоставления в русском языке // Лингвометодические вопросы преподавания русского языка на подготовительном факультете. М., 1977.

Гловинская 1977б — Гловинская М. Я. О некоторых трудностях в изучении семантики видов // Болгарская русистика. 1977. № 3.

Гловинская 1980а — Гловинская М. Я. Семантические типы видовых противопоставлений русского глагола. М., 1982.

Гловинская 1980б — Гловинская М. Я. Общефактическое значение несовершенного вида (форма прошедшего времени) // Структурная лингвистика 1979. М, 1980.

Грамматика 1960 — Грамматика русского языка. Т. 1.: Фонетика и морфология. М., 1960.

Грамматика 1970 — Грамматика современного русского литературного языка / Отв. ред. Н. Ю. Шведова. М., 1970.

Есперсен 1958 — Есперсен О. Философия грамматики. М., 1958.

Жолковский и Мельчук 1967 — Жолковский А. К., Мельчук И. А. О семантическом синтезе // Проблемы кибернетики. 1967. Вып. 19.

Зализняк 1977 — Зализняк А. А. Грамматический словарь русского языка. Словоизменение. М., 1977.

Золотова 1973 — Золотова Г. А. Очерк функционального синтаксиса русского языка. М., 1973.

Иомдин 1979 — Иомдин Л. Л. Фрагмент модели русского поверхностного синтаксиса. Определительные конструкции // Јужнословенски филолог, 35, 1979.

Иомдин — Мельчук — Перцов 1975 — Иомдин Л. Л., Мельчук И. А., Перцов Н. В. Фрагмент модели русского поверхностного синтаксиса. 1. Предикативные синтагмы // Научно- технйческая информация. Сер. 2. 1975. № 7.

Иорданская 1967 — Иорданская Л. Н. Автоматический синтаксический анализ. Новосибирск, 1967. Т. 2.

Иорданская 1970 — Иорданская Л. Н. Попытка лексикографического толкования группы русских глаголов со значением чувства // Машинный перевод и прикладная лингвистика. 1970. Вып. 13.

Кацнельсон 1972 — Кацнельсон С. Д. Типология языка и речевое мышление. Л., 1972.

Кжижкова 1967 — Кжижкова Е. Адвербиальная детерминация со значением места и направления // Вопр. языкознания. 1967. № 2.

Леонтьева 1967 — *Леонтьева Н. Н.* Устранение некоторых видов избыточной информации в естественном языке // Машинный перевод и прикладная лингвистика. 1967. Вып. 10.

МАС — Словарь русского языка: В 4 т. М., 1957-1961 (Малый академический словарь).

Маслов 1948 — *Маслов Ю. С.* Вид и лексическое значение глагола // Изв. АН СССР, ОЛЯ, VII. 1948. Вып. 4.

Мельчук 1974а — *Мельчук И. А.* Опыт теории лингвистических моделей "Смысл ⇔ Текст". М., 1974.

Мельчук 1974б — *Мельчук И. А.* Об одной модели понимания речи (семантическая теория Р. Шенка). 1 // Научно-техническая информация. Сер. 2. 1974. № 6.

Мельчук 1960 — *Мельчук И. А.* К вопросу о грамматическом в языке-посреднике // Машинный перевод и прикладная лингвистика. 1960. Вып. 4.

Мельчук и Перцов 1975 — *Мельчук И. А., Перцов Н. В.* Модель английского поверхностного синтаксиса. Перечень синтагм // Предварительные публикации Ин-та русского языка АН СССР. 1975. Вып. 64-66.

МПИПЛ 1964 — Машинный перевод и прикладная лингвистика., 1964. Вып. 8.

Мразек 1964 — *Мразек Р.* Синтаксис русского творительного. Praha, 1964.

Ожегов 1972 — *Ожегов С. И.* Словарь русского языка. М., 1972.

Падучева 1974 — *Падучева Е. В.* О семантике синтаксиса. М., 1974.

Пешковский 1935 — *Пешковский А. М.* Русский синтаксис в научном освещении. 5-е изд. М., 1935.

Рассудова 1968 — *Рассудова О. П.* Употребление видов глагола в русском языке. М., 1968.

Розенцвейг 1972 — *Розенцвейг В. Ю.* Языковые контакты. М., 1972.

Санников 1979 — *Санников В. З.* Сочинительные и сравнительные конструкции: их близость, их синтаксическое представление // Wiener Slawistischer Almanach. 1979. Bd. 4.

Сэпир 1934 — *Сэпир Э.* Язык. Введение в изучение речи. М., 1934.

Телин 1978 — *Телин Н. Б.* О семантике видов в русском языке. VIII Международный съезд славистов, Загреб - Любляна, 3-9 IX, 1978.

ТКС 1970-1976 — Предварительные публикации Ин-та русского языка АН СССР. 1970. Вып. 2; 1970. Вып. 4; 1970. Вып. 7; 1971. Вып. 23; 1972. Вып. 26; 1972. Вып. 28; 1972. Вып. 29; 1973. Вып. 34; 1973. Вып. 35; 1973. Вып. 37; 1973. Вып. 38; 1973. Вып. 42;

1975. Вып. 63；1976. Вып. 80；1976. Вып. 85.

 Червенкова 1975 — *Червенкова И. В.* О показателях меры признака（на материале современного русского литературного языка）// Годишник на Софийския университет. Факултет по славянски филологии. София，1975. Т. LXVIII. № 1.

 Austin 1962 — *Austin J. L.* How to do things with words. Oxford，1962.

 Bally 1950 — *Bally Ch.* Linguistique generale et linguistique francaise. 3-me ed. Berne，1950.

 Bierwisch 1967 — *Bierwisch M.* Some semantic universals of German adjectivals // Foundations of language. International journal of language and philosophy. 1967. Vol. 3. № 1.

 Chomsky 1971 — *Chomsky N.* Deep structure, surface structure and semantic interpretation // Steinberg D. D. and Jakobovits L. A.（eds.）. Semantics. London；N. Y.，1971.

 Fillmore 1968 — *Fillmore Ch. J.* The case for case // Bach E. and Harms R. T.（eds.）. Universals in linguistic theory. N. Y.；Chicago；San Francisco，1968.

 Fillmore 1969 — *Fillmore Ch. J.* Types of lexical information // Kiefer F.（ed.）. Studies in syntax and semantics. Dordrecht，1969.

 Fodor 1977 — *Fodor J. D.* Semantics：theories of meaning in generative grammar. The Harvester Press，England，1977.

 Forsyth 1970 — *Forsyth J.* A grammar of aspect. Cambridge，1970.

 Frege 1892 — *Фреге Г. Смысл и денотат* // *Семиотика и информатика.* Вып. 8. М.，1977.

 Garner 1971 — *Garner R.* "Presupposition" in philosophy and linguistics // Fillmore Ch. J., Langendoen D. T.（eds.）. Studies in linguistic semantics. N. Y.，1971.

 Gruber 1976 — *Gruber Jeffrey S.* Lexical structures in syntax and semantics. Amsterdam；N. Y.；Oxford，1976.

 Jakobson 1936 — *Jakobson R.* Beitrag zur allgemeinen Kasuslehre // Travaux du Cercle Linguistique de Prague. 1936. № 6.

 Jakobson 1959 — *Jakobson R.* Boas' view of grammatical meaning // American Anthropologist. 1959. Vol. 61. № 2.

 Katz, Postal 1964 — *Katz J. J. and Postal P. M.* An integrated theory of linguistic descriptions. Cambridge（Mass.），1964.

 Kluckhohn 1961 — *Kluckhohn Ch.* Notes on some anthropological aspects of communication // American Anthropologist. 1961. Vol. 63. № 5.

 Lakoff 1970 — *Lakoff G.* Global rules // Language. 1970. Vol. 46. № 4.

Lakoff 1971 — *Lakoff G.* On generative semantics // Steinberg D. D. and Jakobovits L. A. (eds.). Semantics. London; N. Y., 1971.

McCawley 1968 — *McCawley J. D.* Lexical insertion in a transformational grammar without deep structure. - In: "Darden B. I., Bailey C.-I. N. and Davison A. (eds.). Papers from the Fourth Regional Meeting of the Chicago Linguistic Society", Univ. of Chicago, Chicago, Illinois, 1968.

McCawley 1971 — *McCawley J. D.* Prelexical syntax // P. Seuren (ed.). Semantic Syntax. London, 1971.

Schank 1972 — *Schank R. C.* Conceptual dependency: a theory of natural language understanding // Cognitive psychology. 1972. Vol. 3. № 4.

Ullmann 1952 — *Ullmann S.* Precis de semantique francaise. Berne, 1952.

Weinreich 1966 — *Weinreich U.* Explorations in semantic theory // Current trends in linguistics. Ill - Theoretical foundations. London; The Hague; Paris, 1966.

Wierzbicka 1967 — *Wierzbicka A.* On the semantics of the verbal aspect in Polish // To honour Roman Jakobson. The Hague; Paris, 1967.

Wierzbicka 1969 — *Wierzbicka A.* Dociekania semantyczne. Wroclaw; Warszawa; Krakow, 1969.

Wierzbicka 1972 — *Wierzbicka A.* Semantic primitives. Frankfurt, 1972.

Wierzbicka 1980 — *Wierzbicka A.* The case for surface case. Ann-Arbor, 1980.

详解词典中过剩体学聚合体的解释*

1. 关于变体概念和同义词概念

过剩聚合体的概念是从词汇的语法变体(复制)形式概念派生出来的：如果聚合体中有这种变体形式，这个聚合体就是过剩的。有大量的文献涉及语法变体概念，这里不可能作本质性的探究，只指出我们将要在下文中遵循的对词汇变体形式的理解。

这种理解与传统的理解相当接近，主要以下列思想为基础：变体在所有的重要细节部分上与基本形式是一致的，包括含有相同的词根，具有相同的词汇意义和语法意义，具有相同的语用性能和交际性能。变体与基本形式的区别只是在于它的某些不稳定性和不完善性。这些特性可能表现为：词位 X 的语法变体 X_i 比基本形式 X_j 更古老；或者更少使用；或者在某些类型的词组和结构中不使用；或者含有的词干带有的语法意义数量比基本形式少些。

如果两个词形含有相同的词根，具有相同的词汇意义和语法意义，具有相同的语用关系、符号关系和交际性能，并且在共时现实性和使用性上彼此没有差别的话，则它们属于两个不同词位，这两个词位不是处在变体关系中，而是处于(精确的)同义关系中。

2. 过剩的体学聚合体

我们在这里分析两个主要的和几个比较小的词典学类型，这些类型都具有多余的完成体形式或未完成体形式，它们早已成为了关注的对象，但无论在语法学中，还是在词典中一直都没有得到统一的阐释。

---

* 本文初次刊登在文集《The language and verse of Russia》. UCLA Slavic Studies. New Series. In honour of Dean S. Worth on his sixty-fifth birthday, M., 1995.

2.1 第一种基本体学类型

对这种类型来说,最典型的过剩形式是借助变体性词缀构成的。

下列三个词一组的形式给出了这种类型的初步概念:

завернуть(покупку в бумагу) — заворачивать, завертывать;
перевернуть (лодку) — переворачивать, перевертывать;
заготовить (дров на зиму) — заготавливать, заготовлять;
подготовить (ученика) — подготавливать, подготовлять;
домыслить (многое) — домысливать, домышлять;
осмыслить (увиденное) — осмыслять, осмысливать;
нарéзать (хлеб) — нарезáть, нарезывать;
срéзать (тюльпаны) — срезáть, срезывать;
засеять(поля пшеницей) — засевать, засеивать;
рассеять (пепел по ветру) — рассеивать, рассевать;
восстановить (истину) — восстанавливать, восстановлять;
остановить(поезд) — останавливать, остановлять;
натравить (собак на кого-л.) — натравливать, натравлять;
растравить (душу) — растравлять, растравливать.

关于这种类型,体学家和词典学家的观点基本是一致的:"多余的"(在上述例子中是最右边一个)未完成体形式是基本形式的变体,而不是独立的词[1]。对它们的词典学阐释通常不会出现困难。

在三个词一组中,右边的成分在两种情形下表现出来的不稳定性说明了其变体性特征。

第一,在许多情况下,变体形式在某种程度上比较古老。例如,与积极的形式 нарезáть, разрезáть, срезáть 相比,或与直接对立的添加词缀的形式相比,

---

[1] 见《Толковый словарь русского языка》под ред. Д. Н. Ушаков. М., 1935-1940 (ТСУ); Словарь современного русского литературного языка. М., Л., 1948-1965 (БАС); Словарь русского языка в четырех томах. М., 1957-1961 (МАС-1); Словарь русского языка в четырех томах. М., 1981-1984 (МАС-2); Ожегов С. И. Словарь русского языка. М., 1988(ТСО); Орфоэпический словарь русского языка. Под ред. Р. И. Аванесова. М., 1983(ОРФС); Виноградов В. В. Русский язык. Грамматическое учение о слове. М., Л., 1947. С. 508 и сл. Исаченко А. В. Грамматический строй русского языка в сопоставлении с словацким. Морфология. Ч. 2. Братислава, 1960. С. 190.

像 нарезывать，разрезывать，срезывать 这类词就是古老形式；与积极形式 восстанавливать，останавливать，устанавливать 相比，восстановлять，остановлять，установлять 就是古老形式。这一过程的极端情形自然就是变体形式从语言中彻底消失。

第二，在有些情况下，变体形式感觉就像是按照能产性语法模式人为地构造出来的，但实际上并不使用。譬如，从完成体 примыслить(конец рассказа)而来的未完成体形式 примышлять 就是这样的词。在 БАС，ТСО 和 ОРФС 这几部词典中，这个词都是作为未完成体的基本形式标出的，而在 МАС-2 中甚至把它标定为未完成体的唯一形式。然而，根据被调查者的一致评价，现实使用的 примыслить 的未完成体形式是 примысливать。而 примышлять ——是仿照 вымышлять，замышлять，измышлять 积极形式正确构成的，因此，在体系中具有合法地位，但在习惯用法中是不存在的，所以说是人为构造的。有趣的是，对于 вымыслить，замыслить，измыслить 形式来说却正相反，恰恰是 вымысливать，замысливать，измысливать 形式显示出人为的痕迹，虽然根据 МАС-2 的资料判断，在体系中这几个词都是可以构成的。

强调一下，对这些三个词一组的形式只能作词典描写。目前还无法描述适用于这些词的任何概括性规则。可以解释这种情形至少有以下两点原因：

(1) 在完全相同的条件下，有些词位有上述类型的未完成体变体形式，而另一些词位却没有。譬如，在带有词干-вернуть 的词族中，大多数词位都有两种未完成体形式(见上例)，而词位 обернуть(замечание против кого-л.)只有一种(不能说 * обертывать замечание)。在带有词干-готовить 的词族中，大多数动词都有两种未完成体形式，而动词 наготовить 只有一种：наготавливать，不是 * наготовлять。

(2) 认为在大多数情况下有-ыва-(-ива-)或 -а-(-я)的形式是未完成体的主要变体的观点是没有理据的。在这方面特别有趣的是带有词干-травить 的构词族。对动词 вытравить(что-л. из памяти)来说，未完成体形式 вытравливать 和 вытравлять 基本上被同等接受。但是，按照 МАС-2 的资料，对动词 затравить (волка)来说，唯一可能的未完成体形式是 затравливать(不是 * затравлять)，而对于 отравить (мужа) 或 отравить (существование кого-л.)正相反，未完成体形式是 отравлять(不是 * отравливать)。这样，我们的第一种体学类型可以被看做是需要进行词典学描写的过剩的动词聚合体的一个很好的例子。还有一些带过剩未完成体或完成体形式的较小动词组也属于这种类型。分析其中的两组。

构成第一组的是以-ова-构成的双体动词，这种动词有两个系列的未完成体形式：-овыва-和-ова-，例如下列的三个词一组形式：арестовать — арестовывать，арестовать；конфисковать — конфисковывать，конфисковать；мобилизовать — мобилизовывать，мобилизовать；образовать — образовывать，образовать；организовать — организовывать，организовать；преобразовать — преобразовывать，преобразовать。虽然这些三个一组的词在形式构成方面有别于завернуть（покупку в бумагу）— заворачивать，завертывать这类词，但在内容上它们之间没有差别：带有-ова-的未完成体变体形式在大多数情况下是不完整的。例如，表示未完成体意义的动词арестовать显然是古词。其他所有动词的带-ова-的未完成体形式都是不完备的，因为这些形式主要用于现在时，譬如：Человек постоянно преобразует среду обитания. 带-ова-的未完成体意义的过去时形式的使用可能性在减小。在句子 Человек преобразовал среду обитания 中，动词形式被理解为完成体，试比较不正确的句子 * Человек два столетия преобразовал（应为 преобразовывал）среду обитания。

构成第二组的是带词干-стичь 的所有动词，在 ОРФС 词典中对此有很好的整体描写。这些词有两个系列的完成体形式：достичь, достигнуть — достигать（берега）；застичь, застигнуть — застигать（кого-л. врасплох）；настичь, настигнуть — настигать（зверя）；постичь, постигнуть — постигать（что-л. разумом）。可以认为-стичь 和 -стигнуть 形式是属于同一个过剩聚合体的变体，因为这两种词干的任何一种都没有语法形式的完整组合。由词干-стичь 构成过去时（постиг, постигла, постигло 等）和某些（非全部）非人称形式（постигший, постигши 但没有 * постиженный）。词干-стичь 不能构成将来时（* постигу，* постижет）。由词干-стигнуть 可以构成将来时（постигну, постигнешь 等）和全部的非人称形式（постигнувший，постигнув，постигнутый），但过去时形式即便有可能构成，也是比较困难的（постигнул，постигнула，постигнули）。

产生一个问题：这两种变体中哪个是主要的呢？有利于-стичь 的情形是，正是这种词干构成了过去时，这是使用得最多和在交际上最重要的一种形式，因为在语言中过去时是记录事实的主要方式。有利于-стигнуть 的情形是，由这一词干构成的形式更多。我们认为交际因素更享有优先权。

2.2 第二种基本体学类型

对这一类型来说,典型的三个词一组形式是不带前缀的未完成体动词 — 带前缀的完成体动词 — 由完成体的二次"未完成体化"构成的带前缀的未完成体动词:вязать(преступника) — связать — связывать; мести(пол) — подмести — подметать; множиться(о трудностях 等) — умножиться — умножаться. 这种类型引起了更多的争论①。在一定程度上可以发现,从共时的角度看,特别是当动词转义时,三个词一组形式中的第一个成分是通过把第二个成分的前缀截掉而构成的。这是能履行他人功能的(扑克牌中可以代替任何牌的)特殊的"王",譬如:бить(врага) — побить — побивать; бить(Часы бьют.) — пробить — пробивать; бить(посуду) — разбить — разбивать; бить(масло) — сбить — сбивать. 这一点似乎预先决定了对它们的解释好像"未完成体化游戏"(imperfective tantum),结果是,只有 связать — связывать, подмести — подметать 这类形式构成了纯体学对偶。但是,现实的词典学情景要复杂得多。

在现有的概念框架下,对该类型可能有三种必择其一的描写。下面我们以 множиться — умножиться — умножаться 三个词一组为例做详细说明。

（1）умножиться — умножаться 构成正常的体对偶,而 множиться 是与 умножаться 同义的单体动词。这种观点在 Ю. С. 马斯洛夫,А. В. 伊萨琴科,А. В. 邦达尔科等许多体学专家的研究中都有体现,甚至在词典 БАС 和 МАС-1 中也有所体现(在 ТСУ 和 ТСО 中对这一问题的立场不太明确)。这一观点的思想基点是:带前缀的派生词与相应的不带前缀的动词的区别不仅表现在体的形式上,而且表现在词汇意义上,个别情况除外(делать — сделать, строить — построить 等)。

在我们看来,这种观点最接近真实,但仍然不能全盘接受。

动词 множиться 和 умножиться 之间的语义关系与 умножаться 和 умножиться 之间的语义关系是一样的。试图在 умножаться 中分析出某种在

---

① 见 Виноградов В. В. Указ. соч. С. 508 и сл.; Исаченко А. В. Указ. соч. С. 167-172; Маслов Ю. С. Очерки по аспектологии. Л. 1984. С. 69 и сл.; Бондарко А. В. Глагольный вид и словарь // Современная русская лексикография. Л. 1975; Он же. Теория морфологических категорий. Л. 1976. С. 97 и сл.; Апресян Ю. Д. Лексическая семантика. Синонимические средства языка. М., 1974. С. 174-175; Гловинская М. Я. Теоретические проблемы видо-временной семантики русского глагола: Дис... д-ра филол. наук. М., 1986. С. 209 и сл.

множиться 中好像不存在的意义（譬如"达到某一界限"）的尝试是无果而终。特别是 Трудности множатся, Трудности умножаются 以及 Трудности умножились 这些表达既不要求达到一个界限,甚至也没有这种意向。这些可以从它们的语义中直接得出。如果某一客体已经有某些增加了,没有任何障碍阻止它继续增加(例如,按照 М. Я. 格洛温斯卡娅上述研究中分类的体对立的第二种语义类型：Давление сильно возросло и продолжало расти. Трудности умножились и продолжают умножаться)。假设没有 умножаться 这一形式的存在, множиться — умножиться 就像 делать — сделать 一样,也是理想的一对体对偶。在形式上没有 *сделывать,却有 умножаться 这一事实,不应该造成在这两对动词的分类上把 множиться — умножиться 划入一类,而把 делать — сделать① 划入另一类这样如此大的差别。

(2) 在类似 множиться — умножиться — умножаться 这样三个词一组的形式中体现下列两个词位：множиться — умножиться 和 умножиться — умножаться. 显然,历史地形成于 ТСУ 和 ТСО 中,并在 МАС-2 中体现出来的观点就是如此。在 МАС-2（与 МАС-1 不同)中,在 множиться 的词条中给出的完成体是 умножиться,而在 умножиться 的词条中却一下给出了两个未完成体： множиться 和 умножаться。关于这两个未完成体彼此之间是什么关系的问题,在词典中并没有解决。但是,既然在 множиться 的词条中没有把 умножаться 作为第二个未完成体形式给出来,那么可以得出结论,在 МАС-2 中, множиться 和 умножаться 不是被看做变体,即同一个聚合体中的两个成分,而是被看做是不同的词,尽管是同义词。

难点在于：умножиться 被宣布是两个不同动词的完成体形式,即是两个不同聚合体中的成分。迄今为止,语言学理论还不曾见过聚合体的这种交叉。在其他类似的但并不等同的情形中,实质上是一个词分裂成同音异义词。例如,对 пестреть 一词的词典学解释是这样的：пестреть 1, пестреет, пестреют (Вдали пестреют цветы.) — пестреть 2, пестрит, пестрят (В глазах пестрит от ярлыков и наклеек). 我们尚且把 пестреть 一词拆分成两个同音异义词是否合理的问题

---

① 比较在下列对偶中某些偶然缺失二次性未完成体化的未完成体形式：говорить — сказать(*сказывать), длиться — продлиться(*продлеваться), играть — сыграть(*сыгрывать), рубить (избу) — срубить(*срубать), тревожить — встревожить(*встревоживать).

放到一边,需求强调的是,对 умножиться 来说,这样的解释是绝对不可能的。完全没有依据能把 умножиться(在所研究的使用范围内)看成是两个不同的词,甚至是两个不同的词位,即一个词的两个不同的词汇意义。出现了一个悖论现象: множиться 和 умножаться 是两个不同的词位(同义词),这两个词位进入同一个词位 умножиться 的语法聚合体。在现有的概念框架下解决这一悖论现象只有一个办法(如果排除拆分成同音异义词):承认 множиться 和 умножаться 是变体,承认动词 умножиться 的聚合体中含有一个多余的未完成体形式。我们来详细分析这一可能性。

(3) 类似 множиться — умножиться — умножаться 这样的三个词一组形式构成一个统一的聚合体,其中未完成体形式 множиться — умножаться 是变体,具有近似于第一种体学类型中 засеивать — засевать 那样的地位。

难点在于:这样的决定陷入了如何确定变体的矛盾中,因为无论哪一种形式相比对方都不具有任何的优势。此外,множиться 与 умножиться 之间在形式上的差异多于 засеивать 和 засевать 之间的形式差异。在第一对中,形式上的差异是在词缀和前缀上都不同,而在第二对中,只在词缀上有差异。因此,认为 множиться — умножаться 是不同的词的理由多于 засеивать — засевать 这对动词。

当然,这些都是分量不大且属纯形式上的反证,但还有一个更有分量的反证。承认 множиться — умножиться — умножаться 是一个词的不同形式,进而承认是同一个聚合体的不同成分,将不可避免地导致对动词聚合体做现实主义语言图景中前所未有的修正。事实上,问题不仅仅局限于 множиться — умножиться — умножаться 动词体的三个词一组形式。在 МАС-2 中也有同样的阐释,因此,四个词一组、五个词一组、六个词一组,甚至七个词一组都有足够的权力归属同一个聚合体。四个词一组:мазать(из кольта) — промазать — промазывать —(口语词)смазать;менять(иголки на шкуры) — обменять — обменивать — поменять;мерить(температуру) — измерить — измерять —(口语词)смерить;платить (за проезд) — уплатить — уплачивать — заплатить. 五个词一组:кутать(ребенка в платок) — закутать — закутывать — укутать — укутывать;лечить(ребенка от кори) — вылечить — вылечивать — излечить — излечивать;паковать (вещи) — запаковать — запаковывать — упаковать — упаковывать;путать (ряды) — перепутать — перепутывать — спутать — спутывать. 七个词一组:копить (деньги) — накопить — накапливать накоплять — скопить — скапливать —（口语词）скоплять. 在 МАС-2 中，对这类词列的描写与类似 брать — взять, говорить — сказать, строить — построить 的纯体学对偶的描写没有任何不同。

这样，如果采用假设 3，我们就会得出一个违反自然的假定，好像语言可以如此奢侈地使同一个语法形式拥有从两个到四个不等的变体，而且这些变体是由积极的、有时甚至是能产的过程生成的。

语言学家们在不同时期都曾试图用新的方法来解决上述难题：即拒绝传统的把体看做是词汇变化范畴的观点。动词的体曾经被看做是构词范畴、是构词和词汇变化之间的范畴、分类范畴、位于词汇变化和分类之间的范畴、独立于构词、词汇变化、分类等范畴之外的特殊范畴等①。

对俄语动词体的本质的这些定义，未必有助于解决有关动词多余的体形式的词典学描写问题。在我们看来，描写的困难不仅产生于所研究的体学材料本体的复杂性，而且在于用语言学和词典学方法对其的解释。到目前为止，这些方法的基础还是试图给整个第二种体学类型做出一个统一的解释。可能是错觉在这里起了作用，好像既然 вязать — связать — связывать; мести — подмести — подметать 这样的三个词一组在形式上是由相同的或非常相像的方式构成的，那么它们在内容上也应该是一样的。事实上，这样的三个词一组（在取自 МАС-2 中的材料范围内）至少可以划分成四个内容不同的子类别。虽然他们的界限模糊不清，但其中每一个都可以由一系列典型的例句清晰地体现出来。

下面我们就用形式上的三个词一组的材料来分析这些子类别。对这一相对简单情景的解决方法可以轻松推广至更复杂的四个词一组——七个词一组的情形。

第一子类别：带前缀的未完成体形式是不带前缀的未完成体形式的变体，该聚合体是过剩的聚合体。典型的例子：лепить（великана из снега）— слепить — слепливать; плести（кружево）— сплести — сплетать. 其他例子：беречь（патроны）— сберечь — сберегать; бить（Часы бьют полночь.）—

---

① 见综述：Виноградов В. В. Указ. соч. С. 477 и сл. Авилова Е. С. Вид и семантика глагольного слова. М., 1976. С. 28-42；还见：Поливанов Е. Д. Русская грамматика в сопоставлении с узбекским языком. Ташкент, 1934. С. 115; Бондарко А. В. Буланин Л. Л. Русский глагол. М.-Л., 1967. Апресян Ю. Д. Типы информации для поверхностно-семантического компонента модели «Смысл⇔Текст». Вена, 1980. С. 66-67; Гловинская М. Я. Указ соч. С. 209-213.

пробить — пробивать; вить (гнездо) — свить — свивать; косить (рожь) — скосить — скашивать; плавиться (Воск плавится.) — расплавиться — расплавляться; публиковать (статью) — опубликовать — опубликовывать; слушать (курс лекций) — прослушать — прослушивать; таять (Снег тает.) — растаять — растаивать; формировать (дивизию) — сформировать — сформировывать; хватать (кость) — схватить — схватывать.

　　在对我们而言十分重要的细节上，这一子类别的词位与第一种体学类型相似，所以在词典学上也应该用相似的方式描写。实际上，在上述列举的每一个三个词一组形式中，不带前缀的动词是未完成体形式的典型行为标志。具有二次未完成体化特征的带前缀的未完成体动词，明显很少使用并常常显示出人为的痕迹。这些词可以按照能产的体学构成模式得到，但更多的是一种潜在形式，而不是现实使用形式。譬如，在日常生活中，没有人会说：Он сейчас смалывает кофе. Дети слепливали великана из снега. Снег растаивал. Часы пробивали полночь. 而是说：Он сечас мелет кофе. Дети лепили великана из снега. Снег таял. Часы били полночь.

　　在 TCO 中对这些评价做了尽管是间接的却令人信服的确认。对动词бить, вить, вязать, давить, лепить, молоть, плавиться, плести, расти, таять, трясти, формировать, хватать 和其他一些动词，该词典给出了带前缀的完成体形式：пробить, свить, связать, раздавить, слепить, смолоть, расплавляться, сплести, вырасти, растаять, вытрясти, сформировать, схватить 等。但与此对应的带前缀的未完成体派生词或者根本没有列入词典，也就是认为不存在，或者被列在其他词汇意义中，也就是认为与不带前缀未完成体形式不构成对应。这样一来，像 раздавливать, слепливать, смалывать, растаивать, вытрясать 等及其他一些形式被拒绝承认其在俄语中的现实存在形式的地位(虽然，БАС 和 МАС-2 中是给出了这些词)。在 пробивать, свивать, связывать, сплетать, схватывать 等许多其他动词的形式中，没有关注与上文列举的词汇对应的词汇意义。

　　看来，还有一个证明第一子类别的带前缀未完成体动词不完整性的更重要的证据就是，很多这类动词缺少部分的甚至是主要的一系列体—时意义。譬如，动词 послушивать 和 сберегать 形式没有未完成体的过程(特别是现实—时间长度)意义，试比较：? Мы в этом семестре прослушиваем курс лекций по семантике. * Бойцы сейчас очень сберегают патроны(正确的应是：Мы в этом семестре слушаем курс лекций по семантике. Бойцы сейчас очень берегут патроны); 动词 расплавляться, растаивать 形式没有表示体—时意义的性能，试比较：?? Вольфрам расплавляется при температуре 3500 градусов（应该是 плавится）; ?? Снег растаивает при температуре выше нуля（应该是 тает）。

当然，可以表示异议：正因为不带前缀的未完成体形式有时不具有带前缀的未完成体所能表示的结果意义，所以在这方面恰恰是不带前缀的未完成体形式显现出不完整性。其中 беречь（патроны）的形式就是如此，它没有一般事实结果意义，而 сберегать 却有这种意义：Солдаты не раз сберегали патроны. 对于这种异议有两个反证。

1. 在上述大多数例子中，不带前缀的未完成体形式也都有结果意义（一般事实或结果延续意义）（Часы уже били полночь. Мы в первом семестре уже слушали курс семантики. Он формирует дивизию и уезжает на Север.）

2. 从本体论上看，对行为的理解有两种可能——从过程上和从结果上。而且，从语言学角度来看，第一种可能性更有价值，因为解释过程中的行为在语义上比解释行为的结果更简单。各种不同事件可以导致一种结果，所以通过结果对行为进行全方位的描写就不可避免地不仅要包括对事物的最终事态的描写，而且要包括对引起该事态的行为的描写。

第二子类别：带前缀的未完成体形式与不带前缀的未完成体形式相比，在所有本质性关系上都是同样的，或更具活力一些。典型的例子：бежать（Молоко бежит）— убежать — убегать, множиться（Трудности множатся）— умножиться — умножаться. 其他例子：бить（рекорды）— побить — побивать, блюсти（приличия）— соблюсти — соблюдать, драть（с покупателей втридорога）— содрать — сдирать, жать（штангу）— выжать — выжимать, менять（свою внешность）— изменить — изменять, менять（деньги）— разменять — разменивать, мерить（туфли）— примерить — примерять, мести（пол）— подмести — подметать, слушать（отчет на заседании кафедры）— заслушать — заслушивать.

毫无疑问，在这些三个词一组形式中的第二个词和第三个词构成具有完整的且没有多余的聚合体的纯体学对偶。

至于三个词一组中的第一个成分，根据上述定义，在语言体系中应该鉴定为与对应的带前缀动词同义的、属于二次未完成体化的另一些词位。这是否就意味着，不管在什么意义上它们都没有相对应的完成体形式？因此它们的聚合体绝对是不完整的？不是，不是这个意思。在语言体系中，它们确实没有完成体形式，但在语言惯用中它们是存在的：在实际对话中，当必须要表示所需意义时，如果 X 本身的聚合体在这个环节上有缺陷，讲话人会不假思索地使用与 X 相近的同义词的完成体形式。例如：— Что ты делаешь? — Мету пол. — Когда подметешь, вымой посуду. — У тебя молоко не бежит? — Уже убежало. 请关注 бежать 和 мести 没有自己的完成体形式与 мечта 这类名词没有自己的复数二格形式之间的相似之处。在后一种情况下，在必须时，可以使用最相近的同义词的相应形式（如 мечтаний）。在这两种情形下，都使用同一种补偿机制——利用非自属的形式。顺便说一下，在构词领域的情况也是如此。譬如：соответствовать（всем требованиям）— соответствие VS. отвечать（всем требованиям）——？。在必须的情况下，在对应 отвечать 的空格处填充最相近的同义词的派生词，即 соответствие 这个词。

这样，对于第二子类别的不带前缀的动词没有完成体形式同时又有完成体形式的奇怪现象，我们建议的解决方法是，依据语言体系与惯用体系之间的差别，通过给这些词添加惯用体系中非自己特有的完成体形式。例如，对动词 бежать 的相应的词典描述采取了下列形式：БЕЖАТЬ 6..., 非自己特有的完成体形式 убежать.

第三子类别是数量最大的一类：带前缀的未完成体形式与不带前缀的未完成体形式在意义上有本质性差别，并且只与带前缀的完成体形式构成纯体学对偶。这一类不带前缀的未完成体形式甚至连非自己特有的完成体形式都没有。典型的例子有：гореть（Полено горит）— сгореть — сгорать, бить（масло）— сбить — сбивать. 其他的例子：гнуть（медный пятак）— согнуть — сгибать, греть（руки）— согреть — согревать, жарить（цыпленка）— зажарить — зажаривать, крутить（козью ножку）— скрутить — скручивать, точить（деревянные ложки）— выточить — вытачивать, травить（крыс）— отравить — отравливать, чесать（волосы）— расчесать — расчесывать. 这一子类别的大多数动词都表示客体的自然状态的变化。

这种类型的带前缀未完成体动词与不带前缀的自己的准同义词的区别在于：这些动词具有更接近结果的意义，有表示行为更多地向其自然界限移动的意义。这主要表现为：这些词很容易与包含性时间状语连用（多次和潜在意义），表示达到结果。譬如：Он сбивает масло за час. Он согревает руки за минуту. 但下列句子就未必正确 ??Он бьет масло за час. ??Он греет руки за минуту. 在有副词 быстро 的语境中，带前缀的未完成体动词很自然地被理解为历史现在时，并重点强调很快将取得结果，而不带前缀的未完成体动词更自然地被理解为现实—时间长度，重点放在完成行为的速度上，试比较：Она быстро сбивает масло — Она быстро бьет масло.

未完成体动词 гореть 和 сгорать 在否定和评价语境中有类似的差异。句子 Полено не сгорает. 表明的是：燃烧的过程还没进行到底，但不否定燃烧这一事实本身。而句子 Полено не горит. 否定的恰恰是燃烧这一事实。Полено хорошо ⟨плохо⟩ сгорает. 说明的是燃烧的结果：хорошо ≈ "没有遗留"，плохо ≈ "有剩下的木头块"等。Полено хорошо ⟨плохо⟩ горит. 描述的是燃烧的过程：хорошо ≈ "很热，没烟"，плохо ≈ "冒烟，不热"。

在很多情况下，带前缀与不带前缀的未完成体动词之间的语义差别较少具有体系性特点。譬如，зажаривать (цыпленка, поросенка, целую баранью ногу) 和 зажарить 一样，它们与 жарить 的区别在于指明行为作用于某个整个的天然客体。不能说 ?зажаривать ⟨зажарить⟩ котлеты ⟨картофель, лук⟩，虽然这些客体都可以用于 жарить 一词。

所有这些事实使我们得出一个结论：第三子类别中，不带前缀的未完成体动词毫无疑问是二次未完成体化的形式。

第四子类别是数量最小的一个类别：带前缀的未完成体动词形式在其词义上不仅不同于不带前缀的未完成体动词形式，而且与带前缀的完成体形式也有差异。典型的例子：есть (хлеб) — съесть — съедать, пить (воду) — выпить — выпивать, читать (книгу) — прочитать — прочитывать.

在这些三个词一组形式中，能够使带前缀的未完成体动词形式不同于另外两个成分的典型语义成分是行为的次数意义。譬如：Он медленно прочитывал страницу за страницей. 因此，对这些词来说，惯用性意义是最合乎情理的：Он хвастался, что во время он съедал до ста подовых пирожков (А. И. Герцен). Они выпивали перед обедом по рюмке домашней горькой настойки (Н. Г. Чернышевский). 而在带前缀的动词 съесть 和 выпить 的词汇意义中明显没有"次数"的意义。

因此，真正的体学对偶是由不带前缀的未完成体动词和带前缀的完成体动词构成的。相对应的带前缀的未完成体动词属于二次未完成体化的类别，也就是具有不完整的聚合体。在词典中应该这样给出所分析的三个词一组的聚合体成分。

详解词典所需的句法信息[*]

关于在详解词典中对词汇的句法性能进行词典化处理的问题,早就成了理论研究的一个课题,这些研究的最初成果已经在词典学实践中得到了体现(Апресян, Палл, 1982; Мельчук, Жолковский, 1984). 但是,鉴于最先在形式主义语言学模式的学术研究中引入的新材料和新构想,继续这一问题的探讨还是适宜的。在本文中,我们依据的正是英语句法的理论模式[Mel'čuk, Pertsov, 1987]和在[Апресян 等, 1989]中描写的俄语句法的现行模式。

在确定用于详解词典的句法信息量时,我们将遵循语言的任何科学描写都应该满足的一个理论要求。这个要求就是整合性描写的要求(Апресян, 1986).

我们试图尽最大可能具体和直观地论述用于详解词典的句法信息量问题。为此,我们首先分析带动词 считать 和其他推断性动词的一系列结构,然后提出用于其形式分析的语法(句法规则),最后指明哪些句法信息应该进入词典,以便使规则能够有效地分析这些结构。

1. 材 料

1.1 二价结构

任何一个推断性动词,就其推断性本质而言,至少有两个语义配价——某一观点的主体(谁认为)和这一观点的内容(认为什么)。大多数推断性动词(считать, верить, допускать, думать, находить, подозревать, полагать, предполагать, признавать, принимать 等)的这些语义配价都有直接的和自然的句法表现形式。推断的主体配价(任选的)由一格主语表示,这对绝大多数俄语动词来说都是典型的。推断的内容配价(必须的)由借助连接词 что 1 引导出的补语从句表示:

(1a) Я считаю 〈думаю, нахожу, подозреваю, полагаю, признаю〉, что

---

[*] 本文初次发表在文集《Советская лексикография》, М., 1988.

ваши жалобы неуместны.

(1б) Мы предположили 〈допустили, приняли〉, что прямая пересекает плоскость в точке C.

在两价结构的范围内，推断性动词的第二语义配价还有三种更奇特的表达方式。这就是命题性代词 следующее, что 2, это（第四格），命题性代词性副词 иначе, так, как 和间接性疑问。

在使用 считать, допускать, думать, подозревать, полагать, предполагать, признавать, принимать 时，其内容配价的表达可以用第一种方式：

(2а) Я считаю 〈допускаю, ...〉 следующее 〈вот что〉.

(2б) Я этого не считаю 〈не допускаю, не думаю...〉.

只有三个推断性动词 считать, думать, полагать 可以相当自由地使用第二种方式来表示内容配价：

(3а) А как вы считаете 〈думаете, полагаете〉?

(3б) Я считаю 〈думаю〉 так 〈иначе〉.

最后的第三种方式（间接性疑问）只有在与推断性动词 судить 搭配时可以完全自由地表达内容配价。在这个动词的意义中包含有可以从一系列必择其一的选择中挑选一个假设的意思，这个假设是支配间接性疑问的理据：

(4) Не мне судить, уместны ли ваши жалобы 〈почему он уехал〉.

在上述两价结构中，其余的所有推断性动词在使用的自由度上显示出某种程度的限制。

例如，推断性动词 рассматривать, расценивать, смотреть, судить 和俗语词 держать 甚至不能用于带有由 что 1 引导的从句的结构，而这种结构对推断性动词来说最基本的：

(5а) * Я рассматриваю 〈расцениваю〉, что ваши жалобы неуместны.

(5б) * Я сужу 〈смотрю〉, что ваши жалобы неуместны.

(5в) * Ты держишь, что он дурак?

这几个推断性动词，还有 верить 和 находить 不能支配命题性代词和代词性副词：

(6а) * Я нахожу 〈верю, расцениваю, сужу〉 следующее 〈вот что〉.

(6б) * Я нахожу 〈верю, допускаю, подзреваю, предполагаю, принимаю〉 так 〈иначе〉.

如上所述，由于语义的原因，除 судить 外，没有任何一个推断性词能支配间接疑问。

1.2　三价结构

大多数推断性动词具有支配第二语义配价的另一种方式：第二配价可以分裂成两个必须的句法配价——推断的主题（关于谁—什么）和纯推断内容（想什么）。换句话说，从句法上看，许多推断性动词都可以是三价动词。

表示像 считать, находить, признавать 这类动词第二句法配价的典型方式是四格名词词组，表示它们的第三句法配价的典型方式是五格形式的名词词组或形容词比较级；如果第三配价由形容词五格形式体现，则它在性和数上与第二配价位置上的名词一致：

（7а）Он считает〈признает〉Машу умницей〈умной〉.

（7б）Я считаю〈нахожу〉ваши жалобы неуместными.

（7в）Я считаю〈нахожу, признаю〉вашу работу намного интереснее своей.

还有其他的方式可以表示这两种配价。而第三配价表达手段的多样性只有在第二配价是第四格时才有可能，而第二配价表达手段的多样性只有当第三配价是五格或（较少用）形容词比较级时才有可能。

首先来分析当第二配价固定使用第四格时，第三配价可能的表达方式。

当使用推断性动词 квалифицировать, мыслить, рассмаривать, расценивать 时，内容配价由带连接词 как 的名词词组构成，当使用动词 смотреть 时，内容配价也以同样的形式构成：

（8а）Газета квалифицирует эту акцию как надругательство над правами народа.

（8б）Аристотель мыслит сферу качеств как обсолютно непроницаемую.

（8в）Я рассматриваю〈расцениваю〉ваши жалобы как неуместные.

（8г）Я смотрю на ваши жалобы как на неуместные.

推断性动词 считать 和 держать（俗语）的内容配价由带前置词 за кого-л. 的前置词-名词词组表示，在这一词组中，名词的位置通常由评价性名词或能用于评价性功能的名词来填充：

（9а）Уж не считаешь ли ты его за дурака?

（9б）Ты что, за дурака его держишь?

动词 подозревать 的内容配价由 в чем-л. 这类前置词—名词词组表示：

(10) Очень тяжело подозревать товарища в предательстве.

最后，动词 считать 的这种第三配价可以由述语性副词或类似 в безопасности, в долгу, вправе, в силах, в состоянии, на (особом) положении 等副词性短语来表达，这时的第二配价由表示人称意义的词汇来充当，譬如：

(11а) Я считаю себя в долгу перед вами.

(11б) Я считаю вас вправе требовать компенсации.

(11в) Вы считаете себя в состоянии отработать вторую смену?

下面来研究当第三配价固定使用第五格时，第二配价的表达方式。

对于经典的推断性动词 считать, находить, признавать 来说，我们知道，除了典型的（名词四格）形式之外，还有六种这类表达方式：动词不定式，带连接词 что 1, чтобы, если 或 когда 的从句及间接疑问方式。

(12а) Жаловаться я считаю ⟨признаю⟩ неуместным ⟨ошибкой⟩.

(12б) Он не находил нужным проверять эту информацию.

(12в) Спортивные обозреватели признают возможным ⟨вероятным⟩, что претендент попытается вырваться вперед на старте.

(12г) Дирекция считает ⟨находит, признает⟩ целесообразным, чтобы разработку нового двигателя поручили вашей лаборатории.

(12д) Плановики считают ⟨находят⟩ странным ⟨необъяснимым, удивительным⟩, когда ⟨если⟩ на местах не осваивают отпущенные средства.

(12е) Многие считали неясным, сумеет ли завод выполнить план ⟨к какому времени завод сумеет выполнить план⟩.

出于篇幅的考虑，我们将不研究像 Молодые люди считали за честь пригласить ее на мазурку 这类结构。

在(12)这类结构中，第三题元的形容词与第二题元之间同样有在性和数上匹配的问题，尽管动词不定式和从句没有性，也没有数。根据俄语中非常严格的和广泛采用的规则，在这种情况下，形容词总是选择中性单数的形式。

在(12)结构中表现出来的支配类型明显不是推断性动词一开始就固有的。这种支配是由下列形容词和名词"引导出"的：这些形容词有：вероятный, возможный, невозможный, недопустимый, необходимый, неуместный, неясный, ошибочный, разумный, сомнительный, странный, удивидельный, целесообразный, ясный；名词有 необходимость, ошибка, радость, удовольствие，честь 等。许多人甚至更倾向于认为，直接支配动词不定式和从句的不是推断性动词，而是形容词或名词。这样的观点只能在语义上得到证实，而不是句法学判断。因此，有必要列举一些证据，以便证明动词不定式和从句在句法上从属于动词。

第一个证据——许多可以充填推断性动词第三配价位置的名词不能直接支配动词不定式，譬如可以说(13a)，但不能说(13б)，(13в)：

(13a) Жаловаться на Марию я считаю ошибкой.

(13б) * Ошибка жаловаться на Марию была очевидна всем.

(13в) * Он говорил об ошибке жаловаться на Марию.

试比较，名词 необходимость 与这些词不同，它毫无疑问可以直接支配动词不定式：

(14a) Необходимость установить с ними контакт была очевидна.

(14б) Он говорил о необходимости установить с ними контакт.

第二个证据——结构的平行性。

(15a) Жалобы я считаю 〈нахожу〉 неуместными.

(15б) Жаловаться я считаю 〈нахожу〉 неуместным.

结构(15a)在句法上毫无疑问是三价结构，这意味着结构(15б)也是三价结构，因为动词不定式所占的位置正是(15a)中名词所占的句法位置。

第三个证据——评价性结构和纯系词结构的平行性。

(16a) Жалобы были неуместны.

(16б) Жаловаться было неуместно.

(16б)中的动词不定式与(16a)中的名词一样都是主语。但纯系词结构的主语可以规律性地转换成推断性结构和其他复杂系词结构中的(直接)补语(Золотова，1973)：Я считаю, что Мария (есть) умна — Я считаю Марию умной. Я считаю, что жаловаться (есть) неуместно — Жаловаться я считаю неуместным. 推断性结构和纯系词结构深层的内部相似性应该反映在它们在句法结构的平行性上。

第四个证据——像 признавать 这类推断性动词的主动态结构和被动态结构的平行性：

(17a) Президент ФИДЕ признает 〈признал〉 целесообразным прекратить матч(动词不定式——动词的补语)。

(17б) Признается〈признано〉целесообразным прекратить матч（动词不定式——主语）。

如果认为(17а)中的动词不定式不是与动词发生联系,而是与形容词发生联系,则在(17б)中也应该发现这样的联系,否则主动/被动结构就被破坏了。但在承认(17б)中的动词不定式是形容词的补语的同时,这一结构就变得没有了主语,从而使它脱离了与其同源的纯系词主语结构(16б)和带有反身推断性动词 казаться, представляться, считаться 的主语结构,譬如：

(18) Начать работу немедленно казалось〈представлялось, считалось〉вполне разумным.

第五个证据——在推断性和系词性语境中,名词和形容词对动词不定式配价必需的要求不合乎常规,在第一个证据中尤其不能解释,试比较：

(19а) Жаловаться было ошибкой.

(19б) Жаловаться я считаю ошибкой.

而不能说 *Было ошибкой. *Я считаю ошибкой.

第六个证据——在(15б),(16б),(18),(19)中,把受支配的动词不定式提前到主导名词或形容词之前的异常性,这种异常造成非客观结构；正常情况下,名词和形容词的动词不定式(及所有的非定语和非结构性)从属成分应位于其右侧。

上述六个证据稍加修正就可适用于由 что, чтобы, если, когда 或疑问词引导的从属句结构。

例如,在(12а)—(12е)结构中,在句法上直接支配动词不定式或从句的不是名词,而是推断性动词。但是,不能停留在这一认定上。因为这样有一个事实无法解释,即(12а)—(12е)结构无论如何都不是依动词的推断性为理据,而是在相应的受支配的名词的上下文中产生的。这可解释为在(12а)—(12е)结构的例子中发生了补语从原来的语义主人——名词向动词的偏移。关于其他类型的偏移见[Падучева 1974, с. 159],[Богуславский 1982, с. 44-57](否定词偏移),[Апресян 1980, с. 57-58](副词偏移),[Булыгина 1980, с. 351](形容词偏移)。这种现象在俄语句法中表现的很广泛,所以值得再补充解释一下。

可以用下列类型的结构来说明补语偏移的主要变体：

(20а) Мне [Z] было [X] грустно [Y] расставаться с вами.

(20б) Он был [X] мне [Z] хорошим отцом [Y].

(20в) Дрессировщик посмотрел [X] пантере [Z] в глаза [Y].

(20г) Делать зарядку вошло [X] у него [Z] в привычку [Y].

(20д) Потерпев [X] от него [Z] два поражения [Y] подряд, претендент в третьей партии добился победы.

(20е) Отец имел [X] на него [Z] большое влияние [Y].

动词 быть, смотреть, входить, терпеть, иметь 在语义上和句法上都是二价动词。可是在句子(20a)—(20e)中，这些动词支配的不是两个题元，而是三个：在例句(20a)—(20в)中的第三格和(20г)—(20е)中的前置格形式 у него, от него, на него 明显从属于动词，而非名词。把补语的这种移位称作配价偏移更合适，其实质在于给词汇 X 开发出一个新的、非固有的句法配价。这一配价由词汇 Z 来充填，词汇 Z 是从属于 X 的词汇 Y 的语义题元。

在例句(12a)—(12e)中表现出另一种、在俄语中不太普及的补语偏移的变体——配价形成方式的偏移，而非配价本身的偏移。事实上，三价结构的推断性动词本来就具有由典型四格形式表示的评价客体配价。在例句(12a)—(12e)中，由动词的第三题元引入的不是配价本身，而仅是推断性动词非特有的构成该配价的词法—句法方式。

1.3 二价结构向三价结构的转换

我们概述了带有推断性动词的基本的二价和三价结构。下面来研究由二价结构向三价结构转换的条件。

在二价结构中，推断性动词拥有实现自己第二语义配价的最大可能性。当向三价结构过渡时，在语义、词汇和句法上能够反映第二配价的方式的多样性大大减少。

第一个限制与在"推断性系词"术语本身中反映出来的推断性动词的特点相关联。作为三价结构的顶端，这些动词本身内涵有一个联系动词：Я считаю его умным ＝ "我认为，他是很聪明的"(Я считаю, что он есть умен)。换句话说，只有当二价结构中的补语从句是由动词 быть 构建的时候，二价结构向三价的转换才有可能。例如，下列转换是不正确的：

(21) Я считал, что он пишет роман. — *Я считал его пишущим роман.

第二个限制在于，在三价结构中，推断性系词所描述的是客体的某些经常性的、内在的、不易被观察到的性能，而不是具有某些明显外部表现的临时状态。

(22) Я считаю, что он зол〈сердит〉на вас. — *Я считаю его злым

〈сердитым〉на вас.

第三个限制在于,三价支配模式内在的要求:评价时间与特性时间要相吻合。如果不相吻合,则这种转换在形式上是可能的,但语义上则是非不变体:

(23) Я считаю 〈нахожу, признаю〉, что вы были умнее.

VS. Я считаю 〈нахожу, признаю〉 вас умнее.

如果第二配价是由动词不定式、从句或间接问题来体现的,则对共同实现第二和第三配价有相当严格的句法限制。前文已经指出,并不是在第三配价位置上作填充的任何情形下都可以得到共同实现,而只是在某些情况下才可以。例如,形容词 преждевременный 既可以与第二个价位上的动词不定式,也可以与由 чтобы 引出的从句兼容,而形容词 торопливый 与哪一个都不可以。譬如:

(24а) Жаловаться я считаю 〈нахожу, призаю〉 преждевременным 〈*торопливым〉.

(24б) Я считаю 〈нахожу, признаю〉 преждевременным 〈*торопливым〉, чтобы он жаловался.

形容词 возможный 可以与第二配价位置上的由 что 引导的从句兼容,也可以与动词不定式兼容,而形容词 вероятный 只能与由 что 引导的从句兼容。试比较:

(25а) Я считаю 〈признаю〉 возможным 〈вероятным〉, что он погиб.

(25б) Жаловаться я не считаю возможным 〈*вероятным〉.

暂且仅限于所做的这些说明,我们还将在最后一节——关于词典的部分中再一次并且更加形式化地讨论这一问题。

1.4 无配价结构

为了保证推断性动词句法性能描写的完整性,必须研究这些动词的许多典型的无配价结构。我们认为这类结构中最重要的是插入语结构,即带有评价副词的结构和带有阶段性动词的结构。

评价性动词 допускать, полагать, предполагать 的完成体将来时复数第一人称形式有能力形成下列类型的插入语结构:

(26а) Ну, допустим [Y], покупаю [X].

(26б) Положим [Y], ты б женился [X] на ней.

(26в) Предположим[Y], вы остаетесь [X] в Москве.

在(26а)—(26в)的结构中,这些推断性动词的语义配价一个都没有被填充。在(26)各句中表现出来的插入语类型,本身就是不必填充动词第一配价的条件。至于第二语义配价,则在(26)中有实现它的材料:这就是主句中的动词[X]。但是在句法上,[X]不同于在句子 Предположим, что вы остаетесь в Москве 中,它不是从属于推断性动词[Y],而是支配推断性动词,就像支配其他任何插入成分一样。

要强调指出的是,并非所有的推断性动词都有能力构成上述类型的插入语结构,譬如:

(27) * Подумаем ⟨найдем, признаем, примем, сочтем⟩, вы остаетесь в Москве.

因此,上述性能在词典学上是有相关性的:在 допускать, полагать, предполагать 和不多的其他推断性动词的词条中应该提及该性能,而在 думать, находить, признавать, принимать, считать 等推断性动词的词条中不应提及。

下面研究带有评价副词的结构,在这些结构中可以发现推断性动词之间非常有趣的搭配性差异。

在大量的俄语副词中,就我们感兴趣的材料至少可以划分出三个序列。这些序列是根据价值论中采用的另一种依据来划分的(Арутюнова, 1984)。第一序列是类似 удачно, умело, успешно 这样的副词,它们评价的仅仅是行为。这些副词自然不能与推断性动词搭配,因为后者不表示行为;第二序列是类似 положительно, отрицательно, позитивно, негативно 这类只说明评价客体的副词,譬如:положительно ⟨отрицательно⟩ охарактеризовать что-л., позитивно ⟨негативно⟩ отзываться о чем-л. 这样的副词应该可以与推断性动词搭配。最后,第三序列是像 хорошо, плохо, неплохо 这类的具有上述两种性能的副词,就是说它们既可以说明行为,也可以说明评价的客体。如:хорошо ⟨плохо⟩ рубить дрова — хорошо ⟨плохо⟩ отозваться о ком-л. 由于这些副词也可以说明评价客体,因此,应该可以与所有的推断性动词搭配。

但是,事实上大多数推断性动词,不过 думать, судить, 可能还有 рассматривать, расценивать, смотреть 除外,都不能与这类副词中的任何一个搭配,试比较,可以说(28а)—(28г),但不能说(28д):

(28а) Он очень хорошо ⟨плохо⟩ думает о вас.

(28б) Вы плохо в нем судите.

(28в) Мы положительно рассматриваем ⟨расцениваем⟩ новые тенденции в мировой торговле.

(28г) Он плохо смотрит на пропуски занятий.

(28д) * Он очень хорошо 〈плохо, положительно, отрицательно〉 считает 〈находит, полагает, признает...〉 вас.

更奇特的是,在语义上由动词 считать 派生出来的 мнение 一词,却既可以自由地和形容词 хороший, плохой, неплохой 搭配,也可以和形容词 положительный, отрицательный 搭配,试比较: хорошее 〈плохое, положительное, отрицательное〉 мнение о ком-чем-л. 因此,我们不得不做出这样一个结论:副词 хорошо, плохо, положительно, отрицательно 与基本的推断性动词的不可搭配性是这些动词"个性化的"、语义上没有理据的特性。

最后要提及的是,搭配上的句法限制不是加在推断性动词配价性和非配价性的从属成分上,而是加在行为的主体上。在这一点上,推断性动词的一个重要特性是不能与开始动词 начинать 的未完成体形式的基本意义搭配。在下列结构(29а)和(29б)中,动词 начинать 的意义不同于句子(30)。试比较:

(29а) Я начинаю думать 〈считать〉, что он не так прост.

(29б) Я начинаю сомневаться в нем.

(30) Он начинает мыть окна 〈рубить дрова, писать, думать о предстоящей работе〉.

1.5 对材料的结论性评语

这里讨论的词位的所有类型的句法特性都具有深层的语言独特性。从关于这一话题的大量例子中我们仅限用两三种来说明,譬如(Postal,1974; Ruwet, 1981; Ržuička,1980)。

俄语中的推断性动词 верить 和 думать 不允许将其第二个语义配价分解为两个句法配价。而与这些动词相近的英语、法语和德语的替代词——believe 和 think, croire 和 penser, glauben 和 denken 却都具有这种能力:

(31а) *I believe 〈think〉 it possible* — Я считаю это возможным.

(31б) *Je le crois 〈pense〉 possible* — Я считаю это возможным.

(31в) *Ich dachte 〈mir〉 deinen Bruder anders* — Я представлял (себе) твоего брата другим.

(31г) *Er glaubt sich sicher* — Он считает себя в безопасности.

正如我们所述,俄语中的推断性俗语动词 держать 只能用于 держать кого-л. за дурака 这样的三价结构,其中第三题元必须用指人的评价性(或准评价性)名词。

在其他三种语言中,同样有与带推断性动词 держать 相应的(hold, tenir 和 halten)的结构。但在这些语言中,与 держать кого-л. за дурака 结构相比,类似结构在词汇和语义上的限制要少很多。譬如:

(32а) *I hold you for a friend* — Я считаю вас своим другом.

(32б) *Je tiens ce fait pour bien assuré* — Я считаю этот факт твердо установленным.

(32в) *Ich halte das für Unsinn* — Я считаю это бессмыслицей.

推断性动词 hold, tenir 和 halten 还可以用于其他三价结构中,类似结构在推断性动词 держать 的结构中是没有的,如:

(33а) *I hold him to be wrong* — Я считаю, что он ошибается。(直义是"他错了")

(33б) *I hold it a point of honour* — Я считаю это делом чести.

(33в) *Je le tiens comme mon propre frère* — Я отношусь к нему как к брату.

(33г) *Was halten Sie von diesem Menschen?* — Что вы думаете об этом человеке?

最后一点,英语中的推断性动词 hold 可以用于对大多数推断性动词很典型的带从句的二价结构中,这对 держать 是完全不可能的。试比较:

(34) *Plato holds that the soul is immortal* — Платон считает, что душа бессмертна.

看来,我们无法穷尽推断性动词所有的对词典学来说重要的句法性能:在一篇论文的篇幅中不能实现面面俱到。我们的目的是概述几个代表性例句,以便可以在此基础上解决有关对词典学重要的句法信息类型和有关这些信息在语法和词典中分配的原则性问题。在后面的描述中,我们将遵循这样一个方针:推断性动词的所有上述特性应该或者以语法规则的形式,或者以词典的形式,或者以两者共同的形式被突出地描写出来。

2. 规 则

在已经由外在形式固定下来的规则中(包括在现行的语言模式中),这些规则首先可以分解为文本的分析规则和文本的综合规则(试比较 Л. B. 谢尔巴理解中的消极语法和积极语法)。文本的句法分析规则在输入端得到的是当前句子的词汇-词法结构——即带着特有的词法特性及与句法相关的词典学信息进入句子的词汇的逻辑排列。在输出端这些规则制定出句子的句法结构,譬如关系树。在综合的情况下输入和输出交换位置。下面我们只研究分析性规则。其实,在语言学理论上这两种规则是可逆的,也就是说分析规则包括了用于综合句法结构的所有必需材料。

就其功能而言,所有规则可以分为结构性规则和检验性规则。结构性句法规则或者根据句子构建句法结构(分析),或者根据句法结构构建句子(综合)。检验性规则,或称作过滤器,用于验证在分析时得到的结构句法是否正确。

最后,根据被某一规则涵盖的语言单位类型的数量,这些规则可以分为总体性规则、个别性规则和词典性规则(在上述现行的俄语句法模式中采用的就是这种划分)。总体性规则描述相当多的语言单位类型的行为,在该语言语法中记载下来并可以用于任何句子的分析和综合。个别性规则,或公式化规则用于描述为数不多的词位类型的行为,并在特殊的"词典"语法中记载下来。词典性规则描述单个词位的行为,直接记载于词典中该词的词条中。个别性和词典性规则与总体性规则不同,只有当在句子中实际遇到某一词位,需要对其进行处理时才用得到这些规则。这些规则被相应词位的词典词条激活。鉴于个别性规则和词典性规则之间没有本质性差别,在下文中将它们统称为"词典性"规则一并加以研究。

现行语言模式中的任何一个规则都可以看做是由两个区域组成——条件检验区和行为完成区。譬如,在分析性句法规则中,条件区包括篇章性能、词法性能、词汇性能、语义性能和其他一些性能的清单,被处理句子的两个词形要想由一定的主从关系联系在一起,就必须都具备这些性能。在所有条件都得到满足的情况下,每一个这样的规则中就只有一个行为——用特定的关系把两个词形联系起来。

下面我们简要地非程式化地研究带有推断性动词的结构中句法分析规则的所有类型。

2.1 构建规则——组合体

为了分析在"材料"那一章节中列举的带有推断性动词的句法结构,需要有三个组合体(不包括一系列的插入语和状语结构):在动词和主语之间建立联系的述谓组合体,在任意一个词与其第一补语之间建立联系的第一补足组合体;在任意一个词与其第二补语之间建立联系的第二补足组合体。这些组合体中的一部分具有相当共性的特点,一部分与具体的推断性动词相关联。

2.1.1 共性组合体

为了确定类型(1) (4)和(7) (12)等结构中的述谓关系,必须在所分析的句子中找出不具有绝对无人称性特征的人称形式的动词和与动词匹配一致的一格形式的名词词组。动词不具有无人称性的参考指标是在这一规则中出现的词典信息的唯一元素。

为了确定类型(1)结构中的第一补足关系,必须检测该词(特别是推断性动词)是否有支配连接词 что 1 的性能(这一性能在该词的词典词条中有记载,因为该性能对所限定的词位类别是很典型的),以及在所分析的句子中是否有连接词 что 1 存在。

为了确定类型(7)三价结构中的第一补足关系,应检测两个方面。第一,必须确信,在该动词第二题元的典型表达方式中有四格形式的名词词组。这一点在该词的词典词条中应当有相应的记载。第二,在所分析的句子中必须找出第四格的名词。这种对于处理大多数及物动词来说都是必须的非常普遍的规则,显然对于像 считать, держать(俗语), квалифицировать, мыслить, находить, подозревать, признавать, расценивать 这样的推断性动词来说也是适用的。

在所有其他结构中,第一补足关系都是借助于词典性组合体来确定的。对推断性动词来说,在实现第二补足关系的主要情形时,用词典性组合体对其进行确定也是适用的。

2.1.2 词典性组合体

为了确定类型(2)和(3)结构中的第一补足关系,必须检测在所分析的句子中是否有名词 что 2, это, следующее 或副词 как, так, иначе 等。因为这一规则直接进入与该规则相关的这些推断性动词的词典词条中,所以不需要对这一句法学假设的形成做任何其他检验。

为了确定类型(12a)—(12e)三价结构中的第一补足关系,应当检测四个条件组合。第一个,需要确认,对动词不定式和带有连接词 что 1, чтобы, если 或 когда, 间接疑问词的从句而言,推断性动词是潜在的主人,即有能力支配第二种类型的混合补语(见1.2节)。这种性能在该类词的词典词条中有专门的记载;第二个,在所分析的句子中必须找到动词不定式、上述连接词中的一个或间接疑问的标示词——语气词 ли 或疑问词 зачем，кто，куда，почему 等；第三个，需要确认，在所分析的句子中动词具有主动态形式。要知道，如果动词用于被动态形式，它就不可能有任何第一补足成分（譬如 Драться на дуэли признается 〈провозглашается〉 преступлением 句中的动词不定式完成的是主语的功能）；第四个，既然对推断性动词的支配来说，动词不定式、从句或间接疑问都不是典型的支配，因此需要确认，在该句子中该动词拥有第二补足从属成分，这一成分具有产生相应形式的第一补语的能力（见例句24）。

最后，为了确定类型(7)和(12)三价结构中的第二补足关系，同样也应当检测四个条件。第一个，在推断性动词的第三配价的典型表达方式中（在该词的词典词条中）应该有第五格；第二个，在被分析的句子中应该含有五格形式的名词词组；第三个，希望充当结构顶端角色的推断性（或其他）动词应当要求其第三题元要在性和数上与第二题元保持句法上的匹配；第四个，如果在所分析的句子中，第二补足语的角色是形容词，它应该根据动词第二题元的形式来确定，或者执行第一匹配规则，或者执行第二匹配规则［见(7)和(12)的结构注解］。

为了确定类型(11)中的第二补足关系，需要检测两个条件。第一，在所分析的句子中应该有副词 вправе，в долгу，в силах，в состоянии，на（особом）положении 等；第二，推断性动词 считать 应该有由名词或其他具有人称意义的名词词组表示的第一补足从属成分。

在所有其他情况下，确定第二补足关系的条件可以在所列举的例子和规则的基础上很容易地计算出来。

2.2 检验规则——过滤器

正如我们所说，检验规则在输入端得到现成的句法结构，而在输出端做出这一结构正确与否的信息通报。在这些规则的条件下，起作用的是正确结构的通用性能和局部性能。这些条件的挑选方式要保证在所有的规则中只完成一个行为——"剔除"不正确的句法结构。

2.2.1 共性过滤器

用于共性规则—过滤器的典型例子是检验词位在句法上必须的配价的满足度。在正确的句法结构中，每一个必须的配价都应该是或者被填充满，或者可以由某种允许它不被填充的句法现象补偿。属于这种补偿现象的有，譬如1.4节中曾研究过的插入语结构（用于主语位的必须配价）。这种类型的其他现象有：并列结构和比较结构（用于任何类型的配价），某些类型的从句（用于主语位的必须配价)，不定人称句(用于同一类配价)：

（35а）Дирекция рассмотрела и приняла проект（试比较：Дирекция рассмотрела проект и приняла его）.

（35б）Ты скорее редактировал, чем просто переписывал текст（试比较：Ты скорее редактировал текст, чем просто переписывал его）.

（35в）Как выяснилось позднее, преступник успел скрыться（试比较：Как это выяснилось позднее, преступник успел скрыться）.

（35г）Предупреди его, чтобы пришел вовремя（试比较：чтобы он пришел вовремя）.

（35д）Мы прощаем тех, кого любим（试比较：кого мы любим）.

（35е）Бывает так: приходишь домой, а тебе не рады（试比较：Ты приходишь домой, а тебе не рады）(Апресян, Иомдин, Перцов, 1978)

关于这一配价对该词位是不是必须的这类信息在词典的词条中给出。规则—过滤器检查在词典中有关配价的句法必须性的标注是否存在，并且在找出这种标注后，再开始检验由组合体构建的句法结构。如果在句法结构中某一要求带有必须配价的词位没有按这一配价设置从属成分，而且该词位没有进入上述的任何一个结构，那么过滤器就倾向于认定构建的结构是不正确的。

2.2.2 词典性过滤器

用于词典规则—过滤器的典型例子是给该词位句法语境设置的各种类型的限制。上文分析了这些限制的几种类型。特别是在(28)和(29)中描述的限制毫无疑问应列入词典规则—过滤器中。

在(28)中描述的用于限制的规则—过滤器可以呈现如下检验：在带有推断性动词 считать, находить, полагать, признавать 的句法结构中，是否有由评价副词表示的状语从属成分。如果这类推断性动词带有这种状语从属成分，整个句法结构都可认定为是不正确的。

3. 词　典

应该进入词典的句法信息可以划分为两类——主旨信息和操作信息。主旨信息是关于词汇性能的信息，这些信息决定词汇在句法规则中的作用和在语言中的行为表现。操作信息——是构建性和检验性词典规则。

3.1 主旨(分类)信息

应该进入详解词典的主旨性句法信息有两类：支配模式和句法特征。

3.1.1 支配模式

支配模式在每一个述体性词位的词典词条中都形成一个独特的区域。处于补足关系和某些其他题元性主从关系中的组合体就属于这一区域。

正如上文研究的事实和规则表明，在动词 считать, находить, признавать 的词典词条中应该包括下列两种支配模式：

1	2
	1. ЧТО 1 обязат.

1	2	3
	1. ВИН обязат.	1. ТВОР 2. А, СРАВ обязат.

例证(1)可以说明第一个支配模式，例(7)说明第二个支配模式。此外，在支配模式区域还包括必择其一的两种模式之间相互转换的条件[例(21)—(23)及其注释]，不同句法题元彼此之间的可兼容性/非兼容性的信息等。

两个支配模式中的第一项都没有填充，因为实现动词 считать, находить, признавать 第一配价的唯一典型的方式就是一格名词词组，这是绝大多数俄语动词第一配价的标准实现方式。相应的事实应该在句法的总体性规则中描写，而不是在词典中描写。词典记载的应是更成语化的、对该词位而言是特异的配价实现方式。

同样，词典记载不包括那些实现第一或第二配价的特殊手段，如近似数量词组、带有分配意义 по 的词组及其他词组等：

(36а) Более половины американцев считают ⟨находят, признают⟩ необходимым возврат к разрядке.

(36б) Наш преподаватель считает около половины ⟨от трех до пяти⟩ студентов группы достойными высшего балла по физкультуре.

(36в) По два-три человека из каждой группы опрошенных считают ⟨находят, признают⟩, что необходима реформа университетов.

之所以不进入词典是因为，所列的句法组合可以正常替换几乎所有句法位置上的一格、二格和不带前置词的四格。这类常规性的替换应该由总体规则考虑，而在支配模式中列入的只能是典型的被支配形式。

固定的限定成分类型 у нас(считают)，на заводе(считают) 也没有纳入支配模式，但是由于其他原因。

第一个支配模式的第二项中不包含第四格(считать следующее)和副词(считать иначе)，因为它们属于词典规则考虑的问题。同样的原因，第二个支配模式的第三项不包含副词形式(считать себя вправе〈на особом положении〉)和 за(считать кого-л. за дурака)。

最后一点，在三价模式的第二项中不包含动词不定式、что 1，чтобы，если，когда 和疑问词(间接疑问)。正如我们所述，这些形式不属于典型的受支配形式，也就是说，与推断性动词的词汇—语义性能没有直接依据关系。不能把它们视为与第四格具有平等的权利。对这些形式的支配能力，可以借助于一系列推断性动词、形容词和名词的句法特征的信息轻松计算出来，这种能力需要有独立的依据，因此显然应该列入词典中(见下文)。另一方面，如果把上述形式纳入推断性动词(为了合乎情理，和某些系动词)的支配模式将无法解释一个很重要的补语偏移现象，即补语偏移它的真正(语义上的)的主人——形容词和名词。

因此，在所述推断性动词的支配模式中，并不包含被它们实际支配的形式的全部信息。然而，很容易发现，在语言统一描写的框架下，包括各种类型的规则在内的有关支配的信息量，就其全面性、细节性和表述的外显性，都大大超出了现有详解词典对词位支配性能的标注。没有这些关于支配的详细信息，词典就失去了与语法彼此相互有效作用的可能性。

在结束对支配模式的评论时还需强调一点，应该对几乎所有的动词和许多名词，甚至对某些形容词、副词和前置词都提供有关的支配信息，有时是相当复杂的信息。

3.1.2　句法特征

根据[Mel'čuk, Pertsov, 1987]的描述，句法特征是指对词位性能的简略表示，这些性能给词位提供在某些句法结构中占据一定位置的可能性、必须性和不可能性。这些性能同样记载在词位的词典词条的特殊区域中。

名词和形容词的句法性能使许多推断性动词和系动词在类型(12)、(15б)、(16б)、(17)、(18)和其他类似的结构中的使用成为可能。为了描写这些性能，在已提及的现有俄语句法模式中采用了下列特征标记：《勍инф》(动词不定式句)，《предчто》(что 从句)，《предчтобы》(чтобы 从句)，《предесли》(если 从句)，《предкогда》(когда 从句)，《предвопр》(疑问从句)。这些特征在一般的语法描写中没有使用，因此需要加以注释。

句法特征《прединф》是添加给下列类型的名词、形容词和副词的：досада, лень, недосуг, необходимость, ошибка, радость, удовольствие, честь; возможный, грустный, недопустимый, ошибочный, полезный, трудный, целесообразный; весело, грустно, можно, надо, нужно, стыдно, тяжело 等，用于描写这些词汇具有的一种能力：从它们所从属的动词——系词中可以推导出不定式形式是述体性从属成分（主语）：

(37а) Думать об этом было ошибкой ⟨стало необходимостью⟩.

(37б) Переезжать в Москву сейчас невозможно ⟨неразумно⟩.

(37в) Расставаться с ним было жалко ⟨стыдно⟩.

实际上，正是这些具有《прединф》特征的名词和形容词能够把判断性动词 считать, находить, признавать 的配价替换成第三配价，只有这些名词和形容词允许动词的第二配价由动词不定式来表示，试比较(12а)和(12б)。

句法特征《предчто》、《поедчтобы》、《предесли》、《предкогда》、《предвопр》也能产生同样的功效，唯一的不同在于，主语（连接系-动词、反身或被动态的判断性动词时）或补语（连接判断性动词主动态形式时）不是由动词不定式构成，而是由带有相应连接词或间接疑问词的从句构成。比较两组例句。

(38а) Было очевидно, что эту работу нельзя сделать за неделю.

(38б) Я считал очевидным, что эту работу нельзя сделать за неделю.

(39а) Желательно, чтобы он приехал немедленно.

(39б) Я считал желательным, чтобы он приехал немедленно.

不难看出，形容词 очевидный 具有的特征是《предчто》，而不是《предчтобы》，而 желательный 相反，具有的特征是《предчтобы》，而没有特征《предчто》。

具有这些特征的词位获得了至少与两个句法规则相互作用的可能性。第一个规则是确定，在使用名词性合成谓语、反身推断性动词或推断性动词的被动态时，如果谓语中的名词部分对应有句法特征《прединф》、《предчто》、《предчтобы》、《предесли》、《предкогда》、《предвопр》，主语可以由动词不定式、带有连接词 что 1, чтобы, если, когда 或间接疑问词的从句表示。在前文中已详细描写过的第二个规则确定，在使用像 считать 和 провозглашать 这类推断性动词和宣言式系词时，第一补语可以用上述方法之一表示，如果它能带具有所要求特征的第二补语。

动词 считать 本身，还有推断性动词 находить, признавать, 宣言式系词 объявлять, провозглашать 和某些其他动词所具有的首先是句法特征《смещдопформ》(混合补语形式). 这一特征反映了这样一个事实：这些动词的推断或宣布的主题的配价可以由混合补语来充填，其形式由从属于动词的词——形容词或名词来决定。许多推断性动词和宣言性动词的词典词条中存在这一特征，不仅使动词的句法行为的原则特性固定下来，而且使动词的支配模式减轻了负担。

此外，还应给动词 считать，以及前文提到的许多其他推断性、使役性、宣言性、描写性和感知性系词添加特征《соглакт-3-2》(二、三题元一致)，即如果动词的第三题元由形容词表示，第二题元由上文所述的七种方式中的任意一种表示，动词第三与第二题元在性和数的语法范畴上应保持一致的特征。

既然评价性、使役性、宣告性、描写性和感知性系词不仅具有共同的句法性能，而且具有不同的句法性能，那么认为给这五个类别动词中的每一类都应标注特殊的句法特征是可能的。

我们让读者在第一节所研究的事实的基础上自己去表述未曾被我们提及的推断性动词的句法特征，以及这些动词潜在的主人和仆人。

3.2 操作信息

可操作性词典学信息是词典中的句法规则、构建规则和检验规则。上文中我们对这两种规则都各举一例进行了分析。因此，在这里只说一点：对有些词位 (считать 和其他推断性动词) 来说，这种信息显得非常重要，在这些词位的词典词条中还应划分出一个区域——规则区。在这一区域按对该词位很重要的词典性句法规则类型的数量再次划分出子区域。譬如，在推断性动词 считать 的词典词条中，这一区域应该包括 2.1.2 节中讨论过的构建规则和 2.2.2 节中讨论过的检验规则。

4. 结 论

我们提议将有关词位的支配模式、句法特征及构建性和检验性句法规则的信息纳入语言统一描写框架下的详解词典。这些信息对于某些从现实思考的语言学家来说可能显得量太大了。鉴于此，我想参考一些词典工具书，这些词典可以实现全面阐述重要的词典学信息的构想。这首先是梅里丘克和若尔科夫斯基的详解—组合词典,由 ЭТАП-2 系统的作者们编写的俄语,特别是英语的组合词典(Апресян 等,1989),以及由我和 Э. 帕尔共同编写的俄—匈动词支配与搭配词典,在该词典的俄语部分,我力求反映出本文研究的所有类型的句法的词典学信息,虽然是以另外的形式。

因此,所积累的句法信息词典化的实际经验表明,虽然设定的任务很艰巨,但没有超出其可能实现的范围。

参 考 文 献

Апресян Ю. Д. Лексическая семантика. Синонимические средства языка. М., 1974.

Апресян Ю. Д. К формальной модели семантики: правила взаимодействия значений // Представление знаний и моделирование процессов понимания. Новосибирск, 1980.

Апресян Ю. Д. Интегральное описание языка и толковый словарь // Вопр. языкознания. 1986. N 2.

Апресян Ю. Д., Богуславский И. М., Иомдин Л. Л., Лазурский А. В., Перцов Н. В., Санников В. З., Цинман Л. Л. Лингвистическое обеспечение в системы ЭТАП-2. М., 1989.

Апресян Ю. Д., Иомдин Л. Л., Перцов Н. В. Объекты и средства модели поверхностного синтаксиса русского языка // Македонски јазик. Скопје, 1978.

Апресян Ю. Д., Палл Э. Русский глагол - венгерский глагол: Управление и сочетаемость. Будапешт, 1982. Т. 1-2.

Арутюнова Н. Д. Аксиология в механизмах жизни и языка // Проблемы структурной лингвистики. 1982. М., 1984.

Богуславский И. М. О соотношении семантических и синтаксических свойств некоторых ограничительных частиц в русском языке: Дис. ... канд. филол. наук. М., 1982.

Булыгина Т. В. Грамматические и семантические категории и их связи // Аспекты семантических исследований. М., 1980.

Золотова Г. А. Очерк функционального синтаксиса русского языка. М., 1973.

Мельчук И. А., Жолковский А. К. Толково-комбинаторный словарь русского языка. Опыты семантико-синтаксического описания русской лексики. Вена, 1984.

Падучева Е. В. О семантике синтаксиса: материалы к трансформационной грамматике русского языка. М., 1974.

Mel'čuk Igor A., Pertsov Nikolaj V. Surface Syntax of English. A Formal Model within the Meaning-Text Framework // Linguistic and Literary Studies in Eastern Europe. Vol. 13. Amsterdam; Philadelphia, 1987.

Postal P. On Raising: One Rule of English Grammar and its Theoretical Implications. Cambridge; London, 1974.

Ruwet N. The 《epistemic dative》 Construction in French and its Relevance to some Current Problems in Generative Grammar // Festschrift Manfred Bierwisch. Reidel; Dordrecht, 1981.

Ruzička R. О трех аспектах взаимопроникновения синтаксиса и семантики // Russian Linguistics. 1980. N 4.

适用于详解词典的语用信息[*]

1. 导 论

  本文带有综述的特点。论文的任务不在于分析大量新材料,而在于从词典学的视角对已经进入学术领域的事实和我们自己的一些观察进行系统化的梳理。

  文章名称中指出的主题在语言统一或整合描写的构想框架下进行研究[1]。整合性描写可以理解为在描写中词典与语法(从广义上讲就是任何类型的相对共性的规则)在所收纳的语言学信息类型和记载方法方面彼此要协调一致。根据这一定义得出两个重要的语言学研究的实用原则:

  (1)在组织某一词位的词典词条时,语言学家应该在语法规则的整个空间内进行研究,以明确的方式给词位添加上规则可能要求的所有性能(使词典具有语法的功能)。

  (2)在建立某一规则时,语言学家应该在词位的整个空间内进行研究,并考量词典中没有研究到的词位行为的所有类型(使语法具有词典的功能)。

  本文中我们感兴趣的是这些规则中的第一种——在语法或者规则的基础上构建词典。语言学积累的经验可以使我们确信,这些规则可能要求去关注词位的音律特性、词法、语义、语用、交际和句法(搭配)性能。

  本研究的直接课题只是对词典学重要的语用信息类型。但是,在做类型综述之前,最好先讲一些对有关语用信息的本质和特性的总体性看法,不管它对词典学本身是否有意义。这样做的目的就在于勾画出本文采用的、解释本文中词典学章节所必需的那些对语言语用学的理解[①]。

---

 * 本文首次发表在论文集《Прагматика и проблемы интенсиональности》,М.,1988.

 ① 由于文中不可能列举出哪怕只是最主要的语言语用学论著,故这里向读者介绍《Нового в зарубежной лингвистике》第ⅩⅥ卷[2],阿鲁玖诺娃和帕杜切娃合写的内容详尽的序言[3];还有〈Syntax and Semantics〉系列中的 2 卷[4],[5];《Известия АН СССР》的语用学专辑[6];特别是 А.维日彼茨卡出版的那卷〈Journal of Pragmatics〉[7];以及桑尼科夫非常出色的研究论文[8]。

2. 语言语用学定义

我们将语用一词理解为是固定在语言单位(词位、词缀、法位、句法结构)中的讲话人的态度:(1)对现实的态度;(2)对通报内容的态度;(3)对受话人的态度。

需要强调的是,这里指的不是讲话人在话语中自由创作的评价,而仅是那种现成的、已经词汇化和语法化了的评价,这种评价直接构筑在语言单位的内容层面上,因而具有语言的永久性特性。

我们对这三点分别加以解释说明,特别要关注语用信息与语义信息的差别。

2.1 讲话人对现实的态度

现实是被通报的客体,对于这一客体讲话人可以从不同的角度加以评价。譬如,指示词和指示法位被认为是自然语言中语用材料的核心,其中表现出来的评价意义就十分繁多。但是,词典学感兴趣的是下列三种类型的评价:一般性评价、数量参数评价和意愿性/非意愿性参数评价。

一般性评价 在 инициатор — зачинщик — застрельщик 这三个词一组的词位中,第一个词的语用信息为零。它的内容所包含的语义是:A— инициатор X-a="A 做了 P,而 P 是开始出现 X 的原因",例如:инициатор движения за рационализацию, инициатор работы по выведению новых сортов, инициатор драки ⟨забастовки⟩.

Зачинщик 一词具有相同的语义,但附加有讲话人对 A 和 X 的否定评价。在可能的纯宣传性用途中这个词的语用分量明显增大。把某人称作是 X 的зачинщик 时,讲话人的目的是想引起受话人对 X 以及 X 的倡导者的负面态度,譬如,可以说 зачинщик драки ⟨смуты, беспорядков⟩,但不能说 зачинщик соревнования ⟨работы по выведению новых сортов⟩(在正常条件下)。

最后,застрельщик 一词把这组词共同的语义与明显表现出来的正面语用信息融合在一起。讲话人本人对某一事件的发起人和事件本身看法很好,或者力图引起受话人对他们的正面态度,譬如,可以说 застрельщик соревнования, застрельщик революции,但未必可以说 застрельщик драки ⟨беспорядков⟩.

数量参数评价 句子 Сережа съел пять арбузов 是一个不引人注意的客观事态的常量,除了纯语义外,什么都没有。在句子 Сережа съел целых пять арбузов 中，除了同样的语义外，还添加了语用内容：讲话人认为被吃掉的西瓜的数量过大。而在句子 Сережа съел всего пять арбузов 中保留了原有的语义，而对被吃掉的西瓜数量的语用评价与前一句直接相反：讲话人认为不多。

意愿性/非意愿性参数评价　在语义相同的情况下，句子 Она разбила литровку о вертушку 和句子 Она... литровку-то о вертушку и разбей（М. Булгаков）彼此的语用信息不同。在第二个句子中，同样的事件对讲话人来说是出乎意料的，而且使他不能无动于衷。重要的正是讲话人对他描述的情景不能无动于衷的意义，而不是如文献[9, с. 246]中认为的那样，是非意愿性意义。在布尔加科夫的例子中，事件确实被看做是非意愿性的。但是在例句 Мы за него очень боялись, а он возьми и сдай все экзамены на пятерки 中，顺利通过考试是作为讲话人希望的事件来描述的。

2.2　讲话人对所述内容的态度

这里感兴趣的是对所述内容两种类型的评价：对句子真实性参数评价（可信、可能、怀疑、不可信）和对句子言效功能参数的评价。

真实性参数评价　这类评价的表示手段通常是插入语和情态语气词、副词和副词短语，如：безусловно, бесспорно, ведь, вероятно, видимо, вроде, вряд ли, действительно, должно быть, естественно, кажется, как будто, конечно, может быть, наверно, несомненно, очевидно, по-видимому, разумеется, скорее всего, явно, якобы 等。这类评价还包括表示嘲讽性否定的各种不同类型的表达手段[10]，其中包括句法手段，例如：Так он и пришел. Придет он, держи карман шире. Бросил он курить, как же.

近年来的研究表明，所列的手段不仅仅用于评价句子的确信度或可靠性。这些手段还带有更多更丰富的语用信息（见[10a, с. 51-58]，[11]，[12]）。

例如，类似 конечно, естественно, разумеется 这些用来确认报道可靠性的词可以消除那个与讲话人进行"隐形"对话的受话人的潜在疑虑[11, с. 74]。例如，在话语 При переброске айсбергов к берегам Африки возникает, конечно 〈разумеется〉, немало проблем 中，作者急于事先向该报道的受话人通告，他对实现如此大的技术方案的可能性表示合乎情理的怀疑。在博古斯拉夫斯基提供的更严格的表述中，конечно Р="你别以为，我会认为不是Р"。

类似 как будто, наверное 和 кажется 这类引导猜测性报道的词，除了这类语用相似外，还发现了非常有趣的语用差异[12, с. 101-104]。有两个特征是这些差异的基础:(1)是否有讲话人对情景的直接感受?(2)讲话人是否对事件有某种期待?在句子 При этих словах она(тетушка) как будто оживилась(Н. В. Гоголь)中,指明了讲话人对情景的直接感受,句中并指明他对姑姑可能的活跃表现没有任何的期待。在句子 При этих словах тетушка, наверное, оживилась 中,排除了讲话人的直接感受。但从另一方面讲,句子中有指出"讲话人假设姑姑活跃表现的可能性"的成分。

在本文中,我们不以深入地探究插入性情态词的丰富世界为目的,因而只限于已做的一些评论。

言效功能参数评价 句子的言效功能或者言效力通常指讲话人借助于话语实现的行为。这种行为的清单不是很大,主要指对受话人的各种不同的表示方式——回答、询问、请求、允许、建议、要求、警告等。因此,在其他一些文稿中,可能把句子言效功能认定为是讲话人有意使受话人如此这般解读句子的指令(例如,是把该句话看做是疑问还是请求,是建议还是要求)。

在许多情况下,句子的言效功能没有用任何纯语言手段来标记,而是由受话人根据语言外知识来复现它——关于世界的整体格局的知识、对于当前情景的了解、关于交际的合作原则的知识等。譬如,命令句 Поставьте, пожалуйста, вещи сюда 在接待客人时可以理解为提议(邀请),在海关检查时理解为要求。在其他类型的句子中也观察到语用解释与情景的这种依赖关系,譬如:Все люди смертны(简单的确认或安慰)。Я буду там в семь часов(承诺或预计,见[13, c. 728])。

具有更多语言学意义的情形是,当句子言效功能固化在某些特定语言学手段上的那些情况。鉴于此,我们来研究某些插入语的言效功能。

在文献[14, c. 90 及后续页]中提出了系统地记载把这种插入语用于"作为回答性话轮独立使用"的言效功能的可能性。该文献作者在此区分了两种类型的回答性话轮——对总体问题的回答和对祈使表述的回答。对于我们的目的而言,只关注其中的第一种类型足矣。

Вероятно, конечно, пожалуй 以及其他许多插入语都可以用于对总体性问题作正面回答:Он устал? — Вероятно〈конечно, пожалуй〉。而插入语 верно 和插入语结构 чего доброго 没有这种言效功能:Он устал? — * Верно〈чего доброго〉。在同意作者的观点之外,我们还要强调指出,上述词位在言效功能上的差异更显重要,是因为这些差异在语义上是没有理据的。Верно 与 вероятно

在所分析的意义上几乎是精确同义词,虽然属于古词,试比较:Он, верно 〈вероятно〉, устал. 至于插入语结构 чего доброго, 它与 верно 和 вероятно 的区别与其说是语义上的(它同样具有"可能"的意义),不如说是语用上的:讲话人担心事件实现的可能性。显然,чего доброго 与 вероятно 的这种语用差异不能提供理据说明,为什么它不能用于总体性问题的回答性话论。

2.3 讲话人对受话人的态度

在俄语中,有许多词汇和语法手段,借助于这些手段可以表明讲话人和受话人各自在社会、年龄或其他等级中的地位,表明彼此之间的亲密程度和他们之间的疏远距离。这些指示标记进入大多数呼语、欢迎语、告别语和言语礼仪某些其他准则中的语用范围。来分析几个例子。

呼语 Гражданин 和 друг(эй друг!) 同样都表明亲密程度和熟识程度不深的关系,但讲话人和受话人之间的距离在这两种情况下的体现是不同的。讲话人使用 друг 这一呼语(与 гражданин 不同)时,把受话人纳入了自己的私人范围之内(关于讲话人私人范围的概念见文献[15])。

这一词列中还包括 братец 一词,在用于呼语功能时,它具有两种不同用法。

第一种用法是古旧的,表示宽容意义的,典型的用法是表示"由上至下"社会等级的情景,此时讲话人和受话人的熟识程度不重要。贵族老爷可以这样招呼自己的或别人的仆人、随从,军官招呼士兵。

第二种用法是保留至今的通常是玩笑性和半玩笑性的用法。与第一种用法相比,这种用法有两个不同特征。一方面,主要用于社会地位和年龄都平等的情景;另一方面,它要求彼此之间的人际关系要足够亲密。譬如:Ты, братец, напрасно со мной споришь.

这两组功能是 братец 一词单数形式所固有的。复数形式 братцы 具有另外一种功能组合。与词位 братец 2 相似,复数形式用于称呼与讲话人同一社会阶层的人们;如果讲话人是知识分子,则这种形式用于玩笑或"引语"。与词位 братец 1 相似,复数形式不明显表示讲话人和受话人的亲近程度。讲话人可以很了解自己的听众,但也可以用同样的方法去称呼完全不认识的人。譬如:Я, братцы мои, зря спорить не буду, кто важней в театре — актер, режиссер или, может быть, театральный плотник. Факты покажут (М. Зощенко).

在这个词的三种用法中,受话人都被讲话人纳入了自己的个人范围内。

讲话人借助于长官性的 ты, 或按照 A. A. 哈洛多维奇的表述[16, c. 70], 用

粗野的 ты 来标志自己在行政等级中较高的地位。这种用法是预期受话人应该使用 вы 来抬高讲话人。在最近几十年,在俄语中标示自己是受支配或从属性地位的手段不断发展。譬如,类似 Федюков беспокоит 这类卑微的电话称呼。

在所有类似的情况下,会发生无意识言语肖像的现象:讲话人在自己无意愿的情况下,给自己做出不好的评语。

下面来分析一下语法例证。

语法性命令式可以用于任何情景,包括谈话双方等级地位有差别的情景。类似 Встаньте, пожалуйста 既可以对社会官阶低的人说,也可以对社会官阶高或年长的人说,还可以用于社会地位和年龄同等的情景。因此,上述命令式的纯命令形式没有任何语用特色。带有命令意义的其他形式具有语用特色,例如,动词不定式形式的命令式(Встать!)只能用于"由上至下"的情景,而过去时形式的命令式既可以用于"由上至下"的情景(Встали! Сели!),也可以用于同等情景,但不能用于"由下至上"的情景(А ну, взяли!)。

3. 语用信息的特性

我们将讨论语用信息的三个特性:(1)表达手段的边缘性(与语义信息的表达手段相比);(2)语用信息在各种不同语言手段之间的分布性,即不是定位于某一语言单位;(3)与语义信息的紧密关联性。

3.1 表达手段的边缘性

话语中的实词部分通常承载语义信息,而像语气词、感叹词、插入语这些边缘词列通常承载语用信息。用这样的观点对俄语中"怀疑"意义表达的主要手段和边缘手段,如动词 сомневаться 和语气词 вряд ли 来进行比较是很重要的。对 сомневаться 的注释仅限于纯语义,也就是不包含对讲话人理性立场的考量:X сомневается, что Р = "X 不知道,是 Р 还是不是 Р,并且认为可能不是 Р"。在注释 вряд ли 时,不署名的 X 的位置应该由讲话人来占据,因为在当前情景下正是他产生怀疑:Вряд ли Р = "讲话人不知道,是 Р 还是不是 Р,并且认为可能不是 Р"。在句子 Сережа знает〈считает, утверждает〉, что вряд ли сдаст вступительные экзамены 中,产生怀疑的人是命题意向的主体,在类似的具体上下文中,我们不打算分析对这一注释的已经显而易见的转换。

词汇基本意义中的纯语义分量要比在派生意义——转义、成语性关联意义、结构制约意义中的多。相反,在后几种意义中的纯语用分量比在基本意义中的多。比较下列词汇的直义和转义：будка("建筑"和"脸面"),скотина("动物"和"人"),околеть,подохнуть("动物死了"和"人死了"),пробраться к ручью("克服障碍,通过"),пробраться к власти(以讲话人认为不道德的手段获得)。

中性词序和中性语调通常完成语义功能,而倒装词序和加强语调通常完成的是语用功能。试比较：正常确定句 Он бросил курить. Тут ходят всякие. 和评价确定句 Бросил он курь. Ходят тут всякие. 其中句子明显表现出来的语用信息(分别为嘲讽和不满)是由主语和谓语的倒置和加强语调标记的。

某些格言式的插入语结构与相应形式的主句相比具有重要的语用功能。试比较两个句子：Знатоки считают, что осетровые рыбы утратили свой былой вкус. 和 Осетровые рыбы, считают знатоки, утратили свой былой вкус. 这两种类型的句子的对比,我们在文献[17, с. 61-62]中描述过。这里只关注一点：格言式插入语结构从外表上看与主句的差别是语调和词序(这些结构插入从句中,或者使从句完整结束,譬如,Осетровые рыбы утратили свой былый вкус, считают знатоки)。它们之间还有更深层的区别。在第一个句子(Знатоки считают, что осетровые рыбы утратили свой былой вкус)中,讲话人客观地转述了别人的观点。在第二个句子(Осетровые рыбы, считают знатоки, утратили свой былой вкус)中,讲话人不仅仅是转述别人的观点,而且同时声明拒绝对此承担个人责任。这一责任被讲话人特别强调地放在了评价主体上。

句法完整的结构大多是语义丰富,而带有合法性省略的结构常常是语用意义丰富。比较几组句子：Она стала смеяться. 和 Она — смеяться. Он пустился бежать 和 Он — бежать. 以及普希金的文本 И царица хохотать, / И плечами пожимать, / И подмигивать глазами, / И прищелкивать перстами, / И вертеться подбочась... 通常关注的是这些省略结构的语义特色,即关注"带有强化性开始色彩的过去时"意义[18, с. 605],或者"强烈地和突然地开始行动"的意义[19, с. 76-77]。我们认为重要的是这些句子的语用信息,也就是句子内容中的形象生动的成分：讲话人想让受话人能从视觉上感受到被描绘的情景。

法位在所谓自己特有的意义中通常承载语义信息,在非自己特有的意义中承载语用信息。其例子是 А. А. 帕捷波尼亚[20]早就发现的"夸张性"复数形式,按 Л. Н. 托尔斯泰的表述是"具有不公正倾向的复数",有关复数问题还可以参见文献[21]。这种形式与纯复数的区别在于它用于这样的情景：实际上只发现了一个物体或事实,而讲话人为了使事件典型化或者为了把问题提到原则性高度,把事情描绘成好像很多:А они тут чаи-кофе и распивают! Не устраивай истерик! Я университетов не кончал! Книги повсюду разбросаны(用于只有一本书不在位置上的情景)。夸张性复数形式有固定的语用功能,表示疑惑、愤怒、和其他通常是负面的情绪。俄语的命令式和准命令式的非特有的意义在这方面也很典型。试比较在类似下列句子的情形中语用上和情态上很丰富的意义:Спите, развалясь, а я вам десять раз самовар грей (Ю. Казаков). Мы работай, а он отдыхать будет!? (讲话人的不满)。Да вдруг нелегкая ее дерни сходить в баню(И. С. Тургенев). А он и зацепись ногой за порожек! (事件的突然性和讲话人对此的关注)。И меч нас рассуди (А. С. Пушкин). Не доведись никому увидеть такое.(《祝愿、祈求和允许在情态上的细微差别》)[18, с. 593])。关于命令式的这些意义的详细论述见[18,c.593-604],[9, c.106 及后续页],[22, c. 50-51]。再如,非纯体学意义的丰富的语用功能(见文献[23]和[24])。

3.2 不同语言手段之间的分布性

语用信息的第二个特性在于,这种信息通常不是由一个语言手段表达,而是通过这些手段的综合表达出来。语用信息很难定位在一个词位、一个法位、一个句法结构、一个音律上。

譬如,我们来分析类似 Имей они хоть тень правосудия, разве могли бы они судить так, как это сделали?(源自一位十二月党人的母亲 В. А. Ивашева 的信)。Будь экзаменатор умнее, он бы не поставил мне пятерку.这样的句子。这些句子描写的是不存在的事件 P_1,它的不存在是实现另一个事件 P_2 的条件,而且如果 P_1 是讲话人所希望的,那么,P_2 就相反,是讲话人所不希望的。在这里,这种对虚拟条件希望或不希望的意思有以下五种表达手段:(1)单数命令式形式(имей);(2)谓语与主语不匹配(имей они);(3)主谓语倒置(不能说※они имей);(4)把句子分解为两个简单句;(5)特殊语调。我们把这些手段与排除了"希望/不希望"语用信息的句子做以比较:Если бы они имели хоть каплю совести, они бы не могли их осудить. 这些句子同样可以具有虚拟条件的意思,但在这些句子中,这种意思的两个成分都可以定位于唯一的载体:"条件"意义位于连接词 если 之上,"非现实"意义位于语气词 бы 之上。

像 Быть грозе. Саду цвесть. Вам не видать таких сражений! (М. Ю. Лермонтов) 与其准同义句 Будет гроза. Сад будет цвести. Вы не увидите таких сражений 的区别就在特定的情态框架上。这种情态可以表述为:"讲话人认为事件是不可避免的"。如果这样的句子涉及的不是讲话人,而是受话人或第三方,句子获得预言的功力: Твоим узким плечам под бичами краснеть, / Под бичами краснеть, на морозе гореть(О. Мандельштам).

显然,无论是三格的名词词组,还是动词不定式,都不能单独表达这一语用信息,它只能由上述两种手段同时使用才能表达出来。

3.3 与语义信息的紧密关联性

语用信息的最后一个特性在于,语用信息与语义信息紧密交织在一起,在很多情况下很难分离开。这一特性表现为两种情形。

第一,有一些词的语义在外表看是语用标记,以至于在对其语义描写时很容易走上歧途(语用描写)。从这一意义上讲,文献[25,с. 41-42]中分析的动词дерзить(顶嘴)和грубить(说粗话)很有意思,我们再添加一个动词хамить(胡搅蛮缠)。动词дерзить 适用于描写谈话双方中社会地位和年龄较低的人的话轮。不可以说领导顶撞下属,父亲顶撞儿子。这个动词也不适合在交际双方的社会和年龄平等的条件下使用。动词грубить 同样只适用于"下对上"的情景,而不适用于"上对下"的情景。在"上对下"的情景中使用形容词грубый 更合适些。但是,与动词дерзить 不同,在社会地位和年龄平等的条件下,动词грубить 完全可以使用。最后,如果从社会地位的角度讲,动词хамить 可以用于上述三种情景,如果从年龄等级上讲,该动词只能用于同龄人和"下对上"的情景。奶奶不可能纠缠孙子,父亲不可能纠缠儿子,虽然可以说领导纠缠下属。

可能会以为,这些动词之间的区别在于语用学的范围,因为每一个动词都以一定的方式把参与交际者分布在社会和年龄等级上。事实上并非如此。要知道在动词дерзить 指称的(Внук дерзит бабушке)情景中,讲话人没有评价受话人与自己本身的地位。这里说的是第三方的地位,关于他们的信息具有客观的而非主观评价的特点。这样的信息进入相应动词的语义,因为它描述的是动词配价的客观性能。譬如,X дерзит Y-у="X 挑衅性地与 Y 讲话,不考虑 Y 的感受或地位;X 在社会和年龄等级上的位置比 Y 低"。

第二,典型的语用信息常常直接吸附在词的词汇意义上。在这种情况下,这种信息在词典学上表现为语义信息。问题在于,词典其实和其他任何相当形式化的语言学手段一样,都遵循着一定的描写规范。这种规范把在许多情况下都不符合事物本质的一些硬性的表现形式强加给语言学信息,包括对词汇意义的注释要在词典的语义区域中给出。如果意义中含有某些语用成分,不可能将它们从注释中分离出来并转放到语用区域,而只能留在语义区中。上述大多数词汇例证都可以用来说明这一问题。例如,A — зачинщик X-a＝"A 做了某事 P；P 是 X 开始出现的原因；讲话人否定性评价 A 和 X"。语用(评价)成分在注释中,即在语义区域中显现出来。

所述的语用信息的三个特性——表达手段的边缘性、在若干个语言单位中的分布性以及与语义信息的紧密关联性给发现、研究和描写语用信息造成了理论和技术上的很大困难。几乎完全没有对语用信息进行词典学处理的传统,使得事情更加复杂。因此,下面所描述的对词典学至关重要的语用信息类型的理解,既不能视为全面,也不能看做是最终的结论。

4. 对词典学重要的语用信息类型

从刚刚做出的说明可以看出,在词典词条的结构中应该为语用信息划分出一个专门的区域,在这个区域中再根据对词典学重要的语用信息的类型划分若干分区。目前可以指出这种信息的下列类型：(1) 包括评价在内的语用修辞标注；(2) 词位的语用特征；(3) 词位的非常规性言效功能；(4) 讲话人和受话人的地位；(5) 附加意义——词位的文化世界和形象世界[①]。

4.1 语用修辞标注

属于语用修辞标注的有：礼貌、粗俗、无理、嘲讽、亲昵、不赞、藐视、轻视、玩笑、委婉等一系列标注。这些标注以其传统标注的方式置于词典词条的语用区域,但每一个语用标注的实际内容都应该在语言学描写的共同成分中用统一的语义元语言尽可能完全地注释出来。

我们只分析上述标注中的一种：只用一种词汇类别——指小词表示的"亲昵"。

众所周知,俄语中指小的词缀至少有两种不同的意义——纯粹指小和亲昵。因此,某些指小词有时就称作指小表爱词[26, c. 361]。

如果能产词干表示非独一无二的物体,那么带有指小词缀的派生词总能具

---

① 本文关于附加意义的最后一节在目前这一版中被删除了,因为有关附加意义的题目有单独的研究发表在本卷中。

有指小意义，譬如：балкончик, домик, домишко, лужица, ножка, пятнышко, сеточка, столик, шарик 等。如果能产词干表示物质（вода, каша, масло, молоко, сахар, соль）或独一无二的物体（солнце），则在有指小词缀的情况下排除指小的注释。在第一组词中（водичка, кашка, маслице, молочко...），妨碍这种注释的是像"较小的水"、"较小的油"之类的意义组合。在第二组词中（солнышко），妨碍这种注释的是不存在，至少在我们的世界上不存在对应意义的称名。

　　由于上述原因，像 водичка, кашка, маслице, солнышко 等类型的名词获得了永久性的语用成分——表明讲话人在想到某种物体或由这一物体想到自己的受话人时，所体验到的一种良好情感。这些词汇的这一功能使用得特别频繁。事实上，当我们说 Выпей молочка. Съешь кашки 时，我们体验到的正面的情感与其说是对待食品，不如说是对待自己的受话人。这些词汇在与孩子们交际时特别适用并不是偶然的，我们给他们提供保护，我们用爱和温柔，也就是亲昵地对待他们①。在这种情况下，表爱词汇不是把受话人包括在讲话人个人范围之内的直接手段。另一方面，这些词用来展现对受话人态度的友好，譬如，请售货员拿东西：Взвесьте мне колбаски.

　　对于由指小表爱词缀构成的形容词和副词的语用特性来说，讲话人对受话方的正面性情态指向性更加典型，譬如：глупенький, голенький, здоровенький, кругленький, мокренький, слабенький, толстенький, худенький; осторожненько, тихонечко, тихонько. 在这类副词中，情态的真正接受者伪装得尤其拙劣，因此特别明显。当我们讲 Иди тихонько〈осторожненько〉时，所表现出关爱和担忧，当然不是对行为的实现方式，而是直接对行为者②。

　　有趣的是，在俄语中指小表爱词缀比指大的词缀丰富；指大词缀的内容中语义的份额更多些。事实上，像 бородища, домина, домище, мужичина, ножища, ручища 这些词的意义中包含有相应物体体积很大的概念。在像 голосина, голосище, жарища, скучища, холодина 这类词汇的意义中包含有

---

① 爱代表某种无需外在表现出来的心灵状态；温柔代表并非一定要以爱为理据的身体行为的某种风格。亲昵 — 就是内心感受上有爱，外在表现上为温柔。
② 比较在文献[10a, c. 46]中对这些词汇的另一个观点，把这类词汇看做是"积极宣传"的语言元素，也就是广告。

相应现象的程度和强度很大的概念。即便指大名词是由物质名称构成的（винище，спиртище，табачище），在其意义中也保留着对某种极端性的暗示：Винищем 〈табачищем〉 разит 〈?попахивает〉.

当然，指大名词的意义不局限于语义，也包括语用成分："讲话人对 X 的巨大(强度)是很关注的，并希望用自己的关注感染受话人"。但这一成分在带有指小表爱词缀的词汇意义中并没有相同语用现象。

所述特性在由指大词缀构成的形容词的意义中也存在。Толстенный X 是指"X 非常胖，而且讲话人对 X 的胖并非漠不关心，并希望把这种关心传递给受话人"，而 толстенький X 的意思是"X 相当胖，这一看法引起讲话人正面的情感"。再如形容词 большущий, высоченный, здоровущий, широченный 等。

可以看出，俄语的指小和指大词缀在语用参数上显露出十分明显的不对称。

4.2 词位的语用特征

一个词位的语义特征（譬如，动词的状态性和名词的正面性）是其在所有的使用条件下的特点，而语用特征只是其在一部分使用情景下的特点。

语用特征最好的例子是施为性能。这一概念我们曾从语法和词典学的角度研究过[27]。这里只谈以下问题。

众所周知，施为动词是指这样一些动词，当以陈述式主动态现在时单数第一人称的形式说出这些词的同时，就等于一次性完成这个动词所表示的行为。例如：Прошу вас выступить у нас на семинаре. Я обещаю вам приехать. Предупреждаю вас, что это опасно. Объявляю собрание открытым. 等。

有一部分施为动词在某些其他语法形式中也有作为言语行为使用的可能性，这主要是指完成体将来时，未完成体假定式等形式。例如：Я попрошу вас выйти. Я просил бы вас выйти. Я попросил бы вас выйти.

施为性能在语言中的表现非常独特。譬如，施为动词没有现实—时间长度意义。像 Все успели позавтракать, пока я прошу тебя встать. 这样的句子是纯描述句。

施为动词不能与类似 за три минуты 这样的包含性时间状语搭配。句子 Я прощаюсь с вами. 是言语行为，而 За три минуты я прощаюсь со всеми и ухожу. 不是言语行为，因为在这个句子中动词被用于历史现在时。

当施为动词用于将来时或假定式时，动词没有这些形式的任何特有意义。非施为句 Он просит вас выйти — Он попросит вас выйти — Он просил бы вас выйти — Он попросил бы вас выйти 之间的区别归结为它们在体、时和式等形式上的语义差别。施为句 Я прошу вас выйти. Я попрошу вас выйти. Я просил бы вас выйти. Я попросил бы вас выйти 之间的差别不在于它们在体、时和式等形式的语义方面,而在语用领域,归结为在礼貌程度上的不同:假定式——最礼貌的请求形式,而一般将来时——最强硬的请求。在其他关系上这四个句子是同义的。

这里只提及言语行为特性的三种表现形式。目前言语行为特性在词法、构词、句法、语义、语用等层面公认的表现形式有近十五种。因此,在许多类型的规则中都必须考虑到这一特性。由此产生一个问题:这种性能应以哪种形式进入规则体系?例如,是否能在动词注释时将施为性划归到某一成分中,并在规则中直接引用这一成分?根据这一假设,我们来简短分析一下当前非常流行的一种观点,即任何施为动词的意义中本质上都含有"说"(говорить)这一成分。

在大多数情况下,施为性确实是以"说"这个意思为依据的。但是,有两种例外。一方面,有个别动词的词典注释中没有"说"这一成分,但是却可以有施为的用法。这样的动词有:жаловать,譬如:Царь пожаловал его шубой со своего плеча. 和 Я жалую вас званием главного церемониймейстера. 另一方面,有不少组动词的词典注释中含有"说"这一意思,但却不能实现施为的用法。这类动词有:врать, лгать, клеветать 等。类似 Я лгу. 这样的句子在任何状态下都不能等同于说谎的行为。关于这个问题见文献[31, c. 243-244]。

这样一来,既然施为性并非总是由"说"这一意思自动产生出来的,在语言学描写中,施为性的独立特征就是必需的。对这个问题有两个解决方案在词典学上是可能的。

(1) 只给 жаловать 这类词位添写上施为特征[《перформ(ативность)》]的标注,在这些动词中,施为特征在语义上没有理据,而像 обещать, приказывать 这类词位的施为特征是由"说"这一意思按总体规则产生的。因此,必须还有一个特征——非施为特征——给类似 лгать, клеветать 这样的词位添写上,以便使它们不进入总体规则的作用范围之内。

(2) 给所有的施为词位都添写上施为特征"перформ(ативность)"这一标注。这样就不需要否定性特征了,但会得到为数不多的信息重复:在大多数情况下,施为特征是由"说"这一意思引申出来的,这一事实在语言学描写中应该完全独立地体现出来。但是,这样的重复完全符合词典学的本质。俄语名词的性在大多数情况下是由它的外部形式或意思推导出来的,但在词典中是以独立的依据记载的。

4.3 词位的非常规性言效功能

如果一个词位的言效功能是从它的意义或它所从属的语义类别中直接推导出来的,那么这个词位的言效功能就称作是常规性的。

第一种情况可以由下列动词体现:спрашивать, просить, разрешать, советовать, приглашать, предостерегать, предупреждать, приказывать, требовать 等。这些动词中的每一个都是某种言效功能的典型表达。显然,在这类情况下,言效功能不应该在注释的语用区域中描写,而应在语义区域中描写,因为这一功能构成动词词汇意义的核心。

第二种情况可以由行为动词的某一语义类别来体现,如 вставать, делать, есть, идти, мазать, писать, работать, чинить 等。这些动词的命令式的语义可以归结为最普通的祈使意义,也就是表示希望受话人做 P,和试图驱使受话人做 P 的意思。在语用层面上,这些动词可以在很宽的区间内来解释——这一点在文献中已多次指出(例如,见文献[28, c.132-136]中各种观点的汇总)。根据不同的情景,Отойдите. 可以表示请求、建议、允许、警告、要求、命令等。对于其他任何具有行为意义的动词来说,这样的使用都是很典型的。因此没有理由把这一语用信息纳入词典。在词典中只给这类动词添写上语义特征"行为"就足够了。给这一语义类别的动词的命令式添写上言效功能的上述标准组合是一个一般性规则,应该纳入语法范畴。

如果一个词位的言效功能既不是从它的意义中直接推导出来的,也不是从它所从属的语义类别中推导出来的,那么这个词位的言效功能就是非常规性的。

非常规性言效功能首先是那些与交际行为中两个基本角色——讲话人角色和受话人角色直接相关的形式和结构所特有的。因此,话题涉及像命令式、第一人称、第二人称这样一些形式。先从命令式开始我们的概述。

自然是只有那些在命令式中具有特殊的言效功能的词位(譬如,不同于行为动词),才具有词典学意义。我们来分析三组这类词位,它们在语义类别上都属于状态动词:这就是知晓性动词 знать,推断性动词 считать, думать, понимать 和情绪状态动词 бояться, гордиться, стыдиться 等。

众所周知,典型的状态动词没有命令式形式,不能说 * Видь картину. * Слышь музыку (最得体的用法是:Смотри на картину. Слушай музыку)。但

是，在由关联词 что 引导的补语从句的结构中，动词 знать 可以有命令式。对这一现象 Т. В. 布雷金娜曾在文献 [19, с. 72] 中论述过。

　　动词 знать 用于命令式时，不具有表示请求、要求、允许、命令、警告等这些对正常命令式很典型的任何言效功能。看来，使用动词 знать 时，命令式获得了一种独特的语用功能——向受话人通报自己的信息。更准确地说，当我们说 Знай, что P 时，我们是想说出下列内容："我知道 P；我认为你不知道 P；我认为，有关 P 的信息对你很重要；我希望你知道 P，所以我说出了 P"。

　　再强调一次，动词 знать 只有在支配由关联词 что 引导的补语从句时才有这种言效功能。而且关联词 что 可以省略掉：Помни это, каждый сын, / знай любой ребенок: / вырастет из сына свин, / если сын — свиненок (В. Маяковский).

　　如果这个动词支配间接疑问补语，其命令式形式具有一般的祈使意义，试比较勃洛克的诗句：Но ты, художник, твердо веруй / В начала и концы. Ты знай, / Где стерегут нас ад и рай. 当然，对这类结构的正常性可以表示怀疑。

　　表示推断意义的状态动词 считать 的命令式形式具有另一种非常规性言效功能：Считай, что P ＝"尽管理由不足够充分，但讲话人仍然可以认为 P；讲话人通报受话人，可以认为 P"。譬如：Считай, что тебе повезло 〈что мы поладили на этом〉.

　　在与 считать 最接近的同义词 находить, полагать 和 думать 中，只有 думать 有命令式形式，而 находить 和 полагать 没有（＊Находи〈полагай〉, что тебе повезло）。而且，думать 的命令式不如 считать 的命令式自由。这个动词主要用于句法紧缩结构 Думай что хочешь 〈что угодно〉，承担比 считать 更细微的语用功能：Думай что хочешь ＝"你愿怎么想就怎么想；你怎么想对我无所谓"。在这个系列的动词中，还包括 понимать 这一基本的认识动词。这个词在成语性紧缩结构 Понимай как хочешь 〈как знаешь, как тебе угодно〉中具有推断意义。与动词 думать 一样，其命令式形式除了表示可能性情态（允许）外，还表示讲话人对受话人怎么想无所谓的态度。

　　最后，来分析像 бояться, гордиться, стыдиться 等这类情绪状态动词命令式的非常规性言效功能。看来，这样的功能有两个。

　　第一，是我们早已熟知的"允许"功能，譬如：Гордись, гордись своей проклятой славой (А. С. Пушкин) ＝ "……可以自豪"。Стыдись своего прошлого, если это доставляет тебе удовольствие ＝"……可以感到羞愧"。

第二个言效功能是"要求"或"命令"功能，这一功能对这些动词是比较典型的，因此更重要。譬如：Бойся данайцев, дары приносящих ＝"……受话人应该害怕…"; Гордись: таков и ты, поэт, ／ И для тебя условий нет (А. С. Пушкин) ＝"……受话人应该自豪……"; Стыдись: ты обидел того, кто слабее тебя ＝"……受话人应该感到羞愧……"。

显然，这里提供的关于心智状态和情绪状态的动词命令式的言效功能的信息应该在词典的词条中提供出来。

再来看人称形式并研究一些动词的篇章标记功能，对于这个问题 A. 维日彼茨卡曾关注过[29, с. 106 及后续页]。在她的研究中指出，在一般情况下篇章是由纯文本构成的，即是对现实世界或想象世界某个情景的描写，而篇章标记是指类似 Выше мы уже говорили. Ниже мы вернемся к этому вопросу. Кстати сказать. Последнее по порядку, но не по важности 这类句子。这种"由作者旁注"的篇章标记旨在引导受话人对篇章的认识沿着所需的途径发展，指明应该在篇章的哪些地方能找到某种信息，决定篇章的不同段落对应的信息重点。这是一种独特的语用指南，提示受话人在接受和理解信息时如何分配注意力，使信息达到最佳被掌握程度。虽然篇章标记元素破坏了篇章的直接语义统一体，但它们完成了在更高层面上的整合功能，这些功能遮盖了其破坏行为。

在维日彼茨卡提及的篇章标记元素中，我们区分出两种基本类型。

第一类包括（插入）副词和副词短语：во-первых, во-вторых, иначе говоря, итак, кстати говоря, между прочим 等。这些元素的上述言效功能是注释的一部分，因此在词典词条的语义区域中描写。

第二类包括类似 возвращаться, начинать, переходить к заключению, повторять, подчеркивать 等动词和动词短语。这些元素的词汇注释中不应该包括印证吸引受话人关注作者对报道信息的编排的言效功能，因为这些词的绝大多数形式被看做是对现实的客观描写。类似 Он повторил, что дальнейшие переговоры бесполезны. 这样的句子在语用层面是中性的。如果说在这个句子中有心理学压力的话，那么它全部集中在动词 повторять 的语义中。使用现在时单数第一人称形式时，同样的句子在语用意义上变得很丰富：Повторяю, что дальнейшие переговоры бесполезны. 我们对这种形式做如下注释：Повторяю, что P＝"此前我已经说过 P；我假定你没有理解 P 或没有认识到 P 的重要性；

我希望你认识到 P 的重要性；所以我又说了一遍 P"①。从上述的言效功能上看，像 повторять 这类动词获得了与施为动词相似的功能。

4.4 讲话人的地位和受话人的地位

如上所述，这一信息只有在下列情况下对词典学有意义：这一信息不描述词汇意义本身，而仅仅是表明该词汇意义的某些用法。因此本文关注人称代词的用法，首先是代词"你"(ты)的用法。在文献[30, с. 290-292]中曾用我们感兴趣的观点，而且从词典学角度进行过描写。我们参考这些成果，但用另外的方法对"你"的用法总体上进行系统化研究。

已知的有关"你"(ты)的用法(使用场合)如下：(1) 亲近的；(2) 亲属的；(3) 孩子的(孩子之间交流或非常小的孩子和大人说话时)；(4) 年长的；(5) 蛮横粗野的；(6) 朋友间随便的。我们再添加一种用法：对话之外的。这种用法用于思维中面向除真实对话之外的任何客体。这种客体包括：抽象的人(Что бы сделал ддя фронта?)、人的固定标志(Жизнь, зачем ты мне дана?)、周围环境中的物体(Свет мой, зеркальце! скажи)、去世的人、动物、地理上和宇宙中物体(Прощай, немытая Россия; Ты, солнце святое, гори)、人类共指(И ты, послушный им народ)、神话中物体等等。有趣的是，使用 ты 这一称呼可以扩展到对那些活着的人，正常情况下讲话人应该对其使用称呼 вы，但在当前时刻却使用 ты 进行意象对话，如：Ах ты, шельма, — подумал я о лекторе.

从我们这里感兴趣的角度看，上述七种用法中有两点还值得再次提及：年长的(在年龄上由上向下，而且讲话人应该是成年人，而受话人是孩子)用法；蛮横无理的(在社会等级中由上向下)用法。

如果从一个经常使用蛮横无理的"你"(ты)或使用朋友间随便的"你"(ты)的人之口中说出代词"您"(вы)，这个"您"就承担着重要的语用功能。应使用朋友间随便的"你"的人用这种不属于他的尊称标示出自己与受话人相比较低的社

---

① 再解释一下这一注释中的"我假定"。最初的感觉似乎"我认为"更自然些。但是它不能解释在概述和简要总结时使用"再说一遍"的可能性，譬如：Повторяю, что, несмотря на отдельные недостатки, работа заслуживает опубликования. 在这些情况下，讲话人没有理由认为对他的评语不够关注，虽然完全可以这样假设。"我认为或我假设"这一公式由于其不正确也不合适：在"认为"和"假定"之间选择，对讲话人来说是不能接受的，因为他坚信他知道，他是"认为"还是"假设"。而且，由于同一原则，这类的其他公式也不正确，例如：* Я знаю или допускаю(而 Он знает или допускает 是正确的)。因此在注释 Повторяю 时只能留下较弱的"我假定"。

会地位,而应使用蛮横无理的"你"的人用这种非常态的尊称标示出自己与受话人相比较低的行政官阶。

包括式代词"我们"(мы)包含的正好是两个人——受话人和讲话人本身,在称呼时使用代词"我们",标示出讲话人在当前情景中具有较高地位。譬如,在看病的情景中,无论患者的社会地位和年龄如何,主角当然是医生。因此,他完全可以允许自己以一个保护者的口气使用"我们"(мы)来称呼:Ну, как мы себя чувствуем? Давление у нас нормальное, разве чуточку повышено. Но ведь нам не двадцать лет? (И. Грекова,《Пороги》)。也许,在这种情况下,还具有讲话人被纳入受话人个人域的因素①。讲话人所感受到的与受话人的团结一致是如此紧密,以至于他准备把自己放在受话人的位置,分担他的所有感受。例如,类似 Ну как, работаем? 这样的复数第一人称形式的问话常用于讲话人自己并不工作,但想强调自己与工作着的受话人的团结一致的情景。需要指出,讲话人将自己纳入受话人的个人域中并不仅仅是为了表示同情,也可以是为了表示批评,如:Все еще отдыхаем? Что же, так и будем молчать?

对于或者参与共同的谈话,或者有可能听到谈话的第三方称作"他"(он)和"她"(она)是不恭敬的用法,同样可以标示讲话人在某些等级中或在当前情景中拥有较高的地位。但是,这两个代词常常完成另一个语用功能——当讲话人有意要侮辱、表示不尊重或无意流露修养欠缺时,用这种方式将提及到的人排除在讲话人个人域之外。

* * *

就此结束用于详解词典的语用信息类型的综述。在结束语中想说的是,在最近的 10—15 年间,蓬勃发展的语言语用学使我们进行了许多观察和探索,得到了许多对词典学非常重要的发现。从词典学上开发这些材料的时代已经来到了②。

参 考 文 献

1. Апресян Ю. Д. Интегральное описание языка и толковый словарь // Вопр.

---

① А. 卡尔洛芙斯卡娅曾(口头的)表示过这样的理解。以前[15, с. 29],我们把这样的例子看做是把受话人纳入讲话人个人域的情景。

② 作者对 И. М. 博古斯拉夫斯卡娅和 М. Я 格洛温斯卡娅表示感谢,她们阅读了本文的初稿并提出了许多宝贵的批评建议。

языкознания. 1986. No. 2.

2. Новое в зарубежной лингвистике. Вып. XVI. Лингвистическая прагматика. М., 1985.

3. *Арутюнова Н. Д.*, *Падучева Е. В.* Истоки, проблемы и категории прагматики // Новое в зарубежной лингвистике. Вып. XVI. Лингвистическая прагматика. М., 1985.

4. Syntax and Semantics. Vol. 3. Speech Acts. N. Y.; San Francisco; London, 1975.

5. Syntax and Semantics. Vol. 9. Pragmatics. N. Y.; San Francisco; London, 1973.

6. Изв. АН СССР. Сер. лит. и яз. 1981. No. 4.

7. Journal of Pragmatics // Special Issue on "Particles" edited by Anna Wierzbicka. 1986. Vol. 10. N 5.

8. *Санников В. З.* Русские сочинительные конструкции (Семантика. Прагматика. Синтак-сис): Автореф. дис. ... д-ра филол. наук. М., 1987.

9. Русская грамматика. Т. II. Синтаксис. М., 1980.

10. *Шмелев Д. Н.* Экспрессивно-ироническое выражение отрицания и отрицательной оценки в современном русском языке. // Вопр. языкознания. 1958. No 6.

10a. *Wierzbicka Anna*. Dociekania semantyczne. Wroclaw; Warszawa; Krakow, 1969.

11. *Шмелева Т. В.* Мысли В. В. Виноградова о модальности и дальнейшее изучение этой семантической категории // Zbornik radova instituta za strane jezike i knji evnosti. 1983. Sveska 5.

12. *Яковлева Е. С.* О семантике модальных слов - показателей достоверности в современном русском языке // Zbornik radova instituta za strane jezike i knji evnosti. 1984. Sveska 6.

13. Lyons John. *Semantics*. Vol. 2. Cambridge, 1978.

14. *Баранов А. Н.*, *Кобозева И. М.* Вводные слова в семантической структуре предложения // Системный анализ значимых единиц русского языка. Синтаксические структуры. Межвузовский сборник. Красноярск, 1984.

15. *Апресян Ю. Д.* Дейксис в лексике и грамматике и наивная модель мира // Семиотика и информатика. 1986. Вып. 28.

16. *Холодович А. А.* Проблемы грамматической теории. Л., 1979.

17. *Апресян Ю. Д.* Типы информации для поверхностно-семантического компонента модели "Смысл—Текст" // Wiener Slawistischer Almanach. Sonderband 1. Wien, 1980.

18. *Виноградов В. В.* Русский язык. (Грамматическое учение о слове). М.; Л., 1947.

19. *Булыгина Т. В.* К построению типологии предикатов в русском языке // Семантические типы предикатов. М., 1982.

20. *Потебня А. А.* Значение множественного числа в русском языке. Воронеж, 1888.

21. *Арбатский Д. И.* Множественное число гиперболическое // Русский язык в школе. 1972. N 5.

22. *Шмелев Д. Н.* Внеимперативное употребление формы повелительного наклонения в современном русском языке // Русский язык в школе. 1961. N 5.

23. *Бондарко А. В.* Вид и время русского глагола. М., 1971.

24. *Гловинская М. Я.* Теоретические проблемы видо-временной семантики русского глагола: Дис.... д-ра филол. наук. М., 1985.

25. *Крысин Л. П.* Социальные ограничения в семантике и сочетаемости языковых единиц // Семиотика и информатика. 1986. Вып. 28.

26. Грамматика русского языка. Т. I. Фонетика и морфология. М., 1960.

27. *Апресян Ю. Д.* Перформативы в грамматике и в словаре // Изв. АН СССР. Сер. лит. и яз. 1986. N 3.

28. *Храковский В. С., Володин А. П.* Семантика и типология императива. Русский императив. Л., 1986.

29. *Вежбицка А.* Метатекст в тексте // Новое в зарубежной лингвистике. Вып. VIII. Лингвистика текста. М., 1978.

30. *Мельчук И. А., Жолковский А. К.* Толково-комбинаторный словарь современного русского языка. Опыты семантико-синтаксического описания русской лексики. Вена, 1984.

31. *Вендлер З.* Иллокутивное самоубийство // Новое в зарубежной лингвистике. Вып. XVI. Лингвистическая прагматика. М., 1985.

附加意义是词汇语用的一部分[*]

（词典学问题）

1. 引　语

在 В. В. 维诺格拉多夫院士的著作中没有使用"语用"这一术语。然而，在这些著作中，有关不同语言单位的实际语用信息甚至比专门研究这一问题的其他现代著作中的还要多。这并不奇怪。以维诺格拉多夫的语言学视角来看，任何一个语言单位都是一个其内部结构细致和外部关系丰富的完整世界，这些特征进入语言体系，进入语段语境，进入交际情景，然后进入语文学、文学、历史、文化，进入词汇研究的语言学传统。在这方面具有代表性的是他的关于 влиять 和 влияние [Виноградов 1977, с. 71-73], сочинитель и творец [同上, с. 85-86], прогресс, передовой и отсталый [同上, с. 88-90] 等词汇的词典学专著，以及对一个"词族"范围内各词汇之间意义联想和"情态圈晕"的大量丰富的观察[同上, с. 28]。这里只再现其中关于 соль 和 насолить 的一个观察，这一观察与本研究的选题有直接关系。

词汇在表示现象和物体的同时，还传递着该词在整体动态中，在历史现实中的联系和关系。词汇表达的是对"一小块现实"以及与同一现实中的其他元素的关系的理解：一个社会、一个民族在某一时期是如何认识这些现实和关系的。与此同时，词汇极有可能反映后来对其初始意义和细微差异的重新理解。譬如，动词 насолить 除了表示"腌制咸菜、给某种东西添加过多的盐"的具体直接意义外，在现代俄语中还表示"损害、制造不愉快"的转义意义。更可能的是，动词 насолить 的转义意义是以某一时期存在的关于巫术的概念为基础的。根据过去的迷信观念，抛撒各种念了咒语的物品可以引起疾病和中邪。人若跨过中了魔的物品或碰到了这样的物品就会中邪；也常用"中了咒语的盐"表示能带来伤害

---

[*] 本文首次刊登在文集《Русский язык. Проблема грамматической семантики и оценочные факторы в языке》, М., 1992.

[Виноградов 1977，c. 163]。这里需要参考对 17 世纪俄罗斯巫术史的研究，这段历史具有关于盐、盐在民族意识中的地位以及"中了咒语的盐"的作用等非常丰富的民族语言学材料。

在这样完整的分析方法之下，那些在现代语言学中称作语用学的东西也未能超出维诺格拉多夫关注的视野。我们稍微详细地探讨一下这个概念。

在本文中，对语用学的理解要比目前通行的理解狭窄一些。在我们看来，引起语言学关注的仅仅是那些词汇化了和语法化了的语用信息，也就是获得了常态的那些语用信息。根据如上所述，我们将把那些固定在语言单位中的讲话人对下列三种事态的评价称作语用信息：作为报道对象的现实，报道的内容和受话人[Апресян 1988a，c. 8-16]。

显然，在这个意义上，词也可以是语言单位。因此，在详解词典的典型词条中应该划分出特殊的区域用于语用信息的描写。根据对词典学重要的语用信息类型的不同，可以将这一区域划分为若干次区域。属于这种信息的典型类型有语用修辞注释，语用特征（例如，言语行为理论），对谈话对方在年龄、社会及其他等级方面的评定，词位及其附加意义的言外功能。语用信息的这些类型在前文中已经论述过[Апресян 1988a]。本文只展开阐述前文中提出的论题之一——关于词位的附加意义。论文将按下列布局构建：(1) 附加意义概念；(2) 附加意义的语言表现；(3) 附加意义的性能；(4) 附加意义概念与语言学理论。

2. 附加意义概念

现在很难追溯出，"附加意义"这个词是什么时候作为术语第一次用于语言学的。但可以确认，在 19 世纪中期，这个词就在与同义词典的理论及其编写的实践相关的英语词典学文献中流行了[Webster 1951，c. XIV 及后续页]。到那时为止，术语"附加意义"形成了两种不同的意义。

一方面，把直接纳入词条注释的词汇意义中"添加的"（情态的、评价的和表现力的）成分称作附加意义。譬如，在对词汇 righteous (праведный) 和 just (справедливый) 比较时，Э. Дж. 乌奥特里在 19 世纪著名的 *Selection of Synonyms* (1851) 一书的前言中写道："Righteous 目前仅仅用于表示依赖宗教原则的行为伦理，而 just 表示单纯的崇高精神的行为。对异教徒和无神论者可以叫做 just，而不能叫做 righteous"[Webster 1951，c. XVI]。

另一方面,附加意义是指用某个词表示现实中的事态或者客体时该词汇获得的一种评价意义,这种评价意义在该语言环境中得到公认但又没有直接进入该词的词汇意义。在这本书中,Э. Дж. 乌奥特里比较了 swine flesh（мясо свиньи）和 pork（свинина）两个词汇单位。它们准确地表示同一客体。但是在现代犹太人的意识中,第一个词语与不洁净意思有关联(presents to the mind a gross idea),而第二个词没有这样的联想[同上, с. XIV]①。

对附加意义的两种理解之间的原则性区别并非总能意识到,这一术语不准确的使用的传统一直保持到今天(特别是上述的韦伯斯特词典,以及[Isačenko 1972б, с. 82-85; Komlev 1976, с. 127-128; Bartmiński 1984, с. 13-16; Телия 1986; Маслова 1989])。除了上述两个意义外,在 20 世纪又给"附加意义"这一术语添加了几个:(1)附加意义=内涵意义,即与"称名意义"对应的意义(源于 Дж. С. 米勒的逻辑哲学传统);(2) 附加意义=词汇的句法配价(源于 К. 布勒尔的心理语言学传统);(3)附加意义=基于形象元素的转义(Isačenko 1972б, с. 84-85);(4) 附加意义=词汇意义中的随意元素(Tokarski 1988);及其他许多理解(譬如,内容丰富的文集[Konotacja 1988]对附加意义这一术语现有意义的空间作了很好的概述;而在[Majer-Baranowska 1988]的研究中对术语的演变和其各种不同用法的历史做了相当全面的深入考察)。

我们清楚,一个术语的多义性是如何在历史上形成的,更何况是在这一术语生成于若干个学科的核心的情景下。但却很难解释清楚,这种意义发散为什么在一个学科——语言学内部保存了下来。要知道对于"附加意义"这一术语的几乎所有意义来说,当代语言学都具有详细的逻辑上更准确的概念:内涵意义、情态框架、预设、意义的评价元素(譬如,在中性词汇 инициатор 的比衬下,застрельщик 属于褒义,зачинщик 属于贬义)、随意的或较弱的意义成分、语义配价和句法配价。正是应该使用这些术语来表示相应的概念。

---

① 大约在同一时间,在俄罗斯的语文学中也在讨论类似的思想,但没有将概念在术语学上固定下来。В. В. 维诺格拉多夫从 П. А. 普列特涅夫(1845 年 9 月 29 日)写给 Я. К. 戈罗特的信中转引过下列著名的一段:"我弄清楚了,在语言中没有完全等义的词,因为对每一个词而言,一个世纪、一个民族、一个地区、一种生活的意义都是以词典意义进入人的头脑。可以用一个很简单的例子——борода 和 брада 来说明这一点。第一个词很形象地给读者描画出一个罗斯男人、商人或神父的形象。第二个词把我们每一个人带到宗主教(犹太教)时代,在东方民族的生活中,仅仅是因为这个词是从教堂的书籍中进入记忆中的"[Виноградов 1977 с. 165-166]。

这样,术语"附加意义"只剩下一个意义——"该语言公认的对现实客体的评价,其名称就是这个词"。正是在这个意义上,也仅仅在这个意义上,本研究中将使用"附加意义"这一术语。更准确地说,我们将把词位表示的概念中那些不很重要的,但很稳定的特征称作该词位的附加意义,这些特征体现出在该语言群体中对相应物体或现实中事实的公认的评价。附加意义不直接进入词汇意义,也不是由词汇意义得出的结果或结论。

对附加意义的这种理解早在[Апресян 1974, с. 7-68]研究中就有表述,此后在[Иорданская, Мельчук 1980, с. 196 及后续页]的研究中得到发展和加确。试比较它们的基本定义:"词汇单位 L 的词汇附加意义是 L 将其纳入自己的表征范围,但不进入词汇单位注释的某些特性"。对附加意义的相似理解在[Bartminski 1980, с. 13-14]的研究中也有表述:"是该社会文化中不总是相关但却固定在该文化中的联想之和,这种联想产生了伴随着词汇意义的内容成分(逻辑的和情态的),这些成分构成固定概念"。但是根据后来发表的文献判断,随着时间的发展巴尔特明斯基脱离了这一立场。

下面来详细分析从作者上述定义中区分出来的附加意义的两个主要特性。

第一个特性是,在词位的附加意义中体现出来的是该词位表示的概念中的非主要特征。以 петух 一词的主要意义为例,在所有俄语词典中的注释完全相同:"公鸡"。这个解释确实用的是该词的纯词汇意义;在这个意义中不可能包含对下列特征的描述:公鸡早睡早起,公鸡好惹事好争斗,公鸡走起路来步态特别,带有争宠献媚之态。对于"公鸡"的朴素概念来讲,所有这些都不是主要特征。尤其是有理由认为,公鸡并不比大多数其他的鸟类早睡早起,并不比其他生物种类的雄性好惹事好争斗。

然而,这些特征不同于公鸡的另一些视觉可见到的非主要特征,譬如,大鸡冠,尾巴的形状或颜色等。前一类特征在讲俄语的人的意识中突出出来且具有固定的特点,并经常在语言体系的不同场合表现出来。对于"公鸡"一词的主要意义来说,这些特征是联想性的和非主要的,确是该词转义意义、派生词和成语的语义核心。譬如,"好惹事"这一特征是公鸡一词的转义"爱惹事的人、莽汉"的基础,还有派生词 петушиный 的意义"爱惹事的",петушиться 的意义"急躁,表现莽撞"。试比较:Горн увидел Меншикова, — этот петух во весь конский мах скакал к шведам(А. Н. Толстой);У обоих характер был петушиный. При нападении защищайся, однако не петушись без толку(В. Ажаев, БАС)。"早睡早起"这一特征是 до первых петухов, с петухами вставать ⟨просыпаться⟩, с петухами ложиться ⟨засыпать⟩ 等成语单位的基础。正是这些非主要的,但固定的,即能经常在语言中表现出来的特征构成了词位的附加意义,被记载在词典词条的语用区域。

由此产生一个问题,如何区分概念中这些非主要的、但固定的特征与那些直接进入词义的意义元素的不同。在文献[Иорданская, Мельчук 1980, с. 201-202]中列举的区分词汇意义元素与附加意义的两个实验性测试是很著名的。我们来分析一下。

测试1. 设词位 L 有假设的附加意义 C;如果给 L 加入带有"非 C"意义的元素不会产生矛盾,则 C 是附加意义。如果产生了矛盾,则应该把 C 看做是意义元素。譬如,对于 осел 1="动物"这一词位来说,"愚蠢"这一特征构成了附加意义,因为类似 У Насреддина был умный осел 这样的句子不构成矛盾。而同样是这一特征,对于 осел 2="人"来说,构成词汇意义的一个部分,因为类似 * Эмир был умным ослом 这样的句子是很荒谬的。同样,在 пресловутый 或 вояж 这类词的意义中评价性元素不是附加意义,试比较 * пресловутые подвиги 或 * вояж национального героя 中的悖异性。

测试2. 设 C 指称由词位 L 表示的客体的某种功能。如果这个客体处于非正常状态,自然可以得出结论,它不能很好地完成功能 C,则 C 是词位 L 的词汇意义元素,反之,C 就是附加意义。例如,对于词位 голова 1="人的身体最上端部分"来说,这种功能是"思考",而对于词位 сердце 1="人的身体内里部分"来说,这种功能是"感受"。对于句子 У меня голова уже давно никуда не годится 和随后的 поэтому я не могу как следует думать 听起来很自然。这就是说,"思考"以某种形式(例如,以"思维器官"的形式)进入了词位 голова 1 的意义。对于句子 У меня сердце давно никуда не годится 和随后的 поэтому я не способен испытывать какие бы то ни было чувства 则完全不合适。这意味着,"感受"以某种形式(例如,以"感觉器官"的形式)构成了词位 сердце 1 的附加意义。

再增加一个测试3. 设给词位 L 添加了注释"T",T 中不含有假设是附加意义的元素 C。如果根据 T 可以单指词位 L,并只能单指这一词位(不考虑这一词位的精确同义词),则 C 是词位 L 的附加意义。譬如,注释"妻子的母亲"为在俄语词典中毫无疑义地选择词位 теща(丈母娘)提供了可能。因此,与 теща 产生联想的所有其他特征,无论是什么样的,都构成该词的附加意义,而不构成意义部分。

这三个测试中的任何一个都不是绝对可靠的。对于其中的任何一个都可以找出一些词或一类词,它们或者是原则上就不可用,或者会得出与直觉相反的结果。

例如,第一个测试不能用于带有附加意义"诚实"的词汇 правый 1 和带有附加意义"不严肃、轻浮"的 ветер 1. 不能说 * моя бесчестная правая рука. 或 * вдумчивый〈глубогомысленный〉ветер,不是因为在 правый 的意义中包含了"诚实",ветер 的意义中含有"轻浮"的意义成分,只不过是"诚实"+"右"、"轻浮"+"风"这两对意义从本体上就不兼容。

此外,第一个测试不能够区分附加意义与随意的(弱)意义。的确,非附加意义(非 C)的意义如果表现得很明显,那它可能要比词位 L 意义中的隐含表现出来的较弱的附加意义 C 还强。这样就会发生抑制和消除附加意义 C 的情况,尽管附加意义和非附加意义原则上是不能兼容的,合成的词组并没有构成矛盾。我们来分析一下惯用语 Голова〈котелок〉варит у кого-л.,其词汇意义在词典中注释为"谁的头脑很好使"。从这一注释可以看出,虽然"好"这一成分已进入成语的词汇意义中,但仍然是弱成分(随意的),当遇到明显表达更强的意义"不好"时,去掉"好"这一成分不会产生矛盾。试比较:Что-то у меня голова плохо варит.

第二个测试只能用于名词,而且用于那些其所指具有某种功能的名词。即便是考虑到这些提前计划在内的限制,测试 2 对于数量庞大且附加意义丰富的称名类别来说也是不合适的,譬如对于人们用来获取食品和原材(奶、肉、动物油、皮、绒、毛、羽翎等)的动物的名称。例如,我们以对词位 свинья 的典型注释为例:"偶蹄目哺乳动物,将其作为家畜类饲养是为了利用其肉、油、鬃毛、皮"(乌沙科夫)。在所有的俄语详解词典中(МАС,БАС,С. И. 奥热果夫词典,还有[Мельчук, Жолковский 1984 с. 722]和[Bartmiński 1984, с. 10]等),在对这一词的注释中,无一例外地包括了对其功能的类似标注。不能不考虑这种非常符合逻辑的词典学直觉,就是这种直觉导致在词的词汇意义中加入对其功能的指示。而且如果对这种情况采用附加意义第二个判断标准,就可得出,对功能的指示不是词汇意义的一部分,而是附加意义。事实上,不能认为在句子 Наша свинья сломала передние ноги, и поэтому ее нельзя резать на сало〈использовать для получения сала〉中的思路是当然的。相反,家畜有这样的外伤恰恰认为是一个理由，应该尽快把它宰杀掉，并利用所有可以利用的一切。

不难发现，第三个测试定位在区分性注释上，即注释为把一个词与另一个词区分开提供了可能。但词典学家的理想是全面的注释，这种注释记载着那些不使该词与其他词相矛盾的意义成分。大家知道，就成分组成而言，全面注释大大优越于区分注释的情况有很多。根据注释"生了 X 的女人"可以毫无疑义地认出"母亲"这个词。但不能由此得出，由母亲一词在我们脑海里唤起的其他意思就明显属于附加意义的领域了。譬如，到现在仍不能清晰判断，意义"抚养和教育 X"是附加意义还是词汇意义中的一部分？（见[Lakoff 1988, c. 37-43]对"母亲模式"的推论）。

会出现这类问题的词汇很多，可以说有成百上千，特别是表示自然界物体的名词。这里来看一下 A. B. 伊萨琴科关于 мышь（老鼠）一词[Isačenko 1972б, c. 82]或巴尔特敏斯基关于 солнце（太阳）、заяц（兔子）、конь（马）等词的注释所作的评论[Bartmiński 1980, c. 24; Bartmiński 1984, c. 10, 13, 16, 18, 19]。例如，对老鼠的一般性认识——"鼠族小型的啮齿类动物，脸长，黑眼睛，长有很长的几乎裸毛的尾巴"（乌沙科夫）是否可信？A. B. 伊萨琴科推翻了这样太过百科化的注释。"从语言的角度看，老鼠首先是非常小的动物，很安静（тихий, как мышь），速度很快（юркнуть，юркий，как мышь），灰色（мышиного цвета，мышастый）"。这些特性是附加意义还是词汇意义中的元素？A. B. 伊萨琴科认为是"老鼠"一词词汇意义的组成部分，我们认为，至少"静"和"快"这些特性构成了"老鼠"的附加意义。

看来，附加意义的试验性判据不可靠或者给出的是反直觉的结果，而直觉评价又很分散，但不能因此得出附加意义概念本身没有意义的结论。

第一，有附加意义与词汇意义成分对立的典型情况：试比较：词汇 теща（岳母——评价性成分无疑是附加意义）和词汇 пресловутый（臭名昭著——评价性成分无疑进入词汇意义）。当然，在毫无疑问的附加意义和毫无疑问的词汇意义成分之间还有很宽的中间情况带。但是，在这方面附加意义的问题与其他的有关语言单位本质定义的语言学复杂案例毫无区别；譬如说，臭名昭著的"词汇问题"。

第二，如果大大增加辨认附加意义的实验例证的数量，那么附加意义的直觉概念的客观程度可能会更大些。借助于大量的测试来评价有争议成分的附加性程度的可能性，为权衡同意还是反对的证据及采取平衡的决定奠定了基础。

第一部分　语言的整合性描写

第三,也是最重要的,没有什么能保证理论上的进展幅度会大于对客体进行全面的词典学描写的幅度。语言学家可以就什么是词汇这一问题永无休止地争论下去,但他们的决定应与权威的详解词典中相应材料的词典学注释一致。同样的道理,一部哪怕是一种语言的相对全面的词典,应包括对词位附加意义进行有逻辑依据的描写,这种描写哪怕只是以一个词典学家的直觉为基础的,只有当这样的词典编写的经验性工作完成后,附加意义理论才可能有可靠的保证。

3. 附加意义的语言表现形式

附加意义通常描述的是词汇的一些基本的或初始意义,而在形式上表现为转义、隐喻、比较、派生词、成语、某些句法结构、一些语言单位对另一些语言单位作用的语义范围。下面系统地解释附加意义的这些客观语言表现形式。

3.1 转义

Свинья 一词在基本意义中有附加意义"不洁净、不文明、粗鲁、蒙昧无知、行为粗野、恶劣"(见[Мельчук, Жолковский 1984, с. 722])。所有这些表现为转义意"邋遢的人"(Свиньи, грязь везде развели!),"没有教养的和粗鲁的人"(Напился, свинья),"卑鄙下流的人"(Свинья, — пришел любоваться женщиной, которую сделал кокоткой)(М. Горький, БАС)。

Ворона 一词在其附加意义"漫不经心"的基础上发展出了转义意"精力不集中的人,马大哈": — Ворона, перебил он вдруг себя. — Пропустил почтовый ящик (А. Куприн, БАС)。

Пасынок(前夫的儿子,前妻的儿子)这个词的主要意义中具有附加的"非本体的、被遗弃的、不被喜欢的、备受折磨的、受迫害的"的意思。这些附加意义在类似 пасынок природы(天生多余的人),пасынок жизни(生活中不幸的人),пасынок времени(时代的弃儿)的词组中体现出来的转义"某种非本体的、没有依靠的"中首先显现出来。譬如,普希金的诗中就有:Где прежде финский рыболов, / Печальный пасынок природы, / Один у низких берегов / Бросал в неведомые воды / Свой ветхий невод…诗中这个天生多余的人在自然力面前被遗弃和孤独无助的寓意由一组修饰语来支撑:печальный(忧伤的),один(独自一人),неведомый(神秘的、无人所知的),ветхий(破旧的)。再来分析下面的两个文本:Самое трудное — быть пасынком времени. Нет тяжелее участи пасынка, живущего не в свое время. Пасынков времени распознают сразу — в отделах кадров, в райкомах партии,... в редакциях, на улице.. Время любит лишь тех, кого оно породило, — своих детей, героев, своих тружеников (В. Гроссман). Василий Гроссман, автор... романа «Народ бессмертен», считал себя сыном времени. Писатель, писавший роман «Жизнь и судьба», ощутил себя его пасынком. ... Но пасынок настоящего времени может стать сыном будущего (В. Лакшин).

3.2 隐喻与比较

看来,附加意义是许多习以为常的隐喻和比较的基础,也是大多数作家的隐喻和比较的基础。对于 свинья(猪)一词来说,напиться как свинья(根据附加意义"粗鲁"和"不文明")和 разбираться как свинья в апельсинах(根据附加意义"愚昧无知")就是这类的比喻。再如:与 пасынок 一词相关的例子:Вокруг лимана ютятся, как пасынки, мелкие, корявые, уродливые, кустарники. Два моря смыкаются здесь...: море степной пшеницы и синий Понт вместе с мелким пасынком Азовом (Ю. Черниченко).

在讨论 петух(公鸡)一词时我们已经提到过附加意义"挑衅好斗"和"争宠献媚"。这些附加意义在派生词 петушок 中得以实现,这个词以比拟五格的形式依附于运动动词时,起副词作用,表示"挑衅,逞强"或相反"争宠献媚"的意义。试比较:Около Мавры Максимовны (художник) ходил петушком, подбоченясь и многозначительно подмигивая (В. Короленко, БАС);Не помешали ли вам отдыхать, Егор Фомич, — суетился поверенный, забегая петушком перед "самим"(Д. Мамин-Сибиряк, БАС).

Холостяк(单身汉)一词的附加意义也在这样的比喻结构中实现:Жена была в командировке, и он жил холостяком, 即没有因日常琐事使自己的生活复杂,不关心居家的舒适和秩序,但有可能参加愉快的友好聚会,一句话,过着就像社会概念中单身汉特有的生活(关于该词详见3.3节)。

3.3 派生词

Свинья(猪)一词的附加意义产生了一系列派生词,在这些派生词中,附加意义变成词汇意义的一个部分。譬如, свинушник(猪圈、猪窝)——"很脏,垃圾满地的房间"; свинтус(很脏的人)——"不清洁的人,下贱的,忘恩负义的人";

свинство(龌龊的环境)——"肮脏,卑鄙下流的行为";свинский(卑鄙的,下流的)——"忘恩负义的,下流的",譬如,свинское поведение(行为像猪一样),还有副词 по-свински(像猪一样……);свинячить(搞得很脏)——"行为很粗野,不文明","表现很低俗,忘恩负义",例如:Вообще они в последнее время жутко свинячат, пьянствуют, вступают в связь с женщинами, используя свое положение (М. Булгаков).

Холостяк(单身汉——未婚男子,早已达到了结婚年龄,但一直没有进入婚姻状态)一词具有附加意义"没有安排好自己的生活,生活不讲究,不会照料生活";而另一方面——"有保障的,自由的生活方式,他喜欢的"。前三个附加意义在派生词 холостяцкий, по-холостяцки 中可以发现:Когда жена надолго уезжала, его квартира приобретала холостяцкий вид 〈он начинал жить по-холостяцки〉. Сейчас я молочную овсянку сварю... Я по-холостяцки, по-старчески. Один ведь живу (В. Померанцев).

Ветер 一词的基本意义中具有的附加意义"善变、轻浮"是派生词 ветреный(轻浮的,多变的)和 ветреность(轻浮、多变)的基础,试比较:ветреный человек, ругать женщин за ветреность.

3.4 成语、熟语、谚语

Свинья(猪)一词的附加意义"不文明、粗俗"是成语 метать бисер перед свиньями(对牛弹琴)的基础 ="说出的某些东西,受话人由于粗俗和不够细腻,不能够正确评价"。附加意义"下流、无耻"是成语 подложить свинью кому-л., (暗地里搞……的鬼)的基础,试比较谚语 Посади свинью за стол, она и ноги на стол.

Ветер 一词的基本意义中的附加意义"快速"造就了成语 как ветром сдуло 的出现,而"轻浮和多变"造就了 ветер перемен, держать нос по ветру, ветер в голове, бросать слова на ветер 这样一些成语。

名词 гусь 的基本意义中有"滑头、不可靠"的附加意义。这些意思在下列成语中表现出来:ну и гусь, вот так гусь, хорош гусь, что за гусь, гусь лапчатый.

3.5 句法结构

对于具有附加意义的词位来说,典型结构是双称名的假同语反复结构:X

是 X；譬如：Женщины есть женщины；И все-таки война есть война，женщинам на войне особенно нелегко（Г. Бакланов）。这种结构早已引起逻辑学家和语言学家的关注，值得更详细的讨论。

格赖斯用会话的合作原则来研究双称名结构，他指出，这些结构在实际交际层面没有信息含量，但是，"在暗指层面上是有信息含量的"[Grice 1975, c. 52]。格赖斯本人无论如何也没有解释明白，在这样的条件下可以暗指什么，因此使人们有理由认为，他假设有一种不依赖语言而存在的可以解释暗指的通用语用原则。譬如，可以假设，当受话人被置于必须思考外部重复的表述时，他会试图对具体谈话对方在具体交际情景中在自己的词汇中添加的主观内容进行重构。

针对双称名的假同语反复结构的这种解释的极端语用学观点，A. 维日彼茨卡提出了"极端语义学"观点。在描写了某些种类的英语（还有其他欧洲语言中比较偶然的例证，以及日语和朝鲜语）双称名的假同语重复结构之后，她指出，每一种类型都有该语言特有的固定的语义解释。譬如，在英语中，Boys will be boys（Мальчик и есть мальчик——男孩子就是男孩子）意思是，男孩倾向于做那些每个人都明白但不会得到支持的事；但没有必要因此就很伤心，因为男孩不可能有别的行为方式[Wierzbicka 1987, c. 106]。在法语和德语中，Boys will be boys 这个句子不能直接翻译：这些词什么都表示不了[同上]。还可以比较[Булыгина, Шмелев 1988, c. 295-296]。

看来，这两种观点——极端的语用学和极端的语义学观点并不像第一眼看上去那样不可调和。E. B. 帕杜切娃在探讨双称名的假同语反复结构时，对格赖斯的假设做了本质性的确切解释[Падучева 1985, c. 42]。她确定出了在与相应概念相关联的"联想"情形下，即附加意义的情形下"暗指"的是什么。

对此应该补充一点，这里说的仅仅是双称名结构，这些结构在话语和篇章中相对比较灵活自由地使用，虽然可能多次地使用。只有在这些结构中可以开发出主干名词的附加意义的潜能。类似 Закон есть закон 这样的固定的词汇化短语不应进入研究之列，因为它们已经有唯一的（词典学）注释了。

如果认可这样的确切说明，对双称名的假同语反复结构的理解，就如同附加意义本身一样，就变成可知的（开发出相应名词的附加意义的潜能）和具有民族特色的了。

这样，我们确定，像 Война есть война 这样形式上同语反复的句子不是同语反复句,因此,在对其进行解释时允许关注主干名词的附加意义,在这一范围内没有违背信息性定理。Война(战争)一词中含有"凶恶、无人性、非道德性、毁灭性"等附加意义。当讲话人试图向听众解释,为什么看到事态的状况偏离了善良、人性、道德、秩序的规范时,使用 Война есть война 这样的表述在任何情景下都是适用的。

在这种结构中,第一个成分实现的是词的纯词汇意义,而第二个成分实现的是词的附加意义。公式在整体上对附加意义是如此敏感,以至于可以作为名词附加程度的一个自然标准。试比较:Война есть война, Дети есть дети, Теща есть теща, Волги есть волги, Верблюд он и есть верблюд, Бегемот он и есть бегемот. 这些是很容易解释的正确句子,其主干名词都具有很大的或足够的附加意义潜能;而与此平行的结构 ?Мир есть мир, ?Отроки есть отроки, ?Тесть есть тесть, ?Пумы есть пумы, ?Лама она и есть лама, ?Гиппопотам он и есть гиппопотам. 是很难解释或令人生疑的句子,它们的附加意义潜能很小或完全没有。确切地说,如果说后一类的表述可以理解,那么这种理解是发生在相当主观的基础上的,而不是在公认的语言附加意义的情况下①。譬如,我可能知道,布米牧羊犬是狡猾的(或在某种环境中被认为是狡猾的),则我可以在 Пумы есть пумы 这一表述中挖掘出这一非本质的特征。但是,既然它不具备附加意义的第二个必须的性能——在语言中的固定性,我就不能指望,我的谈话对方能够像我自己那样,也能从我的话语中得到那么多的信息。

3.6 语义作用域

X←Y 词组的许多类型都可以理解为只是一种假设:与大多数情况不同,X 的语义作用域不是词汇 Y 的整个词汇(或语法)意义,甚至不是词汇 Y 意义的某一单个成分,而是 Y 的某种附加意义。这是一个很重要的、也是在目前文献中未曾被关注的语义相互作用的类型。

从一个明显的例子来开始。在词组 убежденный холостяк 中,进入名词 холостяк 注释中的任何一个意义都不可以成为形容词的语义作用域(同上)。

---

① 每一个讲话人都有自己的词汇联想网络,这是他在自己的语言策略框架内制定和使用的。譬如,Геннадий Павлович лечится... исключительно из ройного чувства. ("То бишь из стадного?"— "Из ройного!"- настаивает на своем Геннадий Павлович. Рой для него — слово уже совершенно возвышенное, почти святое; пчела мудра; архитектура сотовых перегородок безукоризненна)(В. Маканин).

唯一一个可以与形容词 убежденный 在语义上搭配的元素是单身汉（холостяк）一词固有的附加意义"崇尚自由的生活方式"。令人好奇的是,在非常相似的词组 закоренелый холостяк 中,形容词在其注释的意义内就可以有作用域,就是可以与意义"早已达到结婚年龄"搭配。

正如在非常规语义作用的情况下一样,有三组意义表现特别活跃:程度量化意义、否定意义和评价意义。

程度量化意义与附加意义的相互作用在这种意义与无程度特性的词搭配情况中表现非常明显,譬如:холостой, женатый, живой, мертвый 等。在类似 A более холост〈женат〉, чем B 这样的词组中,讲话人不是将 A 和 B 在"未婚"还是"已婚"这些特性项上做比较,这种比较在本体论上是不可能的,而是比较"已婚"和"单身"的公民状况所固有的附加意义项（改编的例句引自［Lyons 1977, c. 278］）。

在句子 Не теща, а мать родная 中,否定词 не 否定的不是"妻子的母亲"这一意义,而是岳母一词的附加意义——"不公道,恶毒"等意义。该句话作者的岳母的这些不招人喜欢的特性少到了这样一个程度,使他觉得她像妈妈——富有亲情、爱护、关心（当然,如果这一表述不是嘲讽）。

否定语气词与附加意义之间类似的相互作用还发生在另一些相似的表述中。当有人在气愤时对自己的姐姐说 Ты мне больше не сестра（你不再是我的姐姐了）时,他所指的当然不是对方不再是自己父母的女儿了,而只是说他拒绝按照该社会公认的"亲属代码"所要求的那样与她相处,可能,是因为她本身破坏了这种代码关系。所以,这里否定的不是意义,而是附加意义成分。

在 Она хорошая〈полохая〉сестра, Он хороший〈плохой〉брат 这样的表述中也有对履行姐妹（兄弟）代码义务的评价意义。借助于形容词 хороший 和 плохой 来评价的当然不是同一父母膝下孩子们之间的血缘亲属关系的本质,这种评价是没有意义的,而评价的只是如何承担与血缘亲属关系这一事实联系在一起的责任。特别是,Она хорошая сестра 既不表示"她是父母的好女儿",也不表示"她是好父母的女儿"。因此,评价性词汇的作用域不是 сестра 或 брат 词汇意义成分,而仅仅是词汇纯粹的附加意义。

再来分析一下带有反向期待意义的词汇的表现,如 но, однако, хотя 等。正如 В. З. 桑尼科夫指出,在这些词的词汇意义中含有一种能判断所分析事实偏离常规的评价成分（见在［Санников 1987, c. 252 及后续页中对连接词 но 的分析])。在 Он успешно сдал вступительные экзамены, но не был принят в институт. 这一表述中,顺利通过考试后上大学被看做是常规,而该毕业生没有被接受的事实被评价为是偏离了常规。再来看句子 Она хоть и теща, но добрая и заботливая. 使用 хоть 和 но 的唯一理由是讲话人依据社会中现行的观念标准,认为不善良、挑剔、漠视女婿的幸福等是岳母的标准。所有这些都是岳母这一词位的附加意义,而不是它的词汇意义的元素。Хоть 和 но 的意义恰恰是与这些附加意义相互作用的。

* * *

简言之,隐喻化、词汇派生、成语化、谚语化、语法化、词汇的语义相互作用——所有这些都是语言过程,这些过程可以在附加意义的基础上得到充分展示,而附加意义可以在这些过程中物质化地显示出自己。通过这些过程,词汇初始意义中不重要的语用特征变成了转义意义、成语和派生词中重要的语义特征。因此,在附加意义中表现出语言的一个重要的创造性方面:附加意义是语言的语义和词汇不断充实扩容的潜在源泉之一。

4. 附加意义的性能

在前文分析的大多数例子中明显表现出的附加意义的第一个和主要的语言内部性能可以姑且称为比较性。只有当一个词表示的现实中客体的非本质的特征成为对另一个语言单位注释中的语义成分时,该词的附加意义才能记录下来。因此,附加意义成了两个不同的语言单位之间的连接环节,而附加意义使这两个单位所处的关系就是比较关系。在文献[Мельчук, Жолковский 1984]中,这种关系用成分"类似于,好像"来表述,其引用的根据在[Иорданская, Мельчук 1980, c. 204]中论证如下:"这种成分……提供了意义的'内部形式'、它的形象结构和语义来源"。譬如,从这一角度来看,пасынок 一词的专业术语意义的注释 ="植物的杈枝——类似于 пасынок 的第一个附加意义:非本体的"。因此,比较性从本质上界定了附加意义的实质。

附加意义的另一些重要性能与附加意义的形成特点相关。对词位附加意义的形成产生决定性影响的因素是:对现实中相应客体的理解和使用类型;词位的文学处理传统;词位存在的历史语境、宗教语境、政治语境、心理语境或文化语境;词源学或按照 В. И. 阿巴耶夫"成功的"表述(1948)"词汇的词源记忆";以及与词位在语言中自然生存相关的其他语言外因素。我们对这些情况逐一举例说明。

客体的使用类型

А. В. 伊萨琴科很清楚地描写了俄语中 коза（山羊）和德语中 Ziege 附加意义的差异。在德语中，"山羊"一词被注入了许多不好的特性——粗俗、好奇、挑剔等。试比较转义和固定的比喻：dumme Ziege（глупая коза），alte Ziege（старая коза），mager wie eine Ziege（худая, как коза），neugierig wei eine Ziege（любопытная, как коза），wählerisch wie eine Ziege（разборчивая, как коза）等。这些附加意义可以解释为"在西欧，山羊一词直到不久以前一直是负面（社会）地位的象征：'穷人的奶牛'。所以，历史上形成了对这种动物的一种轻蔑态度"[Isačenko 1972б, с. 79]。在俄罗斯的生活中，任何家畜，包括山羊都是富足的标志，这就为正面的附加意义奠定了基础。对 коза 一词而言，首先是表示灵活和美丽外表的附加意义。在有些斯拉夫的信仰中山羊甚至还可以用来象征丰收（见[Толстой 1984, с. 117]），譬如：Где коза рогом, там жито стогом.

词位的文学处理传统

毋庸置疑，一些词的附加意义在很大程度上是受其多世纪以来文学历史的影响而形成的，譬如词汇 весть（不同于 известие），знак（不同于 символ），письмена（不同于 буква），слово（不同于 речение）等都有附加意义：神秘性、玄秘的力量、永久性等。Н. 古米廖夫的著名诗句就是在这些附加意义上构建的（并证实了这些附加意义）：В оный день, когда над миром новым / Бог склонял лицо Свое, тогда / Солнце останавливали словом, / Словом разрушали города. 再如安娜·阿赫马托娃的诗句：Ржавеет золото, и истлевает сталь. / Крошится мрамор. К смерти все готово. / Всего прочнее на земле — печаль / И долговечней — царственное слово.

词位存在或其表征的历史、政治、宗教或心理语境

为了说明历史因素和政治因素在附加意义形成中的作用，举一个英语中非常有表现力的例子。众所周知，民族的名称可能承负有多么大的附加意义载荷。在英语中，形容词 Dutch（голландский）几乎是形容词中附加意义最多的一个。该词巨大的附加意义潜能特别明显地表现在成语中，当然，有些是陈旧的成语。譬如，Dutch bargain（сделка, заключаемая за бутылкой вина），Dutch comfort ⟨consolation⟩（слабое утешение），Dutch concert（кошачий концерт）= кто в лес, кто по дрова, Dutch courage(пьяная удаль, храбрость во хмелю), Dutch defence(защита для видимости), Dutch feast(пирушка, на которой хозяин напивается первым), Dutch metal(сплав из меди и цинка：很薄的板,廉价的仿金品), Dutch treat(угощение, на котором каждый платит за себя). 试比较 Dutch 用于名词的功能：in Dutch(в затруднительном положении), double Dutch(тарабарщина, галиматья), It beats the Dutch!(это ни в какие ворота не лезет!). Dutch 这一词位的附加意义可以追溯到 17 世纪——英国与荷兰为争夺制海权和殖民扩张而在政治上和军事上激烈对抗时期。有趣的是，几乎在相同的领域和相同的时间英国与西班牙也有类似的甚至是更残酷的较量，而对形容词 Spanish(испанский-西班牙的)来说，其结局完全是正面的。

Бог(上帝,神)和 черт(恶鬼)词位的附加意义的差异是因为这些词在不同宗教观念体系中的表征不同。譬如：Божественный, по-божески, боготворить, дай Бог, с Богом；чертов, чертовщина, черт возьми, черт дернул за язык, откуда черт принес 等。词位 небо(天)和 земля(地)的情况也类似：небесная душа, небесные черты, быть ⟨чувствовать⟩ себя на седьмом небе; земные заботы, персть земная, небо и земля, отличаться как небо от земли, сойти с неба на землю.

根据对表示生殖器官的名词和表示人的性生活的名词禁忌的现实，可以很清楚地看出心理因素在附加意义形成中的作用。几乎所有这类词汇都获得了数量众多的负面附加意义。

词汇的词源记忆

形容词 правый 具有附加意义"主要的、好的、诚实的、可靠的"等，譬如：Иван — его правая рука. 形容词 левый 具有附加意义"非重要的、坏的、不诚实的、不可靠的"等。譬如：встать с левой ноги, писать левой ногой, Делает, что его левая нога захочет, левачить, работать налево, левые заработки. 原来，这些附加意义的差异从根源上不仅可以延伸到左右手功能的人类学差异上，而且可以延伸到这两个词的词源学差异上。引证[Шайкевич 1960]的研究，他根据几十种语言材料，其中包括没有基因联系的语言，证实了一个有趣的事实。在绝大多数情况下，表示"右的"(手)意义的词都有词源意义"有力的"、"直的"、"正直的"、"诚实的"、"可靠的"、"好的"等，而表示左(手)意义的词都有词源意义"弱的"、"弯曲的"、"不正直的"、"不诚实的"、"不可靠的"、"不好的"等。

沙伊凯维奇的词源学资料与［Иванов，Топоров 1974，с. 260-266］及［Толстой 1987，с. 171］研究中援引的类型学材料非常一致。特别是在Вяч. В. 伊万诺夫和В. Н. 托珀罗夫的研究中，用斯拉夫语、许多非洲语言、古汉语和克特语的材料证实了，правый — левый（右—左）的对立进入了男——女、老——幼、上——下、白——黑、生——死、健康——疾病、光明——黑暗、天——地等相对立的体系，其中第一个成分具有稳定的正面评价意义，而第二个是负面意义。

附加意义在词典学上非常重要的第二个特性是附加意义形成中的所有这些多变性的直接结果——任意性和不可预知性。这一特性最突出的表现在于，同一语言中的同义词或主题相近的词可能会有完全不同的附加意义。我们已经描写了某些词汇的不同附加意义的区别［Апресян 1974，с. 67-68］：осел（驴）——固执和愚笨，如：Довольно ослить! 和 ишак（驴，骡）——忍耐和愿意顺从地工作，如：Я так не играю, выхожу из игры... Точка. Больше ишачить здесь не буду(В. Дудинцев)；лакей（仆役；奴才）—— 奴才式的忠诚、奴颜婢膝 和 слуга（仆人）—— 真诚和忠实；сука（母狗）—— 不好的、下流的 和 кобель（公狗）—— 性能力、淫欲；резать（切割）—— 急剧性、疼痛 和 пилить（锯割）—— 令人厌烦、单调性。再添加几组对比鲜明的成对词汇。

Тесть（岳父）— теща（岳母），отчим（继父）— мачеха（继母）：在这两对词中，男性亲属名词没有或几乎没有附加意义，而女性亲属名词的附加意义非常丰富。如前所述，теща（岳母）一词在持俄语者意识中的印象是不公正、恶毒、猥琐、多嘴多舌的人。譬如，有这样的说法：не теща, а мать родная（不是岳母，而像亲娘）和玩具名称 тещин язык（丈母娘的舌头）。从 мачеха（继母）可以联想到恶毒、不公正、残忍，在这些联想的基础上引展出"具有敌意、给人带来不愉快"等转义意义。譬如：Жизнь оказалась злою мачехою.

Мальчик（小男孩）— девочка（小女孩）：这组词的情况恰好相反，男性儿童名词的附加意义更丰富："不成熟、缺乏经验、顺从、容易受人支使"。譬如：мальчишеский поступок, мальчишество, мальчик на побегушках, Мальчишка, как он посмел! 而 девочка 一词只有附加意义"不成熟和年轻"。

Свинья（猪，母猪）— боров（骟猪）：看来，свинья 一词没有笨和不灵活的附加意义，而 боров 一词有这些意义并从语义上转化为"很胖，不灵活的人"。譬如：Не понимаю, как этот боров мог забраться на вторую полку〈спать на такой узкой лавке〉. 另一方面，боров 一词没有 свинья 一词的任何附加意义。显然，

боров(骟过的公猪)和 свинья 这两个词实际上的生理差别,无论如何不能解释它们的附加意义潜能会有如此大的差别。

Коза(母山羊)— козел(公山羊)(例子引自[Isačenko 1972б, c. 79]):如上所述,коза 在俄语中被评价为是一种灵活的招人喜爱的动物(коза-егоза, козочка),而 козел 是一个无用的、笨拙的、声音和气味都令人厌恶的动物(как от козла молока, прыгать козлом, козлетон, пахнет ⟨разит, несет⟩ козлом, Козел!)。此外,在 козел 的附加意义中无论怎样都没有反映一个事实:在现实的畜牧业中它被当作聪明和勇敢的动物,正是因为它的这些现实特性,人们把它作为绵羊群的头羊。

附加意义的这种任意性和随意性的另一个方面是"不可协调性",这种难以协调性有时会发展成矛盾性。我们已经讲到了 теща 一词的负面附加意义。但这个词也有正面的附加意义,譬如:к теще на блины 这样的表述。пес 这个词有附加意义"忠诚性"(смотреть, как пес)和附加意义"卑鄙,可耻"(гитлеровские псы)。名词 собака 也有这两个附加意义,譬如:смотреть собачьими глазами 和 как собака на сене。正如前文已经指出,ходить петушком 既可以表示"奴颜婢屈地走",也可以表示"强装勇敢地走"。

最后需要指出,由于这些特性的结果,附加意义具有明显的民族特色。因此,除了上述的论证外,最好提及一下不同语言中颜色表征的象征意义。再举 Л. В 谢尔巴非常细致的观察为例[1958, c. 86]:"法语中 eau 一词,好像完全等同于俄语中的 вода(水)一词,但该词的各种形象用法——表示'某种没有内涵的东西',对法语来说是完全陌生的,然而,法语的 eau 有一种差不多能表述为俄语 отвар(汁、汤)的意思(eau de ris, eau d'orge)。从这些很细微的事实中可以得出,在俄语中"水"的概念强调的是它在饮用方面的无益性,而这一特征是法语词 eau 完全没有的"。

所列的材料可以使我们对具有附加意义的词汇的主要类型形成一个概念。这就是:亲属术语名词,动物术语名词,身体部位和器官术语名词,自然界物体和自然现象术语名词,体力行为术语名词,颜色意义术语名词,总之,凡是人的五官所能感知到的一切。重要的是,在这种情况下,获得附加意义的通常是种类词,譬如 ветер(风),而不是 суховей(干热风),свежак(强风);非常常用的词,譬如 резать(剪),而不是 нарезать(剪开);стрелять(射击),而不是 палить(齐射);不是术语的词,譬如,可以是 ветер(风),而不是 бора(布拉风),бриз(微风)等。

综上所述，通常是具体词汇获得附加意义，虽然从上文中也可以看到，抽象词汇的附加意义也不少见，譬如[Isačenko 1972a, c. 9]。

5. 附加意义概念与语言学理论

附加意义概念应该在语言学理论中占据应有的地位。这一概念为许多理论概念提供了可靠的基础，下面将探讨其中之一：多义性概念。

词汇的多义性通常在下列情况下能观察到：词的各种意义显示出语义联系，这种联系在其词典学注释中物质地体现为一个或多个共同意义成分。如果没有共同成分，则一个词分裂为两个同音异义词。现实情形要复杂得多。需要考虑的不仅是相同意义的存在，还要考虑这种意义在所有被比较意义的语义结构中的比重，以及这种意义在这些结构中的位置[Апресян 1974, c.185]。但是，在对多义性定义的所有可能的加确说明中，在相应意义的注释中是否存在共同意义成分被认为是决定性环境。

从这一要求出发，再回到某些词的词汇意义上来，譬如 петух (公鸡)：петух 1＝"公鸡"；петух 2＝"好斗的人，爱闹事的人"。不难看出，这两个意义没有任何共同成分。同样的情况发生在 свинья 1 与 свинья 2 ＝"不干净的人，邋遢的人"和 ворона 1 与 ворона 2 ＝"马大哈"等许多词位上。

看来，伊萨琴科首先看到了这一困难。他提出的解决办法是：在词的基本意义和通过对非主要特征的语义化而产生的转义意义之间引入另一个转义意义作为中间环节，就其语义成分来讲，这个转义意义与前两个意义相交叉。我们已经讲过，伊萨琴科称作附加意义的正是这些意义，而直义（初始意义）被他称作称名意义。譬如，上述的 свинья 一词。伊萨琴科给这个词区分出两个称名意义：1)"一种动物"；2)"这类动物中的雌性"。此外，这个词还获得了两个附加意义：3)"很脏的动物"；4)"不爱干净的人"。很容易看出，第三种意义就是第一和第四种意义中间的连接环节[Исаченко 1972б, c.84-85]。

根据上述分析已经明了，伊萨琴科的这一解决方法要求俄语（及其他任何语言）的词典中要加入大量的词典学结构。显然，在俄语词典中没有 свинья 3 ＝"很脏的动物"这一词位。而且，如果我们需要在心里把猪、狗、猫、或其他某种动物称作（母）猪时，则使用的直接是其拟人化了的第四个意义。

概括来讲，存在不添加词典学或其他语言学结构就行不通的情景[Апресян

1988б，с. 72-73,78]。但是，在这种情况下，没有必要采取如此强硬的手段。还有更简单和更自然的方法把类似 свинья 这样的词作为多义词，而不是同音异义词来解释。只要承认一点就可以了：能够成为把一个意义引导到另一个意义的"语义桥"(术语引自[Иорданская，Мельчук 1980])的，可能不仅仅是注释中的共同成分，而且还有初始意义的附加意义。但这就意味着，初始意义的附加意义应该以鲜明的形象包括在转义意义的注释中，例如，以这样的形式注释：петух 2 ="好斗的人"——相当于 петух 1 的附加意义"挑衅性"。

这一解决方法在详解—组合词典中描写多义词汇的最初版本(发表在70年代初)中提出，并得到了词典学的运用。但在附加意义语义化——派生化、成语化等所有其他情况下都产生了同样的问题。毫无疑问，该解决方法很容易在这些情形中推广。与伊萨琴科的解决方法相比，这种解决方法在更大程度上既符合语言持有者的语言直觉，也符合词典学家的语言学经验。

参 考 文 献

Абаев，1948：*Абаев В. И.* Понятие идеосемантики // Язык и мышление. М.；Л.，1948. Т. XI.

Апресян，1974：*Апресян Ю. Д.* Лексическая семантика. Синонимические средства языка. М.，1974.

Апресян，1988а：*Апресян Ю. Д.* Прагматическая информация для толкового словаря // Прагматика и проблемы интенсивности. Ин-т языкознания АН СССР. М.，1988.

Виноградов，1977：*Виноградов В. В.* Избранные труды. Лексикология и лексикография. М.，1977.

Иванов，Топоров，1974：*Иванов Вяч. В.，Топоров В. Н.* Исследования в области славянских древностей. М.，1974.

Иорданская，Мельчук，1980：*Иорданская Л. Н.，Мельчук И. А.* Коннотация в лингвистической семантике // Wiener Slawistischer Almanach. 1980. Band 6.

Лакофф，1988：*Лакофф Дж.* Мышление в зеркале классификаторов // Новое в зарубежной лингвистике. Вып. XXIII. Когнитивные аспекты языка. М.，1988.

Маслова，1989：*Маслова В. А.* К построению психолингвистической модели коннотации // Вопр. языкознания. 1989. N 1.

Мельчук，Жолковский，1984：*Мельчук И. А.，Жолковский А. К.* Толково-комбинаторный словарь современного русского языка. Опыты семантико-синтаксического описания русской лексики. Вена，1984.

Падучева, 1985: *Падучева Е. В.* Высказывание и его соотнесенность с действительностью. Референциальные аспекты семантики местоимений. М., 1985.

Санников, 1987: *Санников В. 3.* Русские сочинительные конструкции (Семантика. Прагматика. Синтаксис): Дис... д-ра филол. наук. ДД, М., 1987.

Телия, 1986: *Телия В. Н.* Коннотативный аспект семантики номинативных единиц. М., 1986.

Толстой, 1984: *Толстой Н. И.* Иван-аист // Славянское и балканское языкознание. Язык в этнокультурном аспекте. М., 1984.

Толстой, 1987: *Толстой Н. И.* О природе бинарных противопоставлений типа *правый-левый*, *мужской-женский* // Языки культуры и проблемы переводимости. М., 1987.

Шайкевич, 1960: *Шайкевич А. Я.* Слова со значением "правый" и "левый" (Опыт сопоставительного анализа) // Учен. зап. 1-го Моск. гос. пед. ин-та иностранных языков. М., 1960. Т. XXIII.

Щерба, 1958: *Щерба Л. В.* Опыт общей теории лексикографии // Избранные работы по языкознанию и фонетике. Л., 1958. Т. 1.

Апресян, 1988б: *Апресян Ю. Д.* Глаголы моментального действия и перформативы в русском языке // Русистика сегодня. Язык: система и ее функционирование. М., 1988.

Булыгина, Шмелев, 1988: *Булыгина Т. В., Шмелев А. Д.* Интерпретация семантических аномалий в реальном тексте // Семиотические аспекты формализации интеллектуальной деятельности. Тезисы докладов и сообщений. М., 1988.

Bartminski, 1980: *Bartminski Jerzy.* Zalozenia teoretyczne slownika // Slownik ludowych stereotypow jezykowych. Zeszyt probny. Wroclaw, 1980.

Bartminski, 1984: *Bartminski Jerzy.* Definicja leksykograficzna a opis jezyka // Slownictwo w opisie jezyka. Prace naukowe Uniwersytetu Slaskiego. Katowice, 1984.

Grice, 1975: *Grice H. P. Logic and Conversation // Syntax and Semantics.* Vol. 3, Speech Acts, N. Y., etc., 1975.

Isačenko, 1972a: *Isačenko A. V. Opening remarks // The Slavic Word. Proceedings of the International Slavistic Colloquium at UCLA / D. S. Worth. The Hague*; Paris, 1972.

Isačenko, 1972b: *Isačenko A. V. Figurative Meaning, Derivation, and Semantic Features // The Slavic Word. Proceedings of the International Slavistic Colloquium at UCLA / D. S. Worth The Hague*; Paris, 1972.

Komlev, 1976: *Komlev N. G. Components of the Content Structure of a Word.* The

Hague; Paris, 1976.

Konotacja, 1988: Konotacja. Praca zbiorowa pod redakcja Jerzego Bartminsk-iego. Lublin, 1988.

Lyons, 1977: *Lyons John*. *Semantics*. Cambridge, etc., 1977. Vol. 1.

Majer-Baranowska, 1988: *Majer-Baranowska Urszula*. Z historii uzycia terminu konotacja // Konotacja. Praca zbiorowa pod redakcja Jerzego Bartminskiego. Lublin, 1988.

Pisarkowa, 1976: *Pisarkowa K*. Konotacja semantyczna nazw narodowosci // Zeszyty Prasoznawcze. Z. I. 1976.

Tokarski, 1988: *Tokarski Ryszard*. Konotacja jako skladnik tresci slowa // Konotacja. Praca zbiorowa pod redakcja Jerzego Bartminskiego. Lublin, 1988.

Webster, 1951: *Webster's Dictionary of Synonyms*. Springfield (Mass.), 1951.

Wierzbicka, 1987: *Wierzbicka Anna*. Boys will be boys // *Language*. 1987. Vol. 63. N. 1.

词位能指部分的词典学信息类型*

1. 引　语

　　作者将详解词典的词典学信息类型系列研究作为语言整合性(统一)描写的一部分,本文是该项研究的一部分。关于语言整合性描写的整体构想在[Апресян 1986]中就已经论述过。这里只补充以下几点。

　　整合性原则是一种语言学描写方法,在这种描写中,词典和语法(在广义上,也就是所有共性规则,包括语义规则和语用规则)在其语言学信息的分布类型和信息记载的形式语言的类型上彼此是协调一致的。根据这一定义可以得出:(1)语法应该描写词典中没有考虑到的词位行为的所有类型;(2)在词典中要以显著的形式记载规则可能要求查找的词位的所有性能。否则,语法与词典不可能彼此相互作用。

　　语言学规则能够要求关注:(1)词位能指部分;(2)词形变化聚合体和词位的其他词法学性能;(3)词位的语义性能;(4)词位的语用性能;(5)交际(主位——述位及其他类似的)性能;(6)组合性能。本文中我们感兴趣的仅是词位能指部分的信息。

　　这些信息包括关于正音、正字、词典结构和词位音律特征等信息。前两种信息在大多数俄语详解词典中都有所反映。近年来,在世界词典学中出现了在详解词典中加入以音节为单位的信息(例如,[Webster, 1981]词典和[Barnhart, 1982]词典)。因此,只有关于在详解词典中应该包括音律信息的设想才可以说是创新。

2. 音律特征的语言学和词典学地位

　　由上述的设想产生两个问题:(1)音律特征信息确实是关于能指的信息

---

* 本文初次发表在文集《Типология и грамматика》, М., 1990.

（而不是语义或语用信息）吗？（2）是否存在音律特征体现词典学意义的情形？

2.1 音律特征的语言属性及其语言学地位

音律的语言属性及其语言学地位是几十年来一直没有中断过的讨论的对象。在这些讨论中，主要表现出两种非常极端的观点：（1）音律本身是去语义化的，即"不表示意义"[Грамматика 1960-II, с. 77]，以及[Шведова 1960, с. 23-25；Брызгунова 1977]；（2）音律也是传递意义的手段[Гвоздев 1949；Интонация 1978, с. 61-72, 178；Николаева 1982, с. 97；Светозарова 1982, с. 85 及后续页；Павлова 1987, с. 5-6]。

我们认为，第一种观点更接近真理，举几个对其有利的论据。

根据公认的词汇使用范围，我们将把重音突出和语调（调型结构）看做是音律特征。

重音突出被认为有表达类似对比、评价、结果、指称单位这些意义关系的能力[Николаева 1982, с. 97]。为了明白在什么情况下和在多大程度上这种观点是正确的，必须分析一下重音突出的类型。

在纯逻辑重音研究中曾提到了句子重音（非词汇重音）的许多类型——义段重音、构句重音、主要重音、非主要重音、逻辑重音、加强语势重音、动态重音、对比重音等（见[Черемисина 1969, с. 31 及后续页；Интонация 1978, с. 126；Розанова 1979；Светозарова 1982, с. 60 及后续页]）。可以认为，这些概念中的某些类别是彼此重复的，实际上只有四种不同类型的重音：（1）义段重音（非主要的）；（2）主要句子重音；（3）逻辑（对比）重音；（4）加强语势重音。

在句子 За очки заплатили девяносто рублей 中，在中性语调时，义段重音位于 заплатили 上，而主要的句子重音在 рублей 上。

在句子 За очки заплатили девяносто рублей(, а не за футляр) 中，在 очки 一词上突出逻辑重音。

最后，在句子 (Подумать только), за очки заплатили девяносто(!) рублей 中，加强语势重音落在 девяносто 一词上。

看来，在所述的四种重音类型中，有两种是有意义的。逻辑重音表示对比，因此可以成为主位和述位对立的标示手段。加强语势重音表示评价，准确地说，表示讲话人对话语对象的关注。进而，有理由将这两种类型分别视作交际信息

（或可能是语义信息）和语用信息成分来进行研究。

而把前两种类型纳入交际信息的依据要少很多，更不要说纳入语用信息。通常，它们用来标示不同等级的标准述位。但是它们的这种意义功能非常微弱，而且另一方面，它们与其他语言手段，首先是与词序一起来完成这一功能。它们自己特有的、与其他类型无任何重复的功能就在于形成中性句子的标准音律形式。从这一点出发，把它们划入形式层面，即能指层面更合适。

这样一来，我们陷入了两难的推理：或者认为重音突出在内容上的非一致性的事实更为重要，进而应在词条的不同区域中对它们进行注释；或者认为重音突出在形式上的一致性更重要，进而把它们的所有类型注释到词条的同一位置上，即在所指区域里。

从词典学来看，第二种决定显得更适宜。如果把原则上属于同种类的音律现象放在一起研究，而不是将其散落在词条的不同栏目中，对使用者显然更方便。还可以列举出有利于这一决定的下列论据。

(1) 重音突出的前两个类型在所有的句子中都有，因此，代表了能够反映音律深层本质的音律特征范围中的标准规则。逻辑重音和加强语势重音比较边缘化，它们的功能可以被其他语言手段取代。如果认同对重音突出的所有类型的注释应该统一化，那么，统一化的基础当然就应该是标准的情形。

(2) 逻辑重音和加强语势重音不能成为统一化的基础，还因为它们原则上是不能词典化的。逻辑重音和加强语势重音不仅可以突出一个词，而且可以突出词的任何一部分，包括没有意义的部分。

再来看语调，分析一下有利于语调去语义化的那些主要的语言和语言学论据，也就是赞同把语调看做是能指的一种变体的那些观点。

先说反对的观点。许多承认语调有语义性的作者赋予了语调能表达下列意义的能力：同指、对比、递进 (С. И. Карцевский)；完成、预告、列举 (Н. С. Трубецкой)；陈述、疑问、感叹、局部问题 (Н. Д. Светазарова)；列举、从属、解释、对比、插入（对于没有完结的义段）、确定、疑问、命令、感叹（对于完结的义段——А. Н. Гвоздев）。不用做进一步的细化就可以看出，С. 沃尔科恩斯基探讨了俄语中语调的 14 种意义类型，В. Н. 符谢沃洛茨基-赫尔恩格罗斯划分出 16 种，А. М. 别什科夫斯基探讨了 22 种（见 [Николаева 1969, с. 117-118]）。

这些意见繁多复杂且之间差异巨大，尤其是，在一份仅有三四个类别的清单中缺少哪怕只是一种相互吻合,这本身就是语调去语义化的有利证据①。

而且,在所有关于语调具有语义的构想中,有一种较深层的缺陷,使得不仅不能证明它的语义,而且无法讨论这一问题。没有任何一种构想能够保障用元语言来记录语调的形式层面。

看米,无论如何,只有当被讨论的语言单位具有一定的形式层面时,才有可能谈内容层面(语义、语用等)。一个悖论现象:把语调看做是语言的内容手段的学者在给音律单位添加这样或那样的内容的同时,却没有一个人能指出那些音律特征的单位。更准确地说,用来称名语调的语义类型的术语同时也是音律的称名。而且这些术语可以选自语言学中除了音律之外的任意一个相关领域:词法学(命令式语调),句法学(从属语调、插入语调、解释语调等),语义学(对比语调、完成语调、列举语调等),语用学(陈述语调、确定语调、疑问语调、感叹语调、警告语调等)。

在给语调内容层面下定义时,不遵循基本的符号学条件本身就破坏了语调的语义性构想。对语调语义化的更严重伤害还在于一种基本情况,即我们所知的主要音律单位(语调的形式层面)没有任何稳定的内容。

可以记录俄语主要音律类型的为数不多的语调学语言之一,就是 E. A. 博雷兹古诺娃提出的调型结构语言,或称调型(ИК)。众所周知,在这种调型中有 7 种主要调型。1-5 调型用于中性语境,6 和 7 调型用于加强语调结构。

显然,只有在含有加强语调重音具有内容意义时,加强语调调型才有内容意义。这些调型表达讲话人对话语对象感兴趣的态度或行使超文本(维日彼茨卡的思想)的语用功能,使接受者按照作者需要的方式理解话语。但是,这些调型是边缘调型,不能成为确定语调的语言学性质和语言学地位的标准。

至于服务于俄语句子基本类型的前 5 种调型,毫无疑问是去语义化的。这

---

① 我们假设这一论据并不令人信服。要知道关于哪些语言手段毫无疑问地具有语义的问题可能还有意见分歧。例如,构词性词缀-(н)-ик 就像其他类似的词缀一样,可以添加一到几十个意义(见[Гловинская 1975])。1 个意义是"物体性";5-6 个意义是"主体"(защитник)、客体(крестник)、地点(зимовник)、总和(ельник)、工具(напильник);15-20 个意义是通过把前一个层次分类的意义分裂得到的,譬如把"地点"意义拆分出容器(кофейник)、行为地点(зимовник)、储存地点(слоновник)。"容器"本身还可以划分出用于制作的容器(кофейник, чайник),用于盛装的容器(соусник, супник),用于行为结果的容器(подойник)等,这样就会得到更多的意义。显然,在这些情况下,不同层级具体意义的清单可能没有共性意义。但是,重要的是另一个问题:在同一具体性层级的清单中,譬如 4-6 个意义会有很多吻合。特别是在所研究的情况下,在所有清单中具有"主体"、客体、地点、工具这些意义的概率很大。

首先表现出：5 种基本调型中每一种都服务于很多不同的且彼此不能兼容的(非多义的)意义。例如：按照 Е. А. 博雷兹古诺娃的数据，调型 3 可以用于：(1) 整体性问题(Антон пришел?)；(2) 陈述句(Москва — столица СССР)；(3) 列举性表述(журналы за октябрь, ноябрь и декабрь)；(4) 命令式表述(Закройте, пожалуйста, дверь)；(5) 条件句(Если бы вы встретили Бориса...)。

另一方面，单独一个调型在任何时候都不能是该话语中该意义的唯一载体。它总是与其他语言手段(词汇、词序等)共同作用，而且只有是所有这些手段组合在一起才能表达所需意义。

实质上，到此可以画上一个句号。任何有现实内容的语言手段，无论它的语义多么难以捕捉，都不具有系统表示多组彼此毫无联系的(同音异义的)意义的能力；另一方面，对每一个真正有内容的语言单位而言，不管是词位、构词词缀(дом-ище, тих-онько)、法位(книг-и, бегал) 或句法结构(человек шесть)，总能找到它作为该意义唯一载体的语境。对语调(加强语调除外)来说，不存在这样的语境。

在做过关于音律特征，即关于重音突出和语调的这些强有力的论证之后，可以也应该稍稍将其软化一些。音律特征虽不像音位那样是形式层面的经典单位，但力求向这样的层面移靠。可以根据其表达意义的能力排列出不同语言手段的连续统：词位—词缀—词尾—句法结构—音律特征—音位。我们之所以说手段连续统是基于两个原因。第一，在语言中显然不存在对意义完全漠不关心的单位。即便是音位也有完全稳定的语义联想(见[Журавлев 1974])。第二，在"词位—词缀—词尾—句法结构—音律特征—音位"连续统中它们的界限是模糊的，因为在对接处可能有重叠。存在这样的情况：有些词位的内容比某些词缀的少，有些词缀的内容比某些词尾的少，依此类推。换句话说，该连续统序列确实呈现为不间断的。

既然音律特征向形式层面趋移，其基本功能应该与音位的主要功能相似，这实际就是意义区分功能。音位和音律特征的不同只是在于，音位区分的是语素形式，而音律特征区分的是词位与整个句子。虽然不能把任何语义或语用注释认作音律本身的基本类型，但没有音律特征，任何唯一的内容都不能算作句子。

举几个选自语调学文献的已经成为文选材料的例子：

Кабинет истории / Московского университета——

Кабинет / истории Московского университета；

Оппонент думал:／докладчик не согласится со мной——

Оппонент，／думал докладчик，／не согласится со мной；

Разговор не получится — ей станет грустно（如果谈话不成功,她将很忧伤）——

Разговор не получится,ей станет грустно（谈话是不会成功的,因为她很忧伤）

总之,音律特征是形式层面上区分意义的单位,但不是语言的意义表达手段。

2.2 音律特征的词典学地位

下面转入第二个问题——关于音律特征表现出词典学意义的情景,即音律特征突出的是单个词位,而不是整个句子的情景。在语法和重音学中有研究这些现象的传统,特别是谢尔巴说的"小词"——连接词、语气词、代词等（见[Шведова 1960]）。但是,这些材料在词典学中完全没有开发,虽然在很多情况下词典是描写这些材料的最合适的地方。

列举三组音律特征差异是与内容相关的例子,按照词典性增长的等级顺序排列。我们主要采用了对比句——同形异义句和准同形异义句,因为在这样的句子中特别明显地表现出我们所需要的相关性。显然,从这些材料中所得出的结果对非同形异义句也是可信的。

其中,例句（2б）—（2г）和（3）援引自［Гвоздев 1949，с. 112 及后续页；Шапиро 1955，с. 11；Брызгунова 1969，с. 15.70-71；Николаева 1969，с. 28, 75；Интонация 1978，с. 19-20，28；Светозарова 1982，с. 58 及后续页；Sappok 1986，с. 233-237］和许多其他文献。根据词典学研究的任务对其进行了重新系统化处理和阐释,而在许多情况下形式有轻微变化。根据［Брызгунова 1977］中提出的分类和原则,调型结构被划归到不同的单位。

（1）音律特征的差异与词汇意义和/或词汇的纯句法功能上的差异有关,但不是常态性的:具有该意义和该句法功能的该词可以用另一种语调或重音来发音。

Пóздно⟨рáно⟩ вставать（主要的句子重音置于短尾形容词上）＝"起床的时间已过（还没有到）"——

Поздно⟨рано⟩ вставать（и поздно⟨рано⟩ ложиться）（副词上没有句子重音）＝"起床晚（早）"

Грýстно расставаться ＝"离别引起忧伤"——

грустно расставаться ＝"以忧伤的心情离别"

在这些例句中，音律上的对弈主要在于：当动词不定式做主语时，充当名词性合成谓语的述语性形容词与充当动词状态的副词之间的对立。形容词和副词之间的语义差别正是我们试图在注释中要反映的部分。这种对立能覆盖相当多的词汇类别，譬如还有 весело, глупо, жалко, неприлично, непристойно, страшно 等。

但是，不能由此确定，述语性形容词总是承载主要的句子重音，而相应的行为方式副词却从不承载主要的句子重音。比方说，有可能在保持原有的句法功能和词汇意义的情况下重音突出发生交换，譬如：Летом они как раз пóздно вставали.

音律特征上的这些差别不应该固定在词典中，因为它们与词位的特性之间的联系不稳定。

(2) 音律特征差别与词汇意义和/或词的纯句法功能上的差别有稳定的相关性，但是源于词汇的句法功能或词汇意义的某些成分。可以根据句法对立和词汇——语义对立的类型，将这一组数量很多的例证划分成若干个分组。

(а) 插入语与状语或定语之间的对立。

Он ′смеялся, естественно — Он смеялся ′естественно.

Применяются, возможно, ′более эффективные методы — Применяются возможно более ′эффективные методы.

(б) 限定成分与状语之间的对立。

Недавно / приехавший доктор устроил свой первый прием — Недавно приехавший доктор / устроил свой первый прием.

Часто / приходить в гости неприлично — Часто приходить в гости / неприлично.

(в) 疑问词与加强语气词之间的对立。

Как он работает? (ИК-2) — Как он работает! (ИК-7, "不好")

Какой у нее голос? (ИК-2) — Какой у нее голос! (ИК-7, "嗓子不好")

Где он отдыхал? (ИК-2) — Где он отдыхал! (ИК-7, "没休息")

Сколько он получает? (ИК-2) — Сколько он получает! (ИК-7, "很少")

(г) 疑问词与关系代词之间的对立。

Где он был? (ИК-2) —Где он был! (ИК-6,"去了很有意思的地方")

Куда он ушел? (ИК-2) —Куда он ушел! (ИК-6,"去了很有意思的地方")

Когда он ушел? (ИК-2) —Когда он ушел! (ИК-6,"在一个不寻常的时间")

Сколько он получил? (ИК 2)　Сколько он получил! (ИК 6,"很多")

在(а)组中,每一对句子中的第一句的语调是基于插入语的句法特征。任何插入语都要求这样的停顿。

在(б)组中,每一对句子中的第一句的语调是依据,недавно 和 часто 是位于句首的句法限定成分。任何位于句首的句法限定成分都要有停顿,而与此相应的动词状语没有停顿。

在(в)组中,使用 ИК-2 是基于疑问句的句法特征,而使用 ИК-7 是基于疑问词的加强性语用特征。任何疑问词都用调型-2,而疑问词的任何加强意义都使用调型-7。

(г)组的情形也相同,由疑问词派生出来的具有评价意义的关系代词,通常使用调型-6。

第(2)组的例句可以有两种解释。

首先,在这种情况下,词位的音律特性可以不直接记载在词典中。纳入必须的词典记载的只是那些独立的句法特征、语义特征、交际特征和语用特征(插入性、限定性、疑问性、加强性、评价性),根据最一般的规则可以从这些特征中推导出词位的音律性能。

另一方面,考虑到词位的音律特性与内容(句法的和语义的等)特性之间稳定的联系,可以把这些信息复制到词典中。这种复制完全是词典学意义上的:在词典中常常会为了方便而不得不牺牲节约性。在(2в)和(2г)中,推导音律的复杂性可以成为有利于这一决定的补充佐证。使用调型-7 和调型-6 不是简单地基于加强性和评价性特征,而是基于疑问词的加强性和评价性特征。

(3)音律特征差别与词汇意义和/或词的纯句法功能上的差别有稳定的对应,而这种情况下的音律特征差别都不是源于任何记载在词典中词位的性能。

从这一观点来看,值得关注的是语气词 еще, вот, вон 的重音特性(见[Николаева 1985, с. 122]),形容词 один 不同意义的重音特性[Николаева 1979; 1982, с.54-55; 1985, с.123-124],某些述位动词和形容词 настоящий 的重音特性[Павлова 1987, с. 8 及后续页],可能还有量词性副词 немного, мало, нередко, редко 的重音特性[Булыгина, Шмелев 1988, с. 11 及后续页]。这里简要再现 Т. М. 尼古拉耶娃和 А. В. 帕夫洛娃的某些观察并做一些加确说明。

带有句子重音的语气词 еще 使其随后的名词组变成了不确定的：Éще тарелочку, мой милый. 而带有句子重音的指示语气词 вот 和 вон 使其随后的名词组变成了确定的、具体的：ʹВот мостик（正是要找的那个），ʹВон моя деревня（曾说过的那个）。对此还可以补充一点：不带重音的 вот 和 вон 既可以引导出确定的名词组，也可以引导出不确定的名词组，试比较：Вот ʹКоля（确定的客体，等同意义），Вот ʹмостик（不确定的客体，分类意义）。

需要说明，这些规则在中性语境中有效。在争论语境中 вот 和 вон 在引导的名词组不确定的状态下也可以带句子重音，试比较下列对话：Это кедр? — Нет, это кипарис. ʹВот ⟨ʹвон⟩ кедр.

在类似 Один Ваня не поднимет этот камень 的句子中，形容词 один 表示"只有，唯一"的意义时没有句子重音。还是这个形容词，在表示"单个，没有别的"意义时使用句子重音。譬如，Тиверзин много лет думал, что это он ʹодин остановил в ту ночь работы и движение на дороге(Б. Пастернак). 看来，语气词 только 的相应意义也具有类似的重音特性。

形容词 настоящий 在与一些词搭配时，根据是否带主要的句子重音可以表现不同的词汇意义，譬如：Он — ʹнастоящий разбойник（="严格意义上的强盗"），Он — настоящий ʹразбойник（="其行为或外表像强盗"）。

带有句子重音的动词 поторопиться 表示"太急于做某事，因此过早"，如：Он ʹпоторопился уйти. 同是这个动词，在没有重音的位置时，只表示"着急或很快地做某事"：Он поторопился ʹуйти. 有趣的是未完成体形式 торопиться 没有第一种意义。Он ʹторопился уйти 与 Он торопился ʹуйти 之间的差别仅仅是交际上的，不是语义上的。

不能诠释出可以从句法、语义、交际和语用等性能中生成词语的上述音律特性的总体规则。因此，词典就成了唯一能够记载这些规则的语言学描写的成分。

下面我们只研究词汇单位的这些音律特性。

有关词位独特的音律特征信息可以分为聚合性信息和组合性信息。聚合性信息可理解为是该词位的纯粹音律特性（主要是重音突出）。组合性信息可理解为是那些在含该词位的句子中该词位生成的音律特性（主要是语调）。总体来说，后一种信息属于词位的符号关系学。但是，为了保持词位音律这一主题的描述的统一性，在本文中分析一下组合性音律信息也是合理的。

3. 聚合性音律信息

从词典学的观点来看，聚合性音律特征信息就是关于该词位是否有能力以重音的形式使自己在句子的成分中突显出来，即把某一句子重音置于自己身上的能力。在 2.1 节中已经指出，我们将分析四种类型的重音突出：义段重音、主要句子重音、逻辑重音（对比）、加强语势重音。

这四种类型的重音突出在词典学上是不均等的。逻辑重音和加强语势重音词汇化的情况相当少。这里只分析我们熟悉的为数不多的这类情况。

原因连接词 потому что 与关联词 потому, что 是对立的，包括重音上的对立：显然，后者承载，或至少可以承载对比性重音。譬如：

Я ходил на конференцию, потому что там выступали мои сотрудники — Я ходил на конференцию потому, что там выступали мои сотрудники. 关联词 потому, что 逻辑上是用于对比语境的，试比较：Я ходил на конференцию не потому, что там были интересные доклады, а потому, что там выступали мои сотрудники. 这样便产生出对比重音的必然性。看来，类似的重音对立和句法对立在其他的连接词-关联词对举中也存在，虽然表现的不是那么明显，譬如：несмотря на то что — несмотря на то, что; оттого что — оттого, что; вследствие того что — вследствие того, что 等等。

正如 Т. В. 布雷金娜所指出的，在类似 узнаь, обнаружить 这样的动词语境中，关联词 что 是否有重音或是否承载对比重音，表现不同的所指关系。试比较她举的例子：Вчера Штирлиц узнал (то), что Мюллер обнаружил неделю назад(无重音, Штирлиц 得知了 Мюллер 在一个星期前发现的东西) — Вчера Штирлиц узнал, ↘ что Мюллер обнаружил неделю назад(对比重音, Штирлиц 得知了 Мюллер 发现的东西是什么).

疑问—感叹语气词 что 3 和 как 3 永远由加强语势重音来突出：

Как?! Ее подозревают, упрекают? И в чем?!

Что?! Уж не думаешь ли ты, что здесь одни дураки?

这两个词与连接词 что 1 和 как 1 以及关联词 что 2 和 как 2 的区别就在于此。连接词 что 1 和 как 1 总是不带重音，其是否重读（带句子重音）取决于前后词：Известно, что слоны в диковинку у нас; Мы не заметили, как наступил вечер. 关联词 что 2 和 как 2 可以不带重音, 也可以加重音：Всего, что знал еще Евгений / Пересказать мне недосуг (А. Пушкин); Мы знаем, 'что ныне лежит на весах / И что совершается ныне (А. Ахматова); Скажи, как найти эту сторожку?; Ты не заметила, 'как он смотрел на меня?

既然逻辑对比重音和加强语势重音词汇化的情况相当少，下面我们不做重点研究，而是集中关注义段重音和主要的句子重音的词汇化情况。

显然，词典学的最大兴趣在于：这些重音突出与哪些主要的语言差别——句法的和语义的等差别相对应。最常见的是一个重音突出对应一连串的差别，但可以从中找出一个主要的差别。下列材料将根据该重音突出的主要对应关系来排列。

3.1 重音突出与词位句法性能的对应

（1）词汇 вообще

(а) Вообще 1——名词性定语。

Изучение шумов↑вообще / не входит в нашу задачу.

Пили за дам↑вообще / и за его жену в особенности.

意义："所研究的是客体的种别和类别，对种类内部的单个客体或一个具体客体的性能不做区分"。

音律特征：标准的义段重音，如果被限定的名词词组位于句尾，义段重音就变成主要的句子重音：

За чаем зашел разговор об огородничестве и о хозяйстве 'вообще.

(б) Вообще 2——说明动词的状语，通常用于有连接词 и, но, а 的语境中。

Он пил один квас и вообще проявлял страшную скаредность.

Марфинька разливает чай и вообще присматривает за хозяйством.

Она пообещала заходить к нему и вообще заботиться о его здоровье.

Сам он пил дорогое вино, но вообще проявлял страшную скаредность.

意义：Р и вообще〈но вообще〉Q ="发生了 P，也发生了 Q，P 是 Q 的局部情况（P 是 Q 中的一个例外）"。

音律特征：可以是义段重音或句子无重音。

(в) Вообще 3——说明动词的状语，通常用于外延或内涵的否定语境中。

Генерал боялся, что↓вообще не уснет ночью.

Изучение шумов ↓ вообше не входит в нашу задачу.

Разжигать костры он ↓ вообше запрещал(="不允许"— 内涵的否定)。

意义："在任何状况下"。

音律特征：主要的句子重音。

(г) Вообще 4——语气词。

Этот факт мне вообще известен.

Этой версии я вообще не слышал.

Эту версию я вообще слышал.

意义："讲话人保留对自己过于笼统的确定作补充和确切说明的权利"。

同义词：вообще-то，вообще говоря。

音律特征：句子无重音，是否重读取决于前后词的影响。

(2) 词汇 вовсе

(а) Вовсе 1——说明动词的状语或名词性定语。

Он ↓ вовсе закоченел. Он ↓ вовсе не работал ⟨не приходил⟩.

Ну, этот и ↓ вовсе дурак. Отец его и ↓ вовсе виртуоз.

意义："完全地、彻底地"。

音律特征：主要句子重音。

(б) Вовсе 2——否定语境中的加强语气词。

Он вовсе не устал. Я вовсе этого не говорил.

意义：Вовсе не Р(х)="受话人或第三方确定有 Р(х)，讲话人对此看法表示坚决不同意"。

音律特征：句子无重音，是否重读取决于前后词的影响。

3.2　重音突出与词位语义特性的对应

(1) 词汇 еще

我们利用在[Николаева 1985]中收集的材料，作为详尽阐释重音与语气词 еще 语义特性之间相互关系的出发点。

(а) Еще 1 Р(х)(无重音)="① 发生了 Р(у) / 预设 /；② 发生了 Р(х)，而且 х 不同于 у / 判断 /."例如：Было куплено еще 'три' книги (已经买了某些不同于书的东西，此外，还买了三本书)；Пришел еще Петя (来了不是 Петя 的某一个人，此外，还来了 Петя)。

(б) Еще 2 P(x)(带重音)＝"① 在时刻 t_1 发生了 R(x)，x 的数量与 Q_1 相等／预设／；② 在稍晚的时刻 t_2 发生了 P(x)，引起的结果是发生了 R(x)，而 x 的数量与 Q_2 相等 / 判断/。"例如：Было куплено ′еще три книги(此前已有或已经买了某些书，然后又买了三本新书)；Пришел ′еще один ученик(起初来了一定数量的学生，然后又来了一名新学生)；Вся стая (волков) крутнулась с разгона вокруг вожака... И еще один отвалил в сторону от своры и начал обходить сани — с другой стороны(В. Шукшин)(此前已有一只狼开始从一面围着雪橇转)。

来总结一下 еще 1 和 еще 2 的意义中的差别。

Еще 1(无重音)不按时间定位事件：在上述例子中，Петя 可以与某个人同时来，也可以先来或后来。Еще 2(带重音)是按时间定位事件，虽然不是绝对的：在预设中提到的事件 R(x)早于判断中提到的事件 P(x)。

Еще 1 指出了在预设和判断中分别提到的客体 y 与客体 x 之间的不同，而 Еще 2 要求无论在预设还是在判断中讲的都是同一个客体 x。

Еще 1 要求无论在预设还是在判断中述语是完全等同的。譬如，在上述有关 Петя 的例子中，无论在预设还是在判断中讲的都是"有人来"这样一件事。Еще 2 不要求述语 R 和 P 完全等同。它们可以相同，但也可以部分地不同。在后一种情况下，它们的结果应该是相同的。试比较：В классе было пять учеников. Потом пришел еще один ученик 或 В школу пришли пять мальчиков. Потом приехал еще один 以及 Я купил пять книг. Потом мне подарили еще три. 如果即便是按结果也不相同时，使用 еще 2 就变得不合适了：* В классе было пять учеников. Потом ушел еще один. * В класс пришло пять учеников. Потом ушел еще один.

Еще 1 不关注数量问题。Еще 2 指出已存在客体 X 的数量，并将其与新客体 X 的数量相对比，新客体的数量可能多，可能少，也可能相等。

(2) 插入语与表示可信度意义的短语

Вероятно, возможно, должно быть, может быть, надо думать 和其他一些词汇和短语，表示句子具有可能的真实性，但又不完全可信的意义，它们不带句子重音，而且任何时候都不带主要的句子重音。譬如：Он, вероятно〈надо думать〉, еще не пришел. Она, возможно〈может быть, должно быть〉, уже уехала. 如果这样的词或短语位于句尾，则主要句子重音从最后一个词移到前一个词上。譬如：Он ʹприедет, должно быть ⟨может быть, надо думать⟩. 但不能说 * Он приедет, ʹдолжно быть⟨ʹможет быть, ʹнадо думать⟩. 有趣的是，与插入短语是同形异义结构的自由词组 должно быть, может быть, надо думать 完全有能力承载主要的句子重音：Так ʹдолжно быть⟨ʹможет быть, ʹнадо думать⟩.

上述插入词和短语不能带句子重音这一事实，符合语用（合作）原则和人文（心理学）原则：不去关注不确信的信息。强调突出自己本身不确信的东西不合乎人的本性。

Безусловно, конечно(же), вне всяких сомнений, разумеется 等一些词汇和短语的音律特性表现得完全不同。这些词和短语给含有它们的句子传递出讲话人对句子的真实性完全确信、百分之百相信的意义，因此，它们可以承载主要的句子重音。譬如：Он ʹконечно же⟨ʹбезусловно, ʹразумеется⟩придет. 把这些成分放置句尾也丝毫不会破坏句子的正确性：Он придет вне ʹвсяких сомнений.

这些词汇和短语承载主要的句子重音的能力，符合吸引人关注确信信息的语用原则。

(3) 词汇 должен 和 мочь

我们研究每一个词的两个意义——推测性（可能的）意义和纯情态意义。

表示推测性意义时，должен 一词在中性（非争论）语境中不需要突出重音。这种意义实现的典型语用条件是问答对话。譬如：Что они сейчас делают? — Должны работать на машине. 顺便指出，这个 должен 在音律特征上和语义上都与插入短语 должно быть 相近（见前文），试比较：Что они сейчас делают? — Должно быть, работают на машине.

表示推测性意义时，должен 只有在争论语境中可以带重音（也就是带主要的句子重音）——在重复性加强语调确认自己所述内容的情景中。譬如：Что они сейчас делают? — Должны работать на машине. — Их там нет. — Да нет, они должны там быть.

在表示纯情态意义"必须"时，должен 一词可以承载义段重音：Дети ʹдолжны ʹработать. 试比较关于这两种意义的语调差别的描写（见 [Чвани 1985, с. 54-55, 71 及后续页]）。

需要强调的是，这里讲的只是表现讲话人对第三方态度的句子，不涉及谈话的直接对方和讲话者本人。在后两种情况下，对 должен 一词意义的选择规定了更复杂的规则。

如果 должен 一词具有过去时或（很少）将来时形式，则第一和第二人称的句子与第三人称句没有任何区别。事实上，类似 Я должен был в это время работать. Вы должны были в это время работать 这样的句子，根据重音和上述其他因素，既可以理解为推断句，也可以理解为情态句。

如果 должен 一词具有现在时形式，则决定其意义选择的不是重音，而是从属于 должен 一词的述谓词的语义类别。

如果这一述谓词是外延性的，则不论是否有重音，只能表示"必须"的意思：Вы должны работать ⟨писать статью, убирать квартиру⟩, Я должен работать ⟨писать статью, убирать квартиру⟩. 如果这一述谓词是内省性的，则同样不论是否有重音，两种意义都可能有：Вы должны помнить ⟨знать⟩ моего сына, Я должен помнить ⟨знать⟩ вашего сына. 在 Петя сказал, что вы должны писать статью 这句话中，再现的是 должен 一词的推断性意义的可能性，因为对于句子的作者（Петя）而言，讲话人谈话的直接对方（вы）是第三方。

不难理解为什么会这样。在讲话时刻（即现在时）对自己本身的体力活动或谈话对方的行为做某种推测是没有意义的，因为谈话双方都在视野范围之内。当这些行为移至为过去时段且变成了直接观察不到的情形时，状况发生了变化。在这种情况下，讲话人有充分理由对自己或谈话对方可能发生的事按照自己的想法做出猜想。因此，这里出现了人称与时态相互作用的现象。这种现象在文献中用其他材料阐释过。

这里不分析 должен 一词的推测性意义和情态意义实现的其他重要条件，包括这些意义与动词不定式的关系。而关注的只是有这种关系的存在，试比较：Он должен написать письмо（只表示"必须"的意思）— Он должен писать письмо（两种意思都有）①。

带动词 мочь 的相应句子也有类似的音律特性。

表示推测性意义的 мочь 通常也可以用于问答对话，不用突出重音：Где дети? — Они могут быть в саду. 这个 мочь 在音律特征上和语义上都与插入语 может быть 相近（见前文）。

在表示情态（"允许谁做什么"的言语行为）意义时，允许 мочь 突出重音，包

---

① 也许，这一事实也是有语义依据的，但这个依据是什么，目前还不清楚。

括主要的句子重音：Ты ′можешь играть на улице.

最后需要指出的是，мочь 一词意义选择的上述条件，与 должен 一词的相应意义一样，在涉及第三方的话语中是典型的。在讲话人言及谈话对方或自己的句子中，有另外一些类似于 должен 在同等条件下使用的规则起作用。譬如：Вы можете работать（只有情态意义，与重音无关）— Вы могли работать（两种意义）— Вы можете помнить〈знать〉моего сына（只有可能性意义，与重音无关）— Петя сказал, что вы можете работать（两种意义）。

因此，词汇 должен 和 мочь 的纯情态意义和可能性意义在详解词典中的区分应该伴随有对这些意义实现的相当复杂的重音条件的描写。

当然，不能过分夸大词汇 должен 和 мочь 的均衡性。对 мочь 一词推测性意义实现的独特限制在于，мочь 与比较狭窄的述谓词类别，主要是与处所类述谓词搭配，这对 должен 来说就不是特有的。破坏这一条件的句子会变得至少是令人怀疑，譬如：Что он делает? — ? Он может писать письмо. 表示推测性意义的 мочь 与推测性意义的 должен 之间的另一个区别涉及语义。Мочь 一词表示的推断更具有猜测性。说 Они могут быть в саду 时，表明我只是说有这种可能，如果发现他们没在那里我也不觉得奇怪。说 Они должны быть в саду 时，表明我确信我的推测是准确的。

但是，它们的音律特征毫无疑问具有共性的本质。

4. 组合性音律信息

与词典学相关的还有关于句子的语调结构的信息。这种情况发生在当进入句子的某一词位能完全预示出句子的语调结构时。恰恰是词位的这些性能构成了组合性音律信息区域描写的对象。我们来分析这个题目下的两个例子。

(1) 疑问词 разве 和 неужели

我们感兴趣的是下列句子类型的语调结构：Разве там можно обеспечить нормальный быт? 和 Неужели там можно обеспечить нормальный быт? Разве〈неужели〉вам не страшно? Разве〈неужели〉они поедут вмсесте? Разве〈неужели〉для тебя не найдется другой должности? Разве〈неужели〉он может нравиться женщинам? Разве мы не обязаны делиться друг с другом? Разве я говорю что-нибудь дурное? Неужели мне суждено провести всю остальную жизнь в одиночестве? Неужели он согласится?

这两个疑问词的语调和语义—语用差别我们曾经在[Апресян 1980, с. 51-52]中描写过。这里对这一描写做一些加确说明。

如果排除某些个别词在句子中的逻辑重音和加强语势重音,则可以确认以下几点:

(а) 句子重音总是落在 неужели 上,而从来不落在 разве 上(当然,如果单个的 разве 不构成独立的问答话轮)。

(б) 带有 неужели 的句子通常要求用调型-2,即特殊疑问语调;而带有 разве 的句子要求用调型-3,即一般疑问语调。这不难理解:разве 只是强化了一般疑问[Брызгунова 1969, с. 124]。

Разве 与 неужели 之间这些音律上的差别不是偶然的。这些差别对应于深层的语义和语用差异,这些深层差异(与相同一起)外化表显如下:

Разве Р? ="在讲话时刻之前,讲话人一直认为不是 Р;在讲话时刻出现了状况或表述,使得他可以认定为是 Р,但讲话人仍然怀疑 Р(预设),讲话人请求受话人确认或推翻 Р(推断)"。

Неужели Р? "在讲话时刻之前,讲话人一直认为不是 Р;在讲话时刻出现了状况或表述,使得他可以认定为是 Р(预设),讲话人请求受话人确认或推翻 Р;讲话人告知受话人,他很难相信是 Р(推断)"。

因此,разве 与 неужели 之间的差别最终归结为是"推断"(也就是怀疑)与"相信"之间的差别。难怪单个的 Разве? 相近于单个的 Так ли?,而单个的 Неужели? 相近于单个的 Не может быть!

上述差异迫使我们重新审视在[Грамматика 1960-I, с. 645]中对这些词的传统解释,以及所有现代俄语详解词典中把它们作为同义词的传统解释。在[Булыгина и Шмелев 1982; Баранов 1985],特别是在基础性研究[Рестан 1972, с.437-464]中都有可以证明 разве 与 неужели 非同义性的有利证据。

(2) кто, что, зачем, почему, где, куда, откуда, когда, сколько, какой 等疑问词

在 2.2 节中曾提及过疑问词这一类型。在那一节中讲的是疑问词的典型调型与句法、语义、语用或交际性能之间的对应关系。

疑问词是研究这些对应关系非常有效的材料。遗憾的是,尽管疑问词具有明显的语言学价值,但直到现在也没有得到很好的研究。我们还想关注一下疑

问词的另一个有语调对应的重要用法（或意义?）。这种用法在文献中还没有论及过,在词典中根本没有记载。

我们来比较两种类型的问题——标准的特殊疑问（左侧）和对自己提出的"折磨人"的问题（右侧）。右侧这一部分在疑问词上带有主要句子重音,句子的其他成分随后也跟着提高声调。

Кто туда поедет?	—	↑´Кто туда поедет?
Что теперь делать?	—	↑´Что теперь делать?
Почему он остался?	—	↑´Почему он остался?
Зачем это ему нужно?	—	↑´Зачем это ему нужно?
Где его искать?	—	↑´Где его искать?

以最一般的形式且不考虑不同疑问词的个性化特性,"折磨人"的问题可以做下列表述（我们用 Q_1 表示原始疑问词,Q_2 表示与它对应的关系代词）：Q_1(P)? = 讲话人不知道 Q_2(P);在寻找这一问题的答案时,讲话人查询到他已有的信息,但没有从中找到答案;讲话人怀疑 Q_2(P)原则上是存在的;讲话人告知受话人自己寻找的结果和自己的怀疑。

解释一下这种注释的两个难点。"讲话人不知道 Q_2(P)"——表示大量较具体表述方式的普通形式,譬如"讲话人不知道什么是 P";"讲话人不知道谁是 P";"讲话人不知道因为什么 P";"讲话人不知道为什么是 P"等。换句话说,讲话人不知道由 P 表示的行为或事件的客体、主体、原因、目的、地点、时间等。同样,讲话人怀疑 Q_2(P)原则上是存在的是指,讲话人怀疑行为或事件的客体、主体、原因、目的、地点、时间等的存在。

显然,在疑问词的词典词条中没有这些模糊不清的情况,因为在词条的注释中由相应的疑问词和关系代词取代了变量 Q_1 和 Q_2.

在疑问词前面添加语气词 и 或在其后添加语气词 только 会加重"折磨人"的问题的分量（准确地说,会增加疑问句中所含的怀疑成分）。И. 巴别利的女主人翁就被这样的问题折磨着: И зачем только бабы трудаются? 显而易见,她期望一个答案：女人劳作是不必要的——因为她强烈怀疑这样的劳作是否有某种合理的目的。

就此结束关于语调与词位内容特性之间的对应关系的综述。

本章中所研究事实的词典学属性不容置疑：除了词典,没有其他地方能够对俄语进行全面的语言学描写,只有在词典中,才能以自然的方式和全面完整地反映这些事实①。

参 考 文 献

Апресян, 1980：*Апресян Ю. Д.* Типы информации для поверхносто-семантического компонента модели 《Смысл ⇔ Текст》. // Wiener Slawistischer Almanach. Sonderband I. Wien, 1980.

Апресян, 1986：*Апресян Ю. Д.* Интегральное описание языка и толковый словарь // ВЯ, 1986, No 2.

Баранов, 1985：*Баранов А. Н.* Семантические категории 'предположение' и 'факт' в значениях частиц *разве* и *неужели*. // Семиотические аспекты формализации интеллектуальной деятельности. М., 1985.

Брызгунова, 1969：*Брызгунова Е. А.* Звуки и интонация русской речи. М., 1969; 5-е изд. М., 1977.

Булыгина и Шмелев, 1982：*Булыгина Т. В., Шмелев А. Д.* Диалогические функции некоторых типов вопросительных предложений // Изв. АН СССР, Сер. лит. и яз., 1982, No 4.

Булыгина и Шмелев, 1988：*Булыгина Т. В., Шмелев А. Д.* Несколько замечаний о словах типа *несколько* (к описанию квантификации в русском языке): Язык: система и функционирование. М., 1988.

Гвоздев, 1949：*Гвоздев А. Н.* О фонологических средствах русского языка М.-Л., 1949.

Гловинская, 1975：*Гловинская М. Я.* О зависимости морфемной членимости слова от степени его синтаксической фразеологизации // Развитие современного русского языка 1972. Словообразование. Членимость слова. М., 1975.

Грамматика, 1960-I：Грамматика русского языка. Т. I. Фонетика и морфология. М., 1960.

Грамматика, 1960-II：Грамматика русского языка. Т. II., Ч. I Синтаксис. М., 1960.

Журавлев, 1974：*Журавлев А. П.* Фонетическое значение. Л., 1974.

Интонация, 1978：Интонация. Киев, 1978.

Николаева, 1969：*Николаева Т. М.* Интонация сложного предложения в славянских языках. М., 1969.

---

① И. М. Богуславский, М. Я. Гловинская 和 Л. Л. Иомдин 阅读了本文的手稿,作者对他们的宝贵批评意见表示感谢。

Николаева, 1979: *Николаева Т. М.* Словосочетания с лексемой "один": форма, значение и их контекстная маркированность // Синтаксис текста, М., 1975.

Николаева, 1982: *Николаева Т. М.* Семантика акцентного выделения. М., 1982.

Николаева, 1985: *Николаева Т. М.* Функции частиц в высказывании. На материале славянских языков. М., 1985.

Павлова, 1987: *Павлова А. В.* Акцентная структура высказывания в ее связях с лексической семантикой. Автореф. канд. дис. Л., 1987.

Рестан, 1972: *Рестан П.* Синтаксис вопросительного предложения. Общий вопрос. Oslo-Bergen-Tromso, 1972.

Розанова, 1979: *Розанова Н. Н.* О динамической неустойчивости слов в разговорной речи. // Синтаксис текста. М., 1979.

Светозарова, 1982: *Светозарова Н. Д.* Интонационная система русского языка. Л., 1982.

Чвани, 1985: *Чвани Кэтрин В.* Грамматика слова *должен*: словарные статьи как функция теории. // Новое в зарубежной лингвистике. Вып. XV. Современная зарубежная русистика. М., 1985.

Черемисина, 1969: *Черемисина Н. В.* Строение синтагмы в русской художественной речи. // Синтаксис и интонация. Уч. зап. Башкирского ун-та. Вып. 36. Серия филол. наук, № 14, 1969.

Шапиро, 1955: *Шапиро А. Б.* Основы русской пунктуации. М., 1955.

Шведова, 1960: *Шведова Н. Ю.* Очерки по синтаксису русской разговорной речи. М., 1960.

Barnhart, 1982: *Barnhart C. L. Barnhart R. K.* (Eds.) *The World Book Dictionary*. Vol. I—II. Chicago — London, 1982.

Sappok, 1986: *Sappok Chr.* Gliederungsminimalpaare. // Slawistische Beitrage. Bd 200. Munchen, 1986.

Webster, 1981: *Webster's Third New International Dictionary of the English Language*. Unabridged. Springfield (Mass.), 1981.

语法和词典中的言语行为动词[*]

1. 言语行为理论概念与言语行为动词的基本组别

言语行为理论是由 Дж. 奥斯汀在其他类似概念的语境中引入的[1]。他对言语行为理论进行了最为细致的研究。但是,对这一现象本身的发现要早些,在 Э. 克什米德的研究[2,c.163 及后续页]和 Э. 宾维尼斯特的研究[3,c. 299]中就已经出现。Э. 克什米德关于言语行为理论的思想十分的现代和重要,同时又与 Дж. 奥斯汀和 Э. 宾维尼斯特的思想不同,他的思想鲜为人知,因此,有必要简要再现一下他的观点,作为本题目的引言。

Э. 克什米德曾写道:"我说的言语行为是指言说与行为的相吻合……意思就是,所说的话正好就是被这句话所表示的行为"[2,c.163]。接下来他解释道,说"Я пишу(我正在写)"就是通报"写"这个行为,而不是写的这个行为本身。但是,当说"Я прошу(我请求)"时,本身就是"请求"这个行为,而不是在通报请求这件事。"显然,说出某种请求的人完全没有意图在'请求过程'中展示出'请求行为'。相反,对这个人来说重要的仅仅是完成请求这个行为,并且是只能用说话来完成,因此,说话的时刻就是请求状态'开始'的时刻,是由动词表示的行为实现的时刻"(同上)。

关于言说和行为相吻合的思想在后来的言语行为理论的所有定义中都有。如果动词可以用单数第一人称现在时(未完成体)主动态陈述式形式等效地一次完成这个动词所表示的行为,这个动词通常被称为言语行为动词。譬如:Благодарю вас. Вы доставили нам настоящее наслаждение(Е. Шварц)。如果在使用中不发生这样的吻合,则被称作描写性用法,或者陈述性的,即描写行为的用法。譬如:Я работаю, как лошадь. Я бегаю, хлопочу, очаровываю, ходатайствую, требую, настаиваю (Е. Шварц)。

所援引的定义不能包括所有可以有言语行为用法的词汇(见下文 2 和 3

---

[*] 本文首次发表在杂志《Известия АН СССР. Серия литературы и языка》,1986, № 3.

节）。但是这个定义为纯言语行为动词，或典型言语行为动词进行分组提供了可能性。从词典学和语法学角度来看，正是典型的言语行为动词具有十分重要的意义。

在对言语行为动词进行体系化处理时，我们利用了稍微扩大的言效行为清单。这个清单与现有的言语行为动词分类清单不相符（[1；4，с. 84 及后续页]，[5，с. 189-193；6，с. 48]等)，但考虑到了其中列出的词汇材料。

（1）专门化的通报和确认（基本上是奥斯汀的言语说明行为），如：ДОКЛАДЫВАТЬ, ДОНОСИТЬ, ЗАЯВЛЯТЬ, ИЗВЕЩАТЬ,（但不能是 РАССКАЗЫВАТЬ）, НАПОМИНАТЬ, ОБЪЯВЛЯТЬ, ОТРИЦАТЬ, ПОДТВЕРЖДАТЬ, ПОДЧЕРКИВАТЬ, ПРОВОЗГЛАШАТЬ, СВИДЕТЕЛЬСТВОВАТЬ, УВЕДОМЛЯТЬ, УВЕРЯТЬ（但不能是 УБЕЖДАТЬ）, УДОСТОВЕРЯТЬ, УТВЕРЖДАТЬ，通常支配形式为第四格和 ЧТО 从句，例如：Я подтверждаю свое приглашение. И вот я вам докладываю, что тот, кого именовали Иуда из города Кириафа, несколько часов тому назад зарезан（М. Булгаков）. Поможет, уверяю тебя. Я это испытал на опыте（Е. Шварц）.

这些动词的言语行为用法的能力根植于这些词的专门化，也就是在于它们不是表示一般的讲话，而是讲话的某些类型。正是对言效行为特点进行加确的必须性为在表述中出现清晰的施为性前缀提供了依据。主要的、非专门化的动词，即言语的种别词 ГОВОРИТЬ 不是言语行为动词（见下文3.1节）。

（2）承认，如：ВИНИТЬСЯ, КАЯТЬСЯ（但不能是 ИСПОВЕДОВАТЬСЯ）, ПРИЗНАВАТЬСЯ, СОЗНАВАТЬСЯ（但不能是 ОТКРЫВАТЬСЯ）, 例如：Пушкин был не понят при жизни не только равнодушными к нему людьми, но и его друзьями. Признаюсь и прошу в том прощения у его памяти（П. А. Вяземский）.

（3）承诺（奥斯汀的受约话语行为），如：ГАРАНТИРОВАТЬ, ДАВАТЬ ОБЕТ, ДАВАТЬ ОБЕЩАНИЕ, ДАВАТЬ（ЧЕСТНОЕ）СЛОВО, ЗАВЕРЯТЬ, ЗАРЕКАТЬСЯ, КЛЯСТЬСЯ, ОБЕЩАТЬ（但不能是 СУЛИТЬ）, ОБЯЗЫВАТЬСЯ, ПРИСЯГАТЬ, 例如：Обещаю〈обязуюсь〉помогать тебе во всем.

（4）请求，如：ЗАКЛИНАТЬ, МОЛИТЬ, ПРОСИТЬ, УМОЛЯТЬ（但不能是 УПРАШИВАТЬ）, ХОДАТАЙСТВОВАТЬ，试比较言语行为句

Умоляю тебя подумать о детях 和纯描写句 Чем ты занят? — Да вот, упрашиваю его выступить у нас на семинаре, 但不能说 * Упрашиваю тебя выступить у нас на семинаре.

在关于言语行为动词的文献中,与请求一起提及的还有疑问,即对了解信息的请求([4, c. 85; 7, c. 234 及后续页]以及许多其他文献)。因此需要指出,俄语动词 СПРАШИВАТЬ 与动词 ГОВОРИТЬ 一样,从来都不是纯言语行为动词(详见 3.1 节)。

（5）提议和建议(奥斯汀的行使话语行为的一部分)，如：ВЫЗЫВАТЬ(Я вызываю тебя на бой, слышишь ты, дракон! — Е. Шварц), ЗВАТЬ (к себе), ПРЕДЛАГАТЬ 1 (пройтись), ПРИГЛАШАТЬ, ПРИЗЫВАТЬ (к порядку), РЕКОМЕНДОВАТЬ 1, СОВЕТОВАТЬ (Рекомендую 〈советую〉 еще несколько дней полежать в постели), 但不能是 КОНСУЛЬТИРОВАТЬ.

（6）预告和预言,如：ПРЕДОСТЕРЕГАТЬ, ПРЕДУПРЕЖДАТЬ; ПРЕДРЕКАТЬ, ПРЕДСКАЗЫВАТЬ, 在不大的范围内 ПРЕДВЕЩАТЬ, 但不能是 ПРОГНОЗИРОВАТЬ, ПРОРОЧИТЬ. 试比较：Предсказываю вам, что вас ждет неудача. 但 ?Пророчу вам неудачу. 这样的表述令人怀疑。

（7）要求与命令,如：НАКАЗЫВАТЬ (Наказываю тебе беречь себя), НАСТАИВАТЬ(Я настаиваю на открытом обсуждении вопроса), ПОРУЧАТЬ (Поручаю вам сопровождать груз до столицы), ПРЕДЛАГАТЬ 2 (Предлагаю вам немедленно явиться в комендатуру), ПРИКАЗЫВАТЬ (但不能是 КОМАНДОВАТЬ 和 РАСПОРЯЖАТЬСЯ), СТАВИТЬ УСЛОВИЕ, ТРЕБОВАТЬ (但不能是 СПРАШИВАТЬ с кого-л.).

（8）禁止与允许,如：ВОСПРЕЩАТЬ (但不能是 ВОЗБРАНЯТЬ), ЗАПРЕЩАТЬ (但不能是 ЗАКАЗЫВАТЬ), НАКЛАДЫВАТЬ ВЕТО (但不能是 ТАБУИРОВАТЬ); ДАВАТЬ ПРАВО, ПОЗВОЛЯТЬ (但不能是 ДОПУСКАТЬ), РАЗРЕШАТЬ, САНКЦИОНИРОВАТЬ.

（9）同意与反对,如：ПРИЗНАВАТЬ, СОГЛАШАТЬСЯ (以及 СОГЛАСЕН); ВОЗРАЖАТЬ(但不能是 ПЕРЕЧИТЬ, ПРЕКОСЛОВИТЬ, ПРЕРЕКАТЬСЯ, ПРОТИВОРЕЧИТЬ), ОСПАРИВАТЬ, ОТКАЗЫВАТЬСЯ (делать что-л.), ПРОТЕСТОВАТЬ, СПОРИТЬ (что, 与 спорить о чем 对立). 例如：— Прислушайте, православные, — громко сказал Илья. —

Соглашаюсь (И. Бунин); Хлебников подумал немного и потом просто сказал: — Ну что ж, я согласен(А. Андриевский).

（10）赞同，如：БЛАГОСЛОВЛЯТЬ(кого-л. на подвиг), ОДОБРЯТЬ, РЕКОМЕНДОВАТЬ 2（Очень рекомендую вам Семенова — исключительно расторопный человек）, УТВЕРЖДАТЬ(试比较在公文上的"Утверждаю"), ХВАЛИТЬ(但不能是 ВОСХВАЛЯТЬ, НАХВАЛИВАТЬ, ПРЕВОЗНОСИТЬ, РАСХВАЛИВАТЬ, СЛАВОСЛОВИТЬ, ХВАЛИТЬСЯ, ХВАСТАТЬСЯ).

（11）谴责，如：ОБВИНЯТЬ(但不能是 ПЕНЯТЬ, УПРЕКАТЬ), ОСУЖДАТЬ(但不能是 КРИТИКОВАТЬ,在这一点上未必能同意奥斯汀把英语动词 CRITICIZE 认定为言语行为动词), ПОРИЦАТЬ(但不能是 БРАНИТЬ, РУГАТЬ 和 ОСКОРБЛЯТЬ), ПРИГОВАРИВАТЬ, ПРОКЛИНАТЬ.

（12）原谅，如：ОПРАВДЫВАТЬ, ОТПУСКАТЬ(грехи), ПРОЩАТЬ(但不能是 ИЗВИНЯТЬ, СНИМАТЬ ОТВЕТСТВЕННОСТЬ).

（13）言语礼节(奥斯汀的某些言语反应行为)，如：БЛАГОДАРИТЬ, ЖЕЛАТЬ УДАЧИ, ИЗВИНЯТЬСЯ, ПОЗДРАВЛЯТЬ, ПРИВЕТСТВОВАТЬ, ПРОЩАТЬСЯ, СОБОЛЕЗНОВАТЬ, 例如：Поздравляю вас с праздником, ваше сиятельство, с благодатью господней (И. Бунин).

（14）社会化属性的行为：转交、疏远、取消、拒绝等，如：БРАТЬ НАЗАД СВОЕ СЛОВО, ВОЗВРАЩАТЬ (кому-л.) СЛОВО, ДАВАТЬ ОТВОД, ДЕЗАВУИРОВАТЬ, ДЕНОНСИРОВАТЬ, ДОВЕРЯТЬ (кому-л. представлять себя на переговорах), ЗАВЕЩАТЬ, КАПИТУЛИРОВАТЬ, ОТВЕРГАТЬ, ОТВОДИТЬ (возражение адвоката), ОТКАЗЫВАТЬСЯ(от чего-л. 试比较非言语行为动词 ОТСТУПАТЬСЯ), ОСВОБОЖДАТЬ (кого-л. от слова), ОТЛУЧАТЬ(кого-л. от церкви), ОТРЕКАТЬСЯ(от престола), ПОДАВАТЬ В ОТСТАВКУ, ПОРУЧАТЬ (кому-л. своих детей), ПОСВЯЩАТЬ, СДАВАТЬСЯ, СНИМАТЬ (свое предложение), УПОЛНОМОЧИВАТЬ.

（15）命名和委任(基本上是万德勒的有效行为)，如：НАЗНАЧАТЬ (Назначаю вас своим представителем на переговорах), НАЗЫВАТЬ, НАРЕКАТЬ, ОБЪЯВЛЯТЬ(собрание закрытым), ПОСВЯЩАТЬ(кого-л. в рыцари), ПРОВОЗГЛАШАТЬ(Францию республикой).

2. 施为性的语言表现形式

现在来研究施为性主要的词法、构词、句法、语义和语用表现形式。显然，所有这些表现都是以言语行为句的为数不多的原始性能为理据的(简短性、行为等效性、内涵性、独特性)。如果所研究的施为性表现形式的这种较深层的语义理据不会引起异议，我们就把它指出来。

施为性的语言表现形式之所以重要，是因为它们表明了必须参照这一性能的语言学规则的范围。

2.1 词法表现形式和构词表现形式

(1) 根据第一节中援引的定义得知，言语行为动词在自己的言语行为身份中具有不完整的词汇变化聚合体。确实，不能死板地理解这一定义并认为言语行为动词只有单数第一人称现在时(未完成体)主动态陈述式形式。有些(不多的)言语行为动词还有某些语法形式，但不能够从一般理解中预先说出这些形式在哪一个具体动词上存在。因此，对于每一个这样的有施为功能的动词来说，应该在词典中直接指明该词词汇变化形式的组合。这些形式如下(其中的前三种形式在[1]-[3]中指出过)。

(а) 单数第一人称简单将来时主动态陈述式形式，譬如：Попрошу ваши билеты. Пожелаю вам удачи. Покаюсь〈признаюсь, сознаюсь〉: это сделал я.

(б) 不定人称句中第三人称现在时主动态陈述式形式，譬如：Тебя прощают. Не будут больше подавать платок(布尔加科夫的《玛格丽特与大师》中弗丽达·玛格丽特告别的场面)。Пассажиров просят пройти на посадку.

(в) 第三和第二人称现在时被动态陈述式形式，譬如：Отпускаются тебе грехи твои. Пассажиры приглашаются на посадку. Настоящим вы утверждаетесь в должности директора.

(г) 单数第三人称现在时主动态陈述式形式，譬如：Местком ходатайствует о предоставлении Борисову жилплощади〈рекомендует предоставить Борисову жилплощадь в первую очередь〉(地方委员会主席在会议上的口头讲话)。

(д) 动词 ПРОСИТЬ, РЕКОМЕНДОВАТЬ, СОВЕТОВАТЬ 的假定式，譬如：Я бы просил〈попросил〉вас не забывать о посторонних. Я бы не рекомендовал вам спорить с ним. Но я бы советовал тебе решить дело как можно скорее, — продолжал Облонский, доливая ему бокал (Л. Н. Толстой).

(e) 动词不定式作为"礼貌"性言语行为句的成分(见[8, с. 154-156; 9, с. 28], 特别是[5]), 譬如: Позвольте 〈разрешите, должен, хочу〉 вас предупредить. Осмелюсь доложить. Смею вас уверить. Честь имею покорнейше вас поздравить...с приездом до нас, в нашу тихую местность(К. Паустовский). 同时, 在这类句子成分中还可能有非言语行为动词, 如: Не смею противоречить.

鉴于以下几个例句的原因, 必须强调指出, 施为公式对于言语行为动词具有优先权。所以在有些情况下, 在这些公式的组成部分中, 另外一些动词形式甚至是非动词词位也成了言语行为成分。试比较: Прости! 等同于 Прошу у тебя прощения; Шах! 等同于 Объявляю тебе шах; Честное слово 等同于 Даю тебе честное слово; Спасибо 等同于 Благодарю; С праздником! 等同于 Поздравляю вас с праздником; Идет 〈ладно, хорошо〉 等同于表示同意。补充说明, 所有这些形式只能在直接话语中, 这一点再一次强调了这些形式的言语行为地位。

(2) 由于言语行为动词与现实一时间长度意义不兼容, 故这样的动词不能构成界限性动词和持久性动词。确切地说, 如果某个言语行为动词有这样的派生词, 则它们不能用于言语行为, 试比较: Он поспорит с вами некоторое время, а потом согласится. Ты без толку проспоришь с ним полдня.

2.2 句法表现形式

(3) 在言语行为动词的使用中, 动词的支配特性会发生根本性的改变。这里指出典型支配模式的两个重要变体。

(а) 如果言语行为动词有行为受体的必须配价, 这个配价在言语行为的使用中变成可有可无的。譬如: Прошу покинуть помещение. Вы мне очень помогли, благодарю. 在非言语行为的使用中, 词位 ПРОСИТЬ 和 БЛАГОДАРИТЬ 的行为受体配价是必须的。譬如不能说: *Что ты там делаешь? — Прошу покинуть помещение〈благодарю〉. 这是很自然的。在大多数情况下, 言语行为表述是直接面向讲话对方的, 因而受话人是明确的和肯定的, 故没有必要再把他指出来。难怪如果在受话人位置上出现第三方替换直接谈话对方, 句子就失去了施为意义, 变成了纯描述句: Я прошу его уйти.

(б) 如果一个动词可以支配两种"说明"形式——带连接词 что 的从属句和带 о чем-л. 的前置词-名词短语, 则其施为功能通常在第一种情况下实现。支配

о чем-л. 形式时,动词更容易被解释为纯描述性动词。试比较：Я заявляю вам 〈предупреждаю вас〉 об этом, исходя из ваших же интересов. 有趣的是,在支配 что VS о чем-л. 以及其他情形下的差异,伴随有不大但确是原则性的动词语义偏移。例如,在文献[10]和[4]中指出的静态的 думать, что P 和动态的 думать о P 之间的差异。

2.3 语义表现形式

（4）鉴于言语行为动词体—时意义的特殊性,它们在与各种时间状语搭配时的自由度要比这些动词在描述性使用中小很多。

(а) 既然这些动词没有未完成体的现实—时间长度意义,它们不能与表示时间长度的状语（ДОЛГО, НЕДОЛГО, ВСЕ ЕЩЕ, ЦЕЛЫЙ ЧАС, С ТЕХ ПОР）搭配,不能与表示持久性的状语（МЕДЛЕННО, ПОСТЕПЕННО）搭配,也不能与表示同时性的连接词（КОГДА, ПОКА）搭配。类似 Все уже успели позавтракать, пока я прошу тебя встать 这样的句子只能理解为是描写句。

(б) 虽然言语行为动词总是有结果意义或完成意义,但它们与完成体形式的区别在于,它们不能与表示准确性的状语（В ЭТОТ МОМЕНТ, НЕМЕДЛЕННО, СЕЙЧАС ЖЕ, СРАЗУ ЖЕ, ТОТЧАС ЖЕ, ТУТ ЖЕ）搭配。譬如：类似 Я сразу же 〈тут же, немедоленно〉 обещаю 〈предлагаю〉 купить вам шляпу 这样的句子只能理解为是描述句（当然,其条件是：状语的作用范围是言语行为动词,而不能是动词不定式）。

(в) 言语行为动词不能与时限性时间状语搭配。类似 За три минуты я прощаюсь со всеми и ухожу. 这样的句子当然理解为纯描述句。这一点亦是言语行为动词与完成体形式的区别之处。

（5）虽然言语行为句具有独一无二的特性,即"在一定的时间和一定的地点,只能在具体状态下实现的一次性并且只能是一次性表述"[3, с. 307],但这种句子不能由 СЕЙЧАС 和 ЗДЕСЬ 这类的时间和空间指示标记来改变。如果把句子 Сейчас я прошу тебя уйти 理解为言语行为句,则这种理解只能因为 сейчас 的作用范围变成动词 УЙТИ：Я прошу тебя, чтобы ты ушел сейчас. 如果不发生这样的转换,则句子只允许作描述句理解："现在请求,然后可能要求"。试比较：Здесь и сейчас я только отстаиваю и утверждаю абсолютные, непререкаемые права естественнонаучной мысли всюду и до тех пор, где и покуда она может проявлять свою мощь(И. П. Павлов).

(6) 言语行为动词大多是内省性述谓词。言语行为句虽然等效完成了行为,但不是对行为的描写。所以言语行为动词不能与其主要功能是说明行为的状语搭配。列举最重要的一些限制。

(а) 言语行为动词不能与表示完成行为的方式的状语(ВЕСЕЛО, КИСЛО, КРАТКО, НЕБРЕЖНО, ОСТОРОЖНО, С ЭНТУЗИАЗМОМ, ТЩАТЕЛЬНО, УМЕЛО, ХОЛОДНО, ЭНЕРГИЧНО 等)搭配。例如,在В. 赫列搏尼科夫的下列表述中,状语 в кратной форме 完全破坏了动词 УТВЕРЖДАТЬ 的施为性:[В этой строчке] в самой краткой форме я утверждаю свою убежденность в пульсации всех отдельностей мироздания и их сообществ (А. Андриевский). 这个句子只能理解为描述句。只有那些表示言效行为的规约性(正式的、仪式性、礼节性的)变体的方式意义的变量才能列入施为公式,譬如: Я торжественно клянусь ⟨перед лицом своих товарищей обещаю, заклинаю тебя всеми святыми, официально вас предупреждаю⟩. На сей грамоте клянуся моему брату Магмет Гирею дружить его друзьям, враждовать неприятелям... даю слово вместе с ним объявить ей (Астрахани) войну (Н. М. Карамзин).

(б) 言语行为动词不能与评价性的状语(ХОРОШО, ПЛОХО 等)搭配。像 Я плохо благодарю вас ⟨прощаюсь с вами⟩ 这样的句子要么不正确,要么作为描述句理解。

(в) 言语行为动词不能与目的状语搭配。如果根据意义有从属于言语行为动词的目的状语(即语义上受动词支配),则对应的句子只能作描述句来理解。譬如: Я прошу вас об этом с другой целью. Я настаиваю на этом, чтобы пресечь кривотолки. 如果言语行为动词在语义上与目的状语没有关系,则句子具有作言语行为句理解的可能性。像 Я настаиваю на 'открытом обсуждении вопроса, чтобы пресечь кривотолки 这样的句子,句子重音位于 'открытом 一词上,可以这样理解。这里与述体"目的"发生关系的不是"坚持",而是"讨论的透明度"。

根据(6)中讨论的限制我们发现,言语行为动词在语义上只能服从于有限的述体结构。Е. В. 帕杜切娃把主要情态词和表示原因、条件、让步和结果的连接词划入这一范围之列[9, с. 22]: Должен вам сообщать, что поезд уже ушел. Поскольку разговор долгий, прошу вас сесть. Если это вас не устраивает, прошу сказать прямо. Я устал, так что прошу вас пойти без меня. 我们再添加计量和程度性述体结构：Я еще раз предлагаю вам свою руку, если вы хотите идти(Л. Н. Толстой). Я вас очень прошу не кричать на меня(Е. Шварц). 譬如还有：Убедительно тебя прошу 〈серьезно вас предупреждаю, категорически требую, полностью признаю, искренне благодарю〉.

(7) 正如所述,言语行为动词总是"有结果的",也就是说,在意义上接近完成体的基本意义。这是其本身固有的独特性或一次性特点造成的。因此,言语行为动词构成的并列的链条通常表示行为的连贯性,而非同时性。譬如：Благодарю вас за внимание и прошу принять от меня этот скромный подарок. Извиняюсь и обещаю больше так не поступать. 但试比较：Умираю, прошу, умоляю приехать. Умру с прощением спокойнее(Л. Н. Толстой). 这里,第二个言语行为动词表示的不是单独的、较后的行为,而是以加强的形式重复同一个行为。

(8) 因为言语行为动词大多是内省性述谓词,所以不能与外展性,即表示诸如 БРАТЬ, ПЛАКАТЬ, СМОТРЕТЬ 等体力行为的述谓词搭配。不能说 * Я обещаю исправиться и плачу. 虽然可以说 Она обещает исправиться и плачет. 在这方面,施为意义接近"事实形成"意义,如 Н. Д. 阿鲁玖诺娃所述[11, c. 14]。

(9) 言语行为动词有选择地与某些插入语搭配。例如,根据 А. Н. 巴拉诺夫和 И. М. 科博泽娃的观察[12, c. 84 及后续页],插入语 КОНЕЧНО, РАЗУМЕЕТСЯ 和其他许多插入语可以与外延的言语行为语境兼容：Разумеется, я требую от вас послушания. Конечно, я советую вам отказаться от своего намерения. 另一些同样是表示对所述内容可信度的评价的插入语就不具有这样的特性。这样的副词有：ВЕРОЯТНО, НЕСОМНЕННО, ОЧЕВИДНО. 譬如不能说 * Вероятно 〈?несомненно〉, я требую от вас послушания. ?Очевидно, я советую вам отказаться от своего намерения.

应该从两个方面对这些观察加以说明。

第一,副词 ВЕРОЯТНО, НЕСОМНЕННО, ОЧЕВИДНО 不仅仅是不能与言语行为动词搭配,还不能与单数第一人称现在时陈述式形式的其他述谓词搭配。譬如,下列表述或者不正确,或者引起怀疑：* Я, вероятно, считаю 〈думаю〉, что дело обстоит не так просто. ?Я, очевидно, пишу статью 〈работаю, отдыхаю〉. 因此,它们不能与言语行为语境兼容是这些词更普遍的特性决定的——不能与在讲话时刻说明讲话人的述谓词兼容。同时,这种不兼容性还可以解释为是,ВЕРОЯТНО, НЕСОМНЕННО, ОЧЕВИДНО 本身是对所述内容可信度的客观评价手段。为了达到使用它们的这一目的,必须能够从旁边来观察事态。而讲话人在言语时刻不可能从旁边来看自己。只有当他参与的情景被从讲话时刻推移到过去或将来,或者讲话人引用关于这一情景的间接评论或表述时,这种可能性才会出现。譬如:Я, вероятно, считал〈думал〉, что дело обстоит не так просто. Я, несомненно, буду отдыхать. Он решил, что я, очевидно, работаю. 这些例句表明,副词 ВЕРОЯТНО, НЕСОМНЕННО, ОЧЕВИДНО 的兼容性完全是受共性规则(注释)的调控,而不依赖对施为性概念的任何考量。

第二,副词 КОНЕЧНО, РАЗУМЕЕТСЯ 并非总能与施为性兼容。上述带有这些副词的句子只有在一种情况下才能理解为言语行为句,就是当用降——升重音来读它们时(确切地说,在重读音节用降调,在非重音音节用升调)。如果用升——降重音来读它们时(确切地说,提升和下降都落在重读音节上),就不可能理解为言语行为句。

类似 разумеется〈конечно〉, я требую от вас послушания 这样的句子应理解为确认,加强重复此前已经说过的内容,因而不是言语行为句。

(10) 言语行为动词在否定句中有特异反应。我们不深入有关言语行为否定的特别复杂问题的细节,只关注如下几点事实。

(а) 相当大的一部分言语行为动词在否定句中失去了施为功能。譬如句子: Я не заверяю вас, что заказ будет исполнен в срок. Я не называю эту вершину "Бригантина"(только потому, что одна вершина с таким названием уже есть). Я не клянусь: ведь вы знаете, что мы никогда друг другу не солгали бы (А. Куприн). Я не хвалю моих земляков и не порицаю их, а только говорю вам, что они себя отстоят, — и умом ли, глупостью ли, в обиду не дадутся (Н. С. Лесков).

(б) 为数不多的言语行为动词在否定句中保留了自己的常规词汇意义,同时没有丧失施为意义。主要是这样一些言语行为动词,他们在与否定语气词 НЕ 搭配时的意思与其他一些外显的言语行为动词的意义相近(反义词 $Anti_2$, [14, c. 292-294])。例如: не запрещать = разрешать; не разрешать =

запрещать；не советовать＝возражать；не требовать＝просить（在许多情况下）。例句：Я не разрешаю тебе выходить без шапки. Во всяком случае, советую решить вопрос скорее. Нынче не советую говорить... Поезжай завтра утром, классически, делать предложение... (Л. Н. Толстой).

（в）在许多情况下，НЕ(不)与言语行为动词搭配会衍生出一些不是直接来自该词组意义的语义细微差别。这种搭配发生词汇化，实质上变成了一个新的言语行为动词，如 НЕ ОБЕЩАТЬ，НЕ СПОРИТЬ，НЕ ОДОБРЯТЬ，НЕ ОТКАЗЫВАТЬСЯ 等。确实，Я не обещаю сдать статью завтра 并不意味着"我明天交文章这件事不是真的"。对这个句子最接近的注释应该是："我告知对方，我认为我明天交文章的可能性很小，虽然我知道大家正在等这篇文章"。再如，Я не спорю, что Р＝"我同意你关于 Р 的观点；我说的不是 Р，而是另外的事实（也许与 Р 有关系），对这些事实我的评价与你不一样"。例如：Я не спорю — в этих проектах много романтики. Но осуществите ее — и она превратится в реальность (К. Паустовский). 在所分析的情况下，言语行为动词意义在否定语境中发生的语义变体，是从动词变到动词，因此应该对每一个词都进行单独的描写。

在施为性否定问题的语境下有必要提出一个事实，特别是从词典学的角度：在否定的情况下，某些非言语行为动词移位到言语行为动词一边，譬如：Я не жалуюсь. А я и не перечу. Я не шучу 表示"我是认真说的"意义。

2.4 语用表现形式

（11）使用言语行为动词的将来时或假定式形式的情况相当少，在这些情况下，动词并不具有这些形式本身的任何意义。试比较 Он просит VS. попросит VS. просил бы VS. попросил бы вас выйти 之间的语义（体—时和情态）差别，以及它们在言语行为句 Я прошу〈попрошу, просил бы, попросил бы〉вас выйти. 中完全等同的意义。这些言语行为句之间的差别不在于体、时或式的语义方面，而在于语用方面，并仅限于礼貌程度的不同：假定式——最礼貌的请求方式，而完成体——最强硬的请求方式。

（12）正如 Дж. 奥斯汀指出的那样（见[15, с. 1]；[3, с. 304-309；7, с. 233-234；13, с. 733]及有关言语行为动词的其他研究），言语行为句不具有"真—伪"

的语义(或逻辑)属性①。对言语行为动词来说也不具有"成功(恰当)— 不成功(不恰当)"的 语用特性。对此,Дж.奥斯汀是这样解释的：使用言语行为句的人"与其说是在讲话,不如说他在完成某种行为"[15, c. 222],而行为是不可能有真伪的。实际上,类似 Посвящаю вас в рыцари 这样的句子既无法确定也无法推翻。但是,这个句子是可以有恰当(如果讲话人被授予所需的全权且说这句话时遵守相应礼节规则)或不恰当(如果讲话人未被授予所需的全权,或违反了相应礼节规则,或没有全部遵守规则,因此,封为骑士不可能实现)的问题。

至此,施为性的语言表现形式的概述就结束了。我们有意识地没有提及言语行为句中这样一些特性,如自我验证性、自我体现性等其他性能(见[3, c. 307-308];[6, c. 48-49];[9, c. 20-21])。这些特性的词典学意义和语法学意义要比上述讲到的性能少些。即便如此,我们也不敢自信地说,我们研究了言语行为动词哪怕是在词典学和语法学方面的所有重要特性。到目前为止,在研究语言学的各种事实和现象时,几乎没有对这些事实和现象在施为语境中的反映进行检验。然而,有理由认为,与言语行为有关联的语言现象,远比在先验性想象的基础上假设的要多得多。

3. 言语行为动词的语义分析

即便只限定以典型的言语行为句为例子,也可以得出结论：施为性的特性根植于句子的两个语义点：(1) 动词谓语的词汇意义；(2) 动词谓语的语法(体—时)意义。言语行为句的这两点应该成为语义分析的对象。分析结果可以为如何在语法和词典中描写施为性提供一个答案。

3.1 言语行为动词的词汇意义中是否存在共性意义？

最好能在动词注释中把施为性划归为某种语义成分,也就是说,这种成分的存在是该动词作为言语行为动词使用所必须的和充分的条件。为此,必须研究早已众所周知的关于施为性语义基础的假设：在任何言语行为动词的意义中,都必定存在有语义成分"说"[9, c. 22]。

在我们看来,这一假设对大多数言语行为动词是正确的,但不是对所有的言

---

① 不能认同在文献[16, c.24-33;17, c.401-402]和许多其他研究中所做的试图推翻这一假设的尝试是成功的：上述作者声称,在从属于言语行为动词的补语从句中有真实意义,但没有人否定过这一点。

语行为动词都适用。下列三种状况影响对这一假设的直接理解。

(1) 与公认的观点相反[1;2, c. 164;3, c. 307;13, c. 729 及后续页,740 及后续页;16, c. 25;17, c. 401;18, c. 6;19, c. 228;20, c. 87],动词 ГОВОРИТЬ 本身不是纯言语行为动词(至少在俄语中是如此)。事实上,句子 Я говорю, что он заблуждается 只是作为对该话语行为之前所说的内容的一个引导才有权存在。话语行为毫无必要以外显的方式预先告诉别人"我说",因为原本已经清楚,讲话人在说话。关于这一点见文献[20, c. 87-88]的合理观点。

也许像 Говорю тебе, что он тебя простил 这样的重复性加强语气的通报(句子重音在 говорю 上)和在表述中 ГОВОРИТЬ(说)伴随有对程度和礼节方式的指示的句子可以争取半施为性的地位(见第 2 节中(6))。试比较:Я серьезно говорю, что бросаю институт. Истинно говорю вам, что эта вдова больше всех положила.

关于 ГОВОРИТЬ 的施为功能的观点给句子逻辑分析带来了很大的困难。列举其中两点。

在被现代语言学广泛认同的所谓"言语行为假设"[21, c. 261]的框架中,假定:所有的确定句都是以隐含的"我说、我宣布"的方式展开的。这样的话,所有的确定句都变成了言语行为句。而按照主流观点[见第 2 节中(12)],言语行为句既不可能有真,也不可能有伪。由此得出一个荒谬的结论:任何确定都不可能是真的,也不可能是伪的。这一难题在文献[16, c. 24 及后续页]中讨论过,但所提出的解决方案不能令我们信服(见上文)。

类似 Я говорю правду 这样的句子也不能通过逻辑分析的检验。如果 ГОВОРИТЬ 是言语行为动词,则不得不承认这样的句子永远是真的,由于把 ГОВОРИТЬ ПРАВДУ 注释为述体和把言语行为定义为话语与行为等效。这一结论既与言语行为没有真伪的公理相矛盾,也与日常生活事实相矛盾,事实上,这样的句子可能是真,也可能是伪。

接受 ГОВОРИТЬ 的非施为功能的观点,这些困难即刻就解决了。

(2) 并非所有的言语行为动词的词位成分中都含有"说"的意思。有许多词汇单位可以用于施为功能,但其词典注释中明显没有"说"的意思进入。在类似 Слушаю и повинуюсь. Посвящаю вас в рыцари. Жалую вас званием главного целемониймейстера 等言语行为句中就是这类动词。

(3) 另一方面,在有些动词的词典注释中有"说"的意思,但这些词却不具有言语行为的性能。

第一，"说"这个意思本身并不重要，重要的是它在相应词位的语义结构中的位置。必须要让它进入注释的推断部分，而不是预设部分。在预设中有"说"的意思存在还不能构成施为功能。譬如：ВРАТЬ, ГОВОРИТЬ НЕПРАВДУ, ЛГАТЬ, ОБМАНЫВАТЬ; КЛЕВЕТАТЬ, ОГОВАРИВАТЬ 等及其他虚假句子的表达，在这些表述中"说"的意思构成预设，在任何情况下都不能作为言语行为动词使用。况且，句子 Я лгу 不能成为言语行为还有另一个原因（即等效完成说谎行为）。如果讲话人直接告诉对方他说的不是真的，那么他就别期待要迷惑对方的企图能够成功。

第二，在注释的推断部分，"说"的意思不应位于述体作用域，譬如"方式方法"、"目的"、"评价"、"多次性"等。这里我们有可能再一次确信词汇语义结构与句子语义结构（句法结构）原则上平行的观点。实质上，言语行为动词的语义结构和带有言语行为动词的句子语义结构都服从于共同的限制[见第 2 节中(4)和(6)]。

例如，动词 ПРОГНОЗИРОВАТЬ 与其准同义词 ПРЕДСКАЗЫВАТЬ 不同，这个词禁用言语行为功能是因为，其意义中的"预言"的意思（最终还是"说"的意思）位于述体作用域"方式方法"中：ПРОГНОЗИРОВАТЬ ="根据科学数据做出预言"。恰恰是这一禁用证实了上述(6)点提到的对言语行为动词搭配的限制：不仅不能说 * Я прогнозирую на завтра дождь 是言语行为，也不能说 * Я вам научно предсказываю, что завтра будет дождь 是言语行为。

但也要指出一点，并非任何一个带有方式方法意义的述体都可以封锁言语行为（见第 2 节中(6)点）。

再来看几个例子。动词 БОРМОТАТЬ, БУРЧАТЬ, ВОРЧАТЬ, МЯМЛИТЬ, ОРАТЬ, ШЕПТАТЬ 等表示说话方式的动词不能用于言语行为，因为"说"的意思在其语义概念中也是位于述体作用范围"方式方法"中的（关于这些词中"说"的意思位于预设部分的近乎真实的假设没有经过检验）。

在文献中经常被作为言语行为动词的 ОБРЫВАТЬ, ОДЕРГИВАТЬ, ОСАЖИВАТЬ, СРЕЗАТЬ 等词表示："以生硬的方式说，目的是使有自知之明"，之所以不允许用作言语行为是有两个原因：第一，"说"的意思在其语义概念中从属于具有"方式方法"（如，以生硬的方式）意义的述体；第二，这个意思还从属于述体"目的"（如，目的是）。

应该用同样的方式来解释为什么表示疑问的动词不能用于言语行为，这一点我们在第 1 节中已经说过。以俄语中该类别动词中的一个主要动词 СПРАШИВАТЬ 为例。不难发现类似 Я спрашиваю, куда запропастилась моя записная книжка 这种中性的、没有加强语势的句子不是纯粹的疑问行为，而是对前面的话语行为的解释性引导。只有在非纯疑问、公众性的或宣传性问题时 СПРАШИВАТЬ 才能有半施为性的使用，譬如：И вот я вас спрашиваю, как же мне следовало поступить 这个句子不要求听众回答；还有类似 Я тебя спрашиваю 这样重复的加强语势的通报也能有半施为性的用途，譬如 Я вас вторично спрашиваю, Любовь Ивановна: угодно ли вам будет почтить меня своим милостивым ответом（А. Куприн）。至于有相似意义的其他动词：ВЫЯСНЯТЬ, ЗАПРАШИВАТЬ, ИНТЕРЕСОВАТЬСЯ, ОСВЕДОМЛЯТЬСЯ, СПРАВЛЯТЬСЯ 等，则连半施为性的功能都没有。СПРАШИВАТЬ 的反义词 ОТВЕЧАТЬ 也不能作为言语行为使用。这些动词的非施为性是因为在它们的意义中"说"的意思位于述体的作用范围"目的"中。СПРАШИВАТЬ 以及其他类似的动词大致表示："说话的目的是使受话人告知讲话人他所不知道的信息。"

"说"的意思与述体的"目的"意义的关系也影响下列词汇的施为功能：ЖАЛОВАТЬСЯ 和 СЕТОВАТЬ（带有博得同情或获得帮助的目的），ДОКАЗЫВАТЬ（带有证明自己正确的目的）和 ОБЪЯСНЯТЬ（带有使明白的目的），ПОДГОВАРИВАТЬ 和 ПОДБИВАТЬ（带有不好的目的），УБЕЖДАТЬ（带有迫使认同的目的），КРИТИКОВАТЬ（带有迫使改正的目的）和 ИСПОВЕДОВАТЬСЯ（带有净化的目的），ГРОЗИТЬ 和 УГРОЖАТЬ（带有得到让步的目的，Дж. 奥斯汀[1, с. 130] 错误地认为相应的英语词 THREATEN 是言语行为动词）。

动词及成语 БАХВАЛИТЬСЯ, ХВАЛИТЬСЯ 和 ХВАСТАТЬСЯ, ВЕЩАТЬ, ИЗРЕКАТЬ 和 ТОЛКОВАТЬ, ВОСХВАЛЯТЬ, ПРЕВОЗНОСИТЬ 和 СЛАВЛОВИТЬ, НЫТЬ 和 ПЛАКАТЬСЯ, СУЛИТЬ 和 ОБЕЩАТЬ С ТРИ КОРОБА 不能用作言语行为，因为在这些词的语义概念中"说"的意思位于（负面）评价意义的作用范围内。如果把这些词作为言语行为使用，就等同于是被万德勒形象地称作"讲话人的言效自杀行为"[22, с. 135]。确实，如果说 СУЛИТЬ ＝"承诺，并重新评价自己履行承诺的可能性或夸大承诺的价值"，那

么当说 Я сулю тебе золотые горы 时，讲话人不仅不能履行承诺的行为，而且事先承认自己没有这个能力。

动词 КОНСУЛЬТИРОВАТЬ、НАХВАЛИВАТЬ、ПРЕРЕКАТЬСЯ、РАССКАЗЫВАТЬ、УГОВАРИВАТЬ、УПРАШИВАТЬ 也不能用作言语行为，因为这些词在任何情况下都不能表示一次性的建议、赞扬、反对等行为。事实上，咨询不是一次性的建议，而是专家针对受话人和他提出的一些其他问题所做出的一系列建议。НАХВАЛИВАТЬ 表示："在一次独白语过程中多次地大加赞赏"。动词 ПРЕРЕКАТЬСЯ 和 УПРАШИВАТЬ 也表示同样的行为。ПРЕРЕКАТЬСЯ ="在一次对话过程中多次表示反对"。УПРАШИВАТЬ ="针对受话人拒绝履行请求，讲话人在一次对话中多次重提自己的请求"。

然而，这些条件还不够充分。在对言语行为动词的不同类型的言效行为做概述时，我们注意到了一些成对的、意义相近的、有时几乎就是同义词的词位：ПРИКАЗЫВАТЬ VS. РАСПОРЯЖАТЬСЯ，ЗАПРЕЩАТЬ VS. ВОЗБРАНЯТЬ，ПРОЩАТЬ VS. ИЗВИНЯТЬ，РАЗРЕШАТЬ VS. ДОПУСКАТЬ 等。其中每一对中的两个成分都满足了上述条件：有"说"的意思，而且这个意思进入了推断部分，而不是位于述体"方式方法"、"目的"、"评价"、"多次性"作用范围。可是，每一对中只有第一个词位可以用于言语行为，第二个却不能（可能这是因为只有这个词位是相应言效行为：命令、禁止、原谅、允许的典型表达）。

我们看到，无论怎样加确"说"这一意思在言语行为动词语义结构中的地位，在这一意思的基础上区分出的词汇类型比纯言语行为动词更多。

总体来看，施为性与"说"这一意思相关联的论点相对于言语行为句是正确的，对言语行为动词来说则不。任何一个句子，只要讲话人在说它的时候同时等效完成了这个句子中谓语词组表示的行为，就可认为这个句子是言语行为句①。每一个这样的句子的语义概念中确实含有"说"的意思。

因此，不能从"说"的意思中把词位的施为性自动引出，或把言语行为归结于"说"这一意思。我们还不清楚言语行为语义基础的其他竞争元素。因此，只剩下对施为性作词典学描写这一种可能了。

---

① 强调一下这个定义与第 1 节中引用的定义的不同：在我们的定义中排除了对动词体、时、态和式的所有指示，而用谓语词组概念取代了动词概念。

能够用于言语行为的每一个词位(或动词性成语)都应该在词典中以自己更普通的身份——描写身份得到注释。譬如，对动词 ПРОСИТЬ 和 ТРЕБОВАТЬ 可以这样注释："X просит Y-a, чтобы P(Y) = X 告诉 Y, X 想要 Y 做成 P; X 认为 Y 可以做成 P(希望的那样)，且 X 也不认为 Y 应该做成 P"。X требует от Y, чтобы P(Y) = "X 告诉 Y, X 想让 Y 做成 P, X 认为 Y 应该做成 P"。

除此之外，为了表示该词位的施为用法，在它的词典词条(在语用区域)中加入了标记 ПЕРФОРМ(施为性)。

施为性本身应该在语言学描写的共同(假定——语法的)成分中得到确定(如上所列)。

下面再来研究施为性的第二个语义成分——言语行为句的体—时意义。

3.2 言语行为句的体—时意义

我们已经讲过，实现言语行为句的最常见的语法条件之一就是使用动词的未完成体现在时，譬如：Прошу вас не забывать о посторонних. 另一方面，大家都知道，言语行为动词在实现施为功能时不能用于现实—时间长度意义。

出现一个问题，未完成体现在时除了现实—时间长度意义，还有什么其他意义——使役、潜在、历史现在、当前行为意义等能在言语行为句中实现。答案是显而易见的，这里提到的任何一种都不能实现。类似 Прошу вас не забывать о посторонних 这样句子描写的是严格置于现在时的单一现实情景。

使用完成体将来时、未完成体假定式、完成体假定式动词的言语行为句的情况也是如此。譬如：Попрошу вас не забывать о посторонних. Я бы просил ⟨попросил⟩ вас не забывать о посторонних(见第 2 节(11)点)。无论这两个句子体—时意义如何，都与句子 Прошу вас не забывать о посторонних 的体—时意义一样。所有四个句子的时间都与说话时间相吻合，因为该言语行为句就是当前话语。

这一判断给我们提供了言语行为句体—时意义注释的第一个成分——关于句子时间与话语时间相吻合的思想。

现在应该解决第二个问题了——这个时间是否是一个时刻(点)或一个时段。在文献中，对这一问题既没有答案，甚至也没有清晰明确的要求。在那些讨论言语行为动词时间意义的研究中占主要的是描写性术语，而不是分析性表述。例如像 Д. 斯塔姆普的"短暂现在时"这样的术语[16，c. 22]。但在"短暂现在时"的后面可能隐藏所有可能的情况：从使役到潜在的现在时，更不用说那些个别意义，譬如，采访现在时或"称名现在时"（文学作品每章的名称，如：Горюновы опять встречаются с лесовщиком，见[23, с. 73]）。

对这一论点最有意思的理解是万德勒，他对言语行为动词的"时间模式"有很多思考。看来，他是第一个发现，表示"达到"或"瞬间活动"意义的动词的外在表现与言语行为动词的某些相似性，特别是发现了这些动词都不能用于现实—时间长度意义①。他还对言语行为动词时间意义做了更明晰的表述，反映了对这一问题的主要观点。他认为，言语行为句的言说就是"发生在当前时刻"，且"理想状态是没有时间延展"[4, с. 86]。

还有一些对言语行为动词的时间意义不那么正统的表述。Б. 考姆雷就是其中之一。在列举典型的言语行为句时，他做出了如下注解："虽然这些情景不是严格的瞬间时间，因为对于言说哪怕最短的句子也要求一定的时间，这些情景可以概念化为瞬间时间。有利于这一点的特别是这样一个事实：一个句子占有的时间准确地等于相应行为占有的时间"[24, с. 37]。看来，尽管有某些保留意见，言语行为句的时间在这里被理解为瞬间，也就是看做一个时间点。

我们试图反驳这些表述并指出，言语行为动词的体—时意义同时既是时点意义，也是过程意义。我们把注意力集中在这一意义的过程元素上，因为这一意义的点状性这一事实不会有任何人怀疑。

首先引证类似圣经上的证词、军人宣誓、希波克拉底誓言这样"长时间"的言语行为套话。这样的言语行为要求说相当长的话语，而且在宣誓话语没有最后说完之前，就不能认为宣誓是一个已完成的事实。在任何理性的理解中，都不能认为宣说这样的套话只集中在一个时间点上。

就是在最"简短"的言语行为句中，我们也能找到同样的时间延展元素，虽然这样的元素是处在很深的隐蔽形式中。当我们说 Он провозглашает республику 时，我们传递的是什么信息？传递的是，"在讲话时刻他正完成某种行为"。在言语行为句 Я провозглашаю республику 中是否也含有类似的通报？毫无疑问，是含有的。那么，两个句子之间的差别是什么呢？差别在于：第二个句子等效地

---

① 本作者对瞬间活动动词与言语行为动词相似的问题有单独的研究。在研究中我们得出结论：这两种动词体—时意义在很大程度上相似的情况下，也有一定的差别。因此，应重新考虑万德勒的关于言语行为动词是瞬间活动动词的子类别的观点[4, с. 82; 19, с. 221]。

完成一个行为,因此,行为完成的最后时刻就是在言说完结,当我在句子的结尾画上句号之时。然而,第一个句子表示的行为在我的表述结束之后仍然可以继续。

遗憾的是,我们的主要结论——言语行为动词的过程性,无法以直接观察到的事实,譬如搭配性事实的简单支持来确定。我们已经说过,言语行为动词恰恰不能与长度、等级和同时意义的状语搭配[见第 2 节(4)]。

在这种情况下,更应该从反面佐证中寻找例证。

假设过程性标注不进入言语行为动词的注释。那么在注释中就只剩下对时点性的标注,这样一来,再没有什么能阻碍言语行为动词与表示时间点的状语 НЕМЕДЛЕННО, СЕЙЧАС ЖЕ, СРАЗУ ЖЕ, ТОТЧАС ЖЕ, ТУТ ЖЕ 搭配,以及与类似 за три минуты 这样的时限性时间状语搭配。这两种类型的状语都很容易与时点性事件的典型表示手段——完成体动词的基本意义搭配,譬如:Он немедленно 〈тут же, сразу же〉 написал письмо. Он написал письмо за три минуты. 但是,我们知道[见第 2 节(4)],言语行为动词恰恰与其中任何一种状语都不能搭配。这里可以起阻碍作用的只有过程性元素。事实上,过程性的经典表达方式——表示具有现实—时间长度意义的动词未完成体形式——也同样既不能与时点意义的状语搭配,也不能与时限性时间状语搭配。譬如像 Он немедленно 〈тут же, сразу же〉 читает заметку 〈пишет письмо, открывает окно〉. * Он немедленно работает во дворе. Он пишет письмо за три минуты. * Он работает за три минуты. 这样的句子无法做过程性的阐释,或者甚至句子就是不正确的。

自然得出结论:言语行为动词不能与时间长度状语搭配,因为与动词的时点成分相矛盾;而且也不能与时间点的状语搭配,因为与时间长度成分相矛盾。

现在可以注释言语行为句的体—时意义。可以做以下标注:P——由可以使用于言语行为的词汇单位表示出来的行为;P′——言语行为句;S(P′)——句子生成 P′ 的事态(承诺、请求、警告等)。

这样,在言语行为句中体现出的体—时意义——是下列三种判断的取合:"(1) 在与话语时间相吻合的时间段 T 发生 P′ 和(进而)P;(2) 在时间段 T 的最后时刻 t 发生 S(P′);(3) 在 t 之前的任何时间点都没有发生 S(P′)"。

这个意义是使言语行为动词获得其现实生存的唯一意义,这个意义应该以此增扩俄语动词体—时意义的清单。

参 考 文 献

1. *Austin J. L. How to Do Things with Words.* Oxford, 1965.

2. *Кошмидер Э.* Очерк науки о видах польского глагола. Опыт синтеза // Вопросы глагольного вида. М., 1962. С. 105-167.

3. *Бенвенист Э.* Общая лингвистика. М., 1974.

4. *Vendler Z.* Say What You Think // Studies in Thought and Language/Ed. Cowan J. L. Univ. of Arizona Press, 1970. P. 79-97.

5. *Fraser Bruce.* Hedged Performatives // Syntax and Semantics. Vol. 3: Speech Acts / Eds Cole P. and Morgan J. L. N. Y.; San-Francisco; London. 1975. P. 187-210.

6. *Арутюнова Н. Д.* Предложение и его смысл. М., 1976.

7. *Ross J. R.* Where to Do Things with Words // Syntax and Semantics. Vol. 3: Speech Acts / Eds Cole P. and Morgan J. L. N. Y.; San-Francisco; London, 1975. P. 233-256.

8. *Davison Alice.* Indirect Speech Acts and What to Do with Them // Syntax and Semantics. Vol. 3: Speech Acts / Eds Cole P. and Morgan J. L. N. Y.; San- Francisco; London, 1975. P. 143-185.

9. *Падучева Е. В.* Высказывание и его соотнесенность с действительностью (референциальные аспекты семантики местоимений). М., 1985.

10. *Miller J. E.* Static Verbs in Russian // Foundations of Language. Internat. J. of Language and Philosophy. 1970. N 6. P. 466-504.

11. *Арутюнова Н. Д.* Об объекте общей оценки // Вопр. языкознания. 1985. N 3. С. 13-24.

12. *Баранов А. Н., Кобозева И. М.* Вводные слова в семантической структуре предложения // Системный анализ единиц русского языка. Синтаксические структуры. Межвузовский сборник. Красноярск, 1984. С. 83-93.

13. *Lyons John.* Semantics. London; N. Y.; Melburne, 1977. Vol. 2.

14. *Апресян Ю. Д.* Лексическая семантика. Синонимические средства языка. М., 1974.

15. *Austin J. L.* Philosophical Papers. N. Y.; London, 1961.

16. *Stampe D. W.* Meaning and Truth in the Theory of Speech Acts // Syntax and Semantics. Vol. 3: Speech Acts / Eds Cole P. and Morgan J. L. N. Y.; San-Francisco; London, 1975. P. 1-39.

17. *Коул П.* Референтная непрозрачность, атрибутивность и перформативная гипотеза //

Новое в зарубежной лингвистике. Вып. XIII: Логика и лингвистика (проблемы референции). М., 1982. С. 391-405.

18. *Vendler Z*. Res Cogitans. Ithaca; N. Y.; London. 1972.

19. *Vendler Z*. Telling the Facts // Contemporary Perspectives in the Philosophy of Language. Minneapolis, 1979. P. 220-232.

20. *Крейдлин Г. Е.* О некоторых особенностях синтаксического поведения предикатов с сентенциальными актантами // Семиотика и информатика. 1983. Вып. 21. С. 76-88.

21. *Ross J. R. On Declarative Sentences*//*Readings in English Transformational Grammar* / Eds Jacobs R. and Rosenbaum P. S. Waltham (Mass.), 1970. P. 222-272.

22. *Vendler Z. Illocutionary Suicide* // *Issues in the Philosophy of Language* / Eds McKay A. F., Merrill D. D. New Haven; London, 1976. P. 135-146.

23. *Бондарко А. В.* Вид и время русского глагола. М., 1971.

24. *Comrie Bernard. Tense.* Cambridge; London, etc. 1985.

俄语中的瞬间行为动词与言语行为动词[*]

典型瞬间行为动词——НАХОДИТЬ（Он нашел в пыли медный грошик）。典型言语行为动词 ОБЕЩАТЬ（Обещаю быть вовремя）。第一眼看上去，这两个类型的动词之间没有任何共同之处。然而，关于这两个动词相近的想法完全没有想象的那样古怪。这种想法不是来自于武断的理论想象，而是在尝试回答描写词典和描写语法领域的下列两个现实问题时得到的结果：(1) 应该用哪些从词典学角度看是初始的体—时意义来给瞬间行为动词在词典中做注释？(2) 在言语行为句中实现的是动词的哪种体—时意义？对这些问题的回答，应该能显示出瞬间行为动词与言语行为动词之间的深层相似性。

1. 对瞬间性特点的现有表述及瞬间行为动词的基本类别

在 Ю. С. 马斯洛夫早期的研究[①]（该研究仍具有其自身的价值，且远未被透彻研究）中，曾区分出以下两种类型的动词：(a) ВЫЗУБРИВАТЬ，ЗАГОВАРИВАТЬ（ = 开始说话），ИЗНАШИВАТЬ，НАХОДИТЬ，ПРИВОДИТЬ，ПРИВОЗИТЬ，ПРИЕЗЖАТЬ，ПРИНОСИТЬ，ПРИХОДИТЬ 等；(б) ВЗДРАГИВАТЬ，КАЧАТЬ，КОЛОТЬ，МАХАТЬ，СТУКАТЬ，ТОЛКАТЬ，ТОПАТЬ，УДАРЯТЬ 等。这两类动词鲜明的共同特性就在于，在自己的主要（非转义）意义中"不能表示行为实现过程中的单个行为"[②]，也就是不能有具体的过程意义。譬如，不能说：* Смотри, вот он вызубривает урок〈находит в пыли медный грошик〉。* Я вызвал его по телефону, и он уже〈постепенно〉приходит ко мне。
马斯洛夫认为，这些动词不具有"被过程化"的能力，一方面是与词汇语义有

---

[*] 文章首次发表在文集《Русистика сегодня. Язык: система и ее функционирование》, М. ,1988.

[①] Маслов Ю. С. Вид и лексические значения глагола // Изв. АН СССР. ОЛЯ. 1948. Т. VII. Вып. 4. С. 303-316.

[②] 同上, с. 304.

关；另一方面是与语法（体）语义有关。在第一类动词中（НАХОДИТЬ，ПРИХОДИТЬ 等），对过程化造成干扰的是，完成体形式表示"跳跃式地、'点状式地'向新的性质过渡的事实"①。在第二类动词中（КАЧАТЬ, ТОЛКАТЬ 等），对过程化造成干扰的是，完成体形式表示"以一种不能分出组成部分的方式，一个动作完成的行为"（同上）。

后来，在没有"体"形式的语言中也发现了类似的动词。在马斯洛夫的研究发表 9 年之后，万德勒发表了自己著名的英语动词分类第一方案。与马斯洛夫不同，在这一分类中，他把类似 ARRIVE（приезжать），FIND（находить），FORGET（забывать），REACH（достигать），REMEMBER（вспоминать），WIN（побеждать）等这类词划分为一个特殊的类别，称为"达到"②。

这一分类的基础是一系列的特征，主要是搭配性特征，其中有马斯洛夫指出的几个特征：(1) 没有进行时形式，翻译成俄语就是没有现实—时间长度（具体过程）意义（见上述例句）。这一点使"达到"与"完成"（有临界线的行为和过程，譬如：ВЫХОДИТЬ, РЕШАТЬ）和"活动"（没有临界线的行为和过程，譬如：ИДТИ, РАБОТАТЬ）相区别，但与状态词（对状态的指称，譬如：ВИДЕТЬ，ЗНАТЬ, СЛЫШАТЬ, СЧИТАТЬ）相类似。(2) 不能与时间长度状语搭配，换句话说，没有过程意义，譬如不能说：* Он долго находит в пыли монетку〈приходит ко мне, побеждает своего соперника〉。这一点使"达到"动词与有过程意义的状态动词相区别③。

万德勒解释他发现的"达到"的特性在于，这些行为"在某一个瞬间发生"(c. 103)，"不表示沿时间流逝的过程"(c. 102)，根本"不是行为"(c. 106)。

对由马斯洛夫和随后的万德勒发现的瞬间动词类别进行研究，可以认为，瞬间特性在所有情况下都具有统一的语义基础。但是，是否可以认为，在上述的表述中，瞬间性的统一语义概念得到了解释说明？

正如刚才所说，在马斯洛夫的研究中给出了该性能的两种不同表述。第一种涉及 ПРИХОДИТЬ 这类动词（"跳跃式"、"点状式"行为），而第二种涉及

---

① Маслов Ю. С. Вид и лексические значения глагола // Изв. АН СССР. ОЛЯ. 1948. Т. VII. Вып. 4. С. 315.

② Vegdler Z Verbs and Times // Linguistics in Philosophy. Ithaca; N. Y., 1967. P. 102.

③ 万德勒指出的"达到"的其他特征（譬如，不能与 Accusativus cum infinitive 搭配）表现出更专门的意义，因为只涉及英语。

КАЧАТЬ 这类动词(以一种不能分出组成部分的方式、一次性完成的行为)。但是,如果我们关于这两类动词都具有瞬间性的共同语义特性的假设是正确的话,则这种特性应该在词典注释中以明显的方式表现出来;另一方面,马斯洛夫只描述了适用于完成体形式的令我们感兴趣的特性。但是,不仅仅是瞬间行为动词的完成体形式,而且是很多其他动词的完成体形式都能表示"点"式过渡到新的性质这一事实,譬如:ПОДГЛЯДЫВАТЬ — ПОДГЛЯДЕТЬ, ПОДСЛУШИВАТЬ — ПОДСЛУШАТЬ, ВИДЕТЬ — УВИДЕТЬ, СЛЫШАТЬ — УСЛЫШАТЬ 等。然而,我们的兴趣首先在于,未完成体形式是如何表现瞬间性的。

至于万德勒,他在研究中提出了瞬间性概念的一系列同义迂喻表述来替代语义解释:"非行为","没有沿时间的延展","在某一时刻发生"。虽然,如同所有的迂喻法一样,这些表述具有众所周知的价值,因为可以让我们从不同的角度来审视这一现象,但是,没有一种迂喻表述能使我们更接近对构成瞬间行为动词特色的语义因素的理解。

有不少重要的论著都对马斯洛夫和万德勒的分类和观察进行过研究①。但其中大多数都是在重复上述援引的表述,没有实质性改变。直到前不久,才提出了有关瞬间性的语义基础的新理解。所有这些新的认识都在某种程度上排斥关于瞬间动词"点"的原始概念。总体来看,这种思想是卓有成效的,但这种思想的具体实现引起异议。

譬如,Г. 库切拉更倾向于认为,"达到"动词表示一种延续长度"非常有限"和"最小"的活动②。如果事实真的如此,瞬间动词就应该可以与表示不很长的

---

① 参见:Osgood Ch. E. Where Do Sentences Come from? // *Semantics*. An Interdisciplinary Reader in Philosophy, Linguistics, and Psychology. Cambridge, 1974. P. 497-529; Dowty D. Towards a Semantic Analysis of Verb Aspect and the English Imperfective Progressive// *Linguistics in Philosophy*. 1977. N 1. P. 45-77; Lyons John. Semantics. London, etc. 1977. Vol. 2; Мелиг X. P. Семантика предложения и семантика вида в русском языке (к классификации глаголов Зено Вендлера) // Новое в зарубежной лингвистике. Вып. XV: Современная зарубежная русистика. М. 1985. С. 227-249. Булыгина Т. В. К построению типологии предикатов в русском языке // Семантические типы предикатов. М., 1982. С. 7-85; Селиверстова О. Н. Второй вариант классификацио- нной сетки и описание некоторых предикатных типов русского языка// Самантические типы предикатов. М., 1982. С. 86-157; Падучева Е. В. Семантические типы предикатов и значение *всегда* // Семиотика и информатика. 1985. Вып. 24. С. 96-116.

② Kučera H. Aspect in Negative Imperatives // *The Scope of Slavic Aspect*. Columbus; Ohio, 1985. P. 118-128.

时间段的时间长度状语搭配。但是并非如此,不仅不可以说: * Он приходил ко мне три часа,而且也不可以说: * Он приходил ко мне секунду。

在库切拉的研究中还给出了对瞬间动词的一种描写:这些动词只用来表示"只有当目标和终点已经很近"的过程(c.123)。如果登山运动员已经在山脚下了,但不能说: * Альпинист достигает вершины. 而却可以在某人仅仅写出了一页的情形下,说: Он пишет книгу。

观察发现,瞬间动词是将注意力集中在过程的终点时间。这一观察对大多数瞬间动词是正确的,但不是对所有的瞬间动词都是正确的。譬如,马斯洛夫列举的动词 ЗАГОВОРИВАТЬ 就是把注意力集中在行为的起点;另一方面,有一些瞬间动词,库切拉的描写对它们完全不适用。如动词 ОПАЗДЫВАТЬ (на два часа), УДАВАТЬСЯ, 以及 ЗАПРЕЩАТЬ, НАЗНАЧАТЬ, РАЗРЕШАТЬ 等及其他一些言语行为动词。

在许多的研究中,"达到"动词还包括 НАИГРАТЬСЯ (за два часа), ПОЧИТАТЬ (некоторое время), ПРОИГРАТЬ (весь сезон), ПЕРЕНОЧЕВАТЬ (在某处过夜)①。在另一些研究中,把 КОНЧАТЬ, УМИРАТЬ 这类动词划入了"达到"动词的行列②。考虑到这样一些类似的动词,认为有必要"对万德勒的'达到'定义做补充说明,并允许这些动词不一定都是瞬间动词③"。A. 基姆别尔列克对这一思想的表述要谨慎得多:"这些述体的区别特点不是时间长度,而是这样一个事实:事件的时间(基姆别尔列克认为是间隔——作者注)不可能再次划分出亚间隔"(c.158)。

所述观点也不能令人信服。第一,无论过程多么短暂,如果不是瞬间的,就应允许借助于类似 две секунды, недолго 这样的状语对过程的延展时间来加以说明。但动词 НАИГРАТЬСЯ 和 ПЕРЕНОЧЕВАТЬ 不能有这样的表述;第

---

① Timberlake Alan. Reichenbach and Russian Aspect// Ibid. P. 153-168; Flier Michael S. *The Scope of Prefixal Delimitation in Russian* // Ibid. P. 41-58; Russel Pamela. *Aspectual Properties of the Russian Verbal Prefix na-* // Ibid. P. 59-75.

② Vlach Frank. *The Semantics of the Progressive* // Syntax and Semantics. Vol. 14. Tense and Aspect. N. Y. etc. , 1981. P. 272-292; Mourelatos Alexander P. D. Events, Processes, and States// Ibid. P. 191-212; Tedesci Philip J. Some Evidence for a Branching-Futures Semantic Model// Ibid. P. 239-269.

③ Russel Pamela. Op. cit. P. 72.

二,不能划分出"亚间隔"的时间是"点"。只能是从术语学上而非实质上掌握这一事实;第三,不能认为所述观点是对万德勒构想的发展。这一观点的描述是基于完全不同的材料(譬如,动词 УМИРАТЬ, ПО- 和 ПРО- 的行为方式方法特性),这些材料不能满足"达到"的特征,而这些特征在万德勒看来是"达到"的建构材料。这样一来,瞬间性概念的表述没有得到加确说明,反而完全破坏了这一概念。

看来,不真正扩大原始事实材料要想在瞬间动词的研究上取得进展是不可思议的。但是,材料的扩大不应破坏在 Ю. С. 马斯洛夫和万德勒的瞬间性运作标准中表现出来的最初的语言和语言学直觉。下列动词组在某种程度上满足了这些标准(清单显然是不全面的,但是具有代表性的)。

(1) 表示到达终点的运动动词,其中包括:

—— 大多数带有前缀 ПРИ- 的动词：ПРИБЕГАТЬ, ПРИВОДИТЬ, ПРИВОЗИТЬ, ПРИВОЛАКИВАТЬ(СЯ), ПРИГОНЯТЬ, ПРИЕЗЖАТЬ, ПРИЛЕТАТЬ, ПРИНОСИТЬ, ПРИНОСИТЬСЯ, ПРИПЛЕТАТЬСЯ, ПРИПЛЫВАТЬ, ПРИПОЛЗАТЬ, ПРИСЫЛАТЬ, ПРИХОДИТЬ (但不能是 ПРИБЛИЖАТЬСЯ);

—— 某些带有前缀 ДО- 的动词：ДОБЕГАТЬ, ДОВОДИТЬ, ДОВОЗИТЬ, ДОЕЗЖАТЬ, ДОЛЕТАТЬ, ДОНОСИТЬ, ДОСТАВЛЯТЬ, ДОСТИГАТЬ, ДОХОДИТЬ, 但不能是 ДОБИРАТЬСЯ(试比较：*Он три часа доходил до города — Он три часа добирался до города);

—— 某些带有词干-СЛАТЬ 的动词：ВЫСЫЛАТЬ(деньги на поездку), ЗАСЫЛАТЬ (шпиона), ОТСЫЛАТЬ (кого-л. обратно), ПЕРЕСЫЛАТЬ (чью-л. записку), ПОСЫЛАТЬ (кого-л. за хлебом);

—— 某些带有词干-ЯВЛЯТЬ 的动词：ЯВЛЯТЬСЯ, ЗАЯВЛЯТЬСЯ, ОБЪЯВЛЯТЬСЯ.

(2) 某些表示"体力上、生理上、社会上、精神上、意志上获得或丧失"意义的动词：ВСПОМИНАТЬ — ЗАБЫВАТЬ (что назначил свидание), НАХОДИТЬ — ТЕРЯТЬ (книгу), ПРИОБРЕТАТЬ — ЛИШАТЬСЯ (права), 以及"非对偶"动词 ЗАКЛЮЧАТЬ (что ждать осталось недолго), ОБНАРУЖИВАТЬ (пропавшую вещь), ОТКРЫВАТЬ (закон природы), ПОДХВАТЫВАТЬ (простуду), ПОЛУЧАТЬ (по заслугам),

ПОНИМАТЬ, СХВАТЫВАТЬ（насморк）, ТРАТИТЬ（рубль на что-л.）, УСТУПАТЬ（кому-л. первое место）.

（3）表示"成功"或"不成功"意义的动词：ПОБЕЖДАТЬ — ТЕРПЕТЬ ПОРАЖЕНИЕ（в этой партии）, ВЫИГРЫВАТЬ — ПРОИГРЫВАТЬ（фигуру）, УСПЕВАТЬ — ОПАЗДЫВАТЬ（на мгновение）, 以及"非对偶"动词 ДОСТИГАТЬ（своих целей）, УДАВАТЬСЯ（открыть дверь）.

（4）某些情态动词：ВЕЛЕТЬ, ВЫНУЖДАТЬ, ДОПУСКАТЬ, ЗАПРЕЩАТЬ, ОБЯЗЫВАТЬ, ПРИНУЖДАТЬ, ПУСКАТЬ（кого-л. гулять）, РАЗРЕШАТЬ.

（5）事件动词：ВЫХОДИТЬ（Вышло так, что мы с ним разминулись）, ОКАЗЫВАТЬСЯ（Все оказалось проще, чем мы думали）, ПОЛУЧАТЬСЯ（Получается, что ты прав）, ПРОИСТЕКАТЬ（Пожар проистек из-за неосторожного обращения с огнем）, СЛУЧАТЬСЯ. 有趣的是，俄语中一个主要的事件动词 ПРОИСХОДИТЬ 不是瞬间动词，譬如：Что здесь происходит?

（6）表示"发现、遇到某人处在某种状态或事态中"意义的动词：ЗАСТАВАТЬ（кого-л. за чтением газеты）, ЗАСТИГАТЬ（кого-л. врасплох）, ЛОВИТЬ（кого-л. с поличным）, НАКРЫВАТЬ（кого-л. на месте преступления）.

（7）表示"违反/遵守社会规章、道德标准"等意义的动词：ИЗМЕНЯТЬ（Родине）, НАРУШАТЬ（правило）, ОБХОДИТЬ（закон）, ПРЕДАВАТЬ（товарища）, ПРЕСТУПАТЬ（закон）, РАЗГЛАШАТЬ（тайну）, СЛЕДОВАТЬ（совету）, СОВЕРШАТЬ（грех）, ПОДВОДИТЬ（кого-л.）.

（8）表示"过渡到新的状态/事态或产生新状态/事态"等意义的动词：БРОСАТЬ, ВСПУГИВАТЬ, ВСПЫХИВАТЬ, ВЫБИВАТЬ（из рук чашку）, ВЫБРАСЫВАТЬ, ЖЕНИТЬСЯ, ЗАДЕРЖИВАТЬ（преступника）, ИСКЛЮЧАТЬ（кого-л. из списков）, ЛОМАТЬ（случайно карандаш）, НАЗНАЧАТЬ, ОЗАРЯТЬ（о мысли）, ОКАЗЫВАТЬСЯ（в совершенно другом месте）, ОПОМИНАТЬСЯ（после этих слов）, ПОПАДАТЬ（в руки）, ПУСКАТЬ（лошадей вскачь）, РАЗБИВАТЬ（случайно витрину）, РАЗРЫВАТЬ（сухожилие）, РОНЯТЬ（платок）, СБИВАТЬ（с ног）, СБРАСЫВАТЬ（чемодан）, СВАЛИВАТЬСЯ（с верхней полки）.

(9) 表示"建立（或失去—少用）体力、感知、理性或情态联系"等意义的各种动词：ВСТРЕЧАТЬ（кого-л. случайно），ВСТУПАТЬСЯ（за кого-л.），ВЫДЕРГИВАТЬ（руку），ДОТРАГИВАТЬСЯ，ЗАМЕЧАТЬ，КАСАТЬСЯ［试比较快速动作与状态的对立：быстро касаться её волос（快速触摸她的头发）；Спинка дивана касается стены(沙发的靠背挨着墙)］，КЛЕВАТЬ（但不能是 ЖАЛИТЬ，КУСАТЬ），НАВЕЩАТЬ（以及相似意义的 ЗАГЛЯДЫВАТЬ 和 ЗАХОДИТЬ），НАПАДАТЬ，ОСТАВЛЯТЬ（ребенка у друзей），ОТКЛИКАТЬСЯ，ОТПУСКАТЬ（кого-л.），ПОКИДАТЬ（родимый дом），ПОПАДАТЬ（в цель），ПОРЫВАТЬ（с кем-л.），ПОСЕЩАТЬ，ПОСКАЛЬЗЫВАТЬСЯ，ПРЕРЫВАТЬ（разговор），ПРИВЛЕКАТЬ（ее голову к себе на грудь），ПРИМЫКАТЬ（快速动作），ПРИНИМАТЬ(хлеб-соль из чьих рук)，ПРИСЛОНЯТЬСЯ（快速动作），ПРИТРАГИВАТЬСЯ，ПРОМАХИВАТЬСЯ，ПРЫГАТЬ（в высоту），РАЗЛУЧАТЬ（влюбленных），РАЗРЫВАТЬ（отношения），СТРЕЛЯТЬ，СТУКАТЬ，СХВАТЫВАТЬ（кусок колбасы），ТОЛКАТЬ，ТОПАТЬ，ТРОГАТЬ，УДАРЯТЬ，ХВАТАТЬ（книгу с полки）。

(10) 当动词表示一次量化行为时可以充当量化动词：ВЗДРАГИВАТЬ，ВИЛЯТЬ（хвостом），КАЧАТЬ，МАХАТЬ，МИГАТЬ，МОРГАТЬ，СОДРОГАТЬСЯ，СОТРЯСАТЬСЯ，ТОЛКАТЬ，ШЕВЕЛИТЬ，但显然不是 ВИБРИРОВАТЬ，ДРОЖАТЬ，КОЛЕБАТЬСЯ，ОСЦИЛЛИРОВАТЬ，ТРЕПЕТАТЬ，ТРЯСТИ(СЬ)，这些词的量化意义太少，不足以把它们区分出来。当然，这里指的不是幅度的物理值，而只是该值的语言学概念化。ВЗДРАГИВАТЬ 的物理值幅度比 ТРЯСТИ(СЬ)要小，但在第一个动词中可以区分出一个量化行为（Он вздрагивает и оборачивается），而在第二个词中没有①。

在(1)—(10)的清单中列出的并不是所有的不能与过程意义和现实—时间长度意义兼容的动词组，譬如，多次性行为方式，类似 Ты уже ходил за хлебом？

---

① 有趣的是，带-нуть 的完成体形式不是区分一次性量化行为的标准，试比较：ТРЯСТИ — ТРЯХНУТЬ（ковер），这里只有完成体形式表示一次性量化行为，而未完成体形式表示数个行为；而对偶词 ВЫТРЯХИВАТЬ — ВЫТРЯХНУТЬ（ковер），甚至完成体形式都可以对应几个或多个量化行为。

这样的句子中的多次运动动词,已经提及过的状态词和许多其他动词①。在这些情况下,与过程意义和现实—时间长度意义的非兼容性是因为其他的原因,而且,每一次都是新的原因。不过上述十组动词与这些意义的非兼容性尽管表面各有不同,却总是根植于同一个语义特性。

2. 瞬间性的语言表现形式

下面对文献中指出的或者我们发现的瞬间性最重要的表现形式做一个综述,无论在第 1 节中是否提到过这些形式。

瞬间性的语言(词法的、构词的、句法的和语义的)表现形式从两个角度来看非常重要。第一,在对俄语的全面语言学描写规则的各种不同类型中都应考虑到这些表现形式;第二,这些形式为理解瞬间行为动词的特点提供了钥匙。实质上,所有这些表现形式都源于马斯洛夫指出的核心特性——不能用于现实—时间长度意义,或者说不能表示行为的延展过程。

(1)所有的瞬间行为动词都拥有成对(两个)的完成体形式。其中的一些完全没有未完成体形式,虽然从语义和词法上这种形式是完全可能的,譬如,ОЧНУТЬСЯ(马斯洛夫给它指定了一个不同词干的对偶动词——ПРИХОДИТЬ В ЧУВСТВО②),ПРИЮТИТЬ(СЯ)。这当然不是偶然的。对于瞬间行为动词来说,使用完成体形式是非常典型的(而且更常用),因为这种形式中没有未完成体法位的两种基本意义。

(2)瞬间行为动词不能构成开始、确定、递进、限定和完成等行为方式③,即不能构成下列类型的派生词:ЗАРАБОТАТЬ(Мотор заработал),ПОРАБОТАТЬ(Мотор поработал две минуты и заглох),ПРОРАБОТАТЬ(Мотор

---

① 关于这些动词的不同组别请参见:Маслов Ю. С. Вид и лексическое значение глагола // Изв. АН СССР. ОЛЯ. Т. VII. Вып. 4. С. 303-316; Vendler Z. Op. cit.; Бондарко А. В. Вид и время русского глагола. М., 1971; Апресян Ю. Д. Нетривиальные семантические признаки и правила выбора значений // Восприятие языкового значения: Межвузовский сборник. Калининград, 1980. С. 27-49; Гловинская М. Я. Семантические типы видовых противопоставлений русского глагола. М., 1982; Булыгина Т. В. Указ. соч.

② Маслов Ю. С. Указ. соч. С. 307.

③ Г. Кучелаг曾指出,瞬间动词不能表示行为的完成方式:Kučera Henry. Op. cit. P. 124; Х. Р. 梅里克指出了瞬间动词不能表示行为的确定和递进方式:Мелиг Х. Р. Указ. соч.

проработал два года), ОТРАБОТАТЬ (Мотор свое отработал), ДОРАБОТАТЬ (Мотор едва доработал до вечера). 瞬间动词不能构成这类派生词,因为这些词表示的开始、中间和结束的情景是不能分割的。试比较: ЗАБИТЬ(Фонтан забил),但不能是 * ЗАУДАРИТЬ; ПОИСКАТЬ(книгу две минуты),但不能是 * ПОПАХОДИТЬ; ПРОИСКАТЬ(книгу два часа),但不能是 * ПРОНАХОДИТЬ; ОТГОВОРИТЬ (Отговорила роща золотая),但不能是 * ОТВЕЛЕТЬ; ДОИСКАТЬСЯ,但不能是 * ДОНАХОДИТЬ。

(3) 瞬间行为动词不能用于未完成体的过程和现实—时间长度意义,因而自然不能与下列时间长度状语搭配:ВСЁ(Люди всё шли),ВСЁ ЕЩЕ, ДОЛГО, ЕЩЕ (Люди еще шли), НЕДОЛГО, ЦЕЛЫЙ ЧАС 等;不能与 МЕДЛЕННО, ПОСТЕПЕННО 这类递进性状语搭配;也不能与表示同时意义的连接词 КОГДА, ПОКА 搭配。譬如,不能说: * Ласточка все еще прилетала к гнезду(指一次飞翔行为); * Он замешкался, пока 〈когда〉находил в пыли медный грошик. 不过,最后一种特性需要更精确的表述,关于这一点见下文。

(4) 瞬间行为动词不能与时限性时间状语搭配,即下列类型的短语: за (в) три минуты, за (в) год; * Он приходит ко мне за пять минут①。

这一观察多次遭到反驳,理由是下列句子显然是正确的: Он достигает вершины за три часа. Собака находит спрятанную вещь за пять минут. 但是,关于这类句子,万德勒非常公正地指出,这些句子与自己真实的自然存在相混淆了。当说 Он достигает вершины за три часа 的时候,我们实际所指的不是用了三个小时登顶,而是指登上去的过程用了这么多时间。而说 Он пишет рассказ за три часа 时,我们是指整整三个小时被写小说的行为填满②。

(5) 由于第(2)点中指出的原因,瞬间行为动词不能与任何阶段性动词搭配,作为其句法从属成分(而不像 Г. 库切拉认为的那样,仅仅是不能与表示开始的动词搭配)③。譬如,不能说 * Чемпион мира начал 〈продолжал, перестал〉побеждать во второй партии.

---

① Vegdler Z. Op. cit. P. 104.
② Vegdler Z. Op. cit. P. 104.
③ Kučera Henry. Op. cit. P. 124.

(6) 瞬间行为动词不具有未完成体的法位的全部体学意义。

第一,如上所述,瞬间行为动词没有过程和现实—时间长度意义。

第二,大多数瞬间行为动词没有潜在意义。譬如,不能说 * Мальчик хорошо приходит к обеду〈плохо застает знакомых дома, легко случайно ломает карандаш〉,相反可以 Мальчик хорошо читает〈плохо считает, легко ломает подковы〉。极少的例外：Он легко понимает абстрактные утверждения. Он легко подхватывает простуду. 即便是在这类情况下,所实现的更多是特性意义,而不是纯潜在意义。这不难理解。潜在意义是那些表示相对比较复杂的体力或智力型活动的动词特有的,掌握这些活动需要学习或练习,而完成这些活动需要时间。显然,瞬间行为动词不属于这类动词。

对于瞬间行为动词来说,有四种意义是最典型的：常规性或重复性意义①(Он находит свои книги в самых неожиданных местах),历史现在时意义②(Приходит он ко мне однажды и говорит),一般事实结果意义(Никто не находил мою сезонку?),一般事实的双向意义(Ко мне никто не приходил?)。

此外,不仅在一般事实意义,而且在常规意义和历史现在时意义上瞬间行为动词都有结果意义,换句话说,这些动词不仅用完成体形式可以表示跳跃式地、点状式地向新的性质过渡的事实,而且用未完成体形式也可以表示。类似 Именно благодаря этому важному темпу белым удается овладеть инициативой 这样的句子与用完成体过去时的句子... белым удалось овладеть инициативой 几乎是同义句。这一特性和"不能用于现实—时间长度意义"一样,把这些动词与大多数其他动词严格地区分开来。

其他类型的动词在常规意义和历史现在时意义上既可以表示行为在延展,也可以表示行为的结果。譬如,БУДИТЬ 过去时的常规意义的两种理解：Летом я по полчаса будил детей, но разбудить их не мог(过程)— Утром я будил детей и уходил на работу(结果)③。

---

① Рассудова О. П. Употребление видов глагола в русском языке. М., 1968.
② Vendler Z. Op. cit. P. 103.
③ 详见：Бондарко А. В. Указ. соч. Гловинская М. Я. О соотношении частных видовых значений с главными значениями видов // Аспектуальные и темпоральные значения в славянских языках: материалы заседания комиссии по изучению грамматического строя славянских языков. МКС. М., 1983. с. 53-59.

（7）既然瞬间行为动词总是有结果的，因此与这类动词构成的并列性连环通常表示连续性的而非同时性的行为。试比较：Он приезжает к знакомому и находит у него на столе свою книгу（两个连续的事件）和 Вот моя птица, когда-то веселая: Обруч качает, поет на окне（А. Блок; 两个同时的行为）。

（8）在瞬间性的语义性能与行为不可控性特征之间具有非偶然的对应。这种对应在那些具有两种使用类型或两种意义——"有意的"和"无意的"的动词中特别明显。这样的动词有：第（2）类中的 ВСПОМИНАТЬ 和 УЗНАВАТЬ，第（6）类中的 ЛОМАТЬ, РАЗБИВАТЬ, РАЗРЫВАТЬ，第（9）类中的 ВСТРЕЧАТЬ 和其他一些动词（但不能是 НАХОДИТЬ，这个词在两种意义上都是瞬间动词）。所列出的这些动词只有在"无意的"使用中才具有瞬间行为特性。譬如不能说 * Я мучительно вспоминал, что завтра у жены день рождения. * Он долго узнавал от меня новость. * Смотри, он случайно разбивает окно〈ломает карандаш, разрывает рубаху〉. * Вчера в пять часов вечера он все еще встречал случайно своего знакомого. 在"有意的"使用（或意义）中所有这5个动词都变成了表示有界限的行为，并自由使用于过程和现实—时间长度意义。试比较：Я мучительно вспоминал, когда у жены день рождения. Он долго узнавал у меня дорогу к рынку. Смотри, хулиганы разбивают витрину〈ломают киоск, разрывают флаг〉. Вчера в пять часов вечера мы все еще встречали в аэропорту университетскую делегацию.

补充指明一点，ВСПОМИНАТЬ 的"无意的"（瞬间）意义对应于有连接词 ЧТО 的语境，而"有意的"的意义对应于由无重音疑问词引导的间接疑问性语境（见上述例子）。动词 УЗНАВАТЬ 的"无意的"意义与带前置词 ОТ 的语境对应，而"有意"意义与带前置词 У 的语境对应[1]。

不应把所述特性绝对化。特别是不能同意下列观点："达到"动词不能表示有意识的或无意识的行为，因此不能与 НАМЕРЕННО 这类副词搭配[2]；这类动词表示不可控或可控性很小的行为[3]；这类动词不能与表示"应该"（义务）意

---

[1] 关于 УЗНАВАТЬ 详见 Апресян Ю. Д. Языковая аномалия и логическое противоречие // Tekst. Jezyk. Poetyka. Wrocfaw, 1978. S. 129-151.
[2] Vendler Z. Op. cit. P. 106.
[3] Kučera Henry. Op. cit. P. 124.

义的情态词 ДОЛЖЕН 搭配①—②。所有这些论断对某些瞬间动词是不正确的,特别是对表示"到来"的动词(ПРИЕХАТЬ, ПРИЙТИ, ПРИВЕЗТИ, ПРИВЕСТИ 等)和某些情态动词,如: РАЗРЕШАТЬ, ЗАПРЕЩАТЬ 等,试比较: Он намеренно пришел сюда. Вы должны найти книгу 〈прийти, разрешить ему присутствовать〉.

(9) 在很多瞬间行为动词的词汇意义中都表现出"联系"的意思,譬如在(1)、(2)、(6)类,特别是(8)和(9)类。

对瞬间性的词法、构词、句法和语义表现形式的综述表明,瞬间行为动词普遍倾向于结果意义。在对这些动词注释时应该充分考虑到这一事实。

显然,并非所列的全部表现形式对所有瞬间行为动词来说都具有均衡的典型性。该范畴具有不同程度的典型代表,就像红色具有不同程度典型代表一样。如同任何一个其他语言客体,无论是词干、词位的支配模式、句法结构、词汇意义还是语法意义等,瞬间性也有自己的核心和边缘,在从核心向边缘——从类别(1)到(10)过渡时,其瞬间性的表现形式数量可能逐渐减少。况且,同一个词,甚至同一个词位的瞬间性也会在不同程度上依赖于句法结构、主客体类型(这里物体和质量的对立特别重要)、主客体的数量和其他许多因素。譬如,动词 ВЫИГРЫВАТЬ 在 выигрывать фигуру 中的瞬间性要比 выигрывать партию 中的多。Нарушитель пересекает границу 描写的是瞬间事件,而 Полк 〈поезд〉 пересекает границу 不是瞬间事件。这样的例子能找到很多。

如果瞬间性的核心点理解为是这样一个动词,它在所有的使用条件下都具有上述所有表现形式,那么在核心区位置可以竞争的是某些带前缀 ПРИ- 的动词;另一方面,对于位于瞬间性边缘区[从(8)—(10)的类别]的很多动词,则可能产生怀疑: 它们真的具有这种性能吗?因此,看来必须不是用一个性能来运作,而是一组性能,其中每一个性能涵盖瞬间性表现形式的某个子类别或瞬间动词的某些分组。暂时把这个问题搁置起来。我们来看一下那些迫使我们必须关注的事实。这些事实中的绝大多数好像都是对"瞬间行为动词没有具体—过程和现实—时间长度意义"这一论断的反证。

如果瞬间动词表示的行为好像与话语行为是同时进行的,我们把这种瞬间动词的这种使用称作假过程性。看来,这种使用共有两种类型。未完成体现在

---

① Tedesci Philip J. Op. cit. P. 259.
② 不能与"义务"意义的 ДОЛЖЕН 搭配不是因为瞬间性,而是因为行为的不可控性。

时形式的瞬间动词在第一种类型中具有完成体意义，在第二种类型中则表示讲话人确信能出现的不久的将来意义。

属于第一种类型的有下列三组意义或用法。

(а) 报道现在时，譬如：Сюда с левого края приходит с мячом Блохин, обводит защитника и сильно бьет по воротам. Гол! 显然，此处的瞬间动词 ПРИХОДИТЬ 具有的不是现实—时间长度意义，而是完成体意义。Блохин приходит сюда 不是指在看到的这一时刻 Блохин 接近了场地的某一个点，而是指 Блохин 已经达到了这一点，也就是说在说话时刻之前这一行为已经实现了。这种句子与真正的完成意义(Гости уже пришли, а у нас стол не накрыт)的区别在于下列情态背景上："讲话人希望听者把行为想象成如同在讲话时刻就发生在他眼前"。这种情态背景对所有的报道现在时都是典型的。确实，讲话人试图用报道现在时把自己的直觉感受传递给听众，而在讲话时刻，讲话人是这一画面的见证人。

(б) 近似于、但又不等同于"情感现实化的现在时"的用法①，譬如：Вы приходите ко мне за советом, хотя мы едва знакомы(……已经来了)。Я застаю вас за подслушиванием (застигаю вас на месте преступления), а вы делаете вид будто, ничего не произошло(……已经碰上了)。Я замечаю, что ты стал осторожнее(……已经发现了)。Я вспоминаю, что ты обещал прийти(……已经想起来了)。这种用法对于第一和第二人称、呼语、提问是典型的。这种用法与纯粹的完成意义的区别是情态背景，这种情态背景最贴近的表述是："讲话人希望，听者能把刚刚结束的行为 Р(到来、发现、想起)看得很重要"，为此把它描绘成就像讲话时刻正在发生的一样②。

瞬间动词的相似用法(马斯洛夫也关注这种类型的用法③)体现在句子 Зачем людей толкать? Зачем вы людей толкаете? 中，常用于表示当讲话人或第三方(刚刚)只被推了一下的情形。动词的这种用法相当于夸张的名词复数用法④。

---

① 见 Бондарко А. В. Указ соч. С. 150-153.

② 比较：Гловинская М. Я. Теоретические проблемы видо-временной семантики русского глагола: Автореф. дис. д-ра филол. наук. М., 1986. С. 31.

③ Маслов Ю. С. Указ. соч. С. 315.

④ 见 Потебня А. А. Значение множественного числа в русском языке. Воронеж, 1888; Арбатский Д. И. Множественное число гиперболическое // РЯШ 1972. № 5. С. 91-96; Красильникова Е. В. Некоторые проблемы изучения русской разговорной речи // Проблемы структурной лингвистики. 1981. М., 1983. С. 107-120.

这一术语是指，用复数来描写单个事实或事件，目的是使这种事实典型化，并使它获得原则性意义，譬如：Книги повсюду разбросаны（事实上只有一本书没有放在位置上）。Я университетов не кончал. Не устраивай истерик. А они там чаи-кофеи распивают. 很清楚，在注释夸张性复数时应该含有这样的引文：实际上只发生了一个事实，由于讲话人希望把问题提高到原则性高度，这个事实在表述的情态框架下被多数化了。Зачем людей толкать? 这类的结构也应该得到类似的注释。瞬间动词在这样的结构中不表示与话语行为同时的行为，因为一次性的行为在说话时刻前已经结束，讲话人纯粹是出于宣传的目的才这样来描绘，就像在说话时刻他（或第三方）仍然被别人推着一样。

（в）解释现在时①。这种用法对第（7）类别的瞬间动词是典型的：Вы нарушаете правило〈обходите закон, предаете товарища〉。在这些句子中同样没有现实—时间长度意义：行为 P 相当于一种被评定为 R 的犯罪〈违犯法规或法律，叛变〉，是发生在讲话时刻之前的。这些句子中所表述的意义注释如下："讲话人说的是过去的行为 P 或行为结果，在讲话时刻把 P 解释为行为类型 R"②。补充一点：也同样是为了引起对事实的注意，在他看来事实很重要，在话语时刻仍保持着其现实性。

在第二类用法中，未完成体现在时形式的动词表示讲话人相信不久将来会发生的事件。这种用法对于"展示性"表述，特别是在说第三方时是典型的，文献中常讨论的一个典型例子：— Смотри, Джон все-таки побеждает. Подскочили трое смутно знакомых людей и начали его бить, и сначала они его побеждали, а потом вдруг он стал их побеждать и избил всех троих, а у одного отнял даже очки и пуловер (В. Попов). 这些例句不止一次地被用来反驳万德勒的一个主要论点："达到"意义不能用于进行时③。但是，正如 J. 莱昂斯④曾非常公正地指出，类似 Джон все-таки побеждает 这类句子表示的不是"乔治正处在战胜对手的胜利过程中"，而是"乔治是以这样的方式完成训练的，最终他肯定将成为胜利者"。试比较：Ольпинист уже достигает вершины. Ты ломаешь стул.

---

① 见 Гловинская М. Я. Теоретические проблемы ... С. 30.
② 同上。
③ Vlach Frank. Op. cit. P. 277; Mourelatos Alexander P. D. Op. cit. P. 193; Tedesci Philip. Op. cit. P. 259.
④ Lyons John. Op. cit. P. 712.

在使用瞬间动词时这个很简单的骗局在下列情况下特别明显：被明显区分出来的准备阶段先于纯行为，这种情况对第(9)类别中的许多动词是典型的。在动词所表示的行为中准备阶段体现的越清楚，动词的过程性用法的概率就越高。譬如：Смотри, Брумель прыгает 〈Семенов стреляет, Он ударяет молоточком в дверь〉。我们来详细分析一下这些例子。

跳高运动是一项复杂的活动，包括进入跳高区、对跳跃进行体力上和心理上的动员、起跑、离开地面和飞跃。而纯粹意义上的跳高只表示离开地面和快速短暂飞跃的一瞬间(例如，在维索茨基的著名歌曲中：起跑、助动、跳跃!)。如果一个运动员只是进入了跳高区，集中精力和起跑了，但剩下的全都没做，不能说他跳高了。射击、击打和其他类似行为的情况也一样：只有当子弹或炮弹飞出枪炮膛，即与枪炮膛脱离了接触那一瞬间射击才成为现实。同样，只有当武器或人体的某一端由于行为者剧烈的动作接触到对象的时刻，击打的行为才得以实现。如果射击者举起枪瞄准，如果围观者挡开了打过来的小锤，事情仅限于此，既没有射击也没有击打。

然而，词汇的不太严格和模糊性使用对于自然语言来说是非常典型的，在这种的情况下，像 Смотри, Брумель прыгает 〈Семенов стреляет, Он ударяет молоточком в дверь〉这类句子可能会用于表示跳高运动员刚进入跳高区，射击手刚举起枪，围观者刚挡开打过来的小锤的情景。这些表述的正确性在于，讲话人确信这些行为的所有后续阶段是不可逆转的，包括决定性阶段，因为行为的准备已经开始了。

这种假过程性意义与一般的"现在完成时"的区别在于，为了完成行为最后阶段而必须的准备部分正随着该话语的时间在开展。

绝大多数瞬间动词都会不同程度地体现出完成意义，动词 ОПОМИНАТЬСЯ 属于极其个别的例外。不久将来的意义比较有限，主要用于后三种类型的瞬间动词及第一和第三类别中的某些动词。

可见，所分析的反证中没有一个能彻底驳倒关于(1)—(10)类别动词不表示在其延展过程中的行为的论点。这一论点对不同类别动词提出的修改，没有超出通常在描写典型的和非典型的语言对象时"达到某一界限"的实践范围。

现在就可以提出一个补充说明。在(1)—(10)类动词内部必须区分出那些完全排除了行为准备阶段概念的动词[在下文注释中的(a)类成分]。这样的动词有：ВЗДРАГИВАТЬ, ВСПЫХИВАТЬ, НАХОДИТЬ(偶然的)和其他一些。这些字面意义上的"瞬间"动词被排除在进一步的研究之外,因为它们的语义结构与典型的瞬间动词的语义结构有十分明显的区别。

3. 瞬间行为动词的语义分析

我们的出发点是,所有的动词都应该以句子的形式注释,即以 A приходит в B из C; A находит B в C; A стреляет в B из C X-ом 等形式①。这种形式中的动词应该使用某种体—时意义的人称形式。产生一个问题:是否可以解释动词的词汇意义而不涉及它的体—时意义。

我们认为,М. Я. 格洛温斯卡娅对这一问题的否定性结论是令人信服的②。她在这一研究中指出:"无法想象作为动词词干的词汇意义的动词词形意义在除去了体的意义后,又加上了体的标记的意义","实际上动词词干的词汇意义与体的意义是融合在一起的"。

在这样的方针指导下,动词语义描写的主要问题之一,就是选择应该用于在词典中注释动词词汇意义的那种"有代表性"的体—时意义。对于同时具有两个体的主要意义,即具有未完成体的现实—时间长度意义和完成体的结果意义的那些动词来说,不会出现这样的问题。应该用上述形式中其基本体—时意义在语义上是最简单的那种形式来注释动词。我们所研究的这种类型的动词不需要这种选择,因为这些动词没有现实—时间长度意义。只有三种选择:

1. 用近似于现实—时间长度的假过程意义来注释未完成体形式的瞬间动词。实际上这里指的只是完成意义的(б)类,因为其他的假过程意义涵盖的瞬间动词非常少。但与未完成体现在时形式的其他意义相比(譬如:常规意义或历史现在时意义),这种完成意义更加边缘化。因此,这种意义的实现受到相当严格的上下文条件的限制,即受动词性题元的性能和言效行为特性限制(见上文)。在词典中列举这些条件也许是不正确的,因为它们说明的不是动词的词汇意义,而是动词体—时形式的语法意义。

---

① 关于这一要求的依据见:Апресян Ю. Д. Лексическая семантика. Синонимические средства языка. М., 1974. С. 96-99.

② Гловинская М. Я. Семантические типы видовых противопоставлений русского языка. С. 18.

2. 用瞬间动词体的两个主要意义中的唯一一个,即完成体的结果(点状、具体事实)意义来注释瞬间动词。但是,在这种形式中使其与一般界限动词相区分的瞬间动词词汇意义的特色就被抹杀掉了。而且恰恰是这种特色应该成为其词典学描写时特别关注的对象。由于同一原因,表示常规意义、历史现在意义和一般事实意义的未完成体形式退出备选之列。正如发现的那样,它们总是表示结果意义,也就是说,它们不能使瞬间动词词汇意义中的过程意义成分变得清晰易见。

3. 注释某种理论结构(类似词法学中的体现形式)——现在时的抽象的假过程形式。

我们的任务就是从上述十组动词的词汇意义中找出那种阻碍动词用于任何过程意义的语义不变体,从过程意义和现实—时间长度意义到过程性常规意义和过程性历史现在意义。看来,对于我们的这一任务来说,第三条途径是最自然的一条。只有通过这一途径才能解释瞬间行为动词和言语行为动词的深层相似性。

从几个具体的注释开始。注释中我们将使用在自然语言的时间意义描写时必不可少的三个离散性时间概念,这就是当前话语时间、时间段(与起点和终点不相对应的时间段)和时间点①。

X приходит в A из B = "(1)在当前话语时间之内的某一时间段 T,X 正从 B 走向 A;(2)在时间段 T 之后的当前话语时间之内的时间点 t,X 位于 A 处;(3)在早于时间点 t 的任何时间点上,X 都没有位于 A 处"。

X находит A в B = "(1)在当前话语时间之内的时间段 T,X 在 B 处找到 A;(2)在时间点 T 之后的当前话语时间之内的时间点 t,X 能感受到(看见、听见、触摸到……A;(3)在早于时间点 t 的任何时间点上,X 都没有感受到 A"②。

---

① 无论时间的科学概念如何界定,自然语言中的"朴素"时间基本上是离散的,譬如:时点、瞬间、一小时、一天、早晨、夜晚、一星期、一个月、今天、昨天、前天、明天、后天等。有趣的是,表示非离散的一般时间概念的词汇(无尽的时间直线),在很多语言中都表示时间点和时间段的离散概念。试比较 ВРЕМЯ, TIME, TEMPS, ZEIT 等名词的这三种意义:позеленевший от времени, space and time "空间和时间", Le temps s'ecoule "时间在流逝", Die Zeit arbeitet für uns (泛指时间);лучшее время суток, for a time, un temps long, ein kurze Zeit (时间段);засечь время, the time of arrival, en meme temps, Ich bin zur Zeit gekommen (时点)。

② 这里注释的是 находить 的"有意向"意义。在详解词典中,这一意义是作为该动词的一个特殊的词汇意义注释的。

X касается У-а Z-ом＝"(1)在当前话语时间之内的时间段 T，X 指使 X 身体的一个部分 Z 或 X 手里拿着的物体 Z 向 Y 的方向移动；(2)在时间段 T 之后的当前话语时间之内的时间点 t，在 Z 与 Y 之间发生了很容易中断的接触；(3)在早于时间点 t 的任何时间点上，Z 与 Y 之间都没有发生接触"。

X качает A＝"(1)在当前话语时间之内的时间段 T，X 指使 X 身体的一个部分 A 或与 X 有接触的物体 A 向摆动幅度的边缘点方向移动；(2)在时间段 T 之后的当前话语时间之内的时间点 t，A 位于摆动幅度的边缘点上；(3)在早于时间点 t 的任何时间点上，X 都没有位于摆动幅度的边缘点上"。

X замечает, что P ＝"(1)在当前话语时间之内的时间段 T，X 的意识中记录了证明发生 P 的事实；(2)在时间段 T 之后的当前话语时间之内的时间点 t，X 看见或明白发生了 P；(3)在早于时间点 t 的任何时间点上，X 都没有看见或没明白发生了 P"。

在材料研究的这一阶段上，很难指出(1)、(2)、(3)三个成分准确的逻辑本质。但很清楚的是，它们不完全相等。虽然(1)不能争得预设的地位，与(2)、(3)相比，在注释中它占据的是从属地位；它描述的仅仅是由该动词名称表示的情景中的准备阶段。

可以假设，在意义结构中，除了任选元素①，还能区分出一种很弱的元素类型——铺垫。我们想给(1)添加的正是这一地位。铺垫与预设的区别在于它可以被否定；而与判断的区别在于，由于它在词位语义结构中的从属地位，所以不能和与判断有矛盾的意义搭配。这一点可以解释，为什么瞬间动词不能与时间长度状语搭配，而与代词性时间状语的搭配也不太好。铺垫的从属地位还表现在它不能阻止判断与那些本身会与判断有矛盾的意义搭配，譬如可以说：Он немедленно 〈сразу же, тут же〉приходит 〈стреляет, находит кошелек〉.

为了用更直观的方式展现出建议注释的不变体，我们采用下列标示：P——瞬间动词表示的行为；P_i——行为的准备阶段(在 ПРИХОДИТЬ 中表示向着终点方向的徒步行走；在 НАХОДИТЬ 中表示寻找；在 КАСАТЬСЯ 中表示身体

---

① Апресян Ю. Д. Лексическая семантика. C. 84-87, 124-125, 148, 155; Апресян Ю. Д. Английские синонимы и синонимический словарь // Англо-русский синонимический словарь. М., 1979. C. 500-543(c. 514)；试比较包含关系概念；Comrie Dernard. Tense. Cambridge; London, etc., 1985.

某一部分向客体方向移动；在 КАЧАТЬ 中表示使客体向摆动幅度的边缘点方向移动；在 ЗАМЕЧАТЬ 中表示意识或注意力活动）；P_f——在行为 P 的完成时间点 t 上的事态（在 ПРИХОДИТЬ 中表示处在终点上；在 НАХОДИТЬ 中表示感受到客体；在 КАСАТЬСЯ 中表示很容易被中断的接触；在 КАЧАТЬ 中表示位于摆动幅度的终点；在 ЗАМЕЧАТЬ 中表示观察到或明白某一情景）。这样，对所有的瞬间动词的注释都采用下列统一形式标示。

P(X) = "(1)在当前话语时间之内的时间段 T，发生了 $P_i(X)$；(2)在时间段 T 之后的当前话语时间之内的时间点 t，发生了 $P_f(X)$；(3)在早于时间点 t 的任何时间点上，都没有发生 $P_f(X)$"。

在这一注释中有各种意义成分存在：有与未完成体的重要成分——现实—时间长度意义对应的成分(1)，有与完成体的时间点意义对应的成分(2)。成分(3)表明，向着结局事态的过渡是跳跃式进行的。

因此，我们提议用于注释瞬间行为动词的体—时意义既是过程性意义，同时又是时间点意义。因此，自然把这种意义叫做过程—点意义。

通过上文的论述分析，为什么瞬间行为动词（规范中）不能用于现实—时间长度意义的原因变得清晰可见：这种意义在注释时与成分(2)和(3)相矛盾；另一方面，弄清了为什么这些动词在所有的使用中只有结果意义。由铺垫成分(1)记载的延展行为不是 P，而只是 P 的准备阶段 Pi 而已。如由(2)和(3)可以得出，P 的结果不是逐渐积累而成的，而是瞬间出现的。最后，弄清了为什么某些非典型的瞬间行为动词在类似 Смотри，Брумель прыгает 的语境中允许用于假过程用法。前文已表明，这类句子描写的不是"跳"的动作本身，而只是动作的准备阶段。正如我们注释的成分(1)中得出的那样，这一阶段可以沿时间发展，直到说 Смотри（"看"）那一时刻仍可观察到。

对于瞬间行为动词来说，我们定义的过程—点意义是语言学的构件。但是，这种意义在言语行为动词中出乎意料地获得了完全现实的、内容充实的生存空间。

我们曾另文研究了言语行为动词①。为了使本文相对独立，我们将简要地阐述这篇文章的主要论点和结果，几乎不援引文献：我们不得不逐字逐句地重复一

---

① Апресян Ю. Д. Перформативы в грамматике и в словаре //Изв. АН СССР. Сер. лит. и яз. 1986. № 3. С. 208-223.

些重要的推论和表述。对言语行为动词感兴趣的读者可参考专门的文献①。

4. 言语行为动词的体—时意义

如果一个动词可以用单数第一人称现在时(未完成体)主动态陈述式形式等效于这个动词所表示的一次性完成的行为,这个动词通常被称为言语行为动词②。例如：Обещаю 〈клянусь〉 помогать тебе во всем. Умоляю 〈прошу〉 тебя подумать о детях. Рекомендую еще несколько дней полежать в постели. Предлагаю 〈приказываю〉 вам немедленно явиться в комендатуру. Я с вами прощаюсь. Я запрещаю 〈разрешаю〉 тебе выходить на улицу без пальто. Признаю вашу правоту. Я тебя не осуждаю. Желаю удачи. Поручаю тебе своих детей. Объявляю собрание открытым. 不发生这种吻合的用法称作描写性用法或陈述性用法,试比较：Что ты там делаешь？— Да вот, прошу его выступить у нас на семинаре. 以及 Он просил меня выступить у них на семинаре. Попроси его выступить у нас на семинаре. Ты напрасно просить его об этом 等。

在言语行为的词法、构词、句法、语义、语用等诸多表现形式中,我们这里关注的只是那些能使其与瞬间行为动词接近的形式。

(1) 绝大多数言语行为动词都有成对的完成体动词。上述列举的 15 个动词无一例外。

(2) 言语行为动词不能构成行为的开始、划界、递进、完成、终结等"行为方

---

① Кошмидер Э. Очерк науки о видах польского глагола. Опыт синтеза // Вопросы глагольного вида. М. 1962. С. 105-167; Бенвенист Э. Общая лингвистика. М., 1974; Austin J. L. How to Do Things with Words. Oxford, 1965; Vendler Z. Say What You Think// Studies in Thought and Language. The Univ. of Arizona Press, 1970. P. 79-97; Ross J. R. On Declarative Sentences // Readings in English Transformational Grammar. Waltham, (Mass.),1970. P. 222-272; Fraser B. Hedged Performatives // Syntax and Semantics. Vol. 3: Speech Acts. N. Y., etc., 1975. P. 187-210; Stampe D. W. Meaning and Truth in the Theory of Speech Acts // Ibid. P. 1-39; Арутюнова Н. Д. Предложение и его смысл. М., 1976; Vendler Z. Telling the Facts // Contemporary Perspective in the Philosophy of Language. Minneapolis, 1979. P. 220-232; Падучева Е. В. Высказывание и его соотнесенность с действительностью (референциальные аспекты семантики местоимений). М., 1985; Lyons J. Op. cit.

② Austin J. L. Op. cit. P. 56.

式"。准确地说,如果当该言语行为动词有这些派生意义时,它们就不能作为言语行为动词使用了。譬如,下列使用就是纯描写性用法:Я поспорю с тобой некоторое время, а потом соглашусь. Так я без толку проспорю с тобой полдня.

（3）言语行为动词不能用于未完成体现在时的过程意义和现实—时间长度意义,因此,不能与时间长度状语搭配,如:долго, все еще, недолго, с тех пор 等;不能与表示渐进的状语 медленно, постепенно 搭配;不能与表示同时的连接词 когда, пока 搭配。像 Я долго прощаюсь со всеми. Все уже успели позавтракать, пока я прошу тебя встать 这类句子只能做描写性阐释时才正确。

（4）言语行为动词不能与时限性时间状语搭配,像 За три минуты я прощаюсь со всеми и ухожу 这样的句子只能做纯粹的描写性理解。

（5）言语行为动词不能与阶段性动词搭配做其句法从属成分,譬如,不能说:* Я начинаю обещать вам поддержку（试比较 Ты опять начинаешь обещать）. * Я кончаю прощаться со всеми（试比较 Кончайте прощаться）. * Я продолжаю умолять тебя подумать о детях（试比较 Он продолжал умолять ее подумать о детях）.

（6）与瞬间行为动词相比,言语行为动词的体—时意义组合不甚饱满。事实上,这种动词只能由一种体—时意义,下面将具体描写。

（7）言语行为动词总是有结果意义的,也就是说,就其意义来讲与完成体的基本意义相近。像 Я клянусь 这类句子（不同于 Смотри, как смешно он клянется）不是由于现实—时间长度意义,因为在说出誓言的最后一刻,发誓的行为已经是完成了的实事。因此,言语行为动词的并列连环结构通常表示连续的行为,而不是同时的行为,譬如:Прошу у вас прощения и обещаю больше так не поступать.

瞬间行为的主要表现形式与言语行为的某些重要表现形式相吻合的事实证明了它们的深层相似性。第一个指出这一点的看来是 Z. 万德勒①,他曾指出了瞬间动词与言语行为动词外表的某些相似,包括两者都不能用于现实—时间长度意义。下面我们将更详细地从语义上解释这种相似。

我们已经说过,实现言语行为句的一个最普通的条件是使用动词未完成体

---

① Vendler Z. Say What You Think // Studies in Thought and Language. Ed. Cowan J. L. Univ. of Arizona Press. 1970; Vendler Z. Telling the Facts. Op. cit.

现在时形式,譬如：Клянусь, что я никогда не посрамлю имени отца. 还说过, 动词的体—时意义既不是过程意义,也不是现实—时间长度意义。

非常清楚,这里的体—时意义与语法中已知的未完成体现在时法位的任何一个基本意义和局部意义（常规的、潜在的、历史现在的、完成的等）都不相符。像 Клянусь, что я никогда не посрамлю имени отца. 这样的句子描写的是严格置于现在时的单个的而且是现实的情景。句子的时间与当前言语时间是重合的,因为该言语行为句就是当前说的话。

这里产生一个问题,这个时间是一个点还是一个段。大多数研究者倾向于第一种假设。譬如,Z.万德勒认为,说出这个言语行为句"没有时间的延伸"①。

我们认为,有非常重要的证据更有利于言语行为的另一种理解。下面我们试图表明,在言语行为句中实现的体—时意义同时既是点的意义也是过程意义。我们把注意力集中在这个意义的过程成分上,因为点的意义任何人都没有怀疑。

当我们说 Он благодарит хозяев за гостеприимство 时,我们在通报,他在说话时刻完成着某一行为。在言语行为句 Я благодарю хозяев за гостеприимство 中同样也含有这样的通报。这两个句子的区别在于,第二个句子等同于行为的完成,因此,当在话语结束,即当我在句子结尾画上句号的那一刻,这个行为也就彻底完成。而第一个句子表现的行为可以在话语结束以后继续进行。

"句子结尾处的句号"不仅仅是隐喻。有一种观点认为,言语行为句是在言语行为动词上结束的,因而言语的物质上的特点（包括句子占用的时间）对这种句子不重要。鉴于这种情况,我们想关注一下"有长度"的言语行为句,譬如,类似圣经中的见证宣言、军人宣誓或希波克拉底誓言等。这样的言语行为要求宣读很长的文本,而且只要这个文本没有宣读完,就不能将这个宣誓视作已完成的事实。这种程式化的宣誓在任何理性的理解中都不能认为是集中在一个时间点上的。

因此,言语行为句的时间,以及由这个句子完成的行为的时间——是一个时间段,而不是一个瞬间时间点。"点"和"瞬间"说明的不是言语行为句和它所对应的行为,说明的仅仅是作为话语和行为结果的一个事态。这个事态确实是在该话语的那最后一刻——句子结束那一刻跳跃式出现的。

现在可以转回到言语行为句的体—时意义的注释。将引入下列标示：

---

① Vendler Z. Say What You Think. P. 86.

P——可以使用于言语行为句的词汇单位表示的行为;P′——言语行为句;S(P′)——由言语行为句生成的事态(许诺、请求等)。

这时,言语行为句中体现出来的体—时意义是下列三种判断的取合:"(1)在与话语时间吻合的时间段 T 发生了 P′ 和(也就是)P;(2)在构成时间段 T 最后一刻的时间点 t 发生了 S(P′);(3)在早于时间点 t 之前的任何时刻都没有发生 S(P′)"。

在我们面前出现了过程—点意义的熟悉的概貌。对瞬间行为动词和言语行为动词来说,这种意义在表述上的差别不大。差异只在于 T 与 t 的关系方面:言语行为动词中,t 是 T 的一部分,而在瞬间行为动词中,t 是跟随在 T 之后的①。看来,两种动词中的(1)、(2)、(3)三个成分的作用相似。特别是,在言语行为句的注释中,(1)的表现行为也是"铺垫"。

但是不应忘记,过程—点意义对瞬间行为动词来说是语言学构件,而对言语行为动词来说,它是唯一的语言学现实:没有这种意义,言语行为动词就不存在了。

---

① 仅此一点就足以推翻 Z.万德勒的结论(Vendler Z. Say What You Think. P. 86):言语行为动词是瞬间行为动词的一个分支。再补充一点,可以用于言语行为的动词在词汇意义上并不一定必须是瞬间行为动词,譬如:ПРОСИТЬ、УВЕРЯТЬ、УМОЛЯТЬ 等。

第二部分 同义词与同义词词典问题

英语同义词和同义词词典*

　　正如标题所示,本文具有双重目的:首先,它应该充当现代语义学中以词汇同义词为对象的那个章节的理论导论之角色,揭示出词典中所用科学概念的内容;第二,它应该充当该词典的词典学导论之角色,指明同义词有哪些信息,以及这些信息以怎样的形式存在于词典中。这两个主题之间的联系是显而易见的:同义词汇应该(理想状态)决定其词典学描写的实践原则。正是这一点决定了引言的立场:没有把理论问题划分为单独的章节,而是将其作为分析词典构思、典型词条的结构及成分时的基础来描述;对这些理论问题描述的程度,取决于阐释清楚语言材料处理的词典学原则和词典随后使用时的词典学原则所必须的程度。

　　无论是整个词汇语义学理论,还是其中的词汇同义现象理论都是词典研究的基础,这些理论以相对完整并带有必须参考附录的形式发表①。因此,我们在这里不做任何文献性综述,不分析各种不同的观点,不论证自己的立场,而只是相对比较教条地阐述那些必需的信息。我们也不对英语同义词典的历史领域做回顾——在韦伯同义词词典中有一篇关于这一题目的简短而内涵丰富的文章②。最后,我们还尽量避免复杂的专业术语,以便使叙述让非专业的读者也能够读懂。

1. 词典的构思

　　推荐给读者的是一部实验性词典。我们不是把全面涵盖所有英语同义词作

---

　　* 本文以《Англо-русский синонимический словарь》词典后记的形式首次发表,М.,1979.

　　① 见 Апресян Ю. Д. Лексическая семантика. Синонимические средства языка. М.,1974.

　　② Webster's New Dictionary of Synonyms. *A Dictionary of Discriminated Synonyms with Antonyms and Analogous and Contrasted Words*. Springfield, Massachusets, 1968.

为自己的任务,而是用少量的但却是有代表性的材料来展示同义词列描写的某些新原则。这些原则源自于我们采用的实践和理论宗旨。

第一,我们的词典首先用于英语词汇(词典提供的词汇量)的积极掌握;第二,与普通的同义词词典不同,该词典可看做是双语词典:词典中包括用俄语对英语同义词进行的描写;第三,我们最后一个目的,也许是最重要的目的,就是编写满足现代理论要求和词典学要求、符合现代科学和实践水平的词典。下面来仔细分析实现这一纲领——编写积极的现代双语同义词词典所必须解决的综合性问题。

1.1 积极性

对一种语言(无论对讲话人而言是母语还是外语)词汇的积极掌握,首先表现为讲话人的言语在意义上的准确性,即能够在该语言的词典和语法中选出能准确表达自己思想的语言手段。显然,在这种情况下掌握词汇同义词有多么重要。

假如,讲话人想表达"某人成了不幸意外事件的牺牲品"这样一种思想。如果他从两个非精确同义词——*victim* 和 *prey* 中选择后者,并说 * he has fallen a *prey* to an accident,那么他就犯了一个意义上的错误:*prey* 要求有一个有意实施暴力行为的主动施为者,例如,he carefully marked down his prey before dealing the blow(他在实施打击之前仔细挑选了牺牲品)①。如果我们用 *victim*,就不会出现意义上的错误,因为 *victim* 与 *prey* 不同,其意义中不表明牺牲品是有意实施的暴力行为的结果还是偶然的各种情势不幸偶合造成的后果:they could not identify the *victim* nor the man who had killed him (他们既不能辨认出牺牲品,也不能辨认出凶手);The *victims* of an earthquake ⟨a shipwreck⟩(地震⟨翻船⟩的牺牲品)。

再举一个例子,如果要表达突袭营地或要塞的意思,在两个非精确同义词 *surprise*, *ambush* 中应该选择第一个:to *surprise* [但不能说 * to *ambush*)the enemy camp ⟨the fortress⟩"出其不意的袭击敌军营地(要塞)";另一方面,如果

---

① 解释一下文中使用的几种标识,在用俄语词或句子描写同义词列时,我们可能会涉及(1)俄语的对应单位(2)该单位的意义或(3)该单位表示的现实物体或事实(情景)。在第一种情况中,词或句子用斜体字(例如,дом),第二种,用引号('дом'),第三种情况不标注(дом)。作为分析对象的英语同义词用斜体标注。词组或句子前的星号表示其不正确,而问号表示其正确性令人怀疑。

言语想表达突然袭击,尤其是伏击在路上行驶的摩托车手,应该说 to *ambush*(但不能说 * to *surprise*) a motorcyclist:*surprise* 要求客体是非移动性的,而主体通常是运动的(袭击者向受袭者靠近),而 *ambush*——要求客体是运动的,而主体通常是不动的(受袭者向袭击者逐渐靠近)。

语义上的不正确性可以是绝对的,也可以是相对的。句子 * he has fallen a *prey* to an accident 在任何情况下都是绝对不正确的,句子 he *desired* me to stay 是相对不正确的例子:这个句子相对于"他想让我留下"的意义而言是不正确的(在这种情况下应该说 he *wanted* /*wished*/ me to stay),但是相对于近似的"他表达了让我留下的愿望"的意义而言是正确的。

显然,为了保证言语意义的准确性,同义词词典应该全面地、充分地和绝对显性地描写同义词的语义相似性与差异性。如果所研究客体的所有重要性能在描写中都得以涉及,那么描写是全面的;如果任何一个客体都没有添加多余的性能,那么描写是充分的;最后,如果词典不含有任何模糊的地方,非常清楚地指出客体的每一种性能,不依赖于读者的推测,就能够并应该被直接理解,那么描写是显性的。

一个语言掌握得很好的人,其言语的第二个典型特性就是其广义上的成语性——这是善于正确组配词汇(按照词汇语义搭配的要求)和将词汇构建成正确结构(按照句法搭配的要求)的结果。

形容词 *healthy*, *healthful*, *wholesome*, *salubrious*, *salutary* 中每一个都有"有助于改善或保持健康"的意义。所以如果我们说 ?*salubrious* diet(健康饮食),?*salubrious* mineral waters(有益的矿泉水),?*salubrious* way of life(健康的生活方式),不会造成意义上的错误:我们选择的同义词原则上能表达需要的思想,而且我们完全可以相信我们能被正确理解。但是,上文列举的所有搭配都不是完全恰当的(最好的搭配是 *healthy* diet,*salutary* mineral waters,*healthy* way of life)。在每一个搭配中都破坏了不是特别强制但在古板的标准言语中必须遵守的搭配限制,这种限制在于,*salubrious* 与其他所有同义词不同,它主要与名词 air(空气)和 climate(气候)搭配。

同样,在句子 * he *sprang* the fence(他跳过了栅栏)中也没有意义错误,但是在英语中也不这样讲。*Jump, leap, skip* 和 *hop* 在"跳"、"跳过"的意义上能够支配表示被克服的障碍物的直接补语和间接补语[to *jump* /to *leap*/ a stream/或者 over a stream(跳过小河沟),to *hop* a hedge 或者 over a hedge(跳过篱笆墙），to *skip* a pool 或者 over a pool（跳过水洼）］，*spring* 在这个意义上与这些同义词不同，只能在 to *spring* over sth 的结构中使用。

这样一来就很清楚了，为了保证言语的成语性，同义词词典应该对同义词搭配的（词汇—语义和句法结构的）相似性与差异性作全面的、充分的和显性的描写。

自由掌握语言的第三个重要特性就是灵活性，或者更确切地说，就是讲话人迂喻表达的能力，即通过不同方式表达思想，而不改变思想内容。如果讲话人只能用一种方式表达每一种意义，那么他肯定是死记硬背下来的，说明语言掌握的非常不好；相反，他对该语言的词汇和语法掌握得越好，在必要时对他自己的表述进行迂喻表达就越容易。

通晓广义上的语言同义体系、语言所有的同义手段是讲话人迂喻表达能力的基础。属于这些手段的绝不仅仅只是同义词（试比较，几对同义句子 he writes short stories ⇔ he is a writer of short stories, he sold me a book for two dollars ⇔ I bought a book from him for two dollars, he is never present when needed most ⇔ he is always absent when needed most, linguistics is his hobby ⇔ linguistic science is his hobby ⇔ the science of language is his hobby，这些同义句并不包含纯粹的词汇同义词）。但是，我们当然期待同义词词典回答这样一个问题：词汇同义词与语言的迂喻表达体系之间到底有什么关系？

如果根据近些年来的同义词研究来评价，可以认为，同义词仅仅是为了表达"意义上最细微的差异"，而从来都没有用于迂喻表达的目的。这样的结论可能不够正确。广义的同义现象是所有自然语言和人工语言中一个非常基础性的特性，如果词汇同义词与之没有关系，才会是一件怪事。

针对词汇同义词而言，其在语言的迂喻表达体系中的地位问题实质上是：关于哪些同义词在什么样的语境下能够相互转换的问题。显然，具有这一性能的首先是语义精确同义词，只要它们的词汇—语义搭配能力和句法搭配能力哪怕是部分吻合就可以互换；另一方面，一些非精确同义词也具有互换能力。但为此必须：第一，它们的语义差异是可以被中和的；第二，它们的搭配性能是相似的。有关精确同义词的概念及中和的概念将在下文中详细分析，因此这里只举两个例证说明。

语义精确且具有相吻合的搭配性能的同义词的例子是动词 *gather* 和 *collect*，这种意义体现在句子 dust *gathered* ⟨/*collected*⟩ in all the corners（所有的角落都积满了灰尘)中。语义差异被(部分)中和的例子是动词 menace 和 threaten(威胁)。其中第一个表示：允诺使遭受灾难：to *menace* sb. with ostracism ⟨new miseries⟩；第二个表示：允诺在不满足要求的情况下使遭受灾难："if you interfere with my sister, I shall call an officer", he *threatened*. 当话语涉及的主体不具有提出要求的能力时，譬如，动物，*menace* 和 *threaten* 之间的这种意义差别就被中和了(消除了)，至少是部分中和了：the dog *menaced* /*threatened*/ them with bared fangs.

简略地举例说明就足以表明，在同义词词典中即便是对语言的迂喻表达体系中很小一个片断进行描写，也要求准确区分和详细描述可互换同义词的类型，以及它们互换的语义条件和搭配条件。

与所述情形有很多共同之处的还有一种同义转换类型：同一思想的表达手段在有限文本范围内的变换是由修辞要求引起的。与前两种类型不同，这种转换类型已经得到很好的研究，在这种类型中，不一定要使用语义精确同义词或语义差别被中和的非精确同义词。如果同义词之间有差异，也可以忽略，因为在相应的文本中运用这些同义词不是为了表达意义上的细微差别，而只是为了遵循上文所述的修辞规则。

在讲话人迂喻表达能力的背后是他的选择能力，即"自如掌握语言"这一现象的第四个，也是最后一个重要性能。这种能力表现为，在表达某种意义时，善于从多种原则上可能的表达方式中，选出一种能最大限度符合交际情景的社会、地域及其他特点，最全面地表现出交际情景参与者的个性特征的表达方式。

如果在语言中有一个存在修辞色彩差异的同义词列，不论它们是精确同义词，还是非精确同义词，那么，在具体的交际情景中使用其中的哪一个就远非是无关紧要的事情了。

例如，在具有"岗位，职位"意义的同义词列 place, situation, position, post, office 中，有两个在语义上相当接近的同义词 *situation* 和 *place*，其中第一个具有题裁特点——倾向于用在报刊公告中：*situation* wanted (找工作)，*situations* vacant /available/（有空额），知道这一点很重要。倘若不知道这一点，很容易造成修辞错误：?*place* wanted，?*places* vacant.

这一词列中的书面语体词 *office* 与口语体同义词 *place* 的区别在于：(1) 用 office 时雇主被理解为是机构，而用 place 时雇主被理解为是私人；(2) *office* 使人想到国家公务，而 *place* 使人想到服务领域和传统上妇女们的工作地点。

(3)*office* 描述的是体面的工作,而 *place* 在这层意义上是中性的。从我们感兴趣的角度看,这里的"地域"因素值得关注,在美国英语中 *post* 在语义上与 *office* 接近(a diplomatic *post*, the *post* of State Secretary),而在英国英语中同样这个词在语义上与 *place* 接近:the first *post* of his medical career, to get the *post* of a governess.

显然,在以满足积极掌握语言的要求为目的的同义词词典中,同义词的修辞上的——语体的、功能的、地域的等相似性与差异性应该得到详细的描写。

总之,对积极性原则的分析使我们得出一个结论:同义词词典应该从意义、词汇语义的搭配、语法结构和修辞性能等角度来描写同义词。在其中的每一种情况下,都应该描写同义词之间所有的相似性与差异性,只有这样,才能给该同义词列中的每一个词区分出其独有的那些语境类型,而给任何一对同义词区分出可以互换的语境类型(当然,如果互换的可能性原则上存在的话)。最后,必须做到使描写最大限度地成为全面、充分和显性的,即应这样构建描写,以便在此基础上能够学会在各种语境中正确地使用同义词。

1.2 双语性

对于俄语编者和读者而言,英语同义词双语词典在某些方面比单语词典更受欢迎:双语词典描写和理解起来更容易。但是,从另一方面讲,在双语性中隐藏着很大的危险性:对编著者而言,有用翻译代替显性注释的诱惑,对使用者而言,有把俄语词的性能转移到与其意义接近的英语词上的诱惑。这两种诱惑都源于同一个错觉,或者可能是源于同一类型的语言惯性——把充其量是相似的单位看做是完全等同的。我们曾多次指出,除了术语和术语式词汇之外,各种不同语言中词汇单位的完全对等的情况是相当少有的。而部分的,有时甚至是很大部分的,但仍然是不完全对等的情况才是典型的。

看来,仅仅是因为没有对词汇进行准确的描写,就可能会使我们认为英语词 fire 是俄语词 костёр 对等翻译的等价词。Костёр(篝火)表示以某种形式堆放在一起的固体燃料燃烧的火或者指专用于取火的劈柴垛。因此,костёр 是可以没有火的,而 fire 一定有火。所以俄语句子 Нужно было только сложить костёр, но не зажигать его 不能完全对等地翻译成英语,至少在这个句子中应避免 костёр⇒fire 的简单对等。

俄语词 рубить 与英语词 to chop 只是大致相近,对于词组 рубить дрова, рубить капусту,这个词有很好的对等词组 to chop wood, to chop (up) cabbage，但是词组 рубить канаты（to cut the ropes），рубить деревья（to fell /to hew/trees）就不能用 to chop 来翻译。

俄语动词 колоть 的情况就更复杂，当对许多事实进行更仔细的分析时发现，它原来却是 рубить 的非精确同义词。实际上，肉和白菜可以 рубить，但不可以 колоть（当然，如果它们处于正常状态下）；рубить полено（劈木材）可以是顺茬劈，也可以横茬劈，而 колоть 只能是顺茬劈；一般来说，坚果、糖、粉笔、冰以及其他类似的物体，不仅能与动词 колоть 搭配，而且能与动词 рубить 搭配；但是，如果把这样一些物体扔向某个坚硬物体，或者用它们打击某个坚硬物体，再或者用手向不同的方向上压，试图获得需要的结果，那么应该与 колоть 搭配，说我们把它们打开。这大约是动词 колоть 表达的各种意思的一个综合："通过打击或施压（不一定借助工具）把具有坚硬结构的物体分开，其结果是使物体瞬间并完全地变成碎片或若干部分"。这个综合性意思是如此复杂，以至于具有不同历史和文学传统的其他语言几乎不可能产生出一个可以准确表示这个综合性意义的单词。这并不奇怪，因为由同一个动词构成的不同俄语词组可以对应由完全不同的动词组成的若干个英语词组：колоть дрова — to split /to chop/ wood （рубить дрова 也是如此），колоть лёд — to break ice（ломать лёд 也是如此），колоть орехи — to crack nuts. 显然，其中的每一个词组都只翻译了构成 колоть 内容的整体意义中的一部分。

同样，应该讲讲英语。例如，我们以在句子 What a thrill it was to go down the rapids in a tiny boat ⇆ Какие острые ощущения я испытывал, когда шёл через пороги на утлой лодчонке 中出现的 thrill 一词为例。Thrill 在这个意义上联合了身体的颤抖、强烈而吸引人的感受、新奇而美好的感觉等意思，此时人整个身上好像都在唱歌。所列的对应俄语翻译连这些意思的一半也没有传达出来，但没有留下令人沮丧的失败印象仅仅因为，在理解文本的时候，我们习惯于依赖自己的经验、现实的知识和想象力。如果我们要说乘坐不结实的小船渡过湍急的石滩激流，我们只要暗示（*非常刺激的感受*）就足以使读者通过非语言手段重构所述情景的内心状态的完整图景。

不具有俄语等价词的非常地道的英语词是名词 abandon. 词典中的对应翻译有三个词 непринуждённость, развязность, несдержанность，但仍然远没有传达出事情的本质。看来，在这种情况下，任何统一的概括式翻译都是不可行的；可能找到的是只能相对于整个词组，甚至是相对于情景的比较成功的对应，而且每一次对应都是不同的：to sing with abandon — петь с чувством, to act with abandon — действовать, позабыв обо всем（在激情中,冲动或忘我）, he spoke wtih complete abandon — он говорил, не сдерживаясь, ≅ его словно прорвало。

这种词汇的"非通约性"对具有复杂意义的词汇来说是最有代表性：一个意义中融入的不同意思越多，这些意思组合具有独一无二性的概率就越大。相反，一个意义中联合的基本意思越少，意义越简单，那么这一意义在世界的很多语言中，有时在所有的语言中具有单词表述的可能性就越大。但是，有时即使相对简单的意义也具有类似的非通约性。譬如，我们看下面这个简单意思："P 在 T_1 时刻存在，并且 P 在 T_2 时刻不存在，T_2 比 T_1 晚"。这里描写的大约是像 прекратиться（не прекращаться!）和 stop 这类动词的意义。但是，所列的表述是不全面的；至少 stop 与这个表述的不同在于，stop 还表明过程停止的突然性（试比较与此相对应的 cease，通常指过程逐渐停止）。换句话说，прекратиться 与 stop 竟不是完全精确互译词，这太不可思议了。

如果说在很多情况下单独的成对词语都不能完全对应（костёр ≅ fire, рубить ≅ to chop, thrill ≅ острое ощущение, abandon ≅ порыв, экстаз），那么，对于整个同义词列来说就更应该如此了。

同义词列的非对应性同时表现在数量和质量上：第一，在两个彼此大致相近的词列中，成分的数量几乎总是不同的；第二，这些词列内部的同义词的相似和差异不是表现在同一特征上，而是在各种不同的特征上：语义的、搭配的、结构的和修辞的特征上。

英语中 help, aid, assist 三个词的词列对应的是俄语中 помогать 和 подсоблять 两个词的词列。Help 和 помогать 是相当准确的对应：它们都表示"帮助"，即可以在生产劳动中——体力和心智的劳动（to help sb. to chop the wood ⟨to solve the problem⟩ — помогать кому-л. колоть дрова ⟨решать задачу⟩），也可以是对仅限于受助者的行为（他的移动和发展等）(to *help* sb. with money ⟨with advice⟩ — помочь кому-л. деньгами ⟨советом⟩, to help sb. across the street ⟨into the car⟩ — помочь кому-л. перейти улицу ⟨сесть в машину⟩）。但是，在这里语义和修辞的对应消失了（细心的读者可能会发现，结构对应消失得更早）。

实际上，俄语动词 подсоблять 由于其俗语的特点，通常表示在技术上相对简单的、不需要思考的劳动过程中的纯体力帮助。而英语动词 help 的同义词 aid 和 assist 可以在帮助的情景中突出完全另外的其他方面。如果讲述有组织的行为(to aid in the preparation of the funeral)或者必须强调施助者有丰富的资源和力量而受助者缺少这些特性时，倾向于用 aid：to aid the underdeveloped countries, to aid the government with subsidies. 相反，assist 可能是由于直接指出了受助者，所以表示施助者处于从属地位，完成不重要的工作（这方面内容很好地反映在俄语外来词 ассистент（助手），ассистировать（当助手）中）。

再简略地分析英语和俄语的另一个同义词系列。在词列 choose, select, opt, elect, pick — выбирать, избирать, отбирать, подбирать 中，只有 choose 和 выбирать 这两个词可以对比，它们具有最共性的意义：从某一总和中抽取一个或几个对象。Select 指出可供选择的可能性的宽广度；opt 指出存在二者必择其一的情况（或者是这个，或者是那个）；elect 指出选择的严肃性；pick 表明带有后续积累的选择(to pick new words)。在俄语中这些同义词根据其他的特征相互区别。Избирать 不仅指示出选择的严肃性，而且指示出选择的终结性（可能还指明决策的困难性）；отбирать 表示根据某种特征一次选择几个物体，而подбирать 表示选择一个与其他物体或特定目的相应合的物体。

如果说在一种语言内部的同义词之间以及两种不同语言中语义相近的词汇之间各种各样细微差别的图景都模糊不清，那么在另一些情况下，即假如把翻译作为双语同义词词典中注释差异的主要手段，这个图景将可能被歪曲得无法辨认。

初看起来，翻译好像可以成为同义词描写的主要手段，如果以更加有趣的方式使用的话：就像通常的双语词典所做的那样，几乎每个日常词汇（非术语）在每个意义中都给出不止一个翻译对等词，而是一系列伪对等词，其中每个伪对等词都只描写被译词汇一个方面的内容。但是应该指出，这时，组织起有关原始词正确概念的任务就全部落在了读者身上：读者应该自己去对比这些伪对等词，去猜测与原始词相对应的仅是它们共性的部分或者还有它们的特殊性能，然后获取这个概念。很显然，在双语同义词词典中这条道路是行不通的，它的主要任务不是翻译，而是展示同义词之间所有的相似与差异。

而这时只剩下唯一的一种可能性——不是借助母语翻译，而用专门的词典学语言来描述同义词之间的语义、搭配、结构和修辞上的相似与差异，使用词典学语言，同义词的全部重要性能可以得到全面、充分和最大限度地显性描写。这时,最好把翻译成母语作为描写的辅助手段。

这样,研究双语性问题,一方面把我们引向了研究积极性原则时得出的那个结论;另一方面,既然不能把翻译作为显性描写的主要手段,就产生了有关描写用专门语言的问题。下文中我们将会看到,需要的甚至不是一种,而是好几种这样的专门语言。

1.3 现代性

英语同义词词典应该处在现代词典学和理论要求的水平。

我们的词典应该满足的词典学要求取决于国内外最好的同义词词典达到的水平。

国内最重要的同义词词典是 А. П. 叶甫盖尼耶娃主编的两卷本的《俄语同义词词典》(Л.: Наука, 1970, Т. 1; 1972, Т. 2)。首先,在这本词典中消除了传统上存在的同义词词典和详解词典之间的脱节现象,这种现象表现为描写对象的不吻合:在同义词词典中被描写为一个意义的现象,通常在解释词典中呈现为几个意义。在《俄语同义词词典》中,描写对象在大多数情况下都与详解词典的意义相吻合;其次,在对同义词列做简短(按照我们的观点是完全不够的)说明的同时,词典包含了十分丰富的例证材料,这些材料没有与注释混杂在一起,而是在词条中开辟了一个单独的区域。我们认为,这两个原则是合理的。

在我们看来,国外最好的同义词词典是 *Webster's New Dectionary of Synonyms*,其新版经过重大修改和补充,于 1968 年出版。这本词典最吸引人的特点不仅在于它对材料的描写上就其观察的细致程度和丰富程度是无与伦比的,而且还在于它在理论理解上进行了重要尝试:在这本词典中,根据意义特征、情景搭配特征和附加意义特征(implications, applications, connotations)说明同义词的相同和不同。因此,在编写任何一部英语同义词词典时,都应该最仔细地参考韦伯词典的资料。

鉴于韦伯同义词词典作为词典学源泉在我们的研究中所起的重要作用,不仅必须要讲它的优点,而且也必须要谈它的不足。应该说,韦伯词典反映了 50 年代初的语言学水平,特别是在当时占据统治地位的关于同义现象的有限认识。这些认识的本质可以归结为以下几点:

(1) 认为同义现象的意义吻合可以是不完全的,而是部分的一致,允许"同义词"之间有比较大的语义区别,例如,door(дверь), gate(ворота), portal(портал, главный вход), postern(задняя или боковая дверь), doorway

(дверной проём)。我们认为不可能建立一个同义现象通用的非常严格的定义，既可以使我们把上述词汇看做是同义词，同时把它用于其他材料时也不会得出令定义的作者无法接受的结论。

（2）同义关系经常是建立在整个词汇之间的，而不是建立在词汇的单个意义之间的。所以，在一个词列范围内通常不只分析一个意义，而同时分析几个不总是相近的意义。例如，在词列 mend, repair, patch, rebuild 中，第一个词语表现出三种意义① "修理"、"修补"：to *mend* one's dress；② "改善、改进"：*mend* your manners /ways/；③ "愈合"：the wound *mended* slowly. *Repair* 进入这一词列的也有三种意义：① "修理"：to *repair* a car；② "补充"：to *repair* the lack of early education；③ "改善"：peace can be *repaired*. *Patch* 表现出四种意义：① "修补"：to *patch* overalls；② "补救以免垮台"：to *patch* up one's marriage；③ "用很多块做"：to *patch* a car together from pieces out of the junkyard；④ "根据不连贯的信息组织出关于某事物的非完整认识"：his life must be *patched* together from scattered references. 最后，rebuild 表现出两个意义：① "修复、改建"：to *rebuild* a house；② "改做"：to *rebuild* a typewriter. 正如我们所见，这些词在某些意义（譬如，mend 的第三个意义，repair 的第二个意义，patch 的第四个意义和 rebuild 两个意义中的任何一个）上并不是同义；而且，即使某些词同时在几个意义上都是同义，在相应词列内部的语义、修辞、搭配和结构区别类型也不会总是相同的。因此，每一词列原则上都应该单独描写（关于这一点见下文，2.1 节）。

（3）当同义关系不是建立在词汇之间，而是建立在词汇的意义之间时，首先指的是两种类型的意义——直义和主要意义（最常用的）。这就导致大量词汇同义词——在派生意义、转义、成语性意义上相近的词汇——在词典中几乎完全找不到。这样，就没有以下词列：give, lend, render "给予"，例如, to *give* /to *lend*, to *render*/ assistance；*foot*, *bottom* "下部"，*head*, *top* "上面"，例如, the *foot* /*bottom*/ ⟨*head* /*top*/⟩ of the stairs；*back*, *ago* "在······以前"，例如，a few years *back* /*ago*/；*get*, *bring*, *make* "迫使"，例如，I couldn't *get* him to help me, she couldn't quite *bring* herself to do it；*good*, *clever* "灵巧的"，例如, to be *good* /*clever* / at arithmetic. 在 *courage* "勇气" 词列中不包含词汇 heart, 尽管 heart 有相似的意义, 试比较 "Rawdon had not the heart for that manoeuvre" (Thackeray)；在 *perform*, *fulfil* "履行, 执行" 等词列中不包含动词 do, 它在这

个意义上与 perform，fulfil 主要有修辞差异，试比较，to do /to *perform*/ one's duty，to do /to *fulfil*/ a function. 这样的例子可以轻易增加许多。

（4）同义词的主要特性是已经得到充分描写的语义差异。搭配和修辞上的差异，尤其与书面语体和古词汇特征有关的修辞差异标注得不系统，而句法和其他语法差异根本就没提到。同义词各种性能（语义、修辞、结构和搭配性能）之间重要而复杂的联系也没有仔细研究（这个问题在 2.1，2.2，2.4，2.6 和 2.7 节有详细的分析）。对语义精确的同义词和非精确同义词之间差异中和的条件等情形没有描写或描写得不全面。

（5）对"崇高"和"低俗"语体词汇的态度不均衡。其中，书面语词，甚至古旧词比口语词和俗语词明显受重视。看来，这可以解释为什么在词典中缺少如 child，口语词 kid"小孩"；head，口语词 chump"头、脑袋"；lie，口语词 tale"谎言、流言"等词列；在 nerve, effrontery, gall 等"蛮横"词列中没有列出口语同义词 face, brass、sauce；在 courage, mettle"勇气"这一词列中没有口语词 spunk.

（6）词典中没有关于同义词描写应该用专门的词典学语言进行并应满足全面、充分和显性等要求的理念。

显然，即使把韦伯词典作为我们研究的基础，我们也不能盲目和全面地跟从。下文（在 2.1 节）详细论述我们与韦伯词典的不同之处；这里只需说明一点，所有的不同都是出于一个总体原则——试图编撰一部符合 70 年代理论思想水平的同义词词典。

我们的词典应该满足的那些理论要求首先是由现代语言语义学决定的。在我们定为目标的这些研究中，语义学被理解为是语言的控制模式的成分之一。语言的控制模式又称为能仿真"语言掌握"的逻辑自动模式，"语言掌握"这一术语上文曾定义过（见第 1.1 节）。这个自动模式的最终任务是在计算机上实现有两个方面对应的形式化规则：一方面是某一特定意义与所有能表达该意义的正确文本之间的对应；另一方面是某一特定文本与该文本表达出来的所有意义之间的对应。因为逻辑自动模式只有在绝对精准和详尽的指令的基础上才能运行，所以只有把对所有语言客体和规则的全面、充分和显性的描写都录入模式，它才能建立起意义与文本之间正确的对应。而这恰恰是双语同义词积极词典必须的具有独立基础的描写类型。换句话说，积极性、双语性和现代性原则要求词典学家要遵循相同的总体条件，而不是一些不同的条件。

以现代控制论语言学为基准还有另一个方面的益处。在意义与文本之间建立对应的任务,在理论语义学中被认为是把人工语义语言翻译成自然语言(符合于言语,或者文本综合)和把自然语言翻译成语义语言(符合于文本的理解或文本分析)。

专门的语义语言作为记载原始信息(需要翻译成自然语言的信息)的手段,其优势是显而易见的:语义语言是通用的,它不受自然语言中能构成意义表达特色的所有手段的限制。在某种自然语言中以隐性方式(譬如,以上文分析的那些类型的综合意义的组成形式,或以语法结构的方式,或借助词序等手段)表达的每一个意思,都应该显性地、用语义语言的单个词汇表达出来。由此可以得出,语义语言与自然语言之间词汇的对应不是词的简单对应,而是更加复杂的对应:通常,自然语言中一个具有非基本意义的词要对应语义语言的一个完整的词组或句子。

不言而喻,这种语义语言对同义词词典的编著者而言是多么重要:这种语言正是符合显性描写同义词的所有语义性能这一宗旨的最理想手段。

在现代理论语义学中,不仅为词汇意义的描写创建了专门的形式语言,而且为词汇语义搭配和句法搭配的描写创建了专门的形式语言。在语义学中,形式语言是必须的,因为没有这些语言,不可能完成自动综合正确的成语性文本的任务;但是,如果这些语言被创建出来,用它们去解决那些实用性任务也是适宜的,在这些任务中会出现一些与编写同义词词典类似的问题。

从上述的说明中明晰,在语言学及其附属科学发展的现阶段,在语言科学存在的整个历史中,第一次出现了将词典学和语义学有效结合的可能性,到目前为止这两门科学仍然是各自独立发展的。为了使读者能够明了,我们是怎样在同义词词典中将词典学与理论语义学结合起来的,该词典与此前的同类词典有什么不同,我们来分析一下同义词词典词条的结构和组成。

2. 词条的结构和组成

我们词典中的每一个词条都有对一个同义词词列的详细分析。同义词列就是属于同一个词类并具有相同的语义描写或大部分相同的语义描写的一组词(语义描写由注释、语义联想清单、有关逻辑重音及一系列其他信息构成;注释、语义联想和逻辑重音等概念在下面的 2.2 节中分析)。只有第一类词汇(语义描写完全吻合)才是纯粹的同义词;第二类词语(语义描写部分吻合)应该称为准同义词。但是，按照同义词词典的传统，我们给第二类词保留"同义词"的术语，而第一类词我们将称为精确同义词。

在我们的词典中大约有 400 个最常用的英语同义词词列。在规模上，这只是韦伯词典所含材料的很小一部分。由于多种原因（大部分是技术原因）我们的词典没能分析太多的韦伯词列，也没有增加韦伯词典中完全没有的词列。总之，正如我们所说，鉴于这部词典的尝试性特点，我们追求的不是收录全部的英语词汇，而只竭力完整地描写词典中列出的每一个同义词列。

我们词典的典型词条由以下 8 个区域组成：① 词目，② 注释，③ 翻译，④ 意义，⑤ 附注，⑥ 结构，⑦ 搭配，⑧ 例证。下面详细分析其中每一个区域。

2.1 词目

该词典词条的词目就是同义词词列本身，即词条中将要分析的同义词的顺序清单。在大多数情况下，词目在形式上与韦伯同义词词典相应词条的词目相吻合。与韦伯词典的不同可归结为以下几点：

(1) 有时在词列中增加了韦伯词典中毫无原因缺少的同义词；例如，在 *solitude, seclusion, isolation* "孤单"这一词列中，加入语义上与 *solitude* 非常接近的 *loneliness* 一词。

(2) 有时从词列中删除一些在语义上与基本意义相去甚远的词。例如，从 *remember, recollect, recall* "回想起"一列中排除了具有"使某人回想起"、"让某人想起某事或某物"等意义的动词 *remind*；从 *recede, retreat* 等"倒退、撤离"一列中去掉了具有另一种意义——及物意义和使役意义的动词 *retract* "撤销"；在 *slide, glide, glissade, slip* 等"滑动、滑倒"词列中删除了动词 *coast* "自由滑行"和 *toboggan* "滑雪橇"。

(3) 两个相当接近的词列可以合并为一个词列，如果这样做能使材料的解释在整个词典框架内更趋合乎逻辑的话。例如，在运动特点一致的情况下，运动量上的差别在韦伯词典中经常放在一个词列中分析。例如，*swing* "(使)摇晃、摇摆"，*sway* "(使)轻轻摇晃一下（几下）"，*undulate* "呈波浪状起伏"，*fluctuate* "晃动、震动"，*oscillate* "摆动"，*vibrate* "(使)非常小的震动、颤动、摇摆"；*shake* "摇动、震动"，*quake* "震动、颤动"，*shiver* "颤动、发抖"及其他许多词就是这样的词列。这给我们提供了依据，据此把 jump, leap, spring, bound, vault "跳，通过跳跃移动"和 skip, hop "做小跳、借助小跳移动"这两个词列合并为一个词列。

(4) 任何一个韦伯词列,如果其中联合了同义词的若干不同意义,就拆分成几个新的词列,以便每个新词列中所有同义词都体现出自己的一个意义,而且这个意义是词列中所有同义词都具有的意义。这里可能有三种不同的情形。

第一种,也是其中最重要的一种,最经常(虽然不是必须的)与所谓的常规(重复性)多义性相关。有一种在我们的词典中广为呈现的常规多义性类型,值得单独讲讲。我们所指的是表示人的心智、情感、道德、体力的性能和状态的形容词。这些形容词系统地展现了以下两类意义的组合:① "具有某种性能"/"处于某种状态";② "表达这种性能/状态"、"证明这种性能/状态",例如,intelligent ⟨stupid⟩ man(умный ⟨глупый⟩ человек)— intelligent ⟨stupid⟩ look ⟨answer⟩(умный ⟨глупый⟩ взгляд ⟨ответ⟩), merry ⟨sad⟩ boy(весёлый ⟨грустный⟩ мальчик)— merry ⟨sad⟩ eyes ⟨smiles⟩(весёлые ⟨грустные⟩ глаза ⟨улыбки⟩), deft ⟨awkward⟩ animals(ловкие ⟨неуклюжие⟩ животные)— deft ⟨awkward⟩ movements(ловкие ⟨неуклюжие⟩ движения), honest ⟨sly⟩ person(честный ⟨хитрый⟩ человек)— honest ⟨sly⟩ question(честный ⟨коварный⟩ вопрос)。第一类意义在与表示人、动物或作为性能载体的某个器官(装置)的名词搭配时得以实现。例如,intelligent mind(ясный ум), sad soul(грустная душа), deft hands(ловкие руки), upright character(прямой характер);第二类意义在与表示话语、表情、手势和动作的名词搭配时得以实现。

如果韦伯词典某一词列的所有同义词都表现出这种常规多义性,那么,就把这一词列拆分成相应数量的二级词列——具有一个共同词目但有不同序号(用阿拉伯数字标示在注释前)的单个的意义。词列 intelligent, clever, bright, smart…"聪明的";angry, wrathful, indignant, mad…"气愤的"及其他许多词列都是这样拆分的。

自然,如果词列的所有成员具有同一个意义综合体,那么无论它们是否有常规多义性,我们都会用上述方式处理这样的词列。一个韦伯词列 *threaten*, *menace* 在我们的词典中拆分为以下三个意义列:① "对某人表示将对其作恶": to *threaten* /to *menace*/ sb. with destruction ⟨to kill sb.⟩;② "有某种令人不快或可怕的征兆"(比如, предвещать): the clouds *threatened* rain, stones and loose earth *menaced* to bury him entirely, tears ⟨smoke⟩ *threatened* /*menaced*/ to choke him;③ "威胁有实现的可能性"(如, грозить): a fog ⟨death, the earthquake⟩ was *threatening* /*menacing*/.

第二种情形与第一种不同的是,不是一个韦伯词列中的所有同义词都具有同一种综合意义,而只是其中的某一些同义词具有。这种词列拆分为完全独立的词列——每一个词列都有自己的词目。例如,韦伯词列 summon, call, convene, convoke, muster 分为以下三个词列:① convene, convoke, call, summon, muster "召集、召开"(国会、会议等);② summonⅠ, call, muster "聚集、集中、调动"(内心资源——勇气、力量、智慧、能量);③ summonⅡ, call "呼唤、召唤、传唤使出现"。

在第三种,也是最后一种情形中,一个韦伯词列中的一个词或几个词在相应的词条中列出的不仅是与所有其他词相同的意义,而且还有一些在该词列内部和外部(在词典所分析材料的范围内)都没有同义关系的意义。我们将这类意义移入附注区(见下文 2.5 节)。

鉴于(4)中所述内容,需要强调的是,我们所捍卫的意义拆分原则,为以清晰的方式(通过整个词列和词列内部的一个个单独成分的多义性)展现同义词词列复杂而精细的关系网提供了可能性。

(5) 在以某种方式改建韦伯词列的情况下,还可以改变词列的主导词——它的标题词。例如,在具有"要求出现","召唤"意义的同义词列中,其主导词是动词 summon,显然它不能统领具有"召集"意义的词列,这个意义对 summon 来说是次要意义,对动词 convene 却是主要意义,所以在这种情况下,convene 应该扮演主导词的角色。

(6) 词列内部同义词的排列顺序(及在词条内部相应的描写顺序)可能与韦伯词典中采用的顺序不同。当这样的改动有助于更清晰地描写词列的语义结构,即可以在词列中区分出同义词的语义群和子语义群时,就做这样的改动。譬如,词列 slide, slip, glide, skid, glissade, slither 重新排序变成 slide, glide, glissade, slip, skip, slither,目的是强调 *glide* 与 *glissade*(平稳而优美的滑动,大多数情况下是有意的)以及 *slip* 与 *skid*(由于失去平衡或平稳而引起的、无意的、并经常伴有危险的滑动)之间更加紧密的意义联系。

(7) 我们词典的词目不仅包括同义词清单,而且包括对它们修辞性能的描述,这些描述用词典学中普遍采用的修辞标注语言来进行。对词汇修辞性能的这种描写形式比韦伯词典(及其他同义词词典)采用的在词条注释部分中用很多词语解释要经济得多。

必须注意这样一个事实:如果把同义词的修辞性能作为一方,把其语义性能、搭配性能和结构性能作为另一方,虽然它们在逻辑上并没有关系,但在很多情况下,它们之间完全是具有某种关系的。这里是指同义词修辞性能为某些语义特性、搭配特性和结构特性提供理据。

在同义词列 face, countenance, visage(脸)中,只有第一个在修辞上是中性的,它不仅能表示人的头部的前部分,而且能表示动物的相应部分,因此能够与动物名称搭配,如 the monkey's face, "The face of Katy(猪的名字 — 作者注) was a tiger's face"(Steinbeck). Countenance 和 visage 是书面语词汇,在这种情况下,自然联想到美丽和伟大,因而不能表示动物的脸,因此只能用于人(在 2.2 节中分析类似的例子)。

在 effrontery, nerve, cheek, gall "蛮横、蛮不讲理"中,后三个是同义词,由于其口语特征,句法上的灵活性要比 effrontery 小得多。这四个同义词都能用的结构不多: to have the effrontery / the nerve, the cheek, the gall / to do sth., sb's effrontery / nerve, cheek, gall /(已经使他发疯,发狂), the effrontery / the nerve, the cheek, the gall / of sb(正在发狂)。Cheek 和 nerve(比较少)还用在 it's (awful) cheek my coming so late 的结构中并可以作为动词 give 的补语: "Nothing but genuine inspiration could give a woman such cheek."(Shaw). 但是,例如,在 the effrontery of looking into her soul, a kind of haughty effrontery, the cool effrontery of a Yankee 这样的结构中,正常情况下不用 cheek, nerve 和 gall 这几个同义词。

在我们得以发现这些联系的情况下,我们会把它们放在词条的相应区域("意义"、"结构"或者"搭配"等区域)中进行描写。

我们这里只讲了涉及在词条的词目上与韦伯词典的不同。当然,这些不足以涵盖我们的词典与韦伯词典之间的全部差别——如果是这样的话,也就不值得再编写一部新词典了。更重要和更原则性的差别体现在对同义词列意义的注释上,在对意义特性、搭配特性和结构特性的描写上以及对能够使同义词互换的条件的评定上等等。

2.2 注释

在与注释相关的问题中,我们简短地研究一下注释对象的概念,即词汇或同义词列的意义(要注释什么),比较详细地研究一下注释手段的概念,即语义语言(用来注释的语言)。

通常情况下词汇的意义包含下列两个成分:

(1) 关于由词汇表示的事物、情景、性能、状态和过程等的朴素概念；譬如，水的朴素概念是：用于喝或其他目的的透明无色液体；而科学概念是：由两个氢原子和一个氧原子构成的化学物质。在关于情景(参与者、他们的特性及其之间的关系)的朴素概念中，还可以包括感知情景的人或观察者所处地点的概念。对于形容词 distant，far，far-off，far-away(遥远的)的使用而言，观察者的位置没有意义。这几个词的同义词 remote 表示某物体 A 距 B 点有很大的距离，同时说话人把 B 点看做是观察者所处位置或起始测量距离的中心点：I went abroad to a *remote* spot where I thought I wasn't likely to meet anyone who knew me.

(2) 交际的参与者，即讲话人和听话人对该事物、情景等做出的评价，好或坏，怀疑、不确信或确信，希望或不希望等。这些评价成分对于限定语气词、突出语气词和加强语气词(如 *даже*，*уж*，*только*，*ведь*)、让步和对别连接词(如，*хотя*，*но*，*однако*)、情态词的某些语义类别和副词意义(如 *совсем*，*всего*，*отнюдь*)特别典型。

这些评价性意义构成了注释的所谓情态框架。

评价是非常细微的、有时是很难觉察到的意义成分。所以在引入这个概念的时候，我们认为最好先分析俄语材料，读者对这样的材料已掌握得很完善，可以凭自己的语感直接掌控其分析的正确性。我们比较一下俄语语气词 *ещё* 和 *уже* 在下面两个例句中的语义：ещё Щерба обращал внимание на необходимость изучения языковых ошибок 和 уже Щерба обращал внимание на необходимость изучения языковых ошибок。在所分析的意义(加强意义)中，*ещё* 和 *уже* 具有很多共同部分："事实 P 发生在比较久远的时间 T，并且这一事实很重要"。与此同时，这两个语气词之间存在可以明显感到却很难表述出来的差别，这种差别在它们不能互换的句子中尤为突出，譬如，可以说 идея "отрицательного языкового материала" появилась в лингвистике не сразу, но уже Щерба энергично её пропагандировал，但句子 * идея "отрицательного языкового материала" появилась в лингвистике не сразу, но ещё Щерба энергично её пропагандировал 是不可以或令人怀疑的。认真观察这两个以及类似的句子，我们发现，*ещё* 和 *уже* 为说话人对时间 T 做出不同的评价提供了可能性，这个时间 T 是被讲话人描述的事实 P 所对应的时间。这种差别记载在相应注释的情态框架内。Ещё P ≌ "事实 P 发生在相对久远的时间 T；说话人认为这一事实很重要；说话人认为，T 不是说话人思考时所处的那个时间段 T′ 的一部分"。уже P ≌ "事实 P 发生在相对久远的时间 T；说话人认为这一事实很重要；说话人认为，T 是说话人思考时所处的那个时间 T′ 的一部分"。

正如我们所说，尽管这些评价成分首先是语气词、某些连接词和副词意义中典型的，但它们绝不是上述词汇类别仅有的。例如，分析一下具有"担心"意义的法位 take care 和动词 bother. Take care 完全可以在各种不同类型的句子中，包括在肯定句中自由使用：the criminal *took care* to rub off his finger-prints. 而 bother 在这方面受到严格限制：它主要用于否定句、疑问句、情态句和"有怀疑的"句子中，例如，the criminal didn't *bother* to rub off his finger-prints；do you think he will *bother* to rub off his finger-prints？；he would scarcely *bother* to rub off his finger-prints. 不能说 *the criminal *bothered* to rub off his finger-prints. take care 和 bother 在句法行为中的这种差别是由于，在 bother 的意义中有 take care 完全不具有的评价成分。这个评价成分自然而然地通过下列情态框架来描写：bother（to do P）= "对做成 P 的关切；说话人认为，主体对做成 P 的关切的可能性不大"（也见 2.6 节）。

朴素概念和评价（如果说评价是很重要的，远不是所有词都如此）就是注释本身的全部对象，其中，对朴素概念的描写构成注释的核心，而对评价的描写构成注释的情态框架。但是，同义词词典最感兴趣的词汇语义全面描写要比词汇意义宽泛，这种全面描写除了包括意义外，还包括关于预设、由词汇引起的语义联想或附加意义、逻辑重音以及其他许多对我们不太重要的信息。

预设是指在否定的情况下保持不变的那部分注释内容。例如，词汇 *bachelor* = "男子，早已达到了已婚年龄，但从没有进入婚姻"，这个词的第一个成分（"男子"）就构成了 bachelor 的预设，而其余的所有成分就是这个词的本义。实际上，如果我们说 Peter is not a bachelor（彼得不是单身汉），我们无论如何都不会否认彼得是男人；否认的是他从未结过婚。预设成为语言学研究对象只是最近十到十五年的事，所积累的可广泛用于词典学开发的资料还不够。所以，在我们的词典中几乎从来都没有把预设与其他意义成分区分开去描写。

语义联想反映了与词汇有关的文化观念和传统、词的文学处理的历史、词的词源学、与词汇相对应的事物在该社会中占主流的使用实践及其他许多语言外因素。语义联想的概念可以通过 *prey*（受害者）一词说明，看来这个词是由于受到其词源学的影响，使人想到可怕、残酷和凶恶。而它的同义词 *victim* 就不会产生这样的联想。

第三个概念是逻辑重点,将意义中的某一个成分作为重要成分加以强调或突出。可以用下列同义词来举例说明:grateful, thankful "这样的人:认为或知道有人对自己施善,感到自己必须要通过自己的语言表达或同样善良的行为加以回报"(试比较 *признательный*, *благодарный*)。Grateful 更倾向使用的场合是必须强调出所给予某人的帮助的重要性,而当需要强调主体体验到的情感的力量时,适合选用 thankful: you've helped me, and I'm *grateful* to you; I'm *thankful* that his life was spared in the accident.

语义成分包含在词汇的意义中,因此固定在词的注释中,这些语义成分可以是不变的成分——在任何使用情况下都能表现出词的特征,也可以是可变的成分——是可能的但可以是非必须的。在词列 stern, severe, austere, ascetic(严厉的、严酷的、清心寡欲的)中,第一个词表示在向别人提出苛刻要求时表现出来的性格特点,而最后一个表示在对自己提出严格要求时表现出的性格特点。这是 stern 和 ascetic 词义中不变的成分。与此不同,severe 更多表示对别人比对自己严厉,但有时也表示对自己的严厉:a *severe* teacher(严厉的老师),he was as *severe* with himself, as with others(他对自己和他人都很严厉)等。Severe 用作无补语的述语时,被理解为第一种意义,这是它典型的用法:he is a *severe* one. 与此相反,austere 经常表示严格的清心寡欲,即对自己的严厉态度,但也可以表示对待别人的态度严厉:an austere character(几乎清心寡欲的性格)—an austere father(严厉的父亲)。因此,对于 severe 和 austere 而言,"对别人"—"对自己"这两个成分是有可能的,但不是必须的;所以在相应词汇注释中,它们的序列应排在"更多"、"有时"、"经常"、"可以"成分的后面①。

必须把词汇意义成分或完整语义描写的成分与词汇的搭配特征区分开。salubrious 一词主要与词汇 climate 和 air 搭配(见 1.1 节),由此无论如何也不能得出,意义"气候"和"空气"应该包含在 *salubrious* 的注释中:上述性能是 salubrious 一词的搭配特性,而不是它的意义成分。

所列举的意义成分或词汇语义全面描写的成分,还有词汇的搭配特性或者甚至结构特性,在专门的文献中经常被称为意义的细微差别。然而,正如我们刚刚所见到的那样,其中的每一个成分或特征都有专门的理论概念来描写。所以,

---

① 严格地说,这些成分不是意义元素,而是使用相应词汇的典型条件的标记证明。

我们不需要意义细微差别的概念，在我们的词典中也不使用这一术语。

我们转到第二个主题——语义语言，正如我们试图在1.2节展示的那样，这种语言对描写同义词之间的相同与不同是必须的。我们知道，在诸如词典学这样传统的学科中，改革要比突变更有益，所以我们为同义词词典创建了一种折中的描写手段——简化的标准化俄语，这种语言由有限数量的相对简单的词和结构组成。

在描述这种标准化语言之前，我们以最明显的形式，即通过比较用这种语言完成的注释和韦伯词典中相应的注释（翻译成俄语）展示该语言的某些特性。

Grateful, thankful——见上文；韦伯词典："感受或表达感激（gratitude）"。

Attachment, affection, love "感受到对客体的一种情感，这一客体令主体愉快，使主体产生与其交往或为其提供便利的愿望"。韦伯词典："一种能够使人真诚地喜欢（is genuinely fond of）某人或某物的情感"。

Hatred, detestation, abhorrence, abomination, loathing "感受到的对客体的一种情感，这个客体令主体不愉快，使主体不愿与其交往或对他做出恶事"。韦伯词典："极端的反感（aversion），尤其伴有敌意和恶意"。

Enemy, foe "那个与某人争斗，竭力想消灭他或给他造成不幸的人"。韦伯词典："与另一个人敌对（is hostile）或对其表现出敌意的一个人或一组人"。

Misfortune, adversity, mischance, mishap "对一个人的正常生命活动造成负面或灾难性影响的事件"。韦伯词典："失利（bad luck）或不幸（adverse fortune）或者是表现为失利或不幸的事"。

Accident, casualty, mishap "对客体的生命活动或功能产生负面或灾难性的影响的偶然事件"。韦伯词典："造成损失或丧失的事故或偶然事件"。

Jump, leap, spring, bound, skip, hop "① 通过肌肉瞬间的用力与支点失去联系，在空间上产生移动，或者② 做类似的移动"。韦伯词典："通过肌肉工作或者用相似的手段（by or as if by a muscular effort）在空间上突然移动"。

Beat, pound, pummel, thrash, buffet, baste, belabour "用力使密实的物体与生物体的肉体接触，努力使其感到肉体上的疼痛"。韦伯词典："多次（repeatedly）打击"。

即使我们粗略地比较一下这些注释，引人关注的是下列特性：① 我们的注释非常详细，而韦伯注释很简短；② 我们的注释有时在修辞上有些生硬，而韦伯注释在修辞上几乎总是无可指摘的；③ 由于对注释的形式不习惯，所以我们的注释理解起来很费力气,而韦伯注释理解起来很轻松;④ 我们的注释建立在相对简单意义的基础上,而韦伯注释建立在非常复杂意义的基础上;⑤ 在我们的注释中能够碰到人工词汇(каузировать),而在韦伯注释中没有;⑥ 我们的注释中包含相当多的重复词汇[("добро(好事)"、"зло(坏事)"、"делать(做)"、"каузировать(使)"、"чувство(感觉)"、"субъект(主体)"、"объект(客体)"、"приятный(愉快的)"、"не(不)"、"контакт(接触)"、"отрицательный(负面的)"、"нормальный(正常的)"及其他)],而在韦伯注释中几乎没有重复词语。

这些区别不是偶然的,而是由于意义描写的总体原则造成的。其中最重要的是:

(1) 复杂的意义应该通过比较简单的意义来解释(见上文例证)。虽然得到的注释显得繁琐和笨拙,但是在这些注释的基础上能自然解决同义词词典的一些主要任务:首先,借助这样的注释可以轻松地表达同一词列中的同义词之间的相似与区别,例如,hatred 强调希望给人造成伤害,而 detestation 强调不愿意与他接触(再比如在前文分析的一对词 *grateful—thankful*);其次,这些注释使我们看到意义相近的不同同义词列之间的语义相似与区别(例如,试比较 attachment, affection, love 词列与 hatred, detestation, abhorrence, abomination, loathing 词列;misfortune, adversity, mischance, mishap 词列与 accident, casualty, mishap 词列)。

韦伯注释不适用于这样的目的,因为在韦伯注释中,一个复杂意义("爱"、"憎恨"、"敌人"、"灾难")通过其他同样复杂的意义["爱(动词)"、"厌恶"、"敌对的"、"不幸"]来定义。结果在定义中出现了同语反复的循环,而最坏的情况是不准确。确实如此,正像后来韦伯词典描写的那样,如果 grateful 与 thankful 有区别,那么未必它们两个都表示"感激";thankful 应该是表示"感谢"。Hatred(憎恨)当然不是 *aversion*(厌恶)的变体,这是两种不同的情感,虽然很相近。关于 misfortune 和 bad luck,attachment 和 fondness 也有同样的情形。

将复杂意义逐级简化为更简单的意义的原则要求,某些意义应该作为基本意义,即不能再被定义的意义来使用。例如,意义"想、希望"就是如此:无法再用任何更加简单的意义来注释它,因为不存在这样的意义。在这类情况下,词列的注释与它的其中一个翻译等同词相对应:desire, wish, want"想、希望"(翻译为:хотеть, желать)。

(2) 注释应该是完整和充分的。显然,如果注释不完整,将无法展示同义词之间所有的语义相似和区别；同样，如果注释过多，就会给同义词累加一些不重要的相似和区别。鉴于此，在很多情景中就出现了对人造词汇的需求。其中之一就是动词"каузировать"值得特别提及。

按照定义，"каузировать P"表示"做某一行为直接导致情景 P 发生或开始发生"。在这个意义上，"каузировать"用于很多使役动词的注释，例如，open ="каузировать открываться"（使打开），kill = "каузировать умирать"（使死亡）等。出现了一个问题：难道不能在这些类似的注释中用自然语言的某些词代替人造动词"каузировать"吗？由于有人提议，用英语动词 to cause 注释类似 open，kill，break，grow，burn 等使役动词，上述问题在理论文献中得到广泛的讨论。初看起来，to cause 似乎具有所需要的意义：to open (the door) ="to cause (the door) to open"，to kill (a bird) ="to cause (a bird) to die"，to break (the window) ="to cause (the window) to break"，to burn (the toast) ="to cause (the toast) to burn"等。但是研究发现，带动词 to cause 的词组表示的并不完全是相应的使役动词要表示的意义。可以说：he caused the door to open by tickling Sally who was pressed against it，但是不能说 * he opened the door by tickling Sally who was pressed against it，在第二种情形中，开门的不是他，而是萨莉。同样，John's negligence caused the toast to burn ≠ * John's negligence burned the toast 等。问题在于，在 to open the door，to burn the toast 及其他类似的词组中表达的直接使役的意思与现实的英语动词 to cause 不同。所以，把 to open (the door) 注释成 ="to cause (the door) to open"及类似的注释在语义上是不完整的。上述情况显然对最接近 to cause 的俄语等同词——动词 вызывать 也是适合的：убить привратника 和 вызвать смерть привратника 显然不是同义的；因此，убить ≠ "вызвать смерть"（引起死亡）。

如果我们试图借助于其他一般的使役动词，如 будить（мысли，любопытство），внушать（уважение，чувство，жалости），возбуждать（любопытство，интерес），заставлять（работать，отступать），порождать（неуверенность，недовольство собой），приводить（к путанице, к распадению），приносить（несчастье，страдания），причинять（боль，вред），чинить（беззакония，препятствия）等，来定义类似 open，kill，grow，break（或者它们的俄语等同词）这类动词，我们就会使注释在语义上过剩，即给它们加载了多余的意义特征：显然，这里列举的每个动词与 каузировать 都各有不同，以每一个词

自己特有的附加语义相区别。

因此,为了注释类似 open，kill，grow，break 这类动词,需要一种意义,俄语中没有任何一个现实动词能表达出这种意义。我们除了引用 каузировать 这个人造动词来简洁地表达这个意义之外,没有任何其他途径。

(3) 用于注释的每一个俄语词都应该只使用其一个意义,而注释所需的每个意义都应该只由一个词来表达;换句话说,标准化语言的词汇和意义应该(理想上)是互相单义对应(这里不应该有同义词,也不应该有同音异义词)。遵循这一要求可以显性地描写意义之间所有的相似与区别,无论所指的是单独词的意义还是整个同义词列的意义：如果注释中包含有一字不差的吻合部分,即相同的词,那么意义就是相似的;如果注释中即使是有部分的不同,那么意义就是有差别的(见上文所列举的注释)。

由上文所述可以清晰看到,我们表述的这些要求绝对不是苛刻的要求,也不是时髦的古怪字眼。这是事情的本质要求的。如果不遵循这样的要求,注释将变得非常模糊,有时会变成十足的谜,可能把最认真和善良的读者带入死胡同。下面,我们来分析一个同义词词典中的典型例子。

在韦伯词典中,下列两个同义词列是被作为不同的同义词列来研究的：desire, wish, want, crave, covet 被注释为 "to have a longing for something", 和 long, yearn, hanker, pine, hunger, thirst 被注释为 "to have a strong and urgent desire for something". 需要单独说明, *crave* 这个动词 "implies strongly the force of physical or mental appetite", 而 *covet* 这个词 "implies a strong, eager desire". 这样的描写产生了大量问题,却没有对其中任何一个问题做出解答。首先,在 *desire* 和 *longing* 之间是有区别,还是它们表示同一个意义？如果相信第二个定义,那么就有差别了：longing——就是 "strong and urgent desire" 的意思；那么, desire 及其最相近的同义词 wish 和 want 如何能够像第一个定义所要求的那样,只表示 "longing" 的意思？如果相信第一个定义,那么为什么在字典中给出两个同义词列,而不是一个？如果相信第二个定义,为什么 crave 和 covert 放到第一词列中,而不是第二词列？在 "strong and urgent desire"(long, yearn, hanker 等)和 "strong and eager desire"(*covet*)之间是否有语义区别,或者这个区别纯粹是词汇上的,在实际当中就是指同一回事——"强烈的无法控制的愿望"？是否需要按照不同方式(如果需要的话,应该按怎样的方式)理解定义 "means a strong and urgent desire" 和 "implies strongly the force of physical or mental appetite",或者这是编者害怕表述过于平淡,在修辞上的标新立异?类似的问题还可以提出几十个,同义词词典的每一位细心读者都会提出这样的问题。

这个评论并不是要贬低韦伯词典的成就,更何况我们是故意挑选了客观上非常难的材料的描写中最不成功的一个案例。实际上,我们想以这样一种特定的方式表明,在困难的情况下(这种情况很多),对上述分析的这类描写只有一种必择其一方式——这就是用标准化语言完成的那些笨拙的、繁琐的、非成语化的注释。

应该说,标准化语言的思想对于传统的词典学并不陌生,虽然以前这种思想没有明确地表述出来,也从来没有被合乎情理地应用过。值得思考一下,普通的单语词典注释部分的语言到底是什么,这样,哪怕仅凭注释语言比被注释语言贫乏很多这一点,就能很快明白,注释语言并不等同于被注释语言。在俄语中大约有十个具有"眼睛"意义的词汇(算上俗语和行话):глаза、очи、зенки、буркалы、гляделки、мигалки、бельма、шары 等。但是,其中只有 глаза 这一个词可以选为注释语言,不仅可以参与到该词列中所有其他同义词的定义中,而且,还可以参与到诸如 белки、брови、веки、вылупить、глазница、глазной、глаукома、глядеть、дальтонизм、закатывать、зрачок、зрение、карий、окулист、очки、подглазье、пучить、пялить、радужная оболочка、смотреть、таращить、трахома 等词的定义中。例如,谁也不会想到把 дальтонизм 解释为"视觉器官不具有感知某些颜色之间差别的能力",或者把 очки 解释为"用来补偿视力的不足或保护眼睛不受强烈的光线和尘土等伤害的装置"。

不要认为,在这种情况下对注释词汇的选择与上文分析使役动词的例子中的选择是出于完全不同的考虑:这里是修辞的考虑(选择最中性的词),而上文的情况是语义上的考虑。实际上,在这两种情况下的选择都是基于语义上的理据,虽然可能词典学家并不是总能意识到这一点。我们过去曾描写过,例如,очи——美丽的大眼睛;显然,буркалы、бельма 和 шары 是不美丽的大眼睛,мигалки、гляделки 和 зенки 是不美丽的小眼睛,或者是会引起不愉快印象的眼睛等。对此应该补充一点:所有这些都是 глаза 一词的似乎纯修辞同义词,与 глаза 的区别在于,它们主要表示人的眼睛;只有 глаза 一词既可以正常地表示不仅人的视觉器官,也表示动物、鱼和昆虫的视觉器官。因此,глаза 一词是所分析词列中语义最共性的词。如果选择任何一个其他同义词用于注释,我们可能不仅会造成修辞错误,而且会造成语义错误。虽然 *карий* 是人的眼睛的颜色,*подглазья* 似乎也经常是人才有的,但是 *глядят*,*смотрят*,甚至 *пучат / пялят*,*таращат / глаза* 这样的搭配,不只是仅适用于人的。按照语义理据,用名词 очи 和 зенки 来注释这些词是不适合的。

因此,即使在传统词典学中,对注释用词的选择也不是任意的,而是遵循一定的原则。这些原则合乎逻辑的发展,就引导出上文所阐述的注释概念和标准化语言的概念。

2.3 翻译

在注释之后即给出俄文翻译,这样的安排是基于两个目的:便于读者理解注释;同时,比较(以在双语词典中的最大可能)英语和俄语同义词体系中的相应片段。

在翻译区,通常给出系统排序的俄语同义词列,要使俄语词列从第一个到最后一个成分的排列与英语词列从第一个到最后一个成分相对应,至少大致上对应。例如,want, wish, desire, crave, covet — хотеть, желать, жаждать; care, concern, solicitude, anxiety, worry — озабоченность, опасения, беспокойство, тревога; throw, cast, fling, hurl, pitch, toss, sling — бросать, кидать, швырять, метать.

选择译文时,我们力求确保英语文本在同义词使用的各种不同的词汇和句法条件下转换成俄语文本:frigid climate (холодный климат), frigid wind (леденящий ветер), chilly weather (промозглая погода), chilly wind (пронизывающий ветер), proficient /expert / player (искусный игрок), proficient /expert/ in the art of selfdefence (в совершенстве владеющий искусством самозащиты).

如果某些英语同义词在俄语中有相对准确的对应词,那么这些对应词在每个词的词条区域中以下列形式给出:attachment — привязанность, affection — тёплое чувство, love — любовь; cold — холодный; cool — прохладный, frosty — морозный.

但是,在大多数情况下,这种逐词对译的可能性极大地受制于不同语言词汇体系的不对应因素,关于这一点我们在 1.2 节已经讲过。英语中的很多同义词列在翻译成俄语时,每一个词列只有一个准确的对应词:sharp, keen — "острый(锋利的;激烈的)";victim, prey — "жерства(牺牲品)",而有一些词列连一个对应词也没有。其中，词列 *brawl*, *broil*, *row*(口语), *rumpus*(口语)，*scrap(e)*(俗语) 就是这样的，其意义只能近似地翻译成 "ccopa"(吵嘴)，"скандал"(争吵)，"перебранка"(吵架)，"драка"(打架)，因为这些英语同义词的一个主要意义成分是，指明冲突情景会在公共场所中发生，而俄语译本(也许除了 скандала) 中却没有这种意义成分。从所述情况考虑，翻译被看做是辅助性的、纯启发性的描写手段，而主要工作由注释和意义区域来完成。

所分析的这一区域并不是英译俄的唯一区域。英译俄还在其他三个区域——意义、附注和搭配区出现，在这些区域中被翻译的不仅是一些单独的词汇，还有一些固定词组，甚至包括出自英文原著的一些引语。

单个词汇的翻译在这些区域中要完全遵循上文提出的原则进行。至于固定词组和引语，在对它们进行翻译时我们采取两种不同的方法。

在翻译没有署名的话语或固定词组时，我们竭力给出最接近原文的等同词，有时甚至冒按字面翻译的危险：invaders *looted* and *robbed* throughout the entire country — захватчики мародерствовали и грабили по всей стране; a group of officials who *looted* the treasury — группа должностных лиц, растаскивавших казну。

在翻译文学作品的引语时，我们不仅竭力翻译出意义，而且力求保持原文的风格和表现力，甚至以与原文的句法结构和词汇有很多的偏离为代价："... You have *robbed* me of my wife's affection like a low hound" (R. Aldington) — "... Вы похитили у меня привязанность моей жены. Вы поступили, как мерзкий пес."

2.4 意义

这是词条中最重要的一个区域，在这一区域中，首先描写的是该同义词列各成员之间的语义相似和区别。描写以那些能使该词列中同义词相互区别的语义特征为基础进行。

作为这些特征的是进入到注释成分中的那些意义的种别名称。例如，如果同义词中有一个词表示没有确定方向的缓慢运动，并且进行运动通常是为了从运动本身获得乐趣 (*roam* ≌ бродить "徘徊")；另一个词表示不断改变方向的积极移动，有时为了寻找猎物、食物及其他等 (*rove* ≌ рыскать "东奔西跑地寻找")；而第三个词表示没精打采的、没有目的地移动，常常走过不长的一段路后就转换方向 (*meander*)，那么可以说，这些同义词在移动速度 (缓慢的、精力充沛的和没精打采的)、行进路线图(比如,在 *rove* 中曲折的意思和 meader 中蜿蜒的意思)和目的(寻找乐趣、猎物或毫无目的)等意义特征上相互区别。

当这些特征的数量超过了两个时,直接在词列的详细描写之前,以显著的形式在区域的开端将其列出,并编上序号。

一般来说,如果每一个同义词都有全面的、充分的和显性地解释,那么无论什么样的补充描写在理论上都是不合理的:关于同义词之间的语义相似和差别的所有必须信息都可以自动提炼出来——把一个注释叠置于另一个注释上,就可以看出,哪些部分是相同的,哪些部分是不同的。这样的描写虽然在理论上没有依据,但在实践上是有益的,因为它极大地减轻了读者的工作量。这种描写之所以正确还因为,在描写中我们完全不必把自己局限在注释的成分比较中。同义词之间的语义差别可以这样来仔细研究:通过区分那些只能用某一个而不能用另一个同义词的情景(在人被水淹的情景中,他喊 *help*!,而不是 * *aid*!或 * *assist*!),或者通过区分那些从某一个同义词而不是从其他另一个同义词中得出的逻辑推论(例如,如果某物体被赋予 *firm* 的属性,那么可以得知,很难使它弯曲,而如果某物体被赋予 *hard* 的属性,那么可以得知,很难穿透它)来研究。在很多情况下,这两类信息对于掌握词汇使用中所有微妙之处和细微差别都有不可估量的帮助。

鉴于上述原因,同义词之间的语义差别的描写应该以自由注解的形式构建,这种注解包括注释和整体语义描写的所有必须元素,但不等于注释和语义描写。

注解在形式上是自由的,但在内容上服从于一定的规则,即要对所有同义词列都一样的最标准化的问题清单(如果这些问题存在的话)做出回答。这些问题是:

(1)在同义词的语义描写中有哪些相同与差别?依据 2.2 节所述,分析以下类型的差别:① 概念差别,或纯语义差别;② 评价差别;③ 联想差别,附加意义差别;④ 强调重音或逻辑重音差别。

(2)语义相似的可能类型有哪些?分析两种类型的相似:① 精确同义;② 同义词之间语义差别的中和。

(3)该同义词列的语义结构是怎样的?分析两种结构类型:① 交叉结构;② 等级结构。

在描写同义词列时,我们通过固定词组和源自文学原著和词典中不长的引文,多数情况下是出处不明的引文,来举例说明和确定同义词之间的明显相似与不同。除了正确的固定词组(这样的是大多数),有时也会出现一些不正确的句子或词组,即"反面的语言材料"(Л. В. Щерба),按照很多经典语言学家的观点,认真研究这方面的材料对掌握语言有头等重要的意义。

2.4.1 同义词语义描写中的差别

(1) 纯语义差别

这些差别是最重要的,同时也是最复杂和多种多样的,因为这些差别通常说明的不仅仅是某个同义词列,而且是整个词汇语义类别。例如,对于运动动词而言,在目的特征上的不同是典型的。对于表示人的情感、心智特性和状态的词汇,在(状态)形成的原因及其表现方式等特性上的不同是常态,体力行为以客体和工具类型相区别,而使役性情景的行为则以结果类型相区别。

尽管我们知道,只有在完整的科学词典中才有可能列举出所有的语义差别和这些差别之间的联系,我们还是试图指出材料中得到最广泛体现的、能够产生同义词之间的语义区别的那些特征类型。

为了以合乎情理的方式区分出这些特征,需要指出,我们分析的这些语义上的非精确同义词,在大多数情况下表达行为、情景、事件、过程、状态和性能的概念(与通常称名物体的纯修辞同义词不同)。行为、情景、事件等可以在参与者(主体、客体、信息接受者、工具和手段)和自己个人的评定(原因、结果、目的、依据、地点、起点或终点、时间、方式、特性、程度、表现形式等)上相区别。在许多情况下,恰恰是参与者的类型及行为、情景和状态的概括性特性作为同义词的区别特征。正如下文所见,这些概念在描写同义词的结构特性和搭配特性时亦是非常重要的。

行为、特性或状态的主体 在词列 *escape*, *avoid*, *evade*, *elude* "避免危险或不喜欢的情景"中 *escape* 表明,行为的成功取决于主体的能力或幸运(he managed to *escape* punishment, he *escaped* death by a mere chance); *avoid* 表明主体有预见性,善于采取提前防备的措施(to *avoid* an accident ⟨responsibility⟩); *evade* 表明主体机敏和随机应变,借助巧妙的方法逃离自己不喜欢的情景(to *evade* one's pursuers ⟨one's duties, military service, the question⟩); *elude* 表明主体具有突然隐藏起来不被抓到的能力(to *elude* the enemy ⟨the creditors⟩).

Temerity, audacity, hardihood "大胆行为"以不同方式反映出主体的性格和个性心理: *temerity* 是源于轻视危险性,高估个人的力量或低估情况的复

杂性(such *temerity* in attack can be expected only of young and inexperienced leaders); *audacity*——忽视社会常规,准备向公众品位挑战(to show *audacity* in speech〈in dress〉);最后,*hardihood* 源于性格刚硬,为了达到目的一往无前,而无视危险或常规(it took *hardihood* in Copernicus to deny the current conception of the universe)。

客体、内容 在描写表示各种不同类型体力行为的同义词列时,客体的概念格外重要。动词 throw"扔、抛"表示的行为以任意一个实物为客体;在使用 *cast* 时,尤其是 *toss* 时,客体是轻的物体,而当使用 *hurl* 时相反,客体是重的: to *cast* a fishing rod, he *cast* his cigarette ash on the carpet, to *toss* a penny to the beggar, *tossing* pebbles on her palm, he *tossed* an envelop into the fire — to *hurl* a spear at the bear〈wood into the fire〉。

内容的概念,与客体的概念很相近,在描写表示心智活动、能力、情感和愿望的同义词列时很重要。我们比较词汇 *imagination*, *fancy*, *fantasy* "想象、幻想、空想"。*Imagination* 表示建立任意思维形象的能力,不论这些形象在世界中是否有现实对应物,或完全脱离现实:he had enough *imagination* to see the possible consequences; she has a powerful *imagination* and systematically thinks the worst of everyone(比如,*у тебя разыгралось воображение*)。*Fancy* 和 *fantasy* 表示建立与现实客体有点像或与其完全没有任何共同之处的形象的能力: the power of *fancy*/ *fantasy*/, a flight of *fancy* /of *fantasy*/。*Fantasy* 还补充表明所创建的形象的奇异性和不自然性(his *fantasy* has created an unreal world),而 *fancy* 补充表明形象具有不太深刻的特点。

Desire(渴望)的内容通常是现实能够实现的情景(he received the position he *desired*, people *desire* political reforms),而 *wish* 和 *crave* 通常表示不能实现的愿望:I *wish* I were a Gipsy, to *crave* for fresh fruit in winter。

受体 在 *swing*, *wave*, *flourish*(挥动、挥舞)这一词列中,*wave* 与另外两个同义词不同,它要求语义上可选择的受体——人,主体挥手竭力吸引其注意力,想把信息传达给他或者想唤起他开始某种行动:to *wave* to the man to go on。

在 *commend*, *recommend*, *applaud*, *compliment* "表达对某人某物正面的评价"、"称赞"这一词列中,前两个同义词表示"对某人某事做出正面的反应,并尽力使其他人注意到客体的优点":I did not fail to *commend* these things as they deserved; he is an expert watchmaker and greatly *recommended*. 在使用 *applaud* 和 *compliment* 的情况下, 通报的受体与夸奖的客体相吻合(即没有别的听众): we *applaud* your decision; to *compliment* a lady on her appearance. 有时在俄语动词 хвалить 和 одобрять 之间也出现类似的区别: 第一个动词可以有外部受体(хвалил мне моего сына), 而第二个动词没有。奇怪的是, 与 хвалить 反义的动词 ругать 很难有受体的表达。

工具, 身体的做功部分　词列 *beat*, *pummel*, *thrash*, *buffet* "击打", 第一个同义词表示用身体的末端(手、脚)或物体击打, *pummel* 表示用手或拳头打, *thrash*——通常用作为惩罚工具的物体击打, *buffet*——用张开的手掌击打。

在词列 *defend*, *protect*, *shield*, *guard*, *safegurd* "辩护、保护、保卫"中, 前三个同义词允许专门的工具参与到行为中——保护的用具或器具: to *defend* oneself with a stick, the fortress is *protected* with walls, to *shield* one's eyes with one's hand. 与此不同, 在后两个同义词表示的行为中没有专门的保护工具参与: to *guard* a fortress, to *safeguard* children who play in the street.

原因, 结果　在 *lean*, *spare*, *gaunt* "瘦的、消瘦的、瘦弱的"同义词列中, 第一个词只是表示没有脂肪和不圆润的体形, 不涉及什么原因: *lean*, good-looking young men, he had an excessively long and *lean* brown face. *Spare* 表示通常是饮食节制造成的消瘦, 并通常表示赞扬(比如, сухощавый, поджарый): he was slight and *spare*. 最后, *gaunt* 表示由于疲惫的工作、经常吃不饱及其他艰辛造成的消瘦: a *gaunt* old man, his *gaunt*, weather-beaten features pinched with cold and fatigue.

Try, *torment*, *torture* "折磨", 既可以表明痛苦的外部原因, 也可以表明痛苦的内在原因: the great heat of the sun *tries* his body, rheumatism *tries* me a good deal; the horses are *tormented* /*tortured*/ by flies, headaches ⟨suspicious⟩ *tormented* him. 与此不同, 它们的同义词 *rack* 总是表明痛苦的原因、源泉在主体内部: his body was *racked* with pain, to be *racked* with doubts ⟨jealousy⟩.

结果意义与原因意义密切相关。其中, *Intimidate* 和 *cow* "恐吓"的区别在于对客体造成某种状态的特点不同。*Intimidate* 描写的是由于恐吓结果而出现的客体的状态范围很宽——从没有行动能力到没有行动意愿: to *intimidate* workers by the threat of discharge, her deficiences in this subject *intimidated* her. 而 *Cow* 表明客体不仅失去了行动的能力或意愿, 而且完全受另外一种意志支配：the population of the colony was thoroughly *cowed*.

目的 *Examine* 和 *inspect* 在表示"观察某物时注意细节,目的是为了弄明白或做出评价"的意义上是同义词。*Examine* 可以表示"出于闲散无聊的好奇而到处看"(he *examined* the passersby, then with the same lack of intensity he *examined* his fingers),也可以表示"带着严肃的目的查看"(he raised his eyes to *examine* her face very carefully; the jury *examined* the cups closely)。与此不同,*inspect* 总是表示有些仔细的全面察看,通常有检验、监控、发现缺陷的目的：to *inspect* each car〈the pearl under magnification, the fire-prevention system of the plant〉, to *inspect* every length of cloth for defects.

Sharp 在用于"尖锐的、锋利的"的意义时,既可以表示有益的锋利性(*sharp* knife〈blade, needle〉),也可以表示具有任何有益目的的锋利性(the *sharp* edge of a table, *sharp* elbow, *sharp* icicles)。与此不同,*keen* 只适用于表示锋利性是为实现某种目的所必需的情景：the *keen* edge of a knife, a *keen* razor,但是 * the *keen* edge of a mountain 就不对了。

动机 原因和目的意义是更复杂的动机意义的组成部分,例如,动机意义是 *swing*, *wave*, *flourish*, *brandish*(挥动、挥舞)这一词列的区别性特征。这些同义词根据"能发生运动的状态"这一特征相互区别。*Swing* 与动机无关：to *swing* a scythe in mowing, to *swing* the pump-handle〈the hammock〉, to *swing* one's arms to circulate the blood, to *swing* one's arms〈one's stick〉in walking。*Wave* 在大多数情况下表示有明确目的的运动,其动机可以是：需要表达自己内心状态(高兴、激动、不耐烦),希望引起对自己的关注,必须传达信息(警告、请求、命令等)：to *wave* flags, the excited men *waved* and *shouted* to them, he *waved* his hand in return, to *wave*(to)the man to go on, to *wave* smb. aside〈away〉。*Flourish* 表示"伴随着召唤、炫耀、喜悦等情绪用力地挥动几下某物"："he flourished the certificate in Andrew's face"(Cronin), the deer *flourished* his first antler and was very proud of it。与此不同,*brandish* 则表明威胁是行为的动机：to *brandish* a sword〈a club, a stick, a revolver〉, "They began to shout and *brandish* their fists"(Winsor).

地点 *Pain*, *ache*, *twinge*, *stitch* 在"肉体疼痛"的意义上是同义词。当表示机体外部组织的疼痛时,不论疼痛是在不大的部位或是覆盖很大表体面积,都应当选用 *pain*：she felt a sharp *pain* in her back〈the knee, the chest〉, he felt *pain* when the needle touched his skin. Ache 表示的是内部器官或遍布全身的疼痛：a dull *ache* in one's bones, the racking *ache* seemed continually an element of her being, muscular *aches*. 在使用 *twinge* 的情况下，表示疼痛是局部的，但疼痛的位置是不固定的：a *twinge* of gout 〈of rheumatism〉。最后，*stitch* 最常表示疼痛是在身体的某一个特定部位——在身体侧面，肋间的组织：a *stitch* in the side.

时间 Associate, *pal* 和 *comrade* "友人、同事、同志"更多表示在较长的时间内在人们之间存在社会或情感上的联系；它们不能表示很容易发生和中断的短时间的接触（在游戏中，在火车上等）。而 *Companion* 可以这样用。Crony 表示老交情的情景，从孩童或青年时开始，一直持续到成年（可能中间有间断）：his *cronies* at Harrow.

方式，特点 在 *ponder*, *meditate*, *muse* 等表示"思考，考虑"词列中，*ponder* 表明试图考虑现象的所有因素或事物的所有方面，从不同的角度去理解（试比较，*взвесить* "权衡"）：to *ponder* the situation 〈the mystery, the problem of how she could help him〉, the government should *ponder* well whether the prize would be worth the cost. 而 Meditate 更倾向于表示不必理解事物的各个方面，而要把思考集中到某些突出的细节上，以便彻底理解这一事物：to *meditate* on the nature of happiness 〈on holy things, on the hypocrisy and spiritual stagnation of the High Church party〉。对于 muse 而言，典型的情景是在思考过程本身中全神贯注，脱离周围环境，带有幻想或冷眼旁观的成分，直到丧失行动的能力：to *muse* on the happy events of one's childhood; where Elisabeth hesitated, *mused*, suffered, Fanny acted; up till then he had been *musing* but now he woke up with a start.

上文分析的词列中具有"身体疼痛"意义的 pain 完全不是从主体感受的角度说明疼痛的特点：she felt a sharp 〈dull〉 *pain*. 而 ache 主要描写隐约的疼痛，pang 表示突然的、剧烈和瞬间的疼痛（I feel a sharp *pang* if I touch an aching tooth——如，*стреляющая боль* "刺痛"），而 throe 表示类似于强烈的、痉挛似的疼痛，伴有抽搐、痉挛、耸动：the *throes* and grippings of the belly.

程度 *Expert* 表示比 *skilful* 更高层级的本领：*skilful* surgeon（业务熟练的外科医生），*expert* surgeon（优秀的外科医生）。类似的区别也出现在下列词列中：*surprise*（удивлять"惊奇"），*astonish*（изумлять"惊讶"），*amaze* (поражать"震惊");cool(прохладный"凉爽的"),cold(холодный"冷的"),frosty(морозный"严寒的"),icy(ледяной"冰冷的")。

这些都是在专门的学术文献中最经常提到的同义词之间的语义区别。但是一个更加重要的事实却很少被注意和记载下来：这就是程度上的差别几乎从来都不是孤立的，而通常是有依据的，即是从更深的本质性意义差别中产生的。词列 summon Ⅱ, call, muster 具有成语性意义"通过意志的力量使自己内在的资源（智慧、力量和勇气）呈现为能够被运用的状态"（试比较，призвать, напрячь, собрать, мобилизовать），在这个意义上 muster 比 summon 和 call 更倾向于表示较多的意志力。Summon 和 call 表示，主体拥有某种性能的必要储备，为了使这种性能活动起来，主体只要通过一定的意志力使其从消极状态转换到积极的工作状态就可以了：she resolved to *summon*（up）her courage to refuse him; you'd better *call*（up）your pluck and resolution before starting the conversation. 与此不同，*muster*（up）表示的意思是，主体打算利用的某种性能的必须储备未达到备好要求（也许，因为此前他已经耗尽了储备），为了使这种性能活动起来，主体仅是使其从消极状态转换到积极状态是不够的，他必须提前在自身中恢复性能储备；对于这两个运作而言，自然要比使用 summon 和 call 的情形时要求更多的意志力：it seemed as though she could not *muster* enough strength to move again; they could see the effort with which she *mustered* up her self-command.

性能（状态）——其外部表现 在 *loving—affectionate*（喜爱的）这对同义词中，它们的区别在于：第一个指出了情感的深度，而没有指出其外部表现的必要性：let us continue to be a *loving* and united family. 而 *Affectionate* 表示的不一定是很深的，但却总是很温柔的爱，这种爱表现为爱抚和其他外在表现，这些外在表现有时候被认为是过分的展现：she was gay and sweet and *affectionate*, an affectionate brother〈child〉, you are much too affectionate to me.

在 afraid, aghast 这一词列中，第一个词在主体内部状态的外在表现特征上是中性的，而第二个表示直接由逼近的危险引起的恐怖感觉，伴有惊讶，外部表现为失去语言能力和行动能力等（例证见下文）。

经常性（性能）——现实性（状态） *Afraid* "害怕"既表示经常性的本能(to be *afraid* of the dark〈of snakes〉)，也表示现实的状态（确定为在某一时刻）(he was *afraid* to fall, don't be *afraid*)，而 *aghast* "恐怖"只表示现实的状态：the door opened, and a big dog ran in; the girl stood *aghast*.

在 honest — upright "正直、诚实的"这对同义词中，honest 既表示性能（he is an honest man），又表示状态（be honest about it），而 upright — 只表示性能（譬如，可以说，he was an upright man，但是不能说 * be upright about it）。

积极性——消极性 在 crass，dull，dense...等"愚笨的"这一词列中，第一个词表示缺乏从事积极心智活动的能力——缺乏形成自己独立的观点、独立分析复杂或细微现象的能力："crass minds whose reflexive scales could only weigh things in a lump"（Webster）. Dull 和 dense 表示"很难说清楚，别人很难理解的一种状态"，即描写的是在消极的心智活动中智慧能力的不足：a dull pupil，it is difficult to explain even elementary arithmetic to a dull child；a particularly dense group of students.

在与其构成反义的同义词列 quick-witted，smart 和 bright "机敏的、聪明的、有头脑的"中也有类似的区别。前两个同义词描写积极的心智能力——能正确地评价情景，选择最佳的解决方式：he was quick-witted /smart/ enough to see the danger and change the subject. 虽然 bright 也不是完全没有这样的用法，但典型的是用于讲述消极的心智活动（掌握别人提供的信息）的语境中：a bright boy ⟨pupil，student⟩.

静态——动态 Awkward 和 clumsy 这两个词在"笨拙的、粗笨的"的意义上有下列区别：awkward 只表示缺少运动的协调性，但完全可以有好的身材：he is an awkward dancer，awkward in gait ⟨in gestures，in manners⟩，some animals are awkward on land，but very clever in the water. 而 clumsy 表示的性能不仅出现在运动中，而且表现在静止状态中：这是指身体各部分缺少匀称性，这种缺少自然地表现在运动的不协调上：he was rather heavy and clumsy，clumsy in shape and build.

情感——心智 Passionate（充满热情的）一词表明情感源头在人的性格里，完全适用于描写激情胜过理智的人：a passionate nature，he was hot-blooded and passionate. 与此不同，ardent "热情的"一词首先是对人的心智特性的评价，他对某一活动领域的浓厚兴趣或做某件有益事情的意愿：an ardent stamp-collector ⟨theatre-goer，globe trotter⟩，an ardent follower of an idea ⟨advocate of a principle⟩.

身体方面——精神方面 Thoughtful 描述的主要是这样的人，此人很关注他人的身体需求，愿意为他创造物质上的便利，使他避免耗费体力：the *thoughtful* girl undertook the house-cleaning for her sick aunt, "Leaving me to gather the sticks... Not very thoughtful of you"(Cronin). Considerate 一词更常描述这样的人,此人关心别人心灵上的平衡,尊重其感受,使其免受磨难和不愉快:he was too *considerate* to let her see his distress at her sickly look; to be *considerate* to sb. in his grief.

意向性——无意向性 在 gather, collect, assemble "使人汇集到一个地方"这一词列中,gather 一词不表示意向性:he soon *gathered* a crowd around himself 可以用于在他有意聚集人群的情景,也可以用于他聚集了人群是出于偶然,譬如,以自己的不寻常行为吸引别人注意力的情景。Collect 总是要求主体有某种意图(to *collect* the flock ⟨the pupils, the group for a lecture⟩),而 *assemble* 还表示行为的主体和客体的目的是一致的或相似的,且通常具有社会或政治特点(to *assemble* the committee ⟨the government⟩).

Stop 和 cease(中断)既可以表示活动有意的停止,也可以表示无意的停止:to *stop* /to *cease*/ stroking the dog ⟨trembling⟩. 它们的同义词 quit, discontinue 和 desist 只表示预先有意的停止活动:to *quit* laughing ⟨talking⟩, to *discontinue* a subscription ⟨payment, systematic training⟩, to *desist* from one's occupation ⟨from one's intention to write to a friend⟩.

动词 remember(记起)表示的行为可以在没有意志参与的情况下发生,也可以是有意志的活动:he *remembers* every detail of that occurence, he suddenly *remembered* an appointment——I can't *remember* his name, I tried to *remember* his name but gave it up. 它的同义词 *recollect* 表示的行为总是在有意志参与的情况下发生:*recollect* where you were on the night of June 17.

我们在确定同义词列各成员之间的某些语义区别时,绝不是说这些区别在相应同义词使用的所有情景中都全部实现。一般来说,在活的动态的言语中,说话人感兴趣的只是该词表达综合思想的一部分(当然,是最重要的那部分)。词汇的这一使用特性正是在有限的语境范围内同义词必须变体的修辞规则的基础,关于这一点我们在前文中已讲过。

显然,例如,在片段"Caesar: Are you *trembling*? Cleopatra (*shivering* with dread): No, I — I... No"(B. Shaw, "Caesar and Cleopatra") 中,tremble(受强烈的情感、身体虚弱或寒冷影响产生的快速的颤抖)和 shiver(受寒冷或恐惧影响产生的遍散布全身的快而短时的微微颤抖)之间的区别无论如何也体现不出来。在语义区别中和化的条件下,意义的边缘成分削弱,有时会完全消除(中和的概念将在下文,在 2.4.2 的相关章节中详细分析)。但是,建立一个同义词列中每个成员语义潜能的最完整的概念仍然是必要的,因为,同义词中只有一个词能保证准确表达某一意义的情形是十分常见的。在这一方面,同义词的加确说明性使用和对比性使用的情况更具说服力,在这种情况下,同义词用作同一类成分或用作同一类或平行结构的组成部分,这时它们之间的区别被专门强调出来,有时甚至在作者的文本中直接解释出来:"He never had an *ache* or a *pain*, ate his food with gusto and ruled his brothers with a rod of iron"(Th. Dreiser, "The Financier ")。"Malone:... My father died of *starvation* in Ireland, in the black 47. Maybe you've heard of it. Violet: The *Famine*? Malone (with smouldering passion): No, the starvation. When a country is full of food, and exporting it, there can be no *famine*"(W. Collins,"The Moonstone")。

(2) 评价性差别

我们在 2.2 节分析意义的评价成分时曾指出,说话人或听话人可以从完全不同的角度评价词汇所描写的情景或其参与者。但是,在作为同义词的区别性语义特征清单中,实际上记载有两种类型的评价:说话人对表述对象的肯定性或否定性评价。

在表示"强度或程度上较高"的意义时,vehement 与其同义词 intense 不同,vehement 表明更高程度,而且通常预示说话人对所描写的现象持否定的评价:*intense* heat "非常热",*vehement* heat = "无法忍受的热"(类似的情况:*intense* cold——*vehement* cold, *intense* pain——*vehement* pain), *intense* red ≌ "很浓的红色",*vehement* red ≌ "刺眼睛的红色"。这也就是为什么只有 intense 能与社会中习惯给予肯定评价的那些特性的名称搭配的原因:因为在这种情况下,可以得到用语言避免的矛盾性: the letter was of *intense* significance,但是不能说 * the letter was of *vehement* significance①。

---

① 当然,所述这些并不是说,所有逻辑上矛盾的表述从语言角度看都是不正确的。例如,句子 холостяки бывают женаты 完全符合俄语的标准,虽然 холостяк 表示未婚男子(还有如 живой труп, неродная мать, круглый квадрат 及其他一些固定下来的矛盾修饰法,更不用说诗歌语言的矛盾修饰法,诸如 простое и сложное счастье, жестокое доброе время, весёлые грустные песни, короткая долгая жизнь 等)。语言能避开的不是所有的逻辑矛盾,而只是在意义的评价成分中出现的矛盾(更准确地说,语言的错误是由意义上相关联的词汇的情态框架上的矛盾生成的)。

Stir, flurry, fuss, ado 表示无序或匆忙的活动,有时也表示引起这些活动的人的兴奋状态(试比较,суматоха, суета, переполох)。后两个同义词与前两个的不同在于,前两个词的注释中包括评价——表明说话人对过分积极忙于琐事的不赞成态度。

Sharp 和 keen 具有转义"以很大能量作用于感觉器官"(试比较: острый, резкий, пронзительный—— 关于气味、味道、声音、光、风、冷等的)。Sharp 在大多数情况下的评价特征是中性的,与表示气愤声音的名词搭配例外,因为在这些搭配中 sharp 传达了说话人对相关现象的否定评价: a sharp voice 〈whisper, cry, yelp〉"尖细的声音〈耳语声、喊叫声、狗叫声〉", a sharp flash of lightning(闪电锐利的光), sharp wind(凛冽的风)等。Keen 具有肯定的评价意义,认为相应的物体或表现具有令人愉快、引人入胜的性能、具有清新的能力等: keen savour of the roast-beef, the wind came keen with a tang of frost.

(3) 语义联想的差别

Jump, leap, spring, bound, skip, hop 在表示"跳跃或跳着移动"意义时,表现出下列特点: jump 具有最普通的意义。Leap 描写被延长的、轻松的、平稳的和快速的跳跃,类似羚羊的跳: to leap into the saddle, the chamois was leaping from crag to crag, I love to watch a dancer leap. 而 Spring 和程度差些的 bound 表示猛然脱离支点的强有力的弹跳,而且 bound 会与猛兽的跳联想起来: to spring across the stream, the cat sprang upon the bird, to spring onto a moving train, she sprang to her feet and bound across the intervening space like a tiger. 而 Skip 和 hop 表示与力量概念无关的一些小跳跃,所以,不能用于描写譬如攻击这类的情景。Skip 表明通常由双脚交换进行的跳跃的快速、轻盈和优美: to skip along the road 〈out of the way〉, to skip upstairs two at a time. Hop 表示"做一个或一系列小跳跃,可能是笨拙的,用单腿跳,双腿同时跳或交换跳";常联想到青蛙、鸟、鑫斯的跳: the kids chalked out a hop-sketch game and began to hop around its squares. the sparrows hopped nearer, how far can you hop on your right leg? he hopped on one leg and then the other to shake the water out of his ears.

Tickle 和 regale 在转义"使得到快乐"上有不同的语义联想,其根源在这些词非同义的直义中:动词 tickle(本意"胳肢使笑")特有的联想意义是愉快的神经兴奋、高兴的,而动词 regale(本意"请吃")特有的联想是美食的享受: to joke will really *tickle* you; to *regale* sb. with one's story; when in humour, he would *regale* her with the choicer gossip of the town.

与 bare(裸露的、赤裸的)不同，naked 在大多数情况下意味着人的全身没穿衣服，或者按照普遍接受的规则应该遮盖的部分没有遮盖。所以可能产生道德的、社会的和美学的联想：挑战大众口味(*naked* woman)，贫穷、物质匮乏(*naked* children playing on the heaps of rubbish)，天然性、美(a charming *naked* baby, a perfectly shaped *naked* body)。

正如我们所讲，在 imagination, fancy, fantasy 这一词列中，第一个同义词表示建立任意思维形象的能力，无论它们在世界中有现实的对应物还是完全脱离现实，而另外两个同义词表示建立与现实完全没有或几乎没有共同之处的形象。依据这一点，在 imagination 为一方，fancy, fantasy 为另一方的两者之间出现了语义联想的差别。当被用于第一种情形时(当形象与事物之间有对应时)，Imagination 与创造产生联想，并能使人把想象能力理解为是从科学、美学、逻辑和情感来掌握世界的更宽泛的能力：a job that requires *imagination*; poets, artists, and inventors need *imagination*; "it's only through *imagination* that men become aware of what the world might be"(Russell); he is a man of no *imagination*. 对 fancy, fantasy 来说，典型的语义联想的另一种组合(形象完全脱离现实的情况)，包括梦想、幻想和虚假：he had believed implicitly in the smiling future his *imagination* has wrought; she has a powerful *imagination* and systematically thinks the worst of everyone. 有趣的是，俄语中 фантазия 一词是 fancy 和 fantasy 最接近的同等词，与其不同的是，它能自由地与创造的概念产生联想。

(4) 逻辑重点的差别

Stoop, condescend 表示"做某种不符合自己的社会职位或道德原则的事"(试比较，*не гнушаться，не брезгать* 等)。在 Stoop 一词中强调缺少道德标准(第二个意义成分)，而 condescend 强调忽视自己较高的社会地位(第一个意义成分)：to *stoop* to stealing 〈to cheating, to meanness, to begging〉, to *stoop* to lies; to *condescend* to trickery; he said he would never *condescend* to their society.

Hard, dificult 表示"由于自身的复杂性或存在障碍，要求付出很大努力"。在 hard 的意义中强调花费很大努力的必要性的意思：we have a *hard* lesson to learn; chopping wood is a *hard* job; it's a *hard* thing to fulfil the plan ahead of time. 而 difficult 在很大程度上把注意力集中在完成某项任务过程中的复杂性和障碍上：she came across a *difficult* passage in translation, he is a *difficult* writer, it was a *difficult* problem for a pupil of the fourth class, designing a sputnik is a *difficult* task.

Sparing 和 frugal 有"在生活开销上限制自己"、"节约的、节俭的"的意义。Spring 强调限制开销的意思：he is *sparing* enough and never runs into debt. 而在使用 frugal 时强调在生活上的开销不大，因此自然产生了在吃穿上很节省的印象，而有时甚至联想到物质匮乏：with fifteen shillings a week and a family he had to be *frugal*（这个句子也可以理解为他在很多方面都很节约）。

正如我们在 2.4.1 的（1）中已经提到过，guard 和 safeguard 表示的不是现实保护行为，而是保护某物免受任何潜在威胁的经常性准备。而且在 guard（试比较 стоять на страже, охранять）意义中强调准备击退进攻的成分及与此相关的警惕危险的成分：the entrances are well *guarded*, the president is always *guarded* by secret service men. 在 safeguard 的意义中强调威胁的潜在性成分，有时不过是假设，因此自我保护或保护的准备可以理解为是在预防的层面，即对危险的预警层面：to *safeguard* our health "采取保健措施"，to *safeguard* one's country from a surprise attack "保护国家不受突然攻击"，to *safeguard* children who play in the street "关注在街上玩耍的孩子们的安全"。

当然，逻辑上朴素的概念、评价、语义联想和强调突出彼此是不相互联系的。但是，实际上，最后三个成分的特点通常是以相应的朴素概念的内容为依据的。

2.4.2 语义等同的类型

如上所述，在我们的词典中，描写两种类型的语义等同现象：精确同义词和同义词语义差别的中和。现在详细分析这些现象。

（1）精确同义词

精确同义词的概念在第 2 节一开始就已经阐明：这是语义描写完全相同的词汇。换句话说，这些词汇的朴素概念、评价、语义联想和逻辑重点都相吻合。这时，它们可以相互区分的是其修辞能性（当然，如果这不会引起任何的语义差别），也可以是词汇—语义搭配和结构。

很多人认为，在保持词汇语义搭配和句法搭配不同的情况下，保证上述意义上的语义等同的可能性是不可靠的。然而，这种现象没有任何意外，因为一个词的搭配性不仅取决于它的意义,而且还取决于很多其他因素,其中包括一些完全偶然的因素。这种表述毫无新奇之处,几乎不需要引用实例说明,但有一个例子可能不是多余的。在表示"很容易感觉到最微弱的刺激"(关于感觉器官,如,*тонкий*)意义上,同义词 *sharp*, *keen*, *acute* 的意义是完全相同的,但在搭配选择上各有不同。所有这些词都能与表示五个主要感观的名词及感觉器官的名词搭配;但是 *sharp* 最常用于描写视觉和听觉(*sharp* eyes ⟨sight, hearing⟩),*keen* 常描写视觉和嗅觉(*keen* eyes, a *keen* sense of smell),而 *acute* 最主要描写听觉(*acute* hearing);类似 *acute* eyesight, *acute* sense of smell 这样的搭配极少见。

虽然,原则上语言中任何一个词都可能有精确同义词,但是,对不同层级的词汇的精确同义现象的评定远不在同一程度上。由于许多原因(这里我们就不做详细讨论),精确同义现象相对容易出现在下列词汇中:转义(见下文),外来词(试比较本土词 *calling* 和外来词 *vocation*——"使命": to make one's choice of a *calling* /of a *vocation*/, to mistake one's *calling* /one's *vocation*/),古词(譬如,具有"有益于改善或保持身体健康"意义的 *healthy* 和古语词 *healthful*: *healthy* /*healthful*/ diet ⟨exercise⟩),有表现力的词汇(譬如,在 I don't care a *damn* /a *bit*, a *snap*/ about it 等类型的句子中的词汇 *damn*, *bit*, *snap* 等),某些派生词和复合词(譬如,具有"遥远意义"的 *far-off* 和 *far-away*: *far-off* /*far-away*/ hills ⟨sounds⟩)。

在那些将转义与成语性意义同义起来的词汇中精确同义词数量特别多。

在大多数情况下,这些意义的出现都与隐喻化有关,最普遍的隐喻类型就是在直义中去除某种意义成分或某些意义成分。在直义"愤怒、暴怒"这个意义上 *anger*, *wrath*, *rage* 和 *fury* 这几个词至少在三个特征上相互区别:①强度(*wrath* 比 *anger* 强烈,而 *rage* 和 *fury* 比 *wrath* 强烈);②感受这种情感的主体的特性(使用 *wrath* 时表示主体的公正性感觉,使用 *rage* 和 *fury* 时表示主体容易动怒和激动);③情感的表现特点(*anger* 在这一点上是中性的,*wrath* 把惩罚作为自然结果,而 *rage* 和 *fury* 表现为失去对自我的控制并想去破坏)。在类似 the *anger* of the sea, the *wrath* of elements, the *fury* /*rage*/ of the storm 这些句子中体现出来的转义,是借助于去除第二、三个区别性特征形成的。因此,在所描写的这一同义词列中只有程度上的区别被表达出来;换句话说,*anger*, *wrath*, *rage* 和 *fury* 在转义中相互之间的区别比在直义中少得多,而 *rage* 和 *fury* 之间似乎完全没有区别。

再举几个这类的例子。在"渴望,热切的期盼"的意义上,hunger 与 thirst 同义,因为在这种情况下,从这两个词的(非同义的)直义"饿"和"感到渴"中,只剩下了可以感受到的对某事物有生理要求的强烈愿望的意思:to *hunger* /to *thirst*/ for knowledge ⟨for information⟩, to *hunger* for friends, to *thirst* for peace, to *hunger* /to *thirst*/ for power ⟨for wealth, for revenge⟩.

Hard 与 *difficult* 在"伴有身体上的痛苦"意义上(指疾病、生育、死亡等)同义:*hard* cough, *difficult* breathing, *hard* /*difficult*/ birth ⟨death⟩. 试比较 *hard* 和 *difficult* 的直义在逻辑重点上的区别(见前文逻辑重点部分)。

Large 和 *big* 在表示"高程度"的意义上同义:*large* /*big*/ profit ⟨number, score, price⟩. Large 的直义侧重表示大体积或大空间(a *large* basket ⟨man, field⟩),而 *big* 的直义主要表示大数量或大重量(a *big* stone).

Summon (*up*)和 *call* (*up*)在"使自己的能力或某种性能处于积极状态"的意义上同义:to *summon* (*up*) one's energy ⟨one's courage, one's wits, one's self-command⟩, to *call up* all one's pluck ⟨one's wits, one's resolution, one's dignity⟩.

(2) 同义词之间语义差别的中和化

很多词汇意义是由几个意义成分组合而成的,这样的意义的一个突出特点是,这些意义成分并不是在所有的语境中都全部实现:某些语境能阻止某些成分的实现。如果在意义"A"上有差异的两个不精确同义词进入某个语境,在这个语境中意义"A"由于某种原因不能实现,那么这种意义上的差别在这种语境中就被中和(消除)了,这样它们获得了可以相互替换且保持表述内容不变的能力。

一般来说,只有这种情形才是严格意义上的中和:在这种情况下,语义上不可区分及因此完全可以相互替换的可能性的出现,是缘于在同义词中的一个词的范围内发生了语义改变。

现在我们分析另一种情况。假如,两个非精确同义词 C_1 和 C_2 在意义"A"上不同,其中一个表达"A"(譬如,C_1),另外一个不表达。我们设定,每一个同义词都在句法上与词汇 C_3 相关联,在 C_3 的意义中正好含有意义"A"。那么,在词组 C_1C_3 中"A"将被表达两次,而在词组 C_2C_3 中只有一次。在大多数情况下,意义的重复是累赘的,所以从整体上分析词组 C_1C_3 和 C_2C_3 可以是同义的,尽管非精确同义词 C_1 和 C_2 仍然在意义"A"上保持有差别。下面看几个例子。

Stay 在"继续处于某地点"的意义上与 remain 的差别主要表现在行为目的的特征上：stay 较常暗示有某种意图或目的,而 remain 较常表示没有意图或目的: to *stay* to dinner 〈to supper〉, I can *stay* here for about an hour; we remained there much longer than we expected. 而 remain 本身比 stay 更常表明在其他人离开后主体继续留在某地点的意思: few *remained* in the building after the alarm was given; he *remained* behind. 如果目的、意图或愿望的意义在句子中通过专门的手段表达出来(例如,通过动词不定式、诸如 decide, intend, wish, try 等这类动词),如果未指出其他人的行为,那么这两个同义词的意义差别发生中和,并可以互换: he *stayed* to learn the doctor's verdict, he *remained* on the platform to wave a farewell to his friends; we decided 〈intended〉 to stay / to remain/ in the hotel till the end of the month; I had to *stay* /to *remain*/ at home till I felt better.

Remember, recollect, recall(记起,想起)这一同义词列在三个特征上相区别：(1) 信息的存在—恢复(remember 表示信息或者存在,或者恢复,而 recollect 和 recall 只表示恢复;所以,在诸如 no one *remembers* the exact number of casuaties 这样的语境中,recollect 和 recall 不能用或者有其他意义);(2) 在回忆过程中有意志的参与(对于 recollect 和 recall 意志的参与是必须的,而 remember 不强调这一点);(3) 努力程度(recall 的行为是通过努力完成的,recollect 需要的努力最大,而 remember 这一特征不重要)。在这些同义词与表示意愿、试图或其他意志活动的词汇发生句法联系的语境中,前两个特征的语义对立发生了中和: try to *remember* /to *recollect*, to *recall*/ his exact words 〈where you were on the night of June 17〉.

这样一来,在 stay — remain 和 remember — recollect — recall 这些词列中,语义上的不可区分(或少量的语义区分性)及因此可以相互替换的可能性的出现,是由于语义改变发生在词组范围内,而不是在同义词中的一个词的范围内。与纯粹意义上的中和现象不同,这些情况应该被称为准中和现象。

再来看描写中和现象的另一对概念。在对 stay — remain 和 remember — recollect — recall 这两个词列进行比较时,我们发现,对第一个词列而言可能会有这样的情景：报道中使用任何一个同义词对于报道内容都完全没有差别：同义词之间的差别全部中和掉了。对于第二个词列不能选择这样的情景：在任何情况下使用 remember, recolletc 和 recall,它们之间都将在付出努力程度的特征上保留有差别。因此,这里只可以说是语义区别的部分中和。我们再分析一个部分中和的例子——具有"支持"意义的动词 support 和 uphold。当原则(决定、要求)有无数的支持者并有实现的好机会时,可以说 to support the principle 〈the demand, the decision〉;当支持者数量很少,使得原则(决定、要求)有被驳回的危险时,也可以说 to support the principle 〈the demand, the decision〉. 与此句不同,to uphold the principle 〈the demand, the decision〉只适用于某个原则(决定、要求)支持的人不多而且其实现的可能性并非毫无争议的情况。如果 uphold 的客体是本质上不可能被取消、驳回或废除的事实,那么 support 和 uphold 在意义上就相近:he could not support /uphold/ their behaviour. 但是,在这种情况下发生的只是部分中和,因为与 support 不同,uphold 常常表示更加坚决的支持。

因此,如果同义词在意义"A"和"B"上相区别,且如果在某种语境中只有意义"A"的差别被中和了,而意义"B"的差别仍保持不变,我们就说这是部分中和。

算上第一个二元划分,同义词之间语义差别的中和共有四种类型:完全中和、部分中和、完全准中和、部分准中和。在词典中我们会分析所有这些类型,但在这篇文章中为了节约篇幅,我们只集中分析第一种类型,需要指出的是,下文阐述的所有概念也同样适用于其他三种类型。

在语言学关于中和化的学说中,主要是描写中和发生的条件。我们在下文中描写四种特别典型的中和化条件:修辞条件、结构条件、搭配条件和语义条件,这绝不追求事实上的或仅仅是逻辑上的完整性。

有一种比其他因素更有利于中和化的修辞因素是众所周知的,这就是在口语中使用同义词,口语的无拘束性对词汇意义和使用中的细微差别的同一化产生非常强烈的影响。Odd, queer 和 quaint 这组词在表示"偏离了对标准或自然的普遍认识"时有下列差别:odd 用于评价很难解释明白甚至有些神秘的某个人、某一物体或某种事实:an odd fellow 〈laugh〉; the old man and the boy have formed an odd friendship; the odd thing was that he was happy through all that hard year. 而 Queer 表明,某种物体或某种事实不仅使人困惑不解,而且使人怀疑有不好的东西:a queer character /bird/; queer aches in his body; it's queer that he's made a lot of money lately — he is not very clever at business. 相反,quaint 指称引起良好情绪的吸引人的特性,尤其在说关于某种古老的或老样式的东西时：a *quaint* old castle；there are many *quaint* nooks and corners in this town；she was a *quaint* kind old woman；"the *quaintest* and simplest and trustingest race"（Twain）。在口语中这些差别可以中和到同义词可以完全替换：it was an *odd / queer, quaint/* way to look at things；he had an *odd / queer, quaint/* habit of using phrases of hers.

我们再引用 hard——difficult 这对词，在 2.4.1 节第 4 点中描写的这对词的语义对立在口语中被中和掉：it's a *hard /difficult/* problem〈book，language〉。

口语的另一个修辞特性是较高的情态性，这种特性对同义词之间的语义差别同一化也产生几乎同样强烈的影响。同义词 stupid I 和 dull 在 "傻人或笨人特有的"（关于人的情感或行为、其心智活动的产品、关于人、观点等）意义上的差别在于，第一个词的语义比第二个宽泛。Dull 主要表示笨拙表现（反应不充分或思维不转弯），这种表现对消极的心智活动来说是典型的，例如，*dull* persistency〈apathy〉，*dull* face〈look〉。这两个词语都可以用于激情的言语中来凭个人印象做评价，对这样的评价不应该逐字理解，在这种情况下，上文提到的差别被部分中和了。这一点对诸如 it was *stupid /dull/* of her to invite so many guests；how *stupid /dull/* of you to expect his coming! 这类的结构特别典型。

语言学更直接感兴趣的是那些以语境的纯语言特征为条件的中和化，纯语言特征包括结构特征、词汇特征或语义特征。

与 wish 不同，want（想）要求主体有顽强精神、有行动的意志，有为实现期望的情景付出努力的准备："... the young Forsyte meant having what she *wanted*"（Galsworthy）；they *wanted* only truth, justice. Want 的这些意义成分在用名词或代词做直接宾语的结构中表现得尤其明显（见上文例证）。无论是这个意义，还是相应的这种结构对 wish 来说都不是典型的，wish 仅仅指出对情景的期望，而不关注是主体准备自己付出努力以实现它，还是希望一切都自然发生（试比较 хочется）：he *wished* to be alone；eagerly, I *wished* for tomorrow. 而且，wish 在支配由假定式作谓语的宾语从句时，还可以表示毫无内容且原则上无法实现的愿望：I wish I *were* a Gipsy；I wish the week *were* over. 在后一种情况下，wish 和 want 不仅在语义上，而且在结构上的对立都是最大的：want 不能支配由假定式作谓语的补语从句。在其他一些结构中，尤其在由复杂不定式作宾语（Accusativus cum Infinitivo）的结构中，want 和 wish 的意义可以弱化到纯愿望的意义上(不表明顽强性和相应的无内容性),这样,两个同义词变成了可以实际上互换(尽管保留着不大的修辞差别):"She was ambitious for me. She *wanted* me to rise in the world "(Anderson);I *want* you to come for the afternoon next Sunday;do you *wish* me to see him about it?;"Now, with this visit in prospect he *wished* her to accompany him."(Cronin).

Grateful 和 thankful 在"感激的"这个意义上的区别主要是逻辑重点不同:grateful 强调给予主体帮助的重要意义,而 thankful 强调主体感受到的情感的份量(见 2.2 节中的例子)。与强调中的这个不同相关的还有同义词结构上的差别:grateful 通常要求提及施助主体(*grateful* to sb.)或帮助本身(*grateful* for sth.)。这两点对 *thankful* 都不需要,因为注意力主要集中到情态上,这种情态,譬如,可能是一种高兴,没有准确的接受者,但由于一切都很顺利(或多或少),所以此时关于施助及其主体的概念就退到第二位:I am *thankful* that he is no worse ⟨that there were no casualties⟩(grateful 完全不具有这种支配类型)。但是,原则上 thankful 也可以用于 to be thankful for sth, to be thankful to sb, to be thankful to sb. for sth. 等结构中。在这些句法条件下 *grateful* 和 *thankful* 之间在逻辑重点上的差别就被中和了,它们之间变得可以互换:I'm *grateful* /*thankful*/ to you (for help),I'm *grateful*/ *thankful*/ for all you have done for me.

现在我们再看以搭配特征为基础形成的中和条件。Apt 和 liable 在"一种状态,伴有这种状态可能发生某事"意义上有下列区别:在使用 apt 时,可能发生的事件源于主要参与者内部特性,即相应句子的主语表示的人、物体或事实的内部特性:idle children are *apt* to get into mischief, he is *apt* to lose his head under stress, china cups are *apt* to break, dry wood is *apt* to take fire. 在使用 liable 时,事件发生的可能性与整个情景结构有关,与当时已经形成的状况有关: he is *liable* to be punished ⟨to be killed⟩, he is *liable* to encounter difficulties. 因此,如果情景的主要参与者(主语表示的)是动物或物体时,apt 和 liable 在意义上可能明显对立:this car is *apt* to skid(这个车的性能就是这样)——cars are *liable* to skid on wet roads(所有在湿滑路上行驶的车辆的性能都是这样)。不难理解,在怎样的条件下这种对立才能被中和:只要当与 apt 和 liable 搭配的主语既不是表示动物,也不表示具体物体,而表示事实和情景时,才能实现中和:snow is *apt* /*liable*/ to fall in these parts as early as September, difficulties are *apt* /*liable*/ to occur.

在具有"停止处于某地、某人那儿"、"离开"意义的词列 leave, abandon, desert 中,leave 具有最宽泛的意义：his fear *left* him, her assumed bossy manner *left* her. 与 *leave* 不同的是,另外两个语义上更准确的同义词,它们通常表示主体希望保存的东西消失了：his gaiety ⟨his self-control⟩ *abandoned* /*deserted* / him. 这个语义差别在与表示感觉、能力、性能的名词作主体搭配时很明显(例证见下文)。但是 leave, abandon 和 desert 还与作主语的另一类别名词,即与表示目光或眼睛的名词搭配。在这种情况下,leave 作为一方,abandon 和 desert 作为另一方,这两者之间的语义区别自然被中和掉：his eyes never *left* / *abandoned*, *deserted* / her face.

最后,我们再分析一个在某些特定语义条件下中和的例子。Doubtful 和 dubious 在意义"无法解决关于某事物真理性或现实性问题"上是同义的(试比较,*сомневающийся, колеблющийся*)。词汇 *doubtful* 通常描写的是,某人不确切知道,某种判断是否真实,某种情景是否存在等,但根据已有的信息他更倾向于认为,判断很可能不真实,情景很可能不存在等：he was *doubtful* about the outcome of this project ⟨of the prospects of the rebellion⟩; "He was more than ever *doubtful* whether the battery would last him home" (Greene). *Dubious* 与 *doubtful* 在第一个特征上相近(对判断的真实性、情景的现实性缺少准确的认识),但是第二个特征不同：在使用 *dubious* 时,与其说怀疑是基于主体掌握的信息,不如说是基于他的信任不足或担心：I'm *dubious* about his stories of early success, I'm *dubious* of his honesty. 如果话语所指是产生怀疑的主体本身的判断、性能或行为,而这样的判断、性能或行为无论在如何理性的思维中都不可能引起自身的怀疑,那么这些语义差别就被中和了：I'm *doubtful* /*dubious*/ about what I ought to do. 这样,在解释 John was *doubtful* /*dubious*/ about his ability to cope with the situation 之类的句子时出现了细微的差别：如果名词 John 与物主代词 his 不同指(表示不同的人),那么在 *doubtful* 和 *dubious* 之间仍然保留着上文提到的语义区别；如果 *John* 与 *his* 同指(表示同一个人),这个区别就被中和了。

2.4.3 同义词列的结构

在词列内部同义词之间的关系可能有两种主要类型：(1) 语义相近性(例如,用注释中相符成分和不相符成分数量的函数计算出来的)对于该词列中任何一对同义词大约都是一样的,即每一个同义词与其他所有同义词的相近程度都是一样的;(2)语义相近性对某些同义词多些,对另一些词少些,因此,在词列内部根据语义相似性的多/少可以区分出一些同义词组,有时还能分出一些同义词次级组。我们说,在(1)情形下同义词列具有交叉结构,而在(2)情形下具有等级结构。

这两类结构的差别与其说理论上很重要,不如说实践上更重要,因为这样可以简化同义词列信息的阐述和理解。每一个结构类型都有一个在建构上属于自己的描写类型与之对应。

简言之,在同义词列的语义描写时要指出两种东西:同义词本身(被描写的东西)和同义词特征(描写同义词时要借助的东西)。在交叉结构的情况下,最好先列出一个同义词并按全部特征对其进行描述,然后过渡到其他同义词,重复这套程序;在等级结构条件下,首先列出一个特征,并指出如何用这一特征把词列区分成若干组,再把一个组区分成多个次级组,然后过渡到另一个特征,该特征通常只适用于一个组或几个组,但不适用于已经区分出来的所有组。其实,无论是哪种描写类型都不能永远固定在结构的特定类型上。

(1) 交叉结构

Calculate, compute, reckon, estimate(计算、清算、估算)这几个词在下列特征上相互区别:① 被完成行为的特点;② 原始资料的特点;③ 最终结果的特点。Calculate 可以表示各种不同性质的计算——从数学上非常复杂的计算到简单的算术性的计算和行为,在这些计算过程中,原始资料不是提前给出的,而是通过理论或假设途径获得,或通过其他理解推导得出,但计算的结果显示完全正确: to *calculate* the velocity of light ⟨the speed of a rocket, the cost of furnishing a house, the purchasing power of eighty cents for a dinner⟩。词汇 Compute 和 reckon 在结果的准确性特征上与 *calculate* 没有区别,但是它们表示的是在提前知晓了某些原始数据的基础上进行的计算: to *compute* / to *reckon* / the number of women in American colleges. 例如,某建筑物所有其他参数(面积、高度、用途等)都已知的情况下,自然能算出(compute)它所需的材料数量;如果根据假定评价对候鸟群可能的起飞地点、运动方向、平均速度和鸟群累计飞行时间、空气流动的平均速度等进行计算,自然能算出(calculate)候鸟群的位置;另一方面,*compute* 与 *reckon* 不同,但与可以表示各种不同计算的 *calculate* 相似,不管复杂程度如何,而 *reckon* 更倾向于表示经常进行心算的相对简单的计算过程：to reckon（up）the bill, to rekon the number of people present. 词汇 *estimate* 与已经分析过的三个同义词不同的是，在前两个特征上是中性的，但总是表示大概的估算。

Discuss, argue, debate, dispute（讨论、辩论）这一词列在以下特征上相互不同：① 论据特点（单方面的，只试图证明自己的正确性——全面的，考虑到能够肯定或反对已提出观点的所有意见）；② 讨论主题（日常的——国家或政治问题）；③ 讨论本身的特点（有组织的——无组织的，平静的——激烈的）。在第一个特征上，*argue*，*dispute* 和程度稍弱的 debate 与 discuss 相对立，*discuss* 表示客观的和毫无偏见的问题讨论，考虑了对某人所辩护观点赞同和反对的所有资料。在第二个特征上，discuss 和 argue 在主题这个意思上没有差别，它们与 debate 对立；debate 通常表示对政治或国家问题的讨论，而 *dispute* 主要表示对日常问题的讨论。最后在第三个特征上，*debate* 和 *dispute* 分别以自己的方式与其他两个同义词对立：debate 表示有组织的讨论（例如，参与者按照一定的顺序发言），而其他三个同义词在这个意思上没有差别；*dispute* 表示相对激烈的讨论，而其他三个同义完全不强调讨论过程的特点。

（2）等级结构

Sullen, morose, sulky, surly, glum, gloomy（不高兴的、闷闷不乐的）这一词列在以下特征上相互区别：① 所表示性能和状态的经常性——现实性，② 状态或性能所根植的原因（个性心理的特性），③ 状态或性能的外部表现。在第一个特征上，*sullen* 和 *morose* 与词列的其他成员相对立，因为它们既可以表示特征的经常性能，又可以表示现实状态：he was a *sullen* / a *morose* / man, suddenly he grew *sullen* / *morose* /. 其余的所有同义词主要表示状态。*Sullen* 和 *morose* 之间的区别在于，*sullen* 通常把没有能力交往、缺少交往所必需的活力作为忧郁的直接原因，而 morose 表示不愿意交往更多的是由于不良的性格，——高傲、暴躁、不友善："Sheridan was generally very dull in society and sat *sullen* and silent"（Webster）；one must be very cold-blooded and *morose* not to like this book. 词汇 *sulky*，*surly* 与 *glum*，gloomy 的区别在于，前两个词表示的直接原因是对某人或某物不满意或感到气愤，而 *glum* 和 gloomy 指称的状态是由不好的心情、忧郁、经受不愉快的事引起的。在 *sulky* — *surly* 这组词中，第一个词与第二个的差别在于主体状态的外部表现。Sulky 一词指出有抱委屈的倾向并通过不满的表情表现自己的感受，而 *surly* 指出有生气的倾向并通过言语或行为表达自己的感受：he turned *sulky* and did not answer the question（он надулся и не ответил на её вопрос）; the *surly* maid shut the door in my face（сердитая горничная захлопнула дверь у меня перед носом）。在 glum — gloomy 这一组词中，第一个词与第二个词在程度特征上不同（试比较 *пасмурный* — *мрачный*）：*glum* 是（轻度的）沮丧、压抑，而 *gloomy* 表示深深的苦闷：you sit there as *glum* as the mutes at a funeral; he was *gloomy* all these days because he didn't see a gleam of hope.

Sly, cunning, crafty, artful, tricky, foxy, wily 表示"惯于通过欺骗的途径以求达到目的"的意思（比较：хитрый, коварный, лукавый, ловкий）。*Sly* 和 *cunning* 表明行为中缺少真诚，有虚伪，善于小心行事，掩藏自己真正的意图。这两个词都通常预示不需要特别深谋远虑就能达到的近期目标，所以可以描述具有最平庸能力的人：it was not intelligence, but a low kind of *cunning* /*slyness*/; 另一方面, *crafty* 和 *artful* 通常表示有发达的才智、全面计划自己行为的能力、通过缜密的运作达到更长远、复杂和重要目的的能力。而 *foxy* 和 *wily* 处于第一组和第二组中间的位置。它们与第一组在"虚伪的"、"隐藏的"特征上相似，而与第二组在"智慧的"、"敏锐的"特征上相似。*Tricky* 独自一组，评价虚伪的、机灵的和不可信的人："Fear a tricky opponent more than a *crafty* one"（Webster）。在 *sly* — *cunning* 这对词中，第一个词的意思是：行为的外部特征与其说是有意算计的结果，不如说是性格特性的继续，是天生的两面性或阴险的表现：women are *sly* and catty and wanting to get their own back. 相反, *cunning* 更倾向表示算计，而不是两面性的自然倾向：he was very *cunning* in dealing with his *customers*. 在 crafty — artful 这对词中，第二个词表示更聪明和更细致的运作、灵活的表现等：*crafty* man of affairs 〈money-changer〉; being *artful* she cajoled him with honey-mouthed flattery. 在 foxy — wily 这对词中，第一个形容词表示具有生活经验、了解人并善于利用他们的弱点，特别是利用喜欢奉承的弱点，所以 *foxy* 通常评价已不年轻的人：he is a *foxy* old man. *Wily* 与 *foxy* 的区别和 sly 与 cunning 的区别几乎差不多，与其说是为了自己的目的有计划的利用人，不如说阴险是其性格特性：a *wily* fox! We never knew what a rascal he was.

词列 polite, civil, courteous, courty, gallant, chivalrous 在"有礼貌、客气、彬彬有礼"的意义上划分为三个组。*Polite* 和程度更弱的 *civil* 评价遵循与

他人交往时必需的最低礼貌限度的人。其中，*polite* 通常描写受过教育的、细心的和有分寸的人：she was always *polite* to servants；he was too *polite* to ask such questions. Civil 表示最低程度的礼貌，如果无视这一点，人就会有被认为粗俗的风险：he forced his son to be *civil* to the stranger；the servant was sullen, but *civil*. *Courteous* 和 *courtly* 不仅表明遵守规定的交往规则的礼节，而且表明主体是带着自尊心去做这件事的。其中，*courteous* 强调在交际中的礼貌性，准备帮助或给予服务：the young man was quite *courteous* and helpful；he was so charming and *courteous* to the old lady. *Courtly* 描写优雅的、达到仪式性的贵族式举止，无论这种方式是否真正在交际环境中出现，或者是否评价人的所有行为方式：a *courtly* and stately old gentleman（величественный старый джентльмен с безупречными манерами）. *Gallant* 和 *chivalrous* 主要描述那些对妇女表现出殷勤或关注的人。其中，*gallant* 表示主要在优雅的举止和外表温柔中表现出来的客气、彬彬有礼：trying to be *gallant*, he bowed. *Chivalrous*（试比较 рыцарский）表明主体内在的高尚，准备无私地为他人服务：he was kind and *chivalrous* to women of all ages, he felt strangely *chivalrous* and paternal to her.

2.5 附注

在这个区域中，紧接着注释、翻译、例子和说明之后，还列举了进入该词列的词汇的这样一些意义，它们与词列中分析过的意义相近（并有可能与这个意义混淆），但实际上在词列内部却没有同义联系。可以用刚刚提过的词列 *desire*, *wish*, *want* 中的动词 desire 作例子：在 to *desire* sb. to do sth 结构中，这个动词的意思是"表达愿望"（he *desired* me to stay in a peremptory tone），在这个意义上没有同义词。另外一个例子：在词列 *love*, *affection*, *attachment*（爱、温暖的感觉、依恋）中，第一个名词与其他两个不同，有"对异性的爱"这样一种特殊意义：*love* at first sight, to fall in 〈out of〉 *love*.

在这些情形下，附注实质上是详解词典的一部分。

但是，也可能有其他的情况。与同义词列的基本意义相近的某一个意义可能不是该词列中一个词具有的，而是几个词都共有的。出现了"起源时期"的同义词列。由于一个纯技术性原因——缺少有关这个意义的足够资料，这个词列不能获得独立的词典词条的地位。在这种情况下，尽管不能按照我们已采用的原则描写该词列，但我们仍然试图对进入到词列中的这些词进行这样的分类，以便使这样的划分成为理解这些词的语义相似性与差别的关键。

在 angry, indignant, wrathful, irate, furious, acrimonious, mad（感到愤恨、气愤或暴怒）这一词列中，附注区突出描写了 angry, wrathful 和 furious 这几个词。所有这几个词都具有"猛烈的""无法控制的"（关于自然力）等转义意义，同时彼此之间又有区别，主要在（增长的）强度特征上；试比较 an angry / a wrathful / sea, a furious storm.

有时在附注区会列出不止一个"起源时期"的同义词列，而是两个或多个这样的词列。例如，在词列 support I, uphold, advocate, back (up), champion（支持、拥护）中，词语 support 和 back (up) 同时在两个与词列基本意义相近的意义上同义：① "证明某事的正确性"，譬如，he could not find any arguments to support /to back/ his story；② "是某事正确性的证据"，譬如，this information supports the suspicion, the bills will not be discounted unless they are backed by responsible names.

实际上，在这两种相似的情形中，附注在有限的篇幅内完成了同义词词典的任务。

2.6　结构

我们把借助语法特征——句法的或词法特征来进行描写的任何的差别都称作结构性差别。这些差别会出现在词、词组或句子的范围内。其中第二类差别是最重要和最普遍的，下文我们将详细分析；但为了图景的完整性，还必须要（哪怕只是简短地）提及第一和第三种类型。

我们会遇到在一个词的范围内出现的结构性差别的情形，例如，当某一个同义词倾向于在一个语法形式中使用，而其他同义词能自由使用于该词汇类别具有的所有语法形式。这种类型最普遍的情况之一就是动词同义词列的一个成员固定在过去时形动词的形式上。

在句子范围内出现的结构性差别更特别。我们只提及两种典型的情况：带有填充词 it 的情况；以及否定、疑问和各种不同种类的情态句。

同义词列 try, torment, torture, afflict 和 rack 在用于"使痛苦"意义时，前三个动词可用在由填充词 it 引导的不定式的句子中，而后两个不能有这种用法：it tried /tormented, tortured/ him to think that, 但不能说 * it afflicted /racked/ him to think that. 形容词 hard, difficult（困难的）和 arduous 也有同样的区别：it was hard /difficult/ to climb up the steep slope 是正确的句子，而

* it was *arduous* to climb up the steep slope 不正确。

  Condescend 和 deign 在"俯就"意义上的区别在于，deign 固定用在情态句、疑问句、否定句和那种形式上是肯定的，但句中有隐含否定意义的词（最常见的是副词 hardly 和 scarcely）的句子：to *deign* no reply, I do not ⟨will not⟩ *deign* to reply to such impertinence, will you *deign* to answer my question?, he hardly / scarcely / *deigned* a comment. 动词 condescend 可自由地用于各种类型的句子：he *condescended* to his younger brother ⟨to the suggestion, to accept the message⟩, to *condescend* no answer, will you *condescend* to answer my question? 等。同样，表示"节制不做某事"的 abstain 和相近意义"忍住不做什么"的 resist, withstand 之间也有类似的差别：he *abstained* from drinking — I can't *resist* a cigarette, I could harly *resist* a cigarette, the curiosity that I could scarcely *withstand*, human nature could not *withstand* those bewildering temptations, will you be able to *resist* / to *withstand* / such a temptation?

  表示"颤动"意义时，*budge* 的用法比 *stir* 更受限制：budge 几乎只能用于否定句和有隐性否定意义的情态句中：he did not *budge*, he could hardly *budge*。

  可以作一个假设：这些结构限制是由深层语义引起的。看来，stir 和 budge, condescend 和 deign, abstain 和 withstand 都不是精确同义词。它们之间一个细微的语义差别就是每一对中的第二个成员在注释中都有表现说话人对描述情景所持态度的情态框架。例如，动词 *budge* 的注释可能是这样的："微微摆动；说话人认为，情景中某些元素能使主体有愿望或有可能摆动的概率非常小"。句子 * he *budged* 不正确是因为，它造成了肯定的表述和情态框架之间的矛盾，正如我们所说，即造成了可以用语言避免的情景。

  我们再来分析在词组范围内出现的结构性差别。可以划分为两种基本类型：① 与成为词组中从属成分的能力相关的差别；② 与成为词组中主要成分的能力相关的差别。

  很容易事先做出推测，第一种差别是名词和形容词同义词列特有的。

  对于名词而言，这种能力就是能够成为受某个前置词或动词支配的成分。在 pleasure, joy, delight（快乐，高兴）词列中，所有这三个同义词都能够受前置词 with 的支配（with *pleasure*, with *joy*, with *delight*），但是只有 delight 可以受前置词 in 的支配：to jump in *delight*, 而 * to jump in *pleasure* / in *joy* 却不行。Rest 和 ease（宁静）与它们的同义词 *comfort* 不同的是，它们能受前置词 at

支配：my mind is at *rest* /at *ease* / (about it)，而不能说 * my mind is at *comfort* (about it)。

对于形容词而言，这种能力就是有限定性（与名词）和述谓性（与系动词）用途。在 affectionate, devoted, fond, doting 词列中，前三个同义词都是限定功能和述谓功能的使用，而 doting 只能是限定功能的使用：an *affectionate* / *devoted*, *fond*, *doting* / mother，但是只能说 she is *affectionate* ⟨*devoted* to me, *fond* of him⟩；而 she is *doting* on her daughter 之类的句子是可行的，但 doting 在这类句子中不是形容词，而是作为动词形式组成部分的形动词。词列 *watchful*, *vigilant*, *alert* 和 *wide-awake*（处于紧张等待的状态）在我们感兴趣的意义上与上述分析的词列相反：前两个同义词既可用于限定功能，又可用于述谓功能，而后两个同义词不能用于限定功能，只能用于述谓功能：to be *watchful* / *vigilant* / of /against / danger ⟨the enemy⟩, to be alert / *wide-awake* / for / to / a new adventure，但只能说 a *watchful* / *vigilant* / sentinel，而不能说 * an alert / *wide-awake* / sentinel。

在同义词词典中表现最多的第二种差别，对动词和其他具有句法支配能力的词类是典型的。它们可以有语义上的理据，也可以没有理据。

我们来分析 bare, naked 和 nude 这一词列。按照我们的理解，*bare* 预示身体的某个部位没有衣服，*naked*——全身或按照普遍接受的规则应该遮盖的部分没有穿衣服，而 *nude*——全身都没有衣服。所以 *bare* 和 *naked* 能支配表示身体暴露部分界限的形式 to smth.，而 *nude* 没有这种能力：bare / naked / to the waist，但是不能说 * *nude* to the waist。

我们已经讲过，动词 *wave*"挥舞"，与其同义词 *swing* 和 *flourish* 不同，它表示手的一种动作，其目的是吸引别人的注意力或者向他人传达某种信息（最经常的是请求或命令）。因此，*wave* 能自由地用在 to *wave* to sb.（信号接收者），以及 to *wave* (to)sb. to do sth, to *wave* sb. to sth.（例如，to silence）, to *wave* sb. away ⟨on, aside⟩（含请求或命令的内容）。Swing 和 flourish 不表示接受者的意义，其特点当然是不能够支配这些形式。

上文分析的这两种情况中，结构性差别在语义上都是由相关词汇的意义决定，并作为理据的(试比较，分析 *stir* — *budge* 这对词)。但是，词的结构性能远非总能够借助它的意义就可得到解释。例如，为什么 *leap*（跳，跳过）既能支配带介词的宾语，又能支配直接宾语(to *leap* over a fence 或 to *leap* a fence)，

而它的同义词 *spring* 只能支配带介词的宾语（to *spring* over a fence）；为什么 *attain*（达到）既可以支配直接宾语，又可以支配带介词的宾语（to *attain* success ⟨glory⟩，to *attain* to power ⟨to prosperity⟩），而它的同义词 *gain* 只能支配直接宾语（to *gain* success ⟨glory⟩），这些都是不清楚的。在这些情形中的结构性差别在语义上是没有理据的。

在词典中，我们专门约定了支配差别在语义上有理据的情况，但是，在本文中我们将把两种类型放在一起分析，因为下文阐述的内容对两种类型同样都是正确的。

在我们的词典中，对同义词特有的支配类型，通常会从三个不同却相互补充的角度来阐述：语义、句法和词法的角度。在上文分析的动词 *wave* 的例子中，形式 sb，to sb. 在语义上是信息接受者（被支配形式的其他可能的角色——主体、客体、内容、工具、手段、地点、终点、起点、时间、原因、结果、目的等，即在同义词列的语义描写中作为区别性特征的那些角色）；在句法上是直接宾语（sb.）或带介词的宾语（to sb.）；最后，在词法上是名词（代词）或介词 to 带名词（代词）。

如果我们说同义词相互之间在支配上不同，我们指的或者是角色上的差异（一个同义词有某种语义角色，而另一个同义词没有），或者是该角色在句法形式上的差异（例如，某个角色在一个同义词中用直接宾语表达，而在另一个同义词中用间接宾语），或者是词法形式上的差异（同义词可以支配不同的介词），或者是同时在两个或三个特征上都有差异。

我们不仅将无介词或有介词的名词性词组，还将动词不定式、句子、动名词作为被支配的形式。举几个例子。

动词 discuss, argue, debate, dispute 能把具有讨论对象（主题）意义的形式和具有第二主体（交谈者）意义的形式结合起来。这四个动词的主题意义形式都可以是直接宾语：to *discuss* / to *argue*, to *debate*, to *dispute* / a point. 动词 *argue* 和 *debate* 可以使用带介词（up）on, about, over 及语义上更加独立的 round 的间接宾语形式：to *argue* / to *debate* / on art, to *argue* / to *debate* / about / over / religion, to *argue* / to *debate* / round the topic. 动词 *dispute* 的客体可以采用带介词 about /over/ smth. 的间接宾语形式，但不能使用 on sth.（to *dispute* about /over/ religion），而动词 *dispute* 和 *debate* 还可以使用从句的形式（to *discuss* /to *debate*/ how to do it）。

Beg, entreat, beseech, implore, supplicate, adjure, conjure（请求、乞求、

恳求)等词可以支配表示被请求者意义的形式和表示请求内容意义的形式。所有这些同义词的被请求方都可以用直接宾语表示。在这种情况下，请求内容用动词不定式、宾语从句和直接引语表示：to *beg*/ to *entreat*，to *beseech*.../ smb. to listen ⟨that he should grant permission⟩，"Help me"，he *begged /entreated*，beseeched.../. 除了 *adjure* 和 *conjure* 之外，其余所有同义词的请求内容都可以用带 for sth. 的间接宾语表示：to *beg* / to *entreat*，to *beseech*...，但是不能说 * to *adjure*，* to *conjure* / sb. for a loan. 所有同义词的请求内容都可以用直接宾语表示；而 *beg* 和 *entreat* 与所有其他同义词不同，这两个词可以将间接宾语 of sb. 与被请求者意义联合起来：to *beg* / to *entreat*，to *beseech*，to *implore*... / sb. 's help ⟨smb. 's protection⟩，但只有 to *beg* / to *entreat*/ leave of sb.

Commend，applaud 和 compliment(夸奖)可以使用于带表示夸奖直接对象的介词间接宾语；前两个同义词的间接宾语是 for sth. 形式，而后一个的形式是 on sth.：to *commend* / to *applaud* / sb. for his performance，to *compliment* smb. on his presence of mind. Commend 和 applaud 可以连接以直接宾语形式表示的夸奖的直接对象的名称，而这一点是 *compliment* 不具有的：to *commend* / to *applaud*，但是不能说 * to *compliment* / sb. 's presence of mind.

Companion，comrade 和 pal(同志，友人)通常用带 to sb. 的介词宾语表示友谊主体，这对 crony 和 buddy 来说是不典型的，对 associate 是不可以的：he was a good *companion* / *comrade*，pal / to me.

与 arduous 不同，hard 和 difficult(困难的)这两个词能够支配动词不定式来表示困难的内容：the lesson was *hard* /*difficult* / to learn，但不能说 * the lesson was *arduous* to learn.

Appear，emerge(出现)支配带 from smth. 的介词宾语表示起点：to *appear* from nowhere，he *emerged* from the side door of the house. 此外，appear 还可以支配介词宾语表示某物出现的地点，而对于 *emerge* 而言，这种用法很少见：to *appear* in the doorway ⟨on the threshold⟩，the city *appeared* beyond it.

在很多情况下，同义词结构性能的差异与搭配性差异相对应。

这种对应的一个非常著名的例子是词汇 *love*（爱），这个词可以支配两种不同的带介词的宾语来表示情感所指的对象：for sb. (经常与人的名称搭配，例如，*love* for children) 和 of sth. (经常与事物、行为等名称搭配，例如，*love* of one's country）。而与 *love* 同义的 attachment 一词能连接以介词宾语 to sb.〈to sth.〉形式表示的任何客体的名称（是人还是事物并不重要）：to *attachment* to one's daughter〈to one's home〉。像 *attachment* for smb. 这样的结构是可以的,但不典型。

形容词 *attentive*, *considerate*, *thoughtful*（关心的,关怀的）能支配带介词的宾语来表示关心或关切的对象。无论对象是人还是状态,*attentive* 总是用介词 to 连接对象的名称,而 *thoughtful* 总是用 of 与其相连：*attentive* to a friend〈to sb.'s needs〉, *thoughtful* of other people〈of his son's well-being〉。至于 considerate,如果谈论人,这个词通常支配 to sb. 形式,如果谈论状态,通常支配 of sth. 的形式：*considerate* to old people, *considerate* of the comfort of old people。

正如上文所述,discuss, argue, debate 和 dispute 支配作为客体角色的直接宾语和带介词的间接宾语。在使用介词间接宾语时,客体可以是任何语义类别的名词。如果是直接宾语,那么对 argue, debate 和 dispute 这三个动词来说,充当客体角色的名词的选择是受语义限制的；而且只有 discuss 能（其他三个同义词不能）与作直接宾语的人称搭配：to discuss the people who *attended* the funeral; we are *discussing* you, not mankind in the abstract.

2.7 搭配性

词汇的全面词典学描写应该包括对词的各种搭配限制——词汇、语义或所指限制的界定。

词汇搭配限制是以能够与该词有语法联系的具体词汇清单的形式记载下来的。形容词 doubtful 和 dubious（表示怀疑的）在述谓功能上可以搭配的不是所有的系动词,而只有几个,主要是与动词 to *feel*, to *look*, to *seem*, to *sound* 搭配,例如,不能与 to *turn out* 搭配：even after they had been assured that there was no danger, they looked〈felt, seemed, sounded〉*doubtful*/*dubious*/,而 * he turned out *doubtful*/*dubious*/ about it 是不正确的。因此,对于 doubtful 和 dubious 而言,应该给出这两个同义词能够完成述谓句法功能时所需系动词的清单。

与此不同,语义搭配限制是通过指出与该词有句法关系的词应该具有的某种语义特征得出来的。在词列 *escape*, *flee*, *fly*, *abscond*, *decamp*（逃避）中,前三个同义词比后两个具有更宽泛的搭配能力；它们对应的行为的主体可以是人,也可以是动物:his best two dogs *escaped* from the camp, the dog *fled* into the forest. 而 *abscond* 和 *decamp* 的行为主体只能是人。

所指关系搭配限制显得更复杂。这种限制的例子可以是具有"达到"意义的 reach, achieve, gain, attain 这一词列。这些同义词的典型搭配是与表示行为目的或行为结果的名词的下列搭配:to *reach* /to *achieve*, to *gain*, to *attain*/ one's aim 〈the object of one's desires, success, fame, glory〉, to *reach* an understanding 〈an agreement〉, to *achieve* a reputation for being rude, to *achieve* the realization of a dream, to *gain* /to *attain*/ the attention of the clerk 〈the confidence of the mountain people〉. 有趣的是,后两个带动词 gain 和 attain 的例子中,这两个词不能用同义词 reach 或 achieve 替换,像 * to *reach* / * to *achieve*/ the attention of the clerk 〈the confidence of the mountain people〉这样的搭配是不正确的(而不简单是意义上有区别)。再来仔细分析名词 *attention* 和 *confidence*,它们可以作 gain 和 attain 的直接宾语,但是不能作 reach 和 achieve 的直接宾语,我们发现相应句子有以下重要的特性:attention 或 confidence 这两个词表示的状态主体,与动词 gain 和 attain 表示的行为主体不相吻合:吸引文书注意力的不是文书自己,而是别人,同样,获得山民信任的是某一个不同于山民的人。但是,动词 gain 和 attain 也可以与表示其主体与相关行为的主体相吻合的状态(性能、情景)的那些名词搭配,在 to *gain* /to *attain*/ one's aim 〈success, glory〉的搭配中,目的、成功和荣誉的主体与行为 *gain* /*attain* 的主体是同一个人。现在我们可以准确地表述动词 reach 和 achieve 的所指搭配限制:如果名词表示的状态的主体与这些动词表示的行为的主体不吻合,那么这些动词与该状态的名称不搭配。

在 *condescend*—*deign* (宽容)这对同义词中也表现出类似的差别:与第一个词搭配的既可以是与 condescend 的主体相吻合的主体行为或性能的名称(he *condescended* to smile),也可以是与 condescend 的主体不相吻合的主体行为或性能的名称(to *condescend* to smb.'s folly). 而 deign 只与主体自己的行为或性能的名称搭配:he didn't *deign* to smile,但是不能说 * he didn't *deign* to their folly.

同义词之间的搭配差别与结构差别类似,可以有理据,也可以无理据。我们来分析同义词 *surprise*(惊奇)和 *amaze*, *astound*(惊讶、震惊)。它们在感觉的程度特征上有所区别。所有这三个词都能与程度状语搭配,但是 *sur*-

prise 可以和这一类别中的任何状语搭配(he was a little 〈not a little, very much〉 *surprised*, he was *surprised* out of all measure),而 *amaze* 和 *astound* 只能与表示性能、状态或感觉的最高程度或极限程度的那些词搭配:he was *amazed* /*astounded*/ to such a degree that he could hardly talk. 像 ?he was a tiny bit *amazed*, ?he was a little *astounded* 这样的搭配,如果说不是绝对悖异,至少也是特殊的。这种限制的本质很清楚: *amaze* 和 *astound* 不用任何补充手段,本身就表达高程度的意思,因此,只有"极高的"、"特别"这类的意义可以加强这种意思。

与 *care*(关心)不同,*concern* 和 *solicitude*(担心)表示感觉状态,而 *care* 有活动状态的意义。语义上的这些差别可以解释同义词之间的搭配差异,首先是这样的事实:前两个词可以与说明感觉程度的定语(deep /profound/ *concern* /*solicitude*/)搭配,也可以与表示感觉存在或出现的动词搭配: to feel *concern* /*solicitude*/, to express profound *concern*, to manifest / to show/ *solicitude*.

在上文分析的两种情形中,搭配差别自然是源于同义词在意义上的差别。但是,即便搭配差别也可能在语义上是没有理据的。依据语义上的原因很难或不可能解释某些同义词的搭配性不吻合的事实,例如,形容词 cold 和 cool 在表示"感受到冷的感觉"意义时的情形。这两个同义词都可以与表示人或他全身的名称搭配来充当状态的主体: I sat in the armchair feeling sick and *cold*; I'm perfectly *cool*, but open the window if you like. 但是,在上述意义上只有 cold 可以与身体部位的名称搭配作状态的主体: his fingers 〈toes〉 felt *cold*,但不能说 his fingers 〈toes〉 felt *cool*,因为后面这个句子或者是不正确的(相当于"他的趾头冷"的意义),或者具有其他意义(客观上很冷的状态:"他的趾头摸上去很凉")。

尽管在词典中有关搭配性区别在语义上有无理据的信息应提供得相当系统,在本文接下来的部分我们不再专门谈论这个问题。

同义词之间搭配的描写要借助于角色(主体、客体、内容、受体、工具、手段、目的、原因等)名称表,这个名称表的提出就是为了描述同义词的语义和结构的相似与差别。这个名称表的适用性证明,该表是记载在语言的同义词体系的理论研究和实践掌握中重要信息的方便而通用的手段。

下面我们举几个同义词之间搭配性区别的例子。这些例子不具有代表性,更不是全部,因为同义词之间的搭配差异类型出奇的多样,只有在词典中才能全部解决。

Reach，achieve，gain，attain 这几个词在"达到"意义上与充当行为主体角色的人的名称搭配。Reach 和 achieve 的主体不仅可以是人，还可以是他们为达到所确立的目标而借助的言语、行为、性能，his words *reached* /*achieved*/ their aim /their object/，his determined perseverance *reached* its aim，但是 *gain* 和 *attain* 不能这样搭配： * his words *gained* /*attained*/ their aim 是不正确的。在俄语动词 достичь 和 добиться 之间也有类似的差别，譬如，его слова достигли цели，但是不能说 * его слова добились цели。

Reach，gain 和 attain 在"好不容易到达"意义上与充当行动主体的人的名称搭配，也与充当行为目的的处所和地点的名称搭配：they couldn't *reach* /*gain*，*attain*/ the opposite shore. 与其他两个同义词相比，*Reach* 更常与充当行为主体的移动物体的名称搭配：the boat *reached* the shore，the train *reaches* Oxford at six.

Gather（聚集）与其同义词 assemble 和 congregate 的不同在于，assemble 和 congregate 的主体只能是动物（在中性修辞的文本中），而 gather 的主体可以是任何移动的物体，如，the clouds are *gathering*，it will rain.

Ponder，meditate 和 ruminate（思考）可以与情景、性能、思维产品的名称搭配作为思考的客体（主题）：to *ponder* /to *meditate*，to *ruminate*/ upon the course of actions；to *ruminate* over the past；to *ponder* /to *meditate*，to *ruminate*/ the point. 动词 ponder 和 meditate 可以与人的称名搭配作为思考的客体：to *ponder* on modern young men，he *meditated* on all those people and the things they represented in his life. 但这种用法对 *ruminate* 不典型。

Depress，oppress 和 weigh down(upon)（使压抑、使苦恼）可以与感觉、行为、性能等名称搭配作为压抑状态产生的原因：a feeling of isolation *depressed* /*oppressed*/ her，she was *opressed* by fear，*oppressed* /*weighed down*/ by the heat. 除此之外，depress 和 oppress 还可以与具体事物和人的名称搭配充当这个角色：the dim room *depressed* /*oppressed*/ her，she depressed me. 这种用法对 *weigh down*（*up*）不典型。

2.8 例证

在大多数词条中大量使用的来自文学作品的例证完成双重功能：第一，它们是构建同义词列描写基础的材料的重要组成部分；第二，它们可以表明，被描写的同义词特性在文学语言和鲜活的言语的不同语体和体裁中是如何实现的。

应该指出的是,在例证中有不少是作家个人运用同义词的例子,这些例证的特点是偏离已有的搭配规范,对词汇做出乎意料的隐喻化转义等。这样的材料,作为鲜活语言具有广泛运用空间的证据,作为潜在变化的发展方向的一个标记,是十分有价值的,但是,在对同义词使用的语义、结构和搭配标准(这些标准在词典的分析部分阐述)进行描写时,不应该考虑这种材料。因此,读者不必为我们在意义、结构和搭配等区域中使用的材料与在例证中引用的材料有差别的情况(况且非常少)感到困惑。

由于部分内容的原因,但主要还是技术上的原因,半数以上的例证是援引自19世纪和20世纪初的文学作品。我们意识到,在同义词词典中最好有更现代的引证材料;我们希望能逐渐纠正这些不足。

3. 结 语

当把我们的词典交给读者审阅的时候,我们想再一次强调该词典的试验性特点。当然,同义词词典新概念的第一次实践不可能是完美无缺的,如果在这本书中发现有不合理和不正确的地方,我们也不会感到惊讶。我们正期望着与读者的合作,希望读者能挑剔地、但真诚地阅读这本词典,并以自己的意见帮助作者在词典学这一困难却引人入胜的事业中迈出新的一步。

同义词词典的信息类型[*]

本文以词典词条区域结构的简要形式介绍《新编俄语同义词解释词典》中的词典学信息类型[①]。

1. 词典词条的词目

词典词条的词目就是同义词列,也就是一组意义上有足够多相同部分的词位。在我们这部词典中,除了最普通的同义词类型,即属于同一词类的不同词根的词位外,还把下列词汇列入了研究范围:

(1) 不同词类的词——条件是它们能够完成相同的句法功能,譬如:语气词与副词(Пушкин владычествовал только ⟨единственно⟩ силою своего таланта);语气词与形容词(Только ⟨один⟩ Вася промолчал);副词与前置词(Сестра приехала чуть раньше меня ⟨непосредственно передо мной⟩);副词与形容词(Ему надо ⟨нужно⟩ подлечиться);动词与副词或与系词搭配的形容词(Ему следовало ⟨надо было, было необходимо⟩ отдохнуть. Он напоминает ⟨похож на⟩ отца своей непримиримостью. Мне этого хватит ⟨будет достаточно⟩);动词与连接词(Стоило ему войти, как все вставали — Как только он входил, все вставали);形容词与动词的副动词形式(измożденный — измученный)。

(2) 构词型同义词,如:белеть — белеться (в темноте), светить — светиться (о звездах); греть 1 — разогревать, подогревать (пищу), греть 2 — согревать (руки), греть 3 — обогревать (помещение). 在这方面,俄语中典型的词汇同义词常规类型非常有趣:用从带前缀动词向词根动词反向构词的方法得到的同义词,如:пробить (пробивать) зорю ⟨тревогу⟩/ бить зорю ⟨тревогу⟩,

---

[*] 论文"同义词新词典:概念和信息类型"是为集体项目《新编俄语同义词解释词典》(М1995)作的序,本文是其中的最后一章,即第四章。这一章出版时做了少许的纯技术上的删减。

[①] 在本文中,除了自己的材料外,作者还利用了 В. Ю. Апресян 的 бояться 词列的材料,以及作者和М. Я. Гловинская 共同研究的三个同义词列:жаловаться — сетовать, роптать 等;обещать — обязываться, сулить 等;ругать — бранить 等。

разбить 1（разбивать）стекло — бить стекло，разбить 2（разбивать）врага — бить врага，сбить（сбивать）масло — бить масло；выбросить〈выкинуть〉что-л. в корзину — бросить〈кинуть〉что-л. в корзину. Если бы у меня в то время было музейное отношение к делу, мне было бы достаточно сказать горничной, чтобы она мне приносила то, что он（Маяковский）в корзину кидал — была бы редчайшая коллекция（Р. Якобсон，Будетлянин науки）.

（3）某些类型的词汇—句法同义词,其中：动词—带否定词的动词固定搭配,支配从句的动词的人称形式—判断性副词,以及其他类型。譬如：недоставать — не хватать, жить（Надежда живет в сердце）— не угасать, Я считаю（что он половину фактов утаил）— По-моему（он половину фактов утаил），Бывает（что он опаздывает）— Иногда（он опаздывает）. 有些动词也能构成完全规范的词汇—句法同义列,这样的动词可以约定称作"无人称半转换式动词",譬如：Я думаю — Мне думается, Я считаю — Мне представляется, Я хочу — Мне хочется 等。但是,区分这类词列的问题仍没有解决,在该词典的最新版本中,像 хотеть—хотеться 这类成对的动词是放在不同的同义词列中注释的。

1.1 主导词

一个词列由主导词开始。主导词是该词列中最具有共性意义、使用最多、搭配最广、且在修辞、语用、交际、语法、音律上都是最中性的词位。譬如：вызывать 2（кризис, ненависть）— вести к, порождать, рождать, будить, пробуждать；делить — разделять, расчленять, разбивать, дробить；замереть — застыть, оцепенеть, окаменеть, остолбенеть；защищать — ограждать, отстаивать, стоять за, заступаться за, вступаться за；рисовать 1 — зарисовывать, писать 2, малевать；жаловаться 1 — сетовать, роптать, ныть, скулить, хныкать 等。

在很多情况下,主导词的意义全部进入到该词列其他所有词汇的意义中,譬如：бросать — кидать, швырять, метать. 但是,即便是在由语义原型主导的最简单的词列中,主导词仍能够以其明显的语义独特性与其他同义词相区别,也就是说,主导词含有其他同义词没有的语义成分。这种现象在具有比较复杂的结构意义的同义词列中更是如此。

这是因为主导词几乎永远是语言中最精炼的一线词位,这些词位是语言反映出来的所有言语文化中最根深蒂固的。那些只能使用这些词的各种情景的痕迹以特殊意义、特殊的附加意义、特殊的语用意义的形式在这些词位中被保留下来,但并不是任何时候都能轻易被发现。

举例分析 ждать 这一词列：ждать — ожидать, дожидаться, поджидать, выжидать, пережидать, подождать, прождать。除 ждать 外,几乎所有词的语义特色都是显而易见的：ожидать 指明主体内在准备迎接什么人或什么事件；дожидаться 指的是在特定地点的耐心等待；поджидать 是指某种特别的、通常指等待的主体对待客体具有敌意目的；выжидать 指等待有利于实现计划好的行为的那一时刻到来；пережидать 指等待某一过程或现象结束作为重新开始自己活动的条件；подождать 指在特定地点短暂的等待(不包括 Я могу и подождать 这类用法)；прождать 指长时间的无结果的等待。

在这样的背景下,ждать 表现为一个完全共性的、通用的同义词,它可以替代该同义词列中的任何一个词。但进一步的认真分析表明,ждать 也有某些不同于该同义词列中其他词的语义特殊性。这里只指出其中之一。在许多情况下,ждать 一词可以表示附加意义"希望某事发生",譬如：Вчера футуристов собирали невероятное количество публики — Многие приходили ради скандала, но широкая студенческая публика ждала нового искусства, хотела нового слова — причем — и это интересно — прозой мало интересовались (Р. Якобсон, Будетлянин науки). 对这种意义的附加成分来说,程度副词 очень, страшно, больно 和加强语气词 как, так, так и 等语境是非常典型的：Он очень вас ждал. Не больно-то он тебя ждет. Он видел уже и понимал настроение этих господ, так и ждавших теперь случая пристать к нему (М. Волконский, Мальтийская цепь). Он так ждал, что на него обратят внимание. Она [Даша] подняла к нему лицо с зажмуренными мокрыми ресницами: "Иван Ильич, милый, как я ждала вас" (А. С. Толстой, Хождение по мукам).

该同义词列中的任何词都不能与上述加强语气词搭配,自然也不能负载相应的意义变体。

1.2 修辞标注和语法解释

在必须的情况下,对进入该同义词列中的每一个词位都要做修辞标注。在所研究的词典中主要使用传统的修辞标注体系。不过,在许多情况下不得不扩充该体系的清单。

为了更好地理解我们推荐的为数不多的新标注的实质,回顾一下传统体系的主要内容。这一体系是以几个主要的级差表为基础建立的:(1)标准语体级差表(崇高、书面、诗学等);(2)言语语体级差表(正式、口语、俗语等);(3)非标准语体级差表(粗俗、行话、骂人话等);(4)讲话人对客体、受话方或话语的评价级差表(表爱、不赞、嘲讽、蔑视、不尊、贬低等);(5)活动的社会领域及形式级差表(专业、政治、艺术、电气、数学、化学、体育等);(6)时间级差表(旧词、古词、历史词、老词、新词等);(7)空间级差表(土话、方言、成语)。

我们新补充的标注类型归纳如下。

在第一个级差表中,除了崇高、书面、诗学,还添加了"非日常"、"叙述"等标注。

"非日常"标注指的是在书面语之后,但又没有达到中性程度的标准言语水平。譬如,在书面语 роптать 和中性词 жаловаться 的比衬下,сетовать 就是"非日常"性的同义词;在中性词 заблуждаться 的比衬下,уповать 就是"非日常"性的同义词;在中性词 ошибаться 的比衬下,обманываться 就是"非日常"性的同义词;在中性词 привлекать 的比衬下,пленять 就是"非日常"性的同义词。

"叙述"这一标注用于由 В. Ю. 阿普列相和 О. Ю. 博古斯拉夫斯卡娅分别独立发现的一种现象,这种现象是在 течь, литься, лить, струиться, идти, катиться, бежать 等的同义词列[В. Ю. Апресян]和在 голый, нагой, обнаженный 等(关于森林和田野)的同义词列[О. Ю. Богуславская]及其他许多同义词列中体现出来的。这些同义词列中的某些词具有特殊的修辞特点。我们来分析一下类似 Кровь бежала из раны. Слезы струились из глаз. Я шел мимо обнаженных полей. Леса стояли обнаженные. 这样的句子。在标准俄语的正常持有者的口头话语中出现这样的句子的可能性非常小(而是应该说 Из раны шла кровь. Она плакала. Поля были голые)。这些句子的情调本身就有倾向于叙事文学语体,倾向于对事实描写的艺术性的意向。事实上,所有这些表述都带有标准语套话的痕迹,它与其他那些无恶意的语言级差表的区别在于,它带有人为的无理据的庄严性。这样,"叙述"的标注具有两个功能:第一,和其他任何标注一样,它可以将一个词位安置到一个规定的修辞类别中;第二,它可以预先防止把该类别的词位用于日常口语之中。

下一个级差表——"正式、口语、俗语"等可以分成两个独立的级差表。第一个仍然保留原有的称名,按照话语的严格准确/随意马虎的等级程度特征来排序词位。我们认为需要对"正式"和"口语"的标注体系再补充一个"通俗口语"的标注。用这种标注标示那些在纯口语之后具有一定随意度的口语,这样既可以允许有文化的语言持有者使用,又无损自己的语言声誉。譬如,在口语同义词 плакаться 和中性同义词 жаловаться 的比衬下,скулить 和 хныкать 被标注为具有通俗口语色彩的同义词。

标注"俗语"是区分第二个级差表的依据。不难发现,在已有的词典学实践中,与其说俗语是表示在口语之后的话语的随意程度,不如说是反映了语言持有者的受教育水平和整体文化水平。这一水平的鲜明例子是,在有教养的语言持有者使用尊称 вы 的情景中使用亲昵的 ты 或粗鲁的 ты(А. А. 霍洛多维奇的术语)。"俗语"的标注实际上是给一些词位打上了这样的标记:使用这样的词位将使有文化的语言持有者自己的语言声誉受损。我们建议给这一等级体系补充添加一个"日常"的标注,以标示处于中性词和俗语词之间的那些词汇。"日常"的标注用来标示诸如 дожидаться(中性词 ждать)或 видать(中性词 видеть)这样一些词。

某些新添加的标注类型与时间级差表有某种直接或间接的关系。

与过去的某一历史断面相比,有些词在现代语言中的使用范围明显缩小,可以给这样的词标注"过时"。为了说明这一概念,我们利用 О. Ю. 博古斯拉夫斯卡娅在研究词条 пустой—порожний 时的观察结果。如果把词组 порожний стакан, порожний состав 中的形容词 порожний 判定为古老的词,或陈旧的词那就错了。但是,在现代俄语中,这个词只用于为数不多的在词汇意义上受限制的语境中,而在 19 世纪的语言中,这个词的组合潜力曾经很大,譬如:порожний стул(Ф. М. Достоевский, МАС). Там провел он(извозчик)целую ночь, а на другой день на порожней тройке отправился восвояси(А. С. Пушкин, Дубровский).

可以指出许多"过时"的语言表现:(1)词汇选择的语义规则消失,取而代之的是词汇规则。譬如,词组 порожний состав〈вагон〉是正确的,而?порожний поезд 令人怀疑;譬如,可以说 порожний холодильник, порожний ящик, 而??порожний шкаф〈гардероб〉, порожний чемодан〈портфель〉的正确性就十分值得怀疑。能与形容词 порожний 比较自由搭配的唯一的一种名词类型就是盛装液体的容器的名称。但是,即便是在这个类型内部,像 порожний стакан, порожняя бутыль〈бочка, цистерна〉, порожнее ведро 这样的词组听起来要比

?порожний кофейник〈чайник〉自然得多。(2)与某些表示旧的现实存在的名称比较容易搭配：порожний комод 比 порожний сервант 要好，?порожний мешок 比 порожний рюкзак 要好。(3)给某些作为现成单位使用的词组划分修辞范围，试比较：俗语 порожний стакан 和修辞中性的 порожний состав；(4)比中性词更广泛的、非常规性的作者个性化使用的可能性：譬如：А. 索尔仁尼琴在《古拉格群岛》中：Как-то встретился нам долгий порожний обоз. Да когда же Бутырки стояли порожние. Он, сержант, хотел, чтобы я, офицер, нес его чемодан, — а рядом с порожними руками шли бы шесть рядовых?

与时间轴相关的另一个标注是"语体"。它用于标注那些在现代语言中可以用在区分语体目的的旧词，譬如，动词 зреть 可以自由地用于诗歌中：Ты видел все моря, весь дальний край. / И ад ты зрел — в себе, а после в яви (И. Бродский, Большая элегия Джону Дону).

在修辞性标注领域的最后一个创新也与时间等级有关，准确地说，是与"语言体系—惯用法"这一两分法的时间折射有关。在传统分类表中，这一两分法由"少用"标注。用来标注那些在语言体系中存在、但在讲话人的话语中却很少碰到的词位。总体上来讲，词位的低使用率有两种不同的原因：或者该词位正处在从语言中消失的过程中；或者正相反，既然它由语言体系预设出，它正出现在语言中。我们把第一种情况定为标注"少用"，而给第二种情况添加标注"潜在"。

除了修辞性标注外，对同义词还可能有语法解释。特别是对动词词位要指出其体的对应形式，譬如：притворяться（СОВ притвориться），прикидываться（СОВ прикинуться），симулировать（СОВ симулировать）.

1.3 词列内部的语义群及其注释

在同义词列内部，同义词的排列原则是：它们在空间上的远近位置应该反映它们在语义上相似的程度。不用进行任何分析就可以看出，在 приказывать, велеть, командовать, распоряжаться 这一词列中，动词 приказывать 和 велеть 构成一组，而 командовать 和 распоряжаться 构成另一个组。再如，在 надеяться 这一词列中，надеяться 和 уповать 构成一组，而 рассчитывать 和 полагаться 构成另一个组；在（быть）похож 这一词列中，похож 和 походить 构成一组，而 напоминать 和 смахивать 构成另一个组；在 привлекать 这一词列中，привлекать, влечь 和 увлекать 构成一组，而 манить, тянуть 和 притягивать 构成另一个组。显然，一个词列的成分越多，其内部划分语义组的基础就越大。例如：привыкнуть 2 的同义词列的四个语义组：привыкнуть 2, свыкнуться, притерпеться； приспособиться, одоптироваться, акклиматизироваться； приноровиться, приладиться, притереться, примениться； вжиться, сжиться, прижиться, освоиться.

在词列的末尾给出了对进入词列的词位意义的交叉部分的注释。我们阐述一下决定词条中这一部分结构的两个原则。

(1) 词列注释的排列应该在形式上反映出相邻词列的语义联系，也就是要使它们的语义相似性和差别能够直接显示出来。根据这一要求来分析词列 привыкнуть 1, приучиться, втянуться, приохотиться, пристраститься, повадиться 和上面研究过的词列 привыкнуть 2, свыкнуться, притерпеться, приспособиться 等。这两个词列中，第一个可以用 привык〈приучился〉рано вставать〈делать по утрам зарядку〉这样的例子来表示，第二个用 привык〈притерпелся〉к постоянному шуму станков〈к новой обстановке〉的例子来表示。

动词 привыкнуть 的这两种意义的区别（自己的行为成为一种习惯——对相对于主体而言的外部因素的习惯）在所有的俄语详解词典和同义词词典中都有注明。但是，查阅一般的注解还是不能明白，这两个词位（以及由它们主导的同义词列）的相似在何处，不同在何处。譬如，下列注释：привыкнуть 1 ="成为一种习惯（做某种事，某种行为方式等）", привыкнуть 2 ="对……习惯"（МАС）；привыкать 1 ="习惯于……，学会做某事，学会某种行为方式", привыкать 2 ="对谁，或什么已经习惯"（БАС）。

使用 Ю. Д. 阿普列相 1994 年提出的元语言和意义注释原则可以很自然地解决这些难点。Привыкнуть 1="在所观察的某些时间段内由于多次重复某一行为或多次处于某一状态，其结果发生这样的变化：做这件事或处于这种状态成为主体的正常行为或正常存在"。Привыкнуть 2="在某种对自己而言非常规的条件下渡过一段时间后发生了这样的变化：这种条件成了正常的，或不再感觉是非常规的"。

我们使读者自己确信，这两个同义词列的语义相似和不同以最直观的形式固定在这些注释中。

(2) 如果一个词列的主导词不能用该语言进行语义分解（хотеть—желать, жаждать, мечтать），则用标准解释"该词列的主导词是语义原型"代替注释。

2. 意义区域

在这一区域中，注意力集中在发现和解释同义词之间内容方面的（纯意义、称名、语用、交际、语言外）所有的相似和差异，集中在描述这些差异在某种程度上发生中和，以便可以全部或部分地相互替代的条件。在这个区域还描写同义词的音律特性（即重音突出和语调的特点），因为这些问题与同义词的交际性能（特别是主位-述位）的联系非常密切。

2.1 概要

意义区域从概要，或叫词条指南开始。在概要中，列举出那些能构成该同义词列内部基本的两元对立的语义、语用和其他内容特征。每一个特征由与其构成明显对立的几个同义词说明。总体来说，这里列举的同义词彼此之间在内容方面的相似和不同的简明介绍比一般的同义词解释词典提供的信息要多。如果这种介绍能够满足读者的要求，他就可以立即转入到其他区域或转到说明部分。

举两个例子。

同义词列 пытаться — пробовать, стараться, силиться. 这组同义词彼此之间的差异表现在下列意义特征上：（1）主体欲进行的行为的规模和特点（силиться 用在具体的、现实的、通常不太复杂的行为，пытаться 用于任何行为，стараться 用于可控和不可控行为，пробовать 只用于可控行为）；（2）努力的程度和这些努力的客观必要性（пробовать 要求的努力程度最小，силиться 要求的努力程度最大，而且在后一种情况下努力是必须的，因为完成行为客观上是有困难的）；（3）一个努力行为的可分/不可分性（用 пробовать 时这些行为，即单个的尝试可以分离开，而使用 стараться 时不可分）；（4）从事行为的可能性和取得成功的概率（силиться 经常表示行为本身不可能进行，因此，几乎任何时候都无法取得所需的成果，而使用 стараться 时表示行为经常完成并能得到所需结果）；（5）可能失败的原因（使用 пытаться 时表示选择的途径可能不对，而使用 силиться 表示主体的资源不足）；（6）在第一次尝试失败时，主体准备做出必择其一的选择（пытаться, пробовать 有必择其一的选择，стараться, силиться 没有这种选择）；（7）行为的依据和主体的态度（пытаться 表示主体总是想完成已经计划的行为，пробовать 表示主体可能想发现，行为是否可行，其结果是否可以接受等）；（8）从侧面可以观察主体的努力的可能性（使用 силиться 时可以观察到，

而使用 пробовать 时没有这种可能性)。

同义词列 надеяться — уповать, рассчитывать, полагаться. 这组同义词在下列语义特征上显示出彼此之间的差异：(1) 情态指示是否包括对主体内心状态的评述（使用 надеяться, уповать 时包括，使用 рассчитывать, полагаться 时不包括）；(2) 什么是产生内心状态的基础：基于一种看法（надеяться）；基于一种相信（уповать）；基于一种判断（рассчитывать）；基于一种信任和已有的经验（полагаться）；(3) 与主体的希望相关的事态的特点和规模（уповать 只能指望主体以外的较高的意志力或能力明显高于主体的其他人）；(4) 期待的强烈程度（уповать 的期待程度要比 надеяться 和 рассчитывать 强烈）；(5) 主体对实现事件的确信程度，以及实现事件的时间与观察时刻相距有多久（полагаться 所指的确信度比同义词列中其他的词都大，并且认为所期待的事件会在不久的将来）；(6) 主体的当前状况（надеяться 可以表示任何状况，уповать 表示不利的或严重的状况）；(7) 伴随当前状况的效果如何（使用 надеяться 时表示提升整体活力）。

2.2　同义词之间内容的相似和差异

在概述之后就是词条的主要部分，在这一部分中，描写根据某些特征和综合特征划分的同义词列的各种语义组、分组和单个的词。

描写按规定的但又不太苛刻的形式进行。规则涉及结构、提供材料的方式、同义词列内部词的分组方法，但不涉及描写语言。与注释区域不同，在这一区域描写语言可自由使用，在表现手段上没有任何限制（对专门的语言学术语的一系列限制除外，这些术语允许用于严格约定的范围内，并应该在词典的理论引言部分说明）。在这里可以使用任何迂回说，可以引用被比较词位、甚至是隐喻所指对象的百科特性，如果这些手段能够直奔问题本质的话①。描写应该满足唯一

---

① 当然，并不是任何隐喻都是好的，而只是可以使人"恍然大悟"的那种隐喻才是妙语。对此帕斯捷尔纳克有著名的阐述："隐喻是一个人的人生短暂性和人生任务长久打算的重大性的自然结果。在这种不对称的情形下他不得不像鹰一样机警地审视事物，并用瞬间的一下理解的恍然大悟来解释。这就是诗。隐喻——是伟大个体的速记，是伟大个体的心灵草书"（Пастернак 1982：394）。我们当然不希望从帕斯捷尔纳克的表述中得到什么，但有一点：我们有时确实追求隐喻的使用，那就是当隐喻确实缩短了传达必须知识的路径时。强调这一点不是多余的，因为，近年来在注释意义时开始使用暗语式隐喻，不是清楚解释复杂的，而是把简单的加密变得隐晦难懂。例如，巴拉诺夫等人（1993）的下列隐喻：с трудом ≈"带着障碍物跑"，в самом деле ≈"从迷茫到真理"，на самом деле ≈"生活的真谛"，в общем ≈"扔掉多余东西的艺术"，в целом ≈"大的东西从远处才能看到"，в принципе ≈"寻找理想"等。

的一个要求——同义词之间所有内容上的相似和差异的展现都应是清晰的。

可能会给人一种印象,似乎这样失去了编撰同义词词典的最自然的可能性。许多人都倾向于认为,只要简单地按顺序编写出同义词的注释就足以展现出同义词之间的相似和差异。因此,有必要列举一些观点来佐证我们采取的同义词描写的方法。

第一,如果仅限于注释,就把形成同义词正确概念的任务推给了读者。对于同义词词典而言,对入选词汇的注释只是半成品,读者自己应该对半成品进行比较工作。

第二,同义词之间的部分相似和差异,譬如,在语用、所指对象、附加意义及其他文化联想方面的相似和差异,可能还是会被忽略,因为这些性能通常是在纯注释之外进行描写的。

第三,也是最重要的一点。将纯意义描写,即用相对学术化了的语义元语言进行注释,与更自由方式建构的词的词典学图像相组合,在本体论上是可行的。

注释仅仅是对语言单位做迂回说的形式之一,确是最有特权的一种。它完成下列四种功能:(1)解释该语言单位的意思;(2)指出该单位在语言的语义体系中的位置;(3)是当从句子的深层句法概念向(表层)语义概念过渡时和反向过渡时采用的一种语义规则;(4)是该单位与句子成分中其他单位语义相互作用规则的基础。

只有注释能够完成功能(2),(3),(4),并以此服务于语言学理论的需求。但是,其他迂回说在当它们确实能把未知转变成已知的条件下,也能完成上述功能中最主要的功能——能解释什么是该语言单位意义的元语言功能。也可以使用传递语言知识的其他手段来达到这样的目的,例如,直接指出作为某些句子所指的现实客体。语言持有者在自己日常的话语实践中,如果有必要通报谈话对方,某种表述是什么意思时,会实际使用相应的方法。这样,这些方法也实现了自己的元语言活动。

事实上,在被讨论的这一词典词条区域中采用的正是这种描写词汇单位内容层面的手段的百搭组合①。

---

① 把两种观点组合起来不仅对同义词词典有益。这应该成为所有追求全面描写自然语言语义的学者的必须原则。只有这样,关于是否允许在意义描写时同义词重复循环的长期争论才能画上句号:在注释中是不允许的,但是并不妨碍在比较自由的解释意义时采用。注释是对语言的科学性语言学知识进行模式化,而比较自由的迂喻用法,就像解释意义的任何其他方法一样,是对语言持有者的元语言实践进行模式化。

下面来仔细讨论纯意义区域所含的信息。其中大部分是关于同义词之间可能的差异。

意义的判断成分上的不同被认为是主要的差异。在同义词列 рисовать, зарисовывать, писать, малевать 中，属于这种差异的有这样的一个事实：зарисовывать 要求必须有作为描绘对象的实物、模型存在，而 рисовать, писать 和 малевать 没有任何实际可见客体也可以画。

与情态框架、与观察范围和各种类型的评价成分相比，词汇意义中的判断部分虽然是意义中相对粗略和明显的层次，但在许多情况下，它们仍然是不容易被发现和很难表述的。这些情形在所研究的同义词典中是特别关注的对象，而且，正是在这些情形中，现有的详解词典和同义词词典不足以支撑我们的研究。

需要解释一下我们这里指的是什么。在处理大量的材料时，很快就形成了关于宏观词典学类型和微观词典学类型的概念和关于在该同义词列中应该找出哪些意义元素。譬如说，在动词同义词列中，区分动词的大多数语义特征是从其题元结构中提取出来的：这些差异涉及主体、客体、受话方、工具、手段、目的、地点、时间等题元的性能。在描写自然客体的名词同义词列中，首先应该按形式、颜色、规格、内部结构、使用方法等特征来寻找同义词之间的不同。在表示人工制品的名词同义词列中，除上述差异外还应补充物体的功能和用途上的差异。在表示情感的动词和名词的同义词列中，应该期待的差异是根据能引起情感的因素、主体对这一因素的理性评价、情感的强烈程度和深度、这种情感产生的愿望、情感的外在表现方式等特征区分出来的。这些都是典型的差异。

但是，也经常会遇到不太典型的差异，譬如，非动名词、形容词和副词在时间参数上的差异，或动词在性能指标上的差异。为了准确表述问题的本质，我们使用原本意义和非原本意义概念，并把这一概念概括为词汇意义。

通常，某一法位的原本意义指的就是它的称名，而所有其余的意义都称作非原本意义。例如，"过去时"这一法位的原本意义是"发生在过去，即发生在讲话时刻之前的事件意义"，而在类似 До свидания, я пошел〈побежал, поехал〉这样的句子中体现出来的将来事件意义是非原本意义。在把这些概念和术语运用于词汇意义的时候，我们说，某种词类的词汇意义的典型意义（确切地说是原型意义）对该词类来说就是原本意义，对其他词类来说就是非原本意义。例如，时间成分作为行为不可分割的限定成分，对动词来说就是原本意义，对名词来说就是非原本意义，而性能意义对形容词来说是原本意义，对动词来说是非原本意义。

可以断定,在相同的条件下,各种不同词类的词汇意义中的非原本意义要比原本意义难以发现,实践中更难以掌握,因而它们更具有理论意义。

副词 запросто 与同义词 легко 的区别在于,запросто 把被限定的行为推移到相对于观察时刻而言的将来,使行为转变成可能性的层面,而不是现实完成的层面。试比较:句子 Он запросто все объяснит〈переведет, начертит〉比句子 ?Он запросто все объяснил〈перевел, начертил〉更自然些。显然,легко 不服从于这些限制。

Погибель 一词也有把事件推移到相对观察时刻而言的将来的性能(观察时间点可能处于过去或现在)。与更口语和更俗语的同义词 крышка, хана, каюк 等相类似,该词任何时候都不能表示已经完成的事实,而只能是面临的——预示的或预见的事件,正如普希金的经典例子:Так вот где таилась погибель моя! Мне смертию кость угрожала! 还有:Нам теперь крышка〈хана, каюк〉。而与погибель 类似的 смерть, гибель, кончина 等名词可以表示已经存在的事件。

形容词 близкий 在表示时间意义时与它的同义词 недалекий 的区别在于,它只表示将来,譬如:близкое будущее, близкий отъезд, близкая весна 等。而недалекий 可以对应将来也可以对应过去,如 в этот уже недалекий день(将来)和 в тот еще недалекий день(过去)。在使用 недалекий 时,对将来或过去的对应性当然是由 этот, уже 和 тот, еще 这些词来表现的,但不是由这些词创造的。因此我们发现,这种中性态,也就是既可以表示将来也可以表示过去的能力,使得它与 близкий 及其反义词 далекий 有了区别。但是,在使用 далекий 的上下文中,语气词 уже 和 еще 产生相反的效果,试比较:День еще далек(将来)和 Ночь уже далека(过去)。

如果说在注释的判断部分都会遇到这些很难把握的意义成分,在意义的精细组织的层面上就更可能发生语义的这种模糊性。这些层面包括情态框架、观察范围、评价、预设、依据等。这些内容对被阿普列相(1990:82)称之为微观词典学的词汇群特别典型。下面来看几个例子。

在 выйти — получиться, выпасть, выдаться 这一同义词列中,前两个同义词指出某一客体或情景出现过程中有人的参与:Роман вышел〈получился〉неплохой。后两个同义词反映情景的出现具有偶然性:День выпал трудный。Лето выдалось жаркое。正是这两个词表现出特别的意义。它们都描写同等概率的结果中的一个偶然实现的情景。但是，выпасть 可以把实现的结果看做是对某人的活动有利的、有碍的或对人有某种影响的结果。而 выдаться 在实现的结果中区分出完全是不同的层面，即一个事实以某些特别的性能有别于其他同等概率性结果。所以通常不说 ?Лето выдалось обыкновенное. 正确的说法是 Лето выдалось необыкновенное. 另一方面，这一结果被认为是更客观的，也就是与某人的行为无关，而是平等给予所有人的自然界的一个实际存在。

  Виться 和 вилять 在表示"（道路、小径、小溪等类似的空间客体）穿过某一地方时有许多转弯"的意义时是同义词。一般的词典注释对这些意义都是这样表述的，以至于无法察觉到句子 Дорога вьеться между холмами 和 Дорога виляет между холмами 之间的语义差异。然而差异是有的，主要表现在两个方面：(1)对同一现实的实质的评价不同；(2)观察者的理解不同。第一种情况是对客体的正面的美学评价（自然风景被描绘成彩色图画），而且观察者是从旁边或者就像从旁边在看这幅画；第二种情况是负面的实用性评价（道路被评定为不适合乘车和徒步行走等），而且在这种情况下观察者同时也是使用者：他正沿着这条道路行进。

  Шутя 和 играючи 在表示"轻松，不用做明显努力"意义时是同义词，但彼此在情态框架上有所不同。在使用 шутя 一词时（Парень шутя поднял тяжеленный мешок），讲话人没有说出对完成某一行为的主体的认识和情感方面的任何推测。在使用 играючи 一词时（Парень играючи поднял тяжеленный мешок），传达出这样一种信息：讲话人认为，主体意识到他能很轻松地完成困难的行为，而且这一行为会给他带来愉悦。请注意在这句话中用来表现行为主体的生动性。

  Ждать 与这一词列中其他同义词的区别在于充当直接补语的名词词组的称名状况。Поджидают 要求直接补语是具体的人，而 ждать 要求直接补语是由第二格名词补语形式表示的某一类人中的某一个：Она всю жизнь ждала жениха.

  在我们的词典中还描写了一种非常细微的区别——同义词在附加意义或联想意义上的差异。譬如，在我们的其他研究中曾描写过的成对的同义词：лакей（有巴结献媚、奴才行为、妄自菲薄的附加意义）— слуга（有忠诚的附加意义）；осел（粗鲁和固执的附加意义）— ишак（勤劳和任劳任怨的附加意义）；письмена（有某种崇高、重要和神秘的附加意义）— буквы（没有任何附加意义）。

就举这么些例子。在我们的词典中特别关注的同义词之间的不太明显的和很难捕捉的差异的类型和特点,只有词典本身才能提供全面的展示。

2.3 同义词的音律与交际性能

在另一些文献中[Апресян 1992],已经研究了音律的词汇化和交际性能的某些情况。其中曾指出,事实性动词 понимать, знать, видеть(="理解")在中性的确定句中,不论其在句子中的位置如何,都可以承载主要句子重音,因此,属于句子的述位部分。正是在这一点上,这类动词与典型的判断性动词 считать, полагать, находить 相区别,判断性动词在可比条件下(不在句尾,不在情态语境和让步语境中)不能承载主要句子重音,因此属于句子的主位部分。

再来看音律的词汇化和交际性能的一些典型情形,这些情形与同义词词典有直接关系。

同义词 хотеть 和 желать 之间的主要语义差别在于:хотеть 表示积极的愿望,有实现愿望的意志,譬如 Плох тот солдат, который не хочет стать генералом(посл.). Хочу быть владычицей морскою! — Я хочу, чтобы мне сейчас же, сию секунду, вернули моего любовника, мастера, — сказала Маргарита, и лицо ее исказила судорога (М. Булгаков, Мастер и Маргарита). А он еще бился. Он настойчиво боролся со смертью, ни за что не хотел поддаться ей, так неожиданно и грубо навалившейся на него(И. Бунин, Господин из Сан-Франциско). 而动词 желать, 特别是未完成体形式,则表示纯粹的愿望,对积极的意志没有暗示。譬如:Им (Рудину, Караваеву) он противополагает людей, умеющих не только желать, но и хотеть(А. Ф. Кони, Воспоминания о писателях). У каждого, у каждого в душе было то, что заставляет человека жить и желать сладкого обмана жизни! (И. Бунин, Братья). От всей души желаю, чтобы они (праздники) скорее кончились(М. Булгаков, Мастер и Маргарита). Доктор тревожился за эту жизнь и желал ей целости и сохранности(Б. Пастернак, Доктор Живаго). 由于上述原因,动词 хотеть 中的纯愿望意义与"意向"意义交织在一起。

可以指出一些语境,它们或者有利于表示纯粹愿望的意义,或者有利于表示意向意义。从我们研究词位的音律和交际性能这一主题的角度看,正是这些语境具有特别的意义。

根据句子交际组织的一般规则,如果主要句子重音和加强语势重音位于动

前面位置上：Поваදился медведь на пасеку.（对此的详细论述见4.3节）

有趣的是，对于 привыкнуть 的反义词——动词 отвыкнуть 借助于主要句子重音完成重音突出是规范的：Я↓ отвык вставать рано. 与 Я↓ привык вставать рано 不同，这类句子在言效方面是中性的。有理由认为，在反义词的情况下，重新分配音律突出角色的背后是某种共同的规则（即反义词意义中都有否定成分）。

2.4 语用条件和语言外条件

现在来分析词位 висеть 1.2. 这个词位的注释如下："处于纵向表面 X 的位置上，固定在 X 表面并与其毗邻，但在其下方没有任何支撑点"。在下列句子中表现出的就是这一词位的意义：В прихожей раньше висело зеркало. На стене висит картина〈ковер, карта, небольшой посудный шкафчик〉. На груди у него висели ордена и медали.

对我们而言，重要的是词位 висеть 1.2 的另一个使用范围，即它表示物体 A 借助于黏性物质，把黏性物质涂在物体 A 的整个表面，使其固定在另一物体 B 的表面。这种情景通常用 наклеить 的被动形式来描写，但也可以用动词 висеть 来表示，在这种情况下，висеть 成了 быть наклеен(ным)形式的同义词。试比较：На₁ стену наклеен лист бумаги — На стене висит лист бумаги. 当被粘贴的物体被看做是信息载体时选用第二个动词，在其余的所有情况下都可以用第一个动词。

所表述的这一规则不是语义规则。问题在于：物体的这种使用方法在具体的情景中可能与该词的原始功能相矛盾。为了正确使用动词 висеть，仅仅知道它的词典注释和表示被粘贴物体的名词的词典注释是不够的。必须要掌握相关的语言外信息，了解该物体用于当前情景的意图。

譬如，用于其直接用途的宣传画或门捷列夫化学元素表，即便是整个都贴在墙上，也得用动词 висеть，说"挂在墙上"。而如果说一张同等尺寸的干净的绘图纸，也是以同样的方式贴在墙上，但用途不清楚，最好用动词 наклеен，说"纸贴在墙上"。

但是，如果我们知道，在我们观察的情景中，宣传画或门捷列夫化学元素表被当作壁纸用，我们只能说它们被贴在墙上；另一方面，如果一张白纸贴在墙上是为了登记什么用的，则可以说纸挂在墙上。

词之上,则动词 хотеть 所处的述位位置对纯粹愿望的意义而言是典型的。试比较:↑Хотите выпить чего-нибудь? Я↓ ↓хочу поехать в Москву. Больше я не хочу лгать. — Я↓ не хочу, чтобы у него навсегда осталось в памяти, что я убежала от него ночью(М. Булгаков, Мастер и Маргарита).

对意向的意义而言(不仅在使用 хотеть 时,而且在其他情况下也如此),典型的位置是主位和无句子重音。有利于表示动词 хотеть 的意向意义的词汇—语义条件包括:(1)体力行为动词的完成体形式的语境:Я хочу по дороге заехать в институт. Лара хотела убить человека, по Пашиным понятиям, безразличного ей (Б. Пастернак, Доктор Живаго);(2)由表示拒绝几乎已经采取的行为的语气词 уже 和 было 构成的语境:Он хотел было 〈уже хотел〉 выключить рацию, но передумал;(3)表示事件连续性的句法结构中有类似 теперь, как раз, только что, перед этим, после этого, потом 这些时间词汇和表述的语境:Я только что хотел сообщить вам, что собрание отменяется. Я как раз хотела попросить тебя объяснить мне квадратные уравнения (Б. Пастернак, Доктор Живаго). Кое-какие материалы я уже собрал и теперь хочу поехать в Москву. Я хочу поработать в архивах, побывать на местах событий и поговорить с их участниками. Хотели петь — и не смогли,/ Хотели встать — дугой пошли / Через окно на двор горбатый (О. Мандельштам, Сегодня ночью, не солгу). 不难看出,在所列举的语境中,动词 хотеть 确实具有意愿意义并且没有句子重音。

再分析一个例子——同义词 привыкнуть 和 повадиться 的情况。

比较句子 Я привык вставать↓ рано(一般的句子重音位于最后一个词)和 Я ↓привык вставать рано(主要句子重音位于动词 привык 上)。第一个句子具有告知我的习惯的一般性通报功能,没有对所面临的困难或对已经形成的早起事实的解释做任何暗示。带有述位 привыкнуть 的第二个句子具有更丰富的言效功能。这种句子可以把引用过去早起的经验来作为证明,"当前情景对我而言并不困难"(起安慰对方的功效);另一方面,这个句子还可以用来解释:为什么在这么早的时间我就有如此精神抖擞的状态。

Привыкнуть 的同义词——动词 повадиться 在中性条件下不能承载主要句子重音,因此不能处在述位位置。这一点与其非常典型的结构性能相关:与大多数主位动词一样,包括与所有的存在动词一样,该动词可以处在名词性主语的

2.5 中和化

虽然同义词之间差异的中和化及随后的相互替换并不是同义词必须的性能,但在我们的词典中还是对这种情况做了认真考量。特别是对中和化的共同语境和共同情景条件的表述给予特别关注。

动词 жаловаться 与非常近似的同义词 сетовать 的差别在于:жаловаться 通常指对主体生活标准的具体的、原则上是可以纠正的偏离。一个人在抱怨时,通常是向状况好于他的人讲述他自己的不如意。他想通过自己的讲述引起其他人对这一事实的注意,指望自己的通报唤起他们的同情,或者使他们来帮助自己,或(很少)是为了给自己的情绪一个宣泄的出口。譬如:Как-то раз проснулся он, и было ему совсем худо. Пожаловался: — Колотит всего. Я дал ему рубль (С. Довлатов, Заповедник). Ромашов лег на спину и начал стонать и жаловаться на сильные боли (В. Каверин, Два капитана). (Саша Семенов) жаловался на монотонность своего существования — обычно сильно выпив и говоря об этом почти плачущим голосом (Г. Газданов, Ночные дороги). (Инженер) жаловался, что она (жена) втравила его в это дело, она же и отреклась от него сразу после ареста (Ю. Даниэль, Из неоконченной книги).

但是,与 жаловаться 非常相近的同义词 сетовать 的意义范围要窄得多。通常抱怨的是,使主体的正常活动遇到困难或使他忧伤的事态。这种情况下通常认为,没有理由指望能使这一状况变好。譬如:Он (по)сетовал на то, что злое начало в человеке чересчур сильно. 但不能说 * Он (по)жаловался на то, что злое начало в человеке чересчур сильно. 再如:Сестра сетовала на бисерность моего почерка (干脆不指望我能改变字迹)— В каждом письме сестра жаловалась, что ей трудно разбирать мой почерк(更期望我的字迹会更清晰可认)。说这句话的动因与其说是对现实利益的期待,不如说是希望谈话对方的理解,例如:Александр Викторович сетует на то, что милиция нынче дорого берет (Столица. 1992. No. 29). Мы нередко сетуем, что наши лидеры недостаточно цивилизованно ведут себя на международной арене(Известия. 19.11.92).

由于世界不可能改造而引起的最普通的情感是遗憾或伤感,这种情感通常伴随有抱怨一并存在,所以 сетовать 可以抱怨那些自己本身不是非常成功的行为。在这种情况下 сетовать 与动词 сокрушаться(伤心,难过)很相近。譬如:

Экс-чемпион особенно сетовал на свой грубейший промах в 11-й встрече (А. Суэтин, Столь долгое единоборство). 同义词 жаловаться 不能用于这一语境。

在许多情况下，同义词 жаловаться 和 сетовать 虽然不能完全消除差异，但还是十分相近的。这种情况主要发生在带有徒劳和毫无意义地抱怨的意思的情态结构中，以及当话语涉及主体的身体或器官偏离常规的语境：Чего попусту жаловаться ⟨сетовать⟩? Он по временам держался за сердце, был бледен, жаловался ⟨сетовал⟩ на донимающую его болезнь.

在本节的结尾我们再分析一下同义词 дожидаться 和 ждать 之间差异中和化的条件。在这一对动词中，动词 дожидаться 具有更多的语义特色。它表示在某一定地点耐心地、饶有兴致地、可能是长时间地等待某一事件的出现，通常这一事件会得到所需结果：Наконец мы дожидались объективного обсуждения экологических проблем. — Одиннадцать! И ровно час, как я дожидаюсь вашего пробуждения (М. Булгаков, Мастер и Маргарита). А Сергей Лемешев, самый знаменитый тенор России, радовался, как ребенок, что хоть на закате своей карьеры дожидался возможности, успел записаться в своей любимой партии Ленского (Г. Вишневская, Галина).

当话语是指一次性地在某一特定地点等待特定事件发生的语境时，上述这些特性的大部分在使用未完成体形式时消失，此时对等待过程、事件本身不做任何说明。在这一条件下，дожидаться 最大限度地接近该同义词列的主导词 ждать，如果排除修辞上的差异，这两个词可以相互替换：В холле просители дожидались ⟨ждали⟩ начала приема.

2.6 注解

意义区域的结束部分是一个随意的注解分区，在这个分区中探讨下列三个问题：(1) 由于某种原因没有被纳入该词列的同义词问题（最常见的是由于其边缘性，即陈旧性、非标准性等原因，词位没有被纳入词列）；(2) 进入该词列的词汇的其他意义问题，这些意义与该词列中所研究的意义相类似；(3) 关于那些其意义与该词列所研究意义类似的其他词汇问题。举例说明。

在 думать — считать, полагать, находить, рассматривать 等这一词列中有下列注解。

注解 1 在 19 世纪和 20 世纪初，现在已经陈旧了的动词 почитать 2，мыслить 1.3，和 мнить 都是 считать 的同义词：Те, которые почитают себя здешними аристократами, примкнулись к ней (М. Ю. Лермонтов, Герой нашего времени); Открыть им (антропософам) глаза на Россию почитал он (Белый) своею миссией, а себя — послом от России к антропософии (В. Ходасевич, Андрей Белый). Но такой способ (спасения утопающего) по отношению к даме Степан Андреевич справедливо почитал грубым и неприличным (С. Заяицкий, Судьбе загадка). Сам же Бунин чудовищем себя не мнил, твердо помня свою литературную родословную, целиком русскую и классическую (З. Шаховская, В поисках Набокова). Не то, что мните вы, природа, / Не слепок, не бездушный лик (Ф. И. Тютчев); Может быть, только мнила она (М. Цветаева) себя безразличной к времени и пространству, к равнодушию среды... (В. Андреева, Эхо прошедшего).

在现代俗语和俚语中,在表示评价意义时还把词位 держать 3.2 用作 считать 的同义词——主要用于类似 держать кого-л. за дурака 〈за полного идиота〉这样的词组中,例如: Я в точности понимаю, за кого их и нас держат. Не за подростков — за идиотов. За ДЕБИЛОВ. Которые в купле-продаже еще что-то секут, но в высоких материях — ничего (Столица. 1992. № 3).

注解 2 动词 думать 中有与所研究意义相近的俗语意义"怀疑,认为在某事中有错",主要体现在 думать на кого-л. 这样的结构中: — Неужто ты до сих пор не знал, кто на тебя донес? — Нет, я все на брата думал.

注解 3 表示心智活动的动词 понимать, решать, принимать 等具有许多与所分析的意义类似的意义。譬如: А. Солженицын словно не допускает, что те, кто понимает судьбы отечества и задачи литературы иначе, чем он, могут быть хоть сколько-нибудь правы, хоть сколько-нибудь достойны уважения (В. Воздвиженский, Прогулки с Шафаревичем и без). С чего это вы решили, что я на ней женюсь? Они принимают меня не за того, кто я есть (А. Кабаков, Самозванец).

在 жаловаться — сетовать, роптать, плакаться, ныть, скулить 和 хныкать 这一词列中有下列注解。

注解 1 在 19 世纪和 20 世纪初的语言中,在所分析的这一词列中还包括动词 пенять; 譬如,陈旧的用法: С своей стороны он на помещение не жаловался, а только пенял на еду (М. Е. Салтыков-Щедрин, ССИН). Они пеняли на свою судьбу и говорили, что вот три ночи подряд кабаны травят пашни и огороды(В. К. Арсеньев, ССИН). 在现代语言中，пенять 这个动词主要用命令式形式[常用于成语 пеняй(те) на себя]或意义相当于命令式的情态结构，表示"应该认为有过失的人是 X，而且只能是 X"。试比较：Если слова своего не сдержит, пусть на себя пеняет! Нечего на зеркало пенять, коли рожа крива (посл.). Собственно, решаете свою судьбу вы: послушаете наркома — вы спасены, не послушаете — пеняйте на себя! (А. Авторханов, Мемуары). "Расскажи, с какой целью агитируешь население? — Скажешь — простим. Нет — пеняй на себя" (Ю. Домбровский, Хранитель древностей).

注解 2 动词 жаловаться 有特殊的医学用法，与所分析的意义相近似的用法"向医生讲述可能生病的症候"，例如：Он 〈доктор〉 меня выслушивал, вздыхал и затем спросил: — На что вы жалуетесь? — Ни на что, ответил я (Г. Газданов, Ночные дороги). 可以借助于 жаловаться 的替换词 беспокоить 来改造这个句子：На что вы жалуетесь = Что вас беспокоит?

此外，жаловаться 还有与上述的意义近似的意义"向被赋予责任的人讲述主体不希望的第三者的行为，想让听者主持公道"：жаловаться в дирекцию на самоуправство главного инженера；жаловаться начальнику аэропорта на плохое обслуживание；(Ленский) жаловался моей матери, что мы с братом — иностранцы, барчуки и снобы, и патологически равнодушны к Гончарову, Григоровичу, Мамину-Сибиряку... (В. Набоков, Другие берега). 在 жаловаться (кому-л.) на что-л. 这一结构中，如果主位的配价是由具有行为意义的词汇充填的，则动词意义取决于对受话人配价的解释。例如：Учительница жаловалась на поведение новичка 这个句子，如果听话人是同事，动词是 жаловаться 1 的意义；如果听话人是校长，学生家长等，动词是 жаловаться 2 的意义。类似的非单一性在实际的篇章中也会出现。譬如：Правда, находились и завистники, которые жаловались, что гениальные эксперименты великого человека никто не может повторить. Жалобщикам вполне резонно отвечали, что эксперименты потому-то и гениальные, что их никто не может повторить (Ф. Искандер, Созвездие Козлотура).

动词 ныть, хныкать 和少数情况下的 скулить, 特别是在直接引语的语境中不仅可以表示抱怨，还可以表示其他言语行为，譬如请求："Купи мороженое, купи мороженое" — ныл⟨хныкал⟩мальчик. 动词 хныкать 的"抱怨"意义很难与"哭"的意义分离开，例如：Разве женщина умеет любить...？В любви она умеет только хныкать и распускать нюни!（А. П. Чехов，БАС）. 在这个句子中两种理解都是可能的。

注解3 当动词 пенять 用于 ≈ попенять（完成体）的形式时，具有类似的意义："以较轻缓的形式向某人表示对其行为或品行的不满"。譬如：Зиночка попеняла ему за то, что он оставил ее одну（Б. Полевой，Повесть о настоящем человеке）.

3. 形式区域

同义词彼此之间的相互区别可能会表现在形式（法位）组合不同，同一个形式中的语法意义组合不同，某一形式的语义、语用、修辞、结构、搭配特殊化不同等方面，最后的区别是，该形式是该词位特有的形式还是非特有的形式。同义词的所有这些特性都将在形式区域描写。下面我们来阐述其中的一部分。

3.1 语法形式的组合差异

对于动词来讲，就是（按减少的概率）体、式、表征（人称形式、不定式、副动词、形动词）、态、时间、人称、数的形式的组合上的差异，名词性同义词通常在数的形式上相互不同，形容词在短尾形式和比较级形式上不同，副词在比较级形式上不同。

在 ждать — ожидать, дожидаться 等这一词列中有三个同义词是有两种体的形式的（дожидаться — дождаться, выжидать — выждать, пережидать — переждать）；有三个同义词只有未完成体形式（ждать, ожидать, поджидать）；有三个同义词只有完成体形式（подождать, обождать, прождать）.

由于 хотеть — желать, жаждать, мечтать 这一词列的同义词表示的不是行为，而是状态，因此事实上在确定句中没有命令式形式。命令式形式不能用于 хотеть 和 жаждать，而用于 желать 和 мечтать 时也显得不正常。但对于后两个同义词来说，否定的命令式是可以的：Не желай другому того, чего не хочешь, чтобы сделали тебе. Ни о каких квартирах в Москве не мечтай.

除了 жаждать 外，这一词列中所有的同义词的一个共性特点是可以用假定式：Я бы хотел выслушать и другую сторону. — Кто желал бы выступить? — Любая женщина в мире, могу вас уверить, мечтала бы об этом... (М. Булгаков, Мастер и Маргарита).

与同义词 рекомендовать 不同，动词 советовать 不能用被动态，试比较：Не рекомендуется включать систему сигнализации без надобности. 但不能说：*Не советуется включать систему сигнализации без надобности.

动词 жаждать 没有副动词形式，而且该动词聚合体的这一缺陷是不可补偿的（关于聚合体缺陷补偿问题见 3.4 节）。另一方面，该词的形动词形式的使用程度比该同义词列的任何一个词都高，譬如：жестокие мальчишки, жаждущие кровавых игр; полаявшись с соседом, жаждущим утренней опохмелки (Г. Вишневская, Галина). К десяти часам утра очередь жаждущих билетов до того вспухла, что о ней дошли слухи до милиции(М. Булгаков, Мастер и Маргарита).

3.2 同一个形式的不同语法意义的组合差异

如上所述，除了形式或法位组合上的差异外，同义词还可能在同一形式上有各自不同的语法意义组合。

在 видеть — замечать, видать, лицезреть, зреть 这一同义词列中，动词 видать 与该词列主要词汇的差异是，它通常表示已经结束了的视觉观感行为。由于该词词汇意义的结果性，видать 经常用于过去时，表示一般事实结果意义或多次重复行为意义：Ужель ты не видал, / Сколь часто гром огнекрылатый / Разит чело высоких скал? (Ф. И. Тютчев, На новый 1816 год). Спиридон, по-разному наклоняя ее (фотографию) к свету окна, стал водить мимо левого глаза, как бы рассматривая по частям. — Не, — облегченно вздохнул он, не видал(А. Солженицын, В круге первом). 未完成体的现实—时间长度意义和过程意义对 видать 来说不典型：?Мы долго видали парус на горизонте 要比 Мы долго видели парус на горизонте 逊色很多。

进入该词列的动词 замечать 表示瞬间行为意义，因此完全排除使用未完成体形式来表示现实—时间长度意义和过程意义的可能性。

3.3 形式的语义特殊性、结构特殊性、句法特殊性、修辞特殊性和其他特殊性

某些同义词可以在许多语法形式上获得语义、语用、修辞、结构、搭配和其他一些特殊性能，这些特殊性能是这些同义词在那些代表性形式中所不具有的，这

些词是根据代表性形式被划入该词列的。

在 думать — считать, полагать, находить, рассматривать, смотреть, усматривать, видеть 这一词列中,只有 рассматривать 和 смотреть 可以完全自由地用于命令式,而且完全保留自己的意义。譬如：Рассматривай это как свое первое серьезное поручение. Смотри на это как на свое первое серьезное поручение. 同义词 думать 和 считать 形式上允许用于命令式(думать 主要用于成语 думай что хочешь),但此时很容易改变其意义。Думай что хочешь ≈ "你爱怎么想就怎么想；至于你想的什么对我无所谓"。Считай, что тебе повезло ⟨что мы договорились⟩ = "虽然我(讲话人)有一些附加条件,你可以认为你很走运(我们已经谈妥了)"。试比较：Если угодно, считайте это пропагандой в пользу венецианских лавок, чьи дела идут оживленнее при низких температурах (И. Бродский, Fondamenta degli incurabili).

动词 считать 的命令式还可以用于插入语功能,在这种情况下表示"可以认为"的意思,在修辞上是俗语色彩：Трофим, считай, всю жизнь прожил тут, а не знает, где кончается эта топь (В. Тендряков, МАС).

该动词的完成体形式 счесть 在表现意志参与思维活动这一特征上明显不同于其他同义词的完成体形式。试比较：Прокурор счел, что собранных улик достаточно для предъявления обвинения = "检察官决定在已有罪证的基础上定罪"；Прокурор подумал, что собранных улик достаточно = "检察官产生了一个念头：也许定罪的依据还不够充分"。再如：Войдя в конфликт с советской властью, этот чистейший, кристальной душевной чистоты человек (А. Д. Сахаров) счел нужным вернуть государству заработанные им 150 тысяч рублей — сбережения всей жизни! (Г. Вишневская, Галина).

用于言语行为意义的同义词 советовать — рекомендовать, 除了用于言语行为句的典型形式：第一人称未完成体现在时陈述式之外,还允许一些不太典型的形式：(1) 假定式,譬如：Я советовал бы тебе, игемон, оставить на время дворец и погулять где-нибудь в окрестностях (М. Булгаков, Мастер и Маргарита). Словом, я бы тебе посоветовал взять все это дело на себя, провести самому все следствие, всем показать, что ты настоящий рыцарь революции (В. Аксенов, Московская сага). — И как штурман я рекомендовал бы вам еще раз прочитать инструкции о порядке разгрузки (А. и Б. Стругацкие,

Далекая Радуга);(2) 第一人称完成体将来时的陈述式,譬如：Посоветую вам проверить эти данные. Порекомендую вам на ужин язык в желе и салат;(3) 动词 рекомендовать 的言语行为意义还可以用于被动态,譬如：До включения прибора рекомендуется проверить систему сигнализации;(4) 动词不定式,譬如：рекомендовать членам профсоюза воздержаться от участия в забостовке. 在这种情况下,"建议"获得了某种程度上必须执行的"指示"的功能。

动词 хотеть 的过去时(假定式的意义)具有一个有趣的语用特性：在疑问句中,该动词形式可以用于对客户、请求者等的固定呼语的成分,这时它获得俗语或市侩语体的特点：Чего〈что〉вы хотели?

与 ждать 相比,动词 дожидаться 未完成体形式的修辞特殊性是很典型的。在现代语言中(与 19 世纪和 20 世纪上半叶相比) дожидаться 被该词列主导词排挤到了日常话语的范围,但是在完成体形式中 ждать 仍无法与其竞争,这个动词仍保持修辞上的中性特点,试比较：低俗语体——Что это за люди? — Вас дожидаются; 中性语体——Наконец, всех пригласили к столу. Редактор дождался полной тишины и сказал(С. Довлатов, Компромиссы).

也许是由于相似的原因,同样的修辞特殊性在动词 видать 上也显现出来。与其最相近的同义词 видеть 不同,未完成体形式的 видать 是一个日常口语词汇,而完成体形式是一个修辞色彩中性的词汇：Иван увидал, что у него совсем молодые, веселые, озорные глаза.

动词 смотреть 在表示"认为"意义时,其完成体形式同时受到词法、句法、和词汇搭配关系方面的限制。通常只能用于将来时的疑问句或"怀疑"句中,当思考的对象是整个情景时,主要与副词 как, плохо, хорошо 搭配：Как он посмотрит на отсрочку защиты диссертации? Боюсь, он плохо на это посмотрит. 而像 ?Он плохо посмотрел на отсрочку защиты диссертации 这样的句子就不太正常。位于同一词列的同义词 думать 在类似的词组中完成体形式不是用来评价情景,而是评价客体,通常是评价人,譬如：Он может плохо о вас подумать.

在 ждать 1 词列中,动词 дожидаться 未完成体副动词形式在否定语境中有一个有趣的特性：не дожидаясь 的组合更倾向于变成一个前置词 до 的意义：уехали, не дожидаясь звонка; Он встал, не дожидаясь ответа. 在相同的条件下,其他同义词和动词 дожидаться 的完成体形式一样,都完全保留自己的普通意义,譬如：Он встал, не ожидая ответа(否定的是等待的过程); Раненых вывезли на машинах, не дождавшись санитарного поезда(否定等待已经达到了预期结果)。无论是其他词汇(смотря，глядя，невзирая〈несмотря〉на 等)的材料，还是(не)дожидаясь 组合逐渐消除了副动词的基本性能——要求副动词行为主体与主要句子的主语是同一表征这一事实，都证实了未完成体的(не)дожидаясь 形式向前置词方向有更多的偏移。试比较有争议的句子：？Раненые были вывезены, не дожидаясь команды. 和在标准语规范中完全不可能的句子：＊Раненые были вывезены, не дождавшись каманды. 关于这一过程的详细描述见［Ицкович 1982：131-132］。

3.4 自己的固有形式和非固有形式

除了进入语言体系中语法聚合体的词位的固有形式，有时还要考虑从其相近同义词的习惯用法中借用的所谓非固有形式。例如，动词 мести(пол) 和 бежать(指牛奶、汤等)在语言体系中语法上是有缺陷的。这几个动词没有完成体形式。如果习惯用法上出现了必须要表现需要的语法意义时，缺失的形式会很容易从与其同义的动词 подметать 和 убегать 中借用。譬如：— Что ты делаешь? — Мету пол. — Когда подметешь, вымой посуду. — У тебя молоко не бежит? — Уже убежало. 同样的情形也出现在名词领域——名词 мечта 没有复数二格形式，要靠从它的同义词 мечтание 借用来的形式 мечтаний 来填充。

动词 ждать 与该词列中大多数同义词不同，它没有副动词形式。在必须使用这一形式时，用 ожидать 或 дожидаться 代替 ждать：Ожидая〈дожидаясь〉его звонка, Варя бесцельно бродила по комнате.

在标准语中，动词 хотеть 没有现在时形动词和现在时副动词形式。因此在必须表示相应意义时使用非固有形式——желающий 和 желая 表示①。

---

① 在动词 хотеть 和 желать 的聚合体中区分人称和非人称形式在其他方面也很重要。Хотеть 的人称形式很强，而非人称形式实际上不存在，不定式和过去时形动词(хотевший)除外，它的地位比较弱还在于，它没有派生的名词和形容词。动词 желать 相反，非人称形式 желая，желающий，желавший 等很强。它们在修辞上呈中性，而人称形式 желаю，желаете，желал 等在修辞上是明显有标记的，也就是说是比较弱的。Желать 的强势地位还在于，由它构成了像 желание，желательный 这样重要的派生词，名词化了的形动词 желающий（Желающих участвовать в экскурсии просят собраться у входа）。因此，可以对现代俄语中一个流行的趋势做出一个谨慎假设：表示期望的两个主要动词倾向于融合成一个动词，即由 хотеть 的人称形式和 желать 的非人称形式构成的在修辞上同质异形的聚合体。没有弄清楚的问题是在这一聚合体中如何体现不定式。

4. 结构区域

在这一区域中描写同义词列元素特有的句法结构组合上的差异。更准确地说，这里指的是同义词支配上的差异，特别是句法功能上和句子类型上的差异，词序和其他句法性能上的差异。

在这一区域中，除了描写上述类型的结构差异外，还试图回答这样一个问题：结构能否像形式一样，形成同义词的语义、语用、修辞、搭配和其他方面的特殊性。

4.1 支配上的差异

以 думать — считать 同义词列为例来分析。

对动词 думать 而言，典型的特点是支配由连接词 что 引导的整个句子。带有评价副词 хорошо 和 плохо 的鉴定性结构是它的特色：Он стал хорошо 〈плохо, лучше, хуже〉 о вас думать.

同义词 считать, полагать 和 находить 的句法性能就更多样性些。与动词 думать 一样，这些词也能支配由连接词 что 引导的确认性从句；另一方面，这些动词可以用于像 считать кого-что-л. каким-л. 这样的鉴定性结构，而且动词 полагать 在这种结构中还获得了过多的书面语色彩：Раньше президент не считал возможным говорить об этом открыто. Что касается ирано-иракского конфликта, то Египет полагает необходимым немедленно прекратить военные действия и перейти к его мирному урегулированию (Правда. 12.06.84). Кстати, писал я, если кое-кого случайно встретишь на улице, можешь сообщить об этом, разумеется, если найдешь уместным (Ф. Искандер, Созвездие Козлотура).

对这三个同义词来说，当第四格的位置上出现动词不定式或整个从句时就可能发生这种结构的变体（条件是在第五格的位置使用类似 нужный, правильный, сомнительный, возможный, ясный 之类的形容词）：Директор полагал 〈не считал, не находил〉 нужным проверить эти сведения. Я считаю в высшей степени сомнительным, что он согласится на это предложение. 对于同义词 считать 来说，当第五格的位置上出现类似 честь, удача, радость, ошибка 和其他名词时，这一结构的变体是可能的：Я считаю для себя большой честью разговаривать с вами〈большой удачей, что я встретил вас здесь〉.

该词列中第二组同义词 рассматривать, смотреть, усматривать 和 видеть 的结构可能性要少很多。这些词都有唯一或几乎唯一的固定结构。对 рассматривать 和 смотреть 来说,就是带连接词 как 或它的替代词的鉴定性三成分结构(рассматривать кого-что-л. как кого-что-л., смотреть на кого-что-л. как на кого-что-л.），而对 усматривать 和 видеть 来说,是前置词结构 усматривать〈видеть〉что-л. в ком-чем-л.

在这一区域中,除了描写纯粹的支配外,还描写两种类型的句法特性——词汇用于所谓的自足结构的能力和词汇支配若干典型状语的能力。

在用于自足结构时,词位通常很容易改变自己的词典意义,而且有很严格的形式。例如,动词 ждать 是同一词列的所有同义词中唯一一个有能力完全自由地用于自足结构的动词,它可以补充表示等待得很长时间,焦急,不满等(特别是第一人称现在时的形式)等意义。譬如：Я жду（用于谈话对方长时间没有回答我的问题时的情景）；Есть грозный судия, он ждет（М. Ю. Лермонтов, На смерть поэта). То ли дождь идет, то ли дева ждет. / Запрягай коней да поедем к ней（И. Бродский, Песня).

在 видеть — замечать, видать 这一词列中,这样的性能构成了词位 видеть 的句法特性。在自足结构中,这个动词通常会获得潜在意义：После этой операции ты снова будешь видеть.

这一词位比同一词列中其他同义词更自由地与某些用于典型的视觉观感情景的状语搭配。这些状语可以表示(1)观察者的位置(видеть что-л. с балкона〈из машины〉);(2)实现视觉观感的孔、洞或光学设备(видеть собравшихся гостей в полуоткрытую дверь〈через окно, сквозь замочную скважину〉, видеть в электронный микроскоп мельчайшие микроорганизмы);(3)负载观感客体的平面(видеть что-л. на снимке〈на портрете, на чертеже〉);(4)观感器官(видеть все собственными глазами).

4.2 句子句法类型上的差异

对词汇语义各种特性最敏感的是否定句、疑问句和"怀疑"句,以及各种类型的插入语结构。

在同义词列 привыкнуть, приучиться, втянуться, приохотиться, пристраститься, повадиться 中,没有一个同义词的未完成体形式能正常用于中

性的否定句。如：ʔЯ не привыкал〈не приучался〉работать со словарями. ??Я не втягивался в занятия музыкой 这类句子至少在意义上是很怪异的。

　　该词列中所有同义词的完成体形式中只有 привыкнуть 一词可以完全自由地用于上述结构：Я не привык разговаривать в таком тене. Он не привык работать со словарями. 此时，在许多情况下可能会改变否定作用的范围，譬如：Я не привык разговаривать в таком тоне ＝"我习惯不用这种语调讲话"＝"我习惯用别的语调讲话"。

　　对于其他同义词而言，由于有较多的语义特性，即便是完成体形式与中性的否定搭配在某种程度上也有困难或根本不可能。Приучиться 和 втянуться 可以在有加强语气词 еще，так 等的语境下用于否定句：Он так и не приучился работать со словарем. Он еще не втянулся в работу. 对于 приохотиться，特别是对于 пристраститься 来说，这种用法难以实现，而对于 повадиться 则不能用于任何否定结构。

　　当 видеть 表示"认为"意思时，带有连接词 чтобы 的否定句是很典型的：Не вижу, чтобы вам что-нибудь угрожало. 而同义词 полагать 完全不能用于否定句，譬如像 ＊ Президент не полагал, что эти сведения нужно проверить 是不正确的。

　　这一同义词列中的 думать，считать 和 полагать 可以用于不同类型的插入语结构：Вы, я думаю, забыли меня. Осетровые рыбы, считают знатоки, утратили свой былой вкус. Об этом, я полагаю, нужно спросить директора. Полагаю, наше сочинение движется к финалу (С. Довлатов, Компромиссы).

　　同义词 думать 和 полагать 可以用于带有情态词 надо 的插入语结构：Его семья, надо думать, приехала надолго. Удивленная Маргарита Николаевна повернулась и увидела на скамейке гражданина, который, очевидно, бесшумно подсел в то время, когда Маргарита загляделась на процессию и, надо полагать, в рассеянности вслух задала свой вопрос (М. Булгаков, Мастер и Маргарита). 而在带有情态词 надо 的上下文中应避免使用 считать：ʔЕго семья, надо считать, приехала надолго.

　　在口语中，插入语结构中的动词 думать 可以省略第一和第二人称主语形式而自由使用：Думаю, это решение еще не окончательное. А он, думаете 〈думаешь〉, согласится? 而对于 считать 和 полагать 来说，省略主语，特别是省

略第二人称主语,不是很典型。

所有的插入语结构对同义词 находить 来说都是困难的或不可能的。 * Об этом, я нахожу, надо спросить директора. * Его семья, надо находить, приехала надолго. * Нахожу, это решение еще не окончательное.

4.3　词序

对于 привыкнуть, приучиться, приохотиться 这一词列中的 повадиться 来说,前置于主语的用法是正常的: Повадились солдаты на рынок ходить. Повадились козы на огород. Повадился медведь на пасеку. 对其余的所有同义词来说,这样的词序都是带有修辞标记的。

对于像 виться, гореть, дуть, идти, стоять, течь 等这类词汇—函数动词来说,在与一些名词搭配时,这些动词只是词汇函数 $FUNC_0$,前置于名词—主语的用法是很典型的。如: В темноте вьется тропка. Горит свет. Дует ветер. Идет дождь. Стоят морозы. Текут ручьи. 动词的意义几乎只表示存在的意思。与语义上丰富得多的关键性名词相比,它们的意义信息含量很少。如果已知存在着 свет(光亮), дождь(雨), ветер(风), 或 ручей(小溪),则由此自然可以得出,需有 горит(闪烁), идет(下), дует(吹), течет(流) 与它们相对应。然而,反向推演却不一定成立: гореть(闪烁)的可以是 огонь(火), дуть(吹)可以是 из-под двери(从门底下), идти(下)的可以是 снег(雪), течь(流)可以是 река(河)等等。因此,整个句子传递的信息集中在句子的一个成分——名词上。所以名词放在句子的结尾——述位部分,也就是从交际角度来讲句子最重要的部分①。

显然,如果这样的动词有语义含量更多的同义词,这个同义词可以放在合法的动词位置——置于名词主语之后。这样,两个同义词之间在词序上构成对立关系。同义词 виться—вилять 在这种对立关系中很有趣。在这对动词中, вилять 可以正常地置于自己的主语之后,譬如: Тропа виляла между камней. Дорога виляла между холмов. 而在纯粹的存在名词后面是不可以的: * В темноте виляла дорога. 这是因为,与 виться 相比, вилять 的语义和语用含量更加丰富。正如在 2.2 节曾指出的那样, вилять 用来表示对类似 дорога 这样很长

---

① 这一规则是 В. Ю. Апресян 与作者共同研究,同时独立地在她的研究论文《关于具有自然过程意义动词的描写(以动词 светиться, меркнуть 和 светить 为例)》中阐述出来的。// Теоретическая лингвистика и лексикография: к формальному описанию лексики. М., 1995.

的空间客体的负面的实用性评价：讲话人或观察者发现，他行走的这条路在不太长的路段上有太多的转弯，这使他行走起来很困难。因此，вилять 的意义不仅在语义上比 виться 丰富，而且在语用上也重要得多。正因为如此，它总是被置于主语之后——在述位的位置上。

4.4 结构的语义特殊性、结构特殊性、句法特殊性、修辞特殊性和其他特殊性

在许多情况下，同义词的结构差异伴随有形式组合上的差异或搭配上的差异，以及语义上的特殊性。在这一方面，前面曾多次提及的 видеть、замечать 词列中的 видать 很有特点。

首先，它在未完成体和完成体（увидать）形式中的结构自由度不同。如上所述，未完成体具有的体—时特殊性在其人称形式中只有过去时，表示结果意义或多次性一般事实意义。这一点决定了一个事实：видать 倾向于经常使用在总体上便于实现一般事实意义的否定句和疑问句中（见 Гловинская 1982）：Я этого письма не видал. Ты не видал моего портфеля?

另一方面，它几乎不能与上述类型的补语和状语搭配。至于完成体 увидать，则没有这些明显的体—时特殊性，所以在结构自由度上与 видеть 几乎没有差别。而且这个词可以用于 видеть 的所有典型结构，除了插入语结构和自足性结构。此外，动词 видать 的不定式形式具有一些语义特性。这些特性在于：该动词不定式主要用于带有否定词 не 的固定结构中，表示视觉观感的不可能性：Такая темень, что ничего не видать.

在 ждать 这一词列中，主导词及其最相近的同义词 ожидать 在否定句中表现出语义特殊性。在大多数情况下，这两个同义词都获得了"推测"的意思：Он вас не ждал（你的到来有些意外）；Он не ожидал ореста（被捕对他来说有些意外）。在否定的语境中，纯等待意义或者要求主体的不确定性（Никто меня там не ждал〈не ожилал〉），或者否定的不是等待这一事实本身，而是动词支配的词组指出的某种伴随的状况（Он никогда не ждал〈не ожидал〉меня на условленном месте）；或者是一种反驳，而非纯否定意义（— Простите, что заставил вас ждать. — Я совсем не ждал вас, я сам только что вошел).

这一词列的所有同义词，пережидать 和 выжидать 除外，都可以支配表示等待对象意义的名词——人、交通工具、事件、某一时刻。这时，如果等待的对象是动物，同义词 ждать, дожидаться, ожидать 支配名词四格：ждать жену, ожидать делегацию, дожидаться жену（如：— Что ты здесь делаешь？ —

Дожидаюсь жену.);如果等待的对象是物体、行为、事件等,则通常支配名词二格形式:ждать поезда, ожидать восхода солнца (чтобы начать работу), дожидаться приезда гостей.

动词 ждать 在与事件、行为之类的名称搭配时,这两种形式都可以使用,但意义上是对立的:ждать + 四格表示,等待已知事件,也就是已经说过、承诺过或某种已确定的对象 (ждать письмо),而 ждать + 二格表示,等待的是相应类型中未知的、不确定的对象 (ждать письма)。在与表示人的名词搭配时,这种对立在保持四格形式的情况下也有可能。

5. 搭配区域

在这一区域中描写同义词在语义、词汇、词法、句法、交际、音律以及其他类型的搭配上的异同。如果词位 X 与注释中含有语义成分 'S' 的任何词位 Y 都可以搭配的话,我们把词位的这种性能叫做语义搭配特性(或对搭配的语义限制)。如果能与 X 搭配的词位 $Y_1, Y_2, \cdots, Y_n$ 只能以清单的形式提供,我们把这种性能叫做词汇搭配特性。如果词位 X 与具有词法、句法、音律或其他性能 F 的任何一个词位 Y 搭配,我们就叫做词位 X 的词法、句法、音律或其他搭配的特性。

可以提出至少两个划分搭配类型的依据:(1)从确定 X 和 Y 哪个是句法结构中的主要成分的角度看 X 和 Y 之间的句法关系;(2)配价的排序或内容,不同同义词的不同填充方式(如主体、客体、工具、途径等配价的搭配性)。

但是,根据上述依据进行严格划分实际上不但没有减轻反而加大了概述材料的难度。因此,在接下来的描写中我们利用词位 Y 的上述性能作为材料体系化的唯一依据。而且,在所得出的每一个分项下,我们尽可能全面地展现我们词典中反映出的关于同义词搭配的全部信息。

既然在许多情况下,区分同义词的搭配性在语义上的限制与词汇上的限制是不客观的,这些信息将在"词汇—语义搭配"项下来一起分析。将音律和交际对搭配的限制放在一起分析同样是合理的。

5.1 词汇—语义搭配

在 думать, считать, видеть, рассматривать 等这一同义词列中,同义词彼此之间在主体配价的搭配方面是有区别的。Считать, видеть 和 рассматривать 可以自由地与集体称名(国家,政府等)搭配作为某一评价的主体:Комисиия видит залог успеха в готовности всех стран региона к компромиссам. Республики считают, что следует искать политическое решение всех возникающих проблем. 对于其他同义词来说，这种搭配不是典型的。

动词 радоваться 的主体可以是人，也可以是其他高级动物，如：Собака радуется, увидев хозяина. 而表示情感的同义词 ликовать 和 торжествовать 的主体只能是人。

在 рисовать — зарисовывать, писать 和 малевать 这一词列中，重要的是客体配价上的差异。动词 зарисовывать 必须要求有一个在画家意识之外的真实的实物，画家试图尽可能准确地再现它。所以在动词 зарисовывать 的补语位置上出现画家活动的典型产品的名称时，得到的词组至少有些怪异：？Он зарисовывал картину ⟨портрет⟩. 这一词列中的其他所有同义词都可以表示纯粹的创作——凭着记忆描绘某些客体或者创造现实中没有任何原形的形象：нарисовать ⟨написать, намалевать⟩ большую картину ⟨чей-л. портрет⟩.

动词 рисовать 作为意义上最中性的一个词，在与画家活动产品的名称搭配时，具有宽泛的搭配可能。什么都可以 рисовать：静物画、图画、草图、浮雕、星号标记、图表、曲线图、箭头，甚至在沙子上画一个圆脸。在这一词列中，动词 писать 最具"绘画艺术"，它的目标就是创造艺术形象，因此要求类似 картина, портрет, эскиз, натюрморт 等这样的名词作其补语。而与 диаграмма, график, стрелка 这些名词自然是不搭配的。

在 считать кого-что-л. каким-л. 这类典型的鉴定性结构中，判断性动词 считать, полагать, находить 内容配价的填充各不相同。总的搭配限制是：在五格位置上应填充具有性能或情态意义的形容词，而不能用表示状态意义的形容词。可以说 Я считал его злым человеком. 不能说 *Я считал его рассерженным ⟨раздосадованным⟩. 这一点是判断性动词与感受性动词的区别，感受性动词在带有共述体性客体成分的结构中可以与状态的称名词搭配，譬如：Я не раз видел его рассерженным ⟨раздосадованным⟩.

在这种情况下，считать 和 находить 与形容词的两种语义类别搭配的自由度是一样的，而 полагать 主要与情态形容词 нужный, необходимый, обязательный 等搭配。譬如：Редакция считала ⟨полагала, не находила⟩ нужным поместить опровержение. 但只能说 Его считали ⟨находили⟩ хладнокровным и мужественным. 在文章中可能会遇到类似 ?Его полагали хладнокровным и мужественным. ?Неужели президент полагал демократические силы столь слабыми и беспомощными. 这样的搭配过分书面语或者偏离了现代标准。

从这个词列的同义词词汇搭配的重要性能中指出以下两点：（1）与副词 как，так，иначе 等搭配，表示思想或观点的内容：Я тоже так думаю ⟨полагаю⟩, а он считает иначе. Как вы смотрите на последние события в нашей стране? Как в США рассматривают образование СНГ? 在这些搭配中，находить 只能与 как 搭配（Как вы меня находите после санатория?），而对动词 усматривать 和 видеть 来说，这类搭配都不可能；（2）与表示真实意义的副词和副词短语 верно，правильно，справедливо 和非精确反义词 напрасно，зря 搭配：Вы верно ⟨правильно，справедливо⟩ считаете ⟨думаете，полагаете⟩, что худшее еще впереди. Вы совершенно справедливо рассматриваете его действия как должностное преступление. Он справедливо усматривал ⟨видел⟩ в этом покушение на свою свободу. Вы напрасно думаете ⟨считаете⟩, что либерализация цен может чему-то помочь. 对动词 находить 来说，这些搭配都是不可能的：* Вы верно ⟨правильно，справедливо，напрасно⟩ находите, что худшее еще впереди.

5.2 词法搭配

如在第 1 节中所述，动词 стоить 在其一个意义上是连接词 как только 的同义词，譬如：Как только он входил, все вставали — Стоило ему войти, как все вставали. 除了意义上不大的差异外，它们的主要不同表现在词法搭配上。как только 可以与从属句动词的任何体的形式搭配，譬如对上述例子的补充：Как только он вошел, все встали. 而 стоить 则要求支配动词不定式的完成体形式（见上例）。像 * Стоило ему входить, как все вставали 这样的句子是不正确的。

动词 привыкнуть 以及像 приучиться，повадиться，приохотиться，пристраститься 这样一些同义词表示某种常规性重复的、一般的、习惯性行为的情景。因此，在支配动词不定式的结构中，不定式通常用未完成体形式，表示习惯意义。单个的完成体不定式形式不能与这些动词搭配，因为它表示的仅是一个事件，而不是习惯性行为：不能说 * Я привык ⟨приучился⟩ встать рано. * Он приохотился ⟨пристрастился⟩ выпить кофе. * Лиса повадилась залезть в курятник. 但当支配一组并列的不定式时，其正确性又恢复了（特别是在第一个不定式前有停顿时），因为这样的组合可以有习惯性意义：Я привык встать пораньше, сделать себе завтрак, прочитать утреннюю газету и не спеша пойти на работу. Когда вы приучитесь — закончить эксперимент и тут же сделать запись в журнале? 但是，这样的结构主要适用于动词 привыкнуть 和 приучиться，而不适用于该词列的其他同义词。

5.3 音律搭配和交际搭配

现在来分析在 Что касается ↑↑Эйнштейна, то он относился к квантовой механике с осторожностью 这样用法中 что касается 这一语气词。众所周知，这一语气词把在句法上受其支配的自己右边的名词组标记为句子的对照性主位。而且，所引用的报道的意义在于，以怀疑的态度把爱因斯坦与那些很快接受量子力学的物理学家对立起来。

名词词组的上述交际功能在音律上也有标记：句子的逻辑重音落在这一词组上。

语气词 что касается 的这一特性可以描写为是它的交际搭配和音律搭配性能：名词词组是语气词的义段语境，它承载逻辑重音并完成对照性主位的功能。

可以把语气词 что касается 与其同义代词 сам 1 做一个比较（当然，这种同义不是很准确的，因为 сам 1 的意义中有"人"的语义成分）。这个代词也有同样的交际搭配限制：代词所依赖的名词词组完成对照性主位的功能。但是 сам 1 在音律上与语气词 что касается 完全相反：代词本身承载逻辑重音，整个名词词组上没有句子重音。譬如：↑↑Сам Эйнштейн относился к квантовой механике с осторожностью.

Сам 一词还有一个词汇意义，如上述情况一样，在这个意义中，代词虽然具有同样的交际功能，但在音律上还是与同义词相反的。用 сам 2 来表示这个意义，并将其与表示"甚至像 X 这样的重要人物也做某某事"意义的副词 лично 做比较。代词 сам 2 将其右侧的名词词组标记为述位。主要句子重音正是在名词词组上：Сам↓ патриарх присутствовал на церемонии. 副词 лично 完成同样的交际功能，或者说，同样具有完全相同的交际搭配限制。但是，副词 лично 位于名词词组之后，自己承载主要句子重音，整个名词词组上没有句子重音。譬如：Патриарх↓ лично присутствовал на церемонии. 这样，这两个同义词的音律搭配性能表现出直接的对立。

5.4 搭配类型的语义特殊性

在搭配区域中,有一个与在 3.3 和 4.4 节中描写的形式和结构的语义特殊性现象平行的现象表现出重要意义。我们用判断性同义词 думать、считать、полагать 的材料来分析这种现象,以便能够引例说明上文提及的一种搭配类型,即作为句法结构中从属成分的 X 与作为它的主人的 Y 的搭配类型。

同义词 думать 和 считать 与阶段性动词 начинать(只能是未完成体形式,主要与第一人称代词连用或讲话人变成评价主体的视角)搭配,构成相对固定的表述:Я начинаю думать〈считать〉, что он не так прост, как кажется. 这样的句子表示的不是一种心智状态的简单开始,即不是某种看法的出现,而是某种新状况迫使讲话人做出的对以前的评价进行重新审视的一个已经发生的意志活动。这两个同义词与阶段动词 продолжать (Я продолжаю думать〈считать〉, что вы неправы)的搭配,描写的也不是某种心智状态的简单继续,而是讲话人基于现有的事实采取的,不受任何阻碍性局势影响的意志活动。譬如:Эта (российская) цивилизация считала (да и продолжает считать), что несет в себе некий свет и надежду для всего человечества, некий палладий, будь то православие, крестьянская община или марксизм-ленинизм (НГ, 28.11.91). 对于这一词列中的其他同义词来说,这种搭配不很典型(如:Я начинаю 〈продолжаю〉 усматривать в этом злой умысел),或者有难度(?? Я начинаю 〈продолжаю〉 полагать, что вы неправы),这些搭配对 находить 一词是不可能的。

这种整个词组意义的类似的转换还发生在这一词列的同义词与述谓词 склонен 组合的情况下。整体上说,склонен 表示主体准备在已有的许多选择中挑选出某一个行为,但还没有采取行动。譬如:Я склонен немного поработать 〈пойти в кино〉. 而 склонен 与判断性动词搭配时,表示的不是面临的,而是从若干可能性中已经选择出的某种理性立场:Я склонен считать 〈думать, полагать〉, что это — обычная халатность. Я склонен рассматривать это как проявление халатности, а не как акт саботажа 〈смотреть на это как на обычное проявление халатности〉. Я не склонен видеть 〈усматривать〉 в этом что-л. предосудительное. 在构成这一词列的所有同义词中,只有 находить 不具有这种性能。

还有一个由动词将来时构成的具有选择意义的结构也是 считать 很典型的

搭配：Будем считать, что сумма углов треугольника не равна 180 градусам. Будем считать, что этого не было〈что в этом никто не виноват〉. 在所有这些情况下，Будем считать 不是将来时形式，而是一种具有允许或请求意义的特殊结构。

对于 думать 的完成体形式来说，典型的搭配是词组 Можно подумать，这个词组表示的不是"有理由想一想"，而是"实际上不应该想"：Можно подумать, что вы не устали. 试比较由未完成体构成的同样的词组和正常的意义"有理由想"：Можно думать, что эксперименты закончатся успешно.

6. 例证区域

在我们的词典中，例证区域有两个主要功能。一方面，在这里汇聚的材料是研究的资料库和关于同义词不同性能的结论的依据。所以，每一个词列中的最常用同义词都有大量例句（有时达 10-12 个）：结论需要有大量的材料来证实；另一方面，这一区域完成纯实例分析功能，展示现代俄语中词位的现实语义及其他潜能。

例证区域由计算机语料库和作者卡索引支持。构建词典学语料的这一资料库的主要原则是依靠现代俄语的文本，即 20 世纪后半期的语言。从 19 世纪和 20 世纪前半期的经典中，特别是"白银时期"的文学中，通常只是抽取那些完全符合现代用法规则和可以推荐给读者作为范本来模仿的材料。这在很大程度上决定了词典来源的范围。这个范围不包括辞藻华丽的散文、试验性文本［譬如，不可能引用 Саши Соколова 的《Школа для дураков》（傻瓜学校）或《Между собакой и волком》（狗狼之间）这类很不自然的书籍］和具有特别强烈的语言个性化的文本。

最理想的例句是，被说明的词位于焦点中心，也就是上下文能保证"最大的清晰度"并揭示出其本质特性。这样的特性是纯直觉概念，只能用实例来解释。在句子 И хотя считается, что повторяется история уже не как трагедия, а как фарс, возможности возвысить фарс до трагедии в нашем обществе пока есть (Известия. 11.10.90) 中，位于焦点中心的词有：трагедия, фарс 和 возвысить；而其他词：история, возможность, общество, считается, повторяется 和 есть 等都位于焦点之外。这个例句可以很好地用于解释说明前三个词，而对后六个词

就不适用。

大量的引证取自于诗学文本。词汇在诗歌中的应用当然具有一系列的特殊性。其中最主要的特点在于,对诗歌而言典型的恰恰是有些偏离了原型的用法,在这样的用法中不是总能找到词汇的词典学意义。一个词经常在两个或多个意义之间游移,例如在下面例句中的动词 видеть：Я вижу из передней / В окно, как всякий год, / Своей поры последней / Отсроченный приход (Б. Пастернак, Ложная тревога). Вот мы и встали в крестах да в нашивках, / В снежном дыму. / Смотрим и видим, что вышла ошибка, — / и мы — ни к чему! (А. Галич, Ошибка). 在引自 Б. 帕斯捷尔纳克的例子中,受支配的形式 из передней, в окно 为将 видеть 理解为视觉动词创造了前提,而直接补语 отсроченный приход 把这个纯身体意义转向心智意义"想象"。在 А. 卡里奇的例句中,动词 смотреть 的语境给 видеть 的身体意义提供了一个背景,而命题补语给心智意义"明白"提供了一个背景。

7. 参考查询区域

参考查询区域主要有三个功能。

第一,指出在同义词列成分与其他词位类型之间尽可能多的语义联系。所得到的图景可以用空间隐喻很好地描写出来：可以通过不同的方法从该词列进入到整个俄语的语义空间,并可以在其中完成目的明确的旅行；

第二,在这一区域通常收集了这样的词汇材料(近义词、互换词、反义词、语义派生词),在对含有该同义词列成分的句子进行准确和不准确的迂回说改造的规则中,可以使用这些材料(见下文)。进而,查询区域至少提供了俄语迂喻手段和迂喻体系(就像在梅里丘克的"意义⇔文本"模式中定义的那样)的部分描写；

第三,查询区域指出了词典工作的近期前景。俄语同义词词典最终是应该完结的：其中涉及的所有词位早晚都要成为详细描写的对象。从这一角度来看,可以把查询区域看做是一些潜在的压缩的同义词列,当前的词典版本中,这些词列或者以一个未来词列的某些成分的清单形式(近义词和派生词区),或者以仅指出关键词的形式(互换词和反义词区)展现出来。

总体上来说,在查询区应该遵守严格的节省原则——仅限于通报那些与原始词列的材料只有一步之遥的"派生"语义信息。实际上,如果给该同义词列指出某一个近义词,就没有必要再逐一列举出该近义词的同义词和互换词。因为这些词应该安排在该近义词自己的词条中。这样的逻辑自然要用于那些在意义上与该同义词列的材料有某种联系的派生词和其他词汇的情况。

但是,在已发表的词典词条中,我们还是时常无法坚持严格的节省原则。这是因为,由于我们面临的工作量巨大,最近几年词典还不能完结。鉴于现在还不能提供给读者一个完整的产品,我们希望通过在查询区中对压缩式的词列做某些多余的描述来补偿词典中缺少展开的同义词列的情况。

下面我们简要地描述一下每一个查询区的内容。

7.1 成语性同义词

在现有的词典版本中,描写的对象绝大多数都是单个词位的同义词。只是在个别情况下(обещать / давать слово, годиться — (быть) годным 等)对这一规则作了例外,在词列成分中加入了固定短语或句法结构。

这不是一个战略原则,只是方便实用的配置材料的方法:当工作进展到更高阶段时,成语性同义词将广泛进入词典。

作为对此阶段的准备,在词典的目前版本中开设了成语性同义词区域。在这一区域中添加了与该同义词列某一成分同义的最常用的成语单位。譬如:Воображать: рисовать в воображении; Жаловаться: плакаться в жилетку (кому-л.); Ждать: считать дни, ждать не дождаться; Использовать: пускать в ход, пускать в дело; Надеяться: возлагать надежды; Обещать: давать обещание, связать себя словом, брать ⟨принимать⟩ (на себя) обязательство, давать зарок, кормить обещаниями, обещать ⟨сулить⟩ золотые ⟨златые⟩ горы, наобещать с три короба; Ругать: поминать недобрым словом.

7.2 近义词

根据现行的词典学传统,近义词是指与主导词同一词类的词,其意义虽然还没有相近到构成纯同义词的程度,但与该同义词列的总体意义有深度交叉。近义词常常包括关键词的上义词和下义词,但在大多数情况下,近义词与关键词的语义联系不那么紧密。

根据不同的意义成分可以产生不同的近义词词列。因此,近义词区域为从某一词列的有限空间进入到整个俄语词汇语义的太空打开了广阔的可能性。举例说明。

Воображать: грезить, мечтать; фантазировать; придумывать, вымышлять; рисовать 2.2; вспоминать; мыслить; думать 2.1.

Ждать: подождать 2, погодить; оттягивать, тянуть, медлить; ожидать 1, предполагать, думать 1.2; предвидеть; надеяться, полагаться, рассчитывать; встречать; хотеть; выбрать, улучить (к выжидать); (под)караулить (к поджидать).

Использовать: расходовать, тратить, потреблять; эксплуатировать 1; привлекать, подключать (К расследованию этого преступления были привлечены 〈подключены〉 лучшие специалисты); переходить на что-л. (Все женщины перешли на колготки); прилаживать, приспособлять; реализовать; практиковать 1 (практиковаь сдельную оплату работы); распоряжаться (Власть неспособна распорядиться хотя бы десятой долей ресурсов и возможностей страны на благо народа [НГ, 02.06.92]); выезжать на ком-чем-л.; манипулировать кем-л.; сыграть на чем-л.

Надеяться: ожидать 1; думать 3 (Вот уж никак не думала, что увижу вас здесь), 口语 чаять 3 (主要用于否定句, 譬如: Я уж не чаяла увидеть его живым); гадать 3 (Не думала, не гадала, что доведется встретиться); мечтать; радоваться; предвкушать; Дай Бог.

Обещать: заверять; давать подписку о чем-л. (о невыезде и т. п.); обнадеживать; поручаться 2; гарантировать, ручаться; обеспечивать; присягать; клясться 1; предсказывать; угрожать; зарекаться; заключать договор; браться (Он взялся перевести текст за неделю), подрядиться; предлагать; (с)держать слово.

Ругать: ругаться, браниться; одергивать; выговаривать, отчитывать, распекать, читать нотацию; упрекать, корить, укорять, журить, пенять; совестить, стыдить; срамить; ворчать, брюзжать; шпынять; разругать, разнести, распушить, пропесочить, расчихвостить; критиковать, громить, бичевать, прорабатывать; обвинять, уличать; осуждать, порицать; возмущаться; разоблачать, обличать, развенчивать; обзывать, обкладывать; лягать (В своей новой книге Дюамель лягает своих же учителей [О. Мандельштам, рец. на книгу Дюамеля]); оскорблять; бесчестить, ославлять, порочить, шельмовать; клясть, проклинать (Он клял на чем свет стоит бесталанную свою судьбу... [Б. Пастернак, Доктор Живаго]; Непонятно, за что мы клянем инквизицию [А. Солженицын, Архипелаг ГУЛАГ]); кричать 2 (на кого-л.), рычать; наказывать; преследовать, травить.

Хвастаться: рисоваться, щеголять, форсить, бравировать, козырять, выставлять напоказ, кокетничать(своей наивностью); позировать; красоваться; гордиться, кичиться, задаваться; привирать; фанфаронить; рекламировать; расписывать; блистать.

Чудиться: рисоваться; казаться 1; мечтаться; грезиться; чувствоваться; видеться, слышаться (Она (песенка) еще очень неспетая, / Она зелена, как трава, / Но слышится музыка светлая, / И ровно ложатся слова [Б. Окуджава, Песенка]); послышаться 2 (Послышалось, что кто-то идет;试比较一般事实意义的 Послышались 1 шаги); присниться; прибредиться (Мы — уже на пределе: прибредились вот краснопогонники [А. Солженицын, Архипелаг ГУЛАГ]).

7.3 精确的和非精确的互换式

众所周知,互换式是指可以描写同一情景的述语词,它们至少有两个同名的配价,这些配价是由不同题元填充的。譬如:Бутыль вмещает 10 литров — В бутыль входит 10 литров. Снег покрыл поля — Поля покрылись снегом. Вода заполнила бочку до краев — Бочка заполнилась водой до краев. Мы знаем немало случаев такого рода — Нам известно немало случаев такого рода. Я считаю ваши выводы вполне обоснованными — Ваши выводы представляются мне вполне обоснованными. Он занял у отца десять тысяч — Отец одолжил ему десять тысяч. Он передал мне документацию — Я получил от него документацию. Он снимал комнату в квартире своей тетки — Тетка сдавала ему комнату в своей квартире. Он заразил меня гриппом — Я заразился от него гриппом.

被亚里士多德发现的这种现象,早在几十年前就被引入到语言学的日常广泛应用中。目前已经开始对这种材料进行词典学开发。词汇互换对同义词词典的意义是显而易见的:它们是整个句子同义现象的主要来源之一。

精确的互换式和精确同义词一样,几乎是非常少的现象,在语言中更多体现出来的是非精确的互换式。譬如：Y заручился поддержкой ⟨согласием⟩ X-а ≈ X заверил Y-а в своей поддержке ⟨согласии⟩; Y взял с Х-а слово ⟨обещание⟩, что Р ≈ X обещал Y-у, что Р; Он использовал диван в качестве постели — Постелью ему служил диван; Отец меня отругал — Мне досталось ⟨влетело, попало⟩ от отца; Пылкая молодежь видела в мечтах возрожденную страну — Пылкой молодежи представлялась в мечтах возрожденная страна.

7.4 近义的互换式

这一概念的内容从术语本身的结构中就可以抽取出来。虽然有一点很容易理解，该区域完全是多余的。鉴于上述原因在已发表的词典词条中这一区域暂时还是获得了独立的地位。譬如：

Воображать: чудиться; мерещиться; всплывать; стоять перед глазами; стоять перед умственным ⟨мысленным⟩ взором.

Ждать 1: ждать 3, ожидать 3 (Что ждет меня?; Шхуну ждет неизбежная гибель; Его ожидала блестящая карьера; Тридцать лет назад я даже не представлял, какая жизнь ожидает меня впереди), предстоять.

Использовать: функционировать (Мы используем грузовой лифт в качестве пассажирского — Грузовой лифт функционирует (у нас) в каччтве пассажирского); предназначаться.

Чудиться: обманывать 2 (Ему чудилось ≈ Слух обманывал его).

7.5 精确和非精确反义词

对反义关系的注释可以引导到语义最简单的原形，构成反义关系的词位彼此间由否定或由"多一少"、"好一坏"这类的成分来区分对立。在精确反义现象中，差异只来源于这些成分；在非精确反义现象中可以补充其他不大的差异。譬如：соблюдать — нарушать(≈"不遵守"); присутствовать — отсутствовать(="不来"); высокий — низкий, быстро — медленно, возрастать — сокращаться ("增多一减少"); гордиться(="感受到愉悦的情绪，这种情绪通常在下列情况下出现：当一个人做了或拥有某种非常好的事情，当他认为由于这件事的出现，人们将会把他想得更好") — стыдиться(="感受到不愉悦的情绪，这种情绪通常在下列情况下出现：当一个人做了或拥有某种不好的事情，当他认为由于这件事的出现，人们会把他想得更坏"); надеяться(≈"感受到的一种情绪，当一个人期待着某件对他有益的事情出现时会感受到这种情绪")— бояться (≈"感受到的一种情绪，当一个人担心某件对他不利的事情出现或担心他不能够预防时会产生这种情绪");хвастаться (≈"主体认为由于他做了或拥有某种非常好的事情，人们会把他想得更好"，所以他说，是他做了这件事情)— скромничать ("主体认为由于这件事的出现，人们会把他想得更好，所以他说，他并没做或不拥有某件非常好的事情")。

因为反义意义中有很大的共同部分，所以反义词也可以用作句子迂喻手段，譬如：отсутствовать — не присутствовать, запрещать — не разрешать, всегда опаздывать — никогда не приходить вовремя, не использовать калькулятора при расчетах — обойтись без калькулятора при расчетах.

7.6 派生词

这一区域和近义词区域一样，形式十分自由。除了真正的派生词外，进入这一区域的还有一些词位，虽然从形式上看它们不是该词列中某一成员的派生词，但它们之间的语义关系有些像构词关系，并提供了这类迂喻用法的可能性。例如，在 ошибаться 词列中的派生词 ошибочно: Ошибочно думает интеллигенция, чтобы русское просвещение и русская культура могли быть построены на атеизме как духовном основании (С. Н. Булгаков, Героизм и подвижничество) — Интеллигенция ошибается, думая, что русское просвещение и русская культура могут быть построены на атеизме как духовном основании. 显然，从形式上看，副词 ошибочно 是形容词 ошибочный 的派生词，而形容词本身是从名词 ошибка 派生出来的。试比较下列各对词在形式上更远的关系：лечить — врач, оперировать — хирург, лечить — медикаменты, стрелять — оружие, воображать — мнимый 等，但这样的关系并不妨碍在原始词位和这些语义派生词之间产生迂喻关系，譬如：Кто вас лечил? ≈ Кто был вашим (лечащим) врачом?; Чем лечат от ангины? ≈ Какие медикаменты используют при ангине?; Из чего стрелял преступник? ≈ Каким оружием пользовался преступник? 等等。

语义（和形式）上派生的其他例子：

Воображать: образ, картина; фантазия; химера; фантом, мираж, иллюзия; галлюцинация; воображаемый 1, мысленный; воображаемый 2, мнимый.

Ждать: ожидание (от ожидать); выжидание, выжидательный, выжидательно (от выжидать); кунктатор (от выжидать); долгожданный; заждаться ("主体等待了某人很长时间并开始产生不耐烦情绪,当这人出现时,这种情绪达到了极限")。

Использовать: (ис)пользование, применение, употребление, эксплуатация, утилизация; пользователь; клиент; сырье; утиль; средство; орудие; функция.

Надеяться: надежда 1, надежда 2 (Он — моя последняя надежда); оптимизм; шанс; авось (见维诺格拉多夫的注释——"具有不太可靠的希望的细微意义" [Виноградов 1974:738])。

Обещать: обещание; обет; посулы; наобещать.

Хвастаться: хвастовство, похвальба, бахвальство; самовосхваление; нескромность; самореклама; хвастун, бахвал; хвастливый; расхвастаться, прихвастнуть.

Чудиться: обман зрения; мираж; галлюцинация, фантом; мнимый, воображаемый; примерещиться. 鉴于最后一个例子,应该注意到,同一些词位可以被看做是不同原始词的语义派生词,特别是当原始词处于精确或非精确互换式关系中(试比较 воображать 和 чудиться)。

特别值得注意的是带前缀的动词派生词,其中包括所谓的行为方式。譬如,在 копать — рыть 这一词列中的派生词: вкопать — врыть, докопать — дорыть, закопать — зарыть, накопать — нарыть, откопать — отрыть, перекопать — перерыть, подкопать — подрыть, прокопать — прорыть, раскопать — разрыть. 因为这里列举的构词类型是完全常规的(每一个前缀给动词 копать — рыть 的词汇语义添加的是同一种语义补充成分),因此,奠定了描写另外九个同义词列的基础。要想得到关于这些词列的清晰的概念,只要掌握俄语构词体系的基本知识和关于 копать — рыть 这一同义词列的信息就足够了。

7.7 索引

词典词条以索引结束,在索引中给出在研究该同义词列时考虑到的关于一个组别中的一个或几个同义词的理论著作①。

---

① 该研究得到俄罗斯人文科学基金资助。

参 考 文 献

Апресян 1990 — Апресян Ю. Д. Лексикографический портрет глогола ВЫЙТИ // Вопросы кибернетики. Язык логики и логика языка. М., 1990.

Апресян 1992 — Апресян Ю. Д. Лексикографические портреты (на примере глогола *быть*) // Научно-техническая информация. 1992. Сер. 2. N 3.

Апресян 1994 — Апресян Ю. Д. О языке толкований и семантических примитивах // Изв. РАН. Сер. лит. и яз. 1994. N 4.

Баранов и др. 1993 — Баранов А. Н., Плунгян В. А., Рахилина Е. В. Путеводитель по дискурсивным словам русского языка. М., 1993.

Виноградов 1974 — Виноградов В. В. Русский язык. Грамматическое учение о слове. М., 1974.

Гловинская 1982 — Гловинская М. Я. Семантические типы видового противопоставления русского глагола. М., 1982.

Ицкович 1982 — Ицкович В. А. Очерки синтаксической нормы. М., 1982.

Пастернак 1982 — Пастернак Б. Замечания к переводам из Шекспира // Б. Пастернак. Воздушные пути. М., 1982.

Маслов Ю. С.	马斯洛夫	Тимберлейк	基姆别尔列克
Мелиг Х. Р.	梅里克	Толстой	托尔斯泰
Мельчук И. А.	梅里丘克	Топоров	托波罗夫
Милле Дж. С.	米勒	Трира	特里尔
Николаева Т. М.	尼古拉耶娃	Трубецкой Н. С.	特鲁别茨科伊
Ожегов С. И.	奥热果夫	Ульман	乌里曼
Опалка Г.	奥帕尔卡	Уотли	沃特里
Остин Дж.	奥斯汀	Уорф	沃尔夫
Павлова А. В.	帕夫洛娃	Урысон Е. В.	乌雷松
Падучева Е. В.	帕杜切娃	Успенский В. А.	乌斯宾斯基
Палл Э.	帕尔	Ушаков Д. Н.	乌沙科夫
Пастернак Б.	帕斯捷尔纳克	Халлиг Р.	哈里克
Перцов Н. В.	彼尔佐夫	Хилл К.	希尔
Пешковский А. М.	彼什科夫斯基	Хлебников В.	赫列勃尼科夫
Пирс Ч.	皮尔斯	Холодович А. А.	霍洛多维奇
Плетнев П. А.	普列特涅夫	Чисхолм Р.	奇斯霍姆
Постал П.	波斯塔尔	Шайкевич	沙伊凯维奇
Причард	普利查德	Шеффлер Г.	谢夫勒
Рейхенбах Г.	莱辛巴赫	Шмелев А. Д.	什梅廖夫
Розенцвейг В. Ю.	罗杰茨威格	Штельцнер В.	施泰利茨涅尔
Санников	桑尼科夫	Щерба Л. В.	谢尔巴
Светозарова	斯维托扎罗娃	Эрих В.	艾里赫
Серезнев	谢列兹尼奥夫	Якобсон Р. О.	雅可布森
Спиноза	斯宾诺莎	Янус	亚努斯
Стамп	斯塔姆普	Webster	韦伯斯特
Солженицын	索尔仁尼琴	Barnhart	邦赫哈特
Сэпир	萨丕尔		

人名索引

Абаев В. И.	阿巴耶夫	Гумилев Н.	古米廖夫
Апресян В. Ю.	阿普列相	Дулевич И.	杜列维奇
Апресян Ю. Д.	阿普列相	Евгеньева А. П.	叶甫盖尼耶娃
Арутюнова Н. Д.	阿鲁玖诺娃	Есперсен О.	叶斯帕森
Ахматова Анна	阿赫玛托娃·安娜	Жолковский	若尔科夫斯基
Бабель	巴别利	Жуков В. П.	茹科夫
Баранов А. Н.	巴拉诺夫	Заболоцкий Н.	扎博洛茨基
Бартминский Е.	巴尔特明斯基	Зализняк А. А.	扎利兹尼亚克
Бенвенист Э.	本维尼斯特	Зощенко М.	左琴科
Богуславская О. Ю.	博古斯拉夫斯卡娅	Иванов	伊万诺夫
Богуславский И. М.	博古斯拉夫斯基	Иомдин Л. Л.	伊奥姆金
Бондарко А. В.	邦达尔科	Иорданская Л. Н.	约尔丹斯卡娅
Брызгунова Е. А.	勃雷兹古诺娃	Исаченко А. В.	伊萨琴科
Булгаков М.	布尔加科夫	Катц Дж.	卡茨
Булыгина Т. В.	布雷金娜	Карловская А.	卡尔洛芙斯卡娅
Бюлер К.	布勒	Карцевский С. Н.	卡尔采夫斯基
Вартбург В.	瓦尔特堡	Кобозева И. М.	科博泽娃
Вежбицка А.	维日彼茨卡	Комри Б.	考姆雷
Вендлер Дз.	万德勒	Кошмидер Э.	克什米德
Виноградов В. В.	维诺格拉多夫	Крылова Т.	克雷洛娃
Волконский С.	沃尔贡斯基	Кук У.	库克
Всеволодский В. Н.	弗谢沃洛茨基	Кулагина О. С.	库拉金娜
Всеволодова М. В.	弗谢沃洛多娃	Кучера Г.	库切拉
Галич А.	加里奇	Лайонс Дж.	莱昂斯
Гловинская М. Я.	格洛温斯卡娅	Левонтина И. Б.	列翁金娜
Грайс	格赖斯	Лерер К.	莱勒
Грот Я. К.	戈罗特	Мартемьянов Ю. С.	马尔捷米亚诺夫